大学生职业生涯规划与就业指导
（经管类）

周　奕　关育涛　李丽华　主　编

吴士文　副主编

程定平　田　华　左晓娟　编　委

陈志鹏　赵　成　彭　琦

中国商业出版社

图书在版编目（CIP）数据

大学生职业生涯规划与就业指导 / 周奕，关育涛，李丽华主编 . -- 北京：中国商业出版社，2024.3

ISBN 978-7-5208-2878-9

Ⅰ. ①大…　Ⅱ. ①周…　②关…　③李…　Ⅲ. ①大学生－职业选择　Ⅳ. ① G647.38

中国国家版本馆 CIP 数据核字（2024）第 056862 号

责任编辑：聂立芳
策划编辑：张　盈
封面设计：王志强

中国商业出版社出版发行
（www.zgsycb.com　100053　北京广安门内报国寺 1 号）
总编室：010-63180647　　编辑室：010-63033100
发行部：010-83120835/8286
新华书店经销
三河市悦鑫印务有限公司印刷
*
787 毫米 ×1092 毫米　16 开　19.75 印张　460 千字
2024 年 3 月第 1 版　2024 年 3 月第 1 次印刷
定价：49.80 元
* * * *
（如有印装质量问题可更换）

前言

高校毕业生是国家宝贵的人才资源。大学生就业问题是全国上下普遍关注的重大问题。2023 年 12 月，为了全面落实党中央、国务院对高校毕业生就业创业工作的决策部署，教育部连续发文，开展 2024 届全国普通高校毕业生就业创业促进行动，进一步完善高校毕业生就业创业服务体系，以期破解当前大学生就业规模受限、就业质量不高的突出问题，从而全力促进高校毕业生高质量充分就业。

我国已进入经济发展的新时期，经济增速放缓，行业结构调整力度空前，宏观就业压力不断加大，青年就业压力不降反升。目前，人才市场上结构性矛盾日益凸显，尽管社会对部分高校毕业生的需求有所增多，但需求增长的数量远比不上毕业生供给的数量，劳动力供过于求的压力仍在加剧。就业是民生之本，大学生的就业问题是整个社会就业问题的极为重要的组成部分，解决青年就业问题，促其成功就业、顺利就业和高质量就业，更是推动经济社会高质量发展和中国式发展的重要保障，是项复杂的社会工程。

就业问题的实质是经济、社会发展同人力资源的增长、合理配置之间的关系问题。所以，做好大学生职业发展与就业指导工作是帮助大学生顺利实现就业和职业发展的重要保证。在“互联网 +”时代，互联网创业企业、众多小微企业以及与消费相关的产业链等，正在不断拓展出新的就业空间；我国目前也正在着力推进人力资本强国建设，“大众创业、万众创新”正在使人力资本这一生产要素得以重新优化配置。大学生职业发展与就业指导是高校人才培养过程中的重要内容，也是促进大学生就业质量提高的重要路径之一。

为了响应国家对毕业生高质量充分就业的号召，提高大学生高质量就业，我们除了要在就业终端发力之外，还要从不断加强大学生的职业生涯规划指导等就业前端入手，将就业的前后两端打通，形成高质量的就业指导全程链。正是基于此考虑，在充分吸收和借鉴国内外职业生涯规划和就业指导方面的理论与经验的基础上，根据我国当前高等教育规律和人才培养特点、实际，将职业生涯规划指导与就业指导相整合，并组织了有着丰富实践经验的教师主编了这一本突出应用性教学的教材。

该教材从教育学、管理学、社会学、心理学、劳动经济学等角度阐述了大学生职业发展与就业指导的理论与方法，以引导大学生确立科学的人生观、价值观和就业观，科学规划学业、职业生涯，明确职业定位，提高职业发展与就业指导的实效性和针对性，逐步构建适合我国大学生就业指导课程的体系和内容。

本教材为学校“产教融合、校企合作”系列教材，共十章，分为上下两篇，上篇为职业生涯规划篇，下篇为就业指导篇，其整体内容既讲理论体系，又讲实操方法，更有最新发展，所以有较高的参考价值与实用价值。为了突出其应用性、专业性、情境性和创新性特点，我们在每章章首设置了“引导案例"，在篇中融入了许多一线职业生涯规划和就业指导的小案例，重点章节后面还附了一些最新的就业政策与校企合作案例。

本书既可作为高等院校、大中专及职工大学相关专业的教材，也可作为职业生涯规划与就业指导从业人员的参考书。

本书由周奕、关育涛（沃尔玛（湖南）商业零售有限公司人力资源顾问）、李丽华（长沙运达喜来登酒店人力资源顾问）担任主编，吴士文担任副主编，程定平、田华、左晓娟、陈志鹏、赵成、彭琦任编委。其中，周奕、关育涛、李丽华负责全书的内容框架、人员统筹、案例收集及编写第十章，吴士文负责编写目录、前言、第一章及参考文献，程定平负责编写第二章，田华负责编写第八章和第九章，左晓娟负责编写第五章，赵成负责编写第三章，陈志鹏负责编写第六章，彭琦负责编写第七章，我们还邀请了长沙望城第一中学何清华老师负责编写第四章，教务处质量评估中心谢根甲负责案例审校及部分文字的修改工作。最后，全书由吴士文、周奕进行文字、内容的质量把关和统稿、顺稿、润稿。

本书在编写过程中参考和吸收了相关教材、著作论文等文献资料，并引用了一些材料与观点，在此，我们将这些文献目录列于书后，并向所有文献作者深致谢意和敬意！

因编者水平有限，书中肯定还有不足和错误之处，敬请有关专家和读者批评指正。

编　者

2024年1月

目录

上　篇　职业生涯规划篇

上篇

职业生涯规划篇

第1章 Chapter 1 职业生涯规划概述

知识结构图

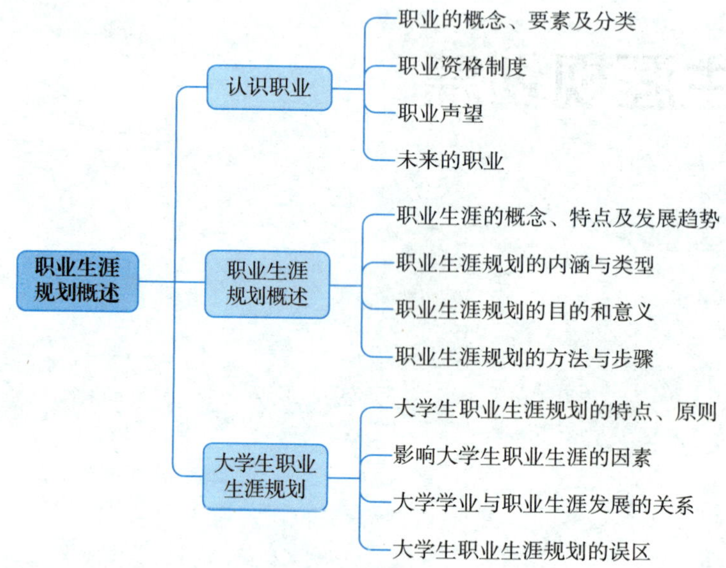

名言隽语

工作是一场战斗，但职业却是一场战争。

最远的那条路距自己的家园最近。

每事浅尝辄止，终将一事无成。

学习目标

1. 掌握职业的概念、特点、本质与分类；
2. 了解职业未来发展的新趋势和热门职业；
3. 掌握职业资格制度相关内容，了解国家职业资格资历框架；
4. 理解职业成功及其影响因素，为大学生追求未来职业成功作好准备；
5. 掌握职业生涯规划的方法，掌握大学生职业生涯规划的内容。

要兴趣还是专业？不清晰的职业生涯规划引发的学业危机

叶小乐，爱好唱歌，长相帅气，活跃在院校各种晚会的舞台上。学习成绩中上等，未出现挂科情况。大二上学期，他突然挂科10个学分，受到学业警告。

注意到该情况后，辅导员联系叶小乐谈话。从谈话中辅导员了解到，叶小乐从小就接受音乐教育，想从事音乐方面的工作。但是父母一直不支持他把唱歌作为自己的职业。认为唱歌是不务正业，不好就业，社会上的负面评价也较多。所以叶小乐高考后，在父母的压力下未能如愿报考音乐院校，遂父母之愿报考了一个当下比较热门的专业——电子信息工程。尽管如此，叶小乐对音乐还是情有独钟，经常克服困难去参与相关赛事，以不断提高自己的演唱水平。但是，大二上学期，在学校举办的一次重大音乐比赛中，叶小乐由于自己的演唱失误而败北，同学们对此也有些不好的评价与议论，所以他对自己的音乐能力产生了较大怀疑。经过一段时间的犹豫徘徊，他的专业学习受到了较大影响，信心也严重受挫。这时，他对自己的坚持产生了怀疑，对自己未来的发展方向也变得困惑迷茫起来，对专业课学习也提不起兴趣，导致多门课程挂科。这时，叶小乐心情更加沉重了，不知如何是好。

【案例启示】兴趣第一还是谋生第一？遵从父母的选择还是听从自己内心深处的声音？干一行爱一行还是爱一行干一行？这些历来都是人们热衷争论的重大话题。的确，很多大学生对未来职业发展缺少甚至根本没有明确的目标，随父母的心愿报考了自己不喜欢的专业，结果产生了迷茫困惑心理，最终错失大学求学的好时机和好时光。所以，我们大学生需要充分认识自我，挖掘自身的内在职业动机，充分利用家庭和学校资源，深化职业生涯认识，加强科学规划，帮助自己明确未来的发展方向。

第一节 认识职业

苏格拉底曾说，未经审视的人生不值得度过。职业是人生大事。职业是人们经常运用的词语，不论年长还是年幼，不论家庭背景、个人志向如何，在人的一生中，都要遇到职业问题。可以说，职业是关系到每一个社会成员一生的重大问题。那什么是职业？它对人生有何意义？对于这些问题，人们曾经作过深入的思考，但也有相当一部分人并不清楚其中的含义与意义，甚至产生了一种错误的认知，认为职业问题或职业选择问题无关紧要，职业只是一种谋生的手段而已，只要活在当下即可。这种错误的认知直接导致了人们被动工作与生活，丧失了本可以获得更好发展的机遇，最终事违人愿，庸碌无为，没有实现自己的期望与理想，从而后悔不已，抱憾终生。

实际上，人的社会生活和工作领域非常广阔，职业门类极其繁多。对于怀揣梦想的大学生来说，选择一份适合自己的职业是事业成功的第一步。可如何选择一份适合自己的理想职业呢？这就要从如何正确认识职业谈起。

一、职业的内涵与特征

（一）职业的内涵

1．职业的界定

所谓职业（Occupation），一般是指人们在社会生活中所从事的以获取物质报酬作为自己主要生活来源并能满足自己精神需求的、在社会分工中拥有专门技能的工作。2022年11月，《中华人民共和国职业分类大典（2022年版）》对职业作了权威界定：职业是指从业人员为获取主要生活来源所从事的社会工作类别。

准确理解“职业”需把握以下四层意思：

（1）职业要与人们长期从事的业务工作相联系；

（2）职业根源于社会分工体系，劳动者在这一分工体系中长期承担着劳动角色；

（3）职业是劳动者为了获得经济收入而参与的社会经济活动；

（4）职业有稳定的持续性，短期性、零散性的不固定工作不能算作职业。

实际上，职业是人类社会文明进步、经济快速发展以及劳动分工的结果。同时，职业也是社会与个人或组织个体的结合点，是一个人社会地位的一般表现，也是一个人权力、义务和责任的象征。职业也可指代劳动者所在的领域或行业，或者是劳动者感兴趣的工作。它可以清楚地表明工作者在一个组织中的稳定角色。

从专业技能的角度来说，职业是一个人的工作情况，表明劳动者有一个特定的兴趣领域和有利于该领域的独特技能。如果劳动者在一个特定的职业中寻找工作，并且对继续从事该职业表示出了持续的兴趣，他们就可能把这份工作作为一种职业来追求。

可以说，职业是人们做到一定境界的工作。

2．相关概念的区分

长期以来，在中西方语境中，工作、岗位、职位、职业等概念经常混用。人们甚至专业工作人员都很难准确区分它们的内涵。为了加深对职业一词和后续理论知识的理解，有必要将与之有关的、易混淆的概念一并列出（见表1-1）。

表 1-1　与职业相关的概念区别表

序号	概念	英文	释义
1	工作	Job	构成全部工作内容的一组任务、职责与责任，指不同内容的某项具体工作
		Work	生产或实现结果的努力，泛指需要付出努力的各种工作。故有动词与名词之分
2	岗位 / 职位	Position	岗位与人严格对应，俗称一个萝卜一个坑，可谓 job 的集合；职位是对所有相同岗位的统称
3	工种	Type of work	职业的细分，部分职业下设若干工种，如糖果巧克力制造工职业目录下设了糖坯制造工、糖果成型工、巧克力原料处理工、巧克力成型工等工种。有的职业与工种重合
4	职业	Occupation	有连续性与稳定性的有报酬的社会劳动。不固定从事某项专门工作、频繁改行就不会有职业的存在
5	职业生涯	Career	人的一生中经历的连续工作历程，该历程包括社会角色与收入变迁、职位的改变、岗位转换等。人的一生可能从事多种职业

3. 职业的本质

职业在实质上是劳动者与生产资料的结合，体现着人与人的社会关系，即分工协作关系和社会经济关系。人们通过职业不仅满足了自身的需要，而且通过各自劳动成果的交换，也满足了彼此的需要。

实际上，在原始社会初期，人们并无职业可言。随着社会的进步和发展，人类在长期生产活动中产生了劳动分工，职业由此产生和发展。也就是说，社会职业存在于社会分工之中。人们的社会角色是不一样的，一定的社会分工或社会角色的持续实现，就形成了职业。职业是人类社会发展到一定阶段的产物，是随着社会出现分工而产生的，并随着社会生产力的发展而不断发展变化。

4. 职业的社会意义

职业及职业活动对于个人和社会都有非常重要的意义。对个人而言，职业生活是人生的重要组成部分，职业问题解决得好坏对个人一生是否顺利发展具有重要的意义。

（1）职业活动为人们提供物质生活的基本条件，是人们赖以生存的手段，是个人收入的主要来源。生产劳动是人类社会发展中最重要的活动，而人们的职业和生产劳动是紧密相连的，这是因为人们总是通过一定形式的职业来进行劳动，以获取生存和发展所必需的生活资料，维持个人和家庭生活的基本需要。在现实生活中，人们从事职业活动是为了取得一定的报酬。职业活动区别于其他活动的重要标志就是职业是以获取经济收入、取得报酬为目的的，而人们在职业活动中取得个人经济利益的同时也为社会创造了财富，实现了社会物质财富和精神财富的积累，因此职业是经济性和社会性的统一。

（2）职业能满足人们的精神需要，促进个性的健康发展。马斯洛认为人的需要有五个层次，即生理的需要、安全的需要、社交的需要、尊重的需要和自我实现的需要。后三种需要为精神需要。职业是个人获得名誉、地位、权利以及友谊、交往等精神需要的重要来源，同时，在人们按照一定的社会规范从事特定的职业时，由于每种职业都有不同于其他职业的活动内容和形式，因此必然对从业者的生理和心理产生重大影响。当这种工作能够使个人的才能得到发挥、个性得到不断发展与完善时，就成为促进个性健康发展的途径，而随着个性和才能的逐步提高，人们自我实现的需要得到满足。

对社会而言，职业是人类在劳动过程中的分工现象，它体现的是劳动力与劳动资料之间的结合关系，其实也体现出劳动者之间的关系。劳动产品的交换体现的是不同职业之间的劳动交换关系，这种劳动过程中结成的人与人的关系无疑是社会性的，他们之间的劳动交换反映的是不同职业之间的等价关系，这反映了职业活动、职业劳动成果的社会属性。职业和职业活动构成了人类社会生活，是社会存在和发展的基础。一方面职业的存在及活动本身就构成人类社会存在和社会活动的一项丰富内容，另一方面通过职业劳动生产出的物质产品极大地丰富了人们的物质生活，因此，职业及职业活动对社会都具有非常重要的意义。

（二）职业的主要特征

职业是人类社会在长期的生产活动中，随着生产力的发展和社会劳动分工的出现而逐步产生和发展起来的。职业产生的根源是社会分工。为了更好地理解职业的内涵，还必须把握其主要特点。

1. 目的性

即职业活动以获得现金或实物等报酬，以及实现自我价值和为社会作出贡献为目的。选择职业时，谋生只是其中一个重要的考虑因素，但不是唯一的。人们还应该考虑自己的个人兴趣、爱好、职业发展、价值实现等多方面因素，以选择一个最适合自己的职业。有的学者认为，职业的目的性就是职业的功利性。职业的功利性也叫职业的经济性，是指职业作为人们赖以谋生的手段。职业活动既要满足职业者自己的需要，同时也要满足社会的需要。只有把职业的个人功利性与社会功利性相结合起来，职业活动及其职业生涯才具有生命力和意义。目的性是职业的根本特征。

2. 社会性

职业的社会性是指职业是从业人员在特定社会生活环境中所从事的一种与其他社会成员相互关联、相互服务的社会活动。职业是人类在劳动过程中的分工现象，它体现的是劳动力与劳动资料之间的结合关系，其实也体现出劳动者之间的关系。劳动产品的交换体现的是不同职业之间的劳动交换关系。这种劳动过程中结成的人与人的关系无疑是社会性的，他们之间的劳动交换反映的是不同职业之间的等价关系，这反映了职业活动、职业劳动成果的社会属性。

3. 规范性

即指职业活动必须符合国家法律和社会道德规范。职业的规范性包含两层含义：一是指职业内部的规范操作要求，二是指职业道德的规范性。不同的职业在其劳动过程中都有一定的操作规范性，这是保证职业活动的专业性要求。当不同职业在对外展现其服务功能时，还存在一个伦理范畴的规范性，即职业道德。

4. 稳定性

即职业是在一定的历史时期内形成，并具有较长的生命周期。职业是在长期生产活动中随着社会进步和劳动分工而逐步产生和发展的，不是一朝一夕形成，它往往要经历或从事多个工作性质相似的岗位工作。离开了工作的稳定性，就无所谓职业。频繁改行的人，不是职业者。一般来说，雇用大量人员的职业领域变化幅度最小。

5. 时代性

当然，职业的稳定性是相对的，职业也有时代性特点。随着社会分工的发展，科学技术的变化，人们的生活方式与行为习惯等也会随之发生变化，部分职业可能消失，新职业会出现。所以职业是稳定性与时代变化性的统一，只是一种相对的稳定性。

6. 群体性

即职业必须具有一定的从业人数。除少数职业的从业人员非常少之外，大多职业的从业人员都有较大规模。

资料链接

新职业——无人机驾驶员就业景气现状分析报告

随着无人机在各行各业的应用逐渐增多，从事无人机驾驶职业的人数逐年增加。民航局发布的《中国民航驾驶员发展年度报告（2018年版）》显示，截至2018年12月31日，民用无人航空器系统驾驶员执照总数为44573个，分布在各民用无人机生产研发企业、相关应用单位以及院校等。除此之外还有取得其他相关协会或企业颁发的证书，以及未取得任何形式许可的无人机从业者。据此推算，无人机驾驶员的相关从业者总数有数十万人。

2017年12月，工业和信息化部印发《关于促进和规范民用无人机制造业发展的指导意见》，提出到2020年民用无人机产业持续快速发展，产值达到600亿元，年均增速40%以上的目标。到2025年，综合考虑产业成熟度提升后的发展规律，民用无人机产业将由高速成长转向逐步成熟。按照年均25%的增长率测算到2025年民用无人机产值将达到1800亿元。在无人机行业的市场需求下，无人机驾驶员职业应运而生。新职业的诞生，让无人机的操作行为更加专业化、合法化、规范化，为产业的快速发展提供了专业技能支撑。同时，无人机的标准体系日趋完善，检测认证、技能培训等相关专业服务机构数量不断增加，产业体系更加健全，市场规模进一步提升。

无人机驾驶员是通过远程控制设备、驾驶无人机完成既定飞行任务的人员。其主要工作任务是：安装、调试无人机电机、动力设备、桨叶及相应任务设备等；根据任务规划航线；根据飞行环境和气象条件校对飞行参数；操控无人机完成既定飞行任务；整理并分析采集数据；评价飞行结果和工作效果；检查、维护、整理无人机及任务设备。

二、职业的构成要素

在我国人力资源和社会保障部牵头编纂的《中华人民共和国职业分类大典（2022 年版）》里，明确规定了职业的五个构成要素：

（1）职业名称，它是职业的符号特征；

（2）工作的对象、内容，劳动方式和场所；

（3）特定的职业资格和能力；

（4）职业所提供的各种报酬；

（5）在工作中建立的各种人际关系。

三、职业的分类

（一）职业分类的定义

所谓职业分类，是指采用一定的标准和方法，依据工作性质的同一性或相似性为基本原则，对从业人员所从事的各种专门化的社会职业所进行的全面、系统地划分与归类。

职业分类通过职业代码、职业名称、职业定义、职业所包括的主要工作内容等来进行确定，描述出每一个职业类别的内涵与外延。社会分工是职业分类的主要依据，在分工体系的每一个环节上，劳动对象、劳动工具以及劳动支出的形式都有其特殊性，而这种特殊性就在一定程度上决定了职业之间的区别，这就是职业分类的前提与基础。

（二）国外的职业分类

世界各国国情不同，其划分职业的标准也有所区别。经济发达的国家，对职业分类的问题都比较重视，因为这是形成产业结构、产业组织以及产业政策的重要前提，也是从业者了解职业、认识职业特点并根据其对人的要求，结合自身情况切合实际选择职业的基本条件。

国外的职业分类一般有以下三种分类法。

1．按脑力劳动和体力劳动的性质、层次进行分类

这种分类方法把工作人员划分为白领工作人员和蓝领工作人员两大类。这种分类方法明显地表现出了职业的等级性。

2．按个体心理差异进行分类

这种分类方法是根据美国著名的职业指导师霍兰德（John Holland）创立的人格 - 职业类型匹配理论展开分类的。该理论主要研究个体的特点与职业环境的匹配程度，以期了解员工对工作的满意度和流动倾向性。它把人格类型分为六种，即现实型、研究型、艺术型、社会

型、企业型（进取型）和常规型，与人格类型相对应的职业类型也是这六种，图 1.1。

现实型的职业主要是指通常运用工具或机器进行的熟练的手工，如木匠、铁匠、机械工人等；研究型的职业主要指科学研究和实验室工作，如自然科学家、计算机程序员、电子技术工作人员等；艺术型的职业是指艺术创作方面的职业，包括音乐、文学等方面；社会型的职业是指为别人服务办事的工作，包括教育和社会福利等方面；企业型的职业是指那些指派、领导他人去做某事的工作，包括管理、销售等方面；常规型的职业通常指各部门主管日常事务的办公室工作。

研究认为，个体的职业倾向与职业类型相关性越大，适应程度就越高。同一类型的个体与职业互相结合便达到适应状态，如个体找到适宜自己的职业岗位，其才能与积极性才会得到充分发挥。

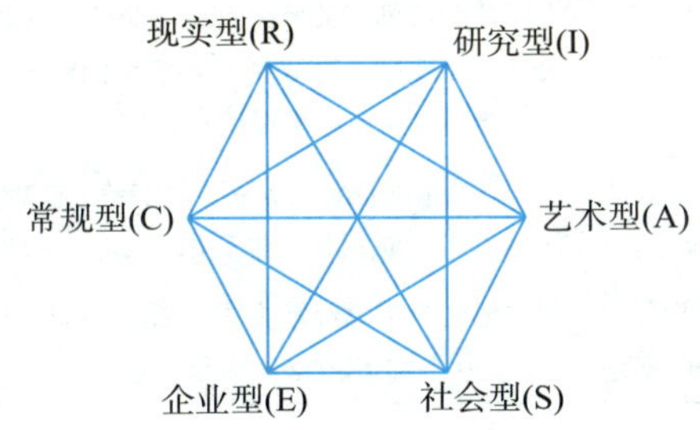

图 1-1 霍兰德人格 - 职业类型匹配示意图

这种分类把人的个性心理特征与职业类型两者有机统一起来，便于实现职业指导，也可以促使大学生根据自身的人格类型和职业兴趣来合理选择未来的职业。这种分类方法及其相关理论将在第 2 章进行深入阐述。

3．依据职业的主要职责或从事的工作进行分类

这种分类方法比较普遍，现以两种示例为代表。

（1）国际标准职业分类。这种分类方法主要是为了便于提高国际上职业统计资料的可比性和国际交流。此法将职业分为 8 个大类，具体如表 1-2 所示。

表 1-2 国际标准职业分类

序号	主要类型	划分依据
1	专家、技术人员及有关工作者	依据职业的主要职责或从事的工作
2	政府官员和企业经理	
3	作家和有关工作者	
4	销售工作者	
5	服务工作者	
6	农业、牧业、林业工作者以及渔民、猎人	
7	生产和有关工作者、运输设备操作者和劳动者	
8	不能按职业分类的其他劳动者	

（2）加拿大《职业岗位分类词典》的分类。此分类（表 1–3）对每种职业都有定义，逐一说明了各种职业的内容以及从业人员在受教育程度、职业培训、能力倾向、兴趣、性格以及体质方面的要求，有较大的参考价值。

表 1–3　国外职业分类表

序号	划分依据	类型	释义
1	按脑力和体力劳动的性质与层次分类	白领工作人员	包括专业性和科技性的工作，如会计、建筑师、计算机专家、工程师、法官、医生、教师、社会科学家、作家等；农场以外的经理和行政管理人员；销售人员；办公室工作人员
		蓝领工作人员	手工业及类似工人，如木匠、砖瓦匠、建造工人、油漆工等；运输装置工；农场以外的工人，如饲养人员、建筑工人、垃圾工、伐木工等；服务性行业工人，如清扫服务工、洗碗工、私人服务人员等
2	按个体心理差异进行分类	6 种类型	以霍兰德创立的分类理论为代表。主要分为现实型、研究型、艺术型、社会型、企业型（进取型）和常规型职业。个体的职业性向也分为上述 6 种类型。最后将两者匹配以两相适应
3	依各职业主要职责或从事的工作内容进行分类	国际标准职业分类	把职业由粗至细分为四个层次，共 8 个大类、83 个小类、284 个细类、1506 个职业项目，详细列出了 1881 个职业
		加拿大职业岗位分类的分类	它把属于国民经济中主要行业的职业划分为 23 个主类，主类下分 81 个子类、439 个细类、7200 多个职业

（三）我国的职业分类

2000 多年前的儒学经典就记录过当时的职业和职业活动。中华人民共和国成立以来，特别是改革开放 40 多年来，随着国家工农业、国防科技及服务业的飞速发展，我国职业的类别发生了巨大变化。20 世纪五六十年代制定了工人技术等级标准，80 年代中期颁布了国家职业分类和代码。1999 年 5 月国家向社会发布《中华人民共和国职业分类大典（1999 年版）》。该《职业分类大典》将我国职业划分为 8 个大类、66 个中类、413 个小类和 1838 个细类（职业）。《职业分类大典》的问世反映了我国职业管理工作达到了一个新的高度。

2015 年，国家职业分类大典修订工作委员会审议并颁布 2015 版《中华人民共和国职业分类大典（2015 年版）》。新修订的《职业分类大典》适应了我国经济社会发展和人力资源管理的新需要，在分类上更加科学规范，在结构上更加清晰严谨，在内容上更加准确完整，全面客观地反映了现阶段我国社会的职业构成、内涵、特点和发展规律，标志着我国职业分类管理工作进入了一个新的发展阶段。调整后的《职业分类大典》职业分类结构为 8 个大类、75 个中类、434 个小类、1481 个职业。

2021 年 4 月，人力资源和社会保障部（以下简称人社部）会同国家市场监督管理总局、国家统计局联合启动《中华人民共和国职业分类大典》第二次修订工作。119 个部门和行业组织、981 家企业院校，近万名专家学者、一线从业者和有关工作人员，历时一年多，经反复论证，修订完成 2022 年版《大典》。

本次修订工作，以习近平新时代中国特色社会主义思想为指导，深入贯彻落实习近平总书记对就业创业、人才、职业教育等工作的重要指示精神，主动适应新形势，积极开拓新思路，遵循客观性、科学性、创新性原则，坚持统一性和灵活性相结合，在坚持职业分类原则、原大类结构基本不变的基础上，对中类、小类、细类（职业）等进行适当调整，优化更新描述信息，力求做到与时俱进，全面、准确、客观地反映现阶段我国经济社会和科技发展带来的社会职业的发展变化，使《大典》成为反映经济社会发展状况的“晴雨表”，成为引领产业转型升级发展的“风向标”，成为规范人力资源开发管理的“标准尺”。

参见表1-4、表1-5。

表1-4 我国职业分类体系变化对比表

类别	1999年版《大典》	2015年版《大典》	2022年版《大典》
大类	8	8	8
中类	66	75	79
小类	413	434	450
细类（职业）	2028	1481	1639

（数据来源：《中华人民共和国职业分类大典（2022年版）》）

表1-5 2015年版《大典》与2022年版《大典》职业分类体系对比表

2015年版《大典》					2022年版《大典》				
大类	中类	小类	细类（职业）	工种	大类	中类	小类	细类（职业）	工种
第一大类党的机关、国家机关、群众团体和社会组织、企事业单位负责人	6	15	23		第一大类党的机关、国家机关、群众团体和社会组织、企事业单位负责人	6	16	25	
第二大类专业技术人员	11	120	451		第二大类专业技术人员	11	125	492	
第三大类办事人员和有关人员	3	9	25	15	第三大类办事人员和有关人员	4	12	36	24
第四大类社会生产服务和生活服务人员	15	93	278	338	第四大类社会生产服务和生活服务人员	15	96	356	460
第五大类农、林、牧、渔业生产及辅助人员	6	24	52	138	第五大类农、林、牧、渔业生产及辅助人员	6	24	54	150
第六大类生产制造及有关人员	32	171	650	2179	第六大类生产制造及有关人员	32	172	671	2333
第七大类军人	1	1	1		第七大类军队人员	4	4	4	
第八大类不便分类的其他从业人员	1	1	1		第八大类不便分类的其他从业人员	1	1	1	
合计	75	434	1481	2670		79	450	1639	2967

（四）职业分类的意义

人们对职业进行分类，是为了加深认识和便于管理。职业分类对于国家合理开发、利用和综合管理劳动力，提高劳动者的素质，以及民族的兴旺、国家的昌盛意义重大。

1．职业分类是产业政策推行的基础

职业分类是一个国家形成产业结构概念和进行产业结构、产业组织及产业政策研究的基础。对于社会各个行业的发展具有重要意义。

2．职业分类是开展科学就业指导的前提

科学的职业分类将为国家职业教育培训事业确定目标和方向。我国相继通过的《中华人民共和国劳动法》（简称《劳动法》）和《中华人民共和国职业教育法》（简称《职业教育法》）等从立法高度明确规定了国家确定职业分类，并以此指导职业教育培训工作和职业资格证书制度建设，这充分表明，职业分类在国家人力资源开发体系中具有重要的基础性地位。

对高校毕业生来说，了解职业分类也很有意义。大学生应了解社会职业领域的总体状况，增强职业意识，做好职业认知，为自我的发展规划打下坚实的基础。

3．职业分类的发展也是职业自身发展的需要

科学技术的进步引起职业发展，不仅仅限于新产品的开发、新设备的应用和新工艺的出现，科学技术发展、进步的本身，也会增加新职业种类，或使原有职业的数量发生变化。这主要体现在：新科学的出现，往往会产生相应的新的专业和职业，比如环境科学的产生就需要专门的环境科技工作者，由此便形成了环境科技职业。为社会发展的需要，某些已有的科学技术必须有突破性的发展，于是这类专门职业的职位数便会增加，促成社会职业结构中不同职位比例的变化，甚至其社会地位也会发生变化。

四、职业资格制度

（一）职业资格制度的含义

职业资格制度是指按照国家制定的相关法规，在必要的行业中建立资格标准，以一定的程序和方式评价与规范社会从业成员达到从事某种职业活动所具备的基本条件的制度。职业资格制度包括以考试方式对专业技术人员和以技能鉴定方式对各个职业工种技能人员的职业资格认证活动，还包括以学历认定、专家评估等办法进行的其他认证形式。

职业资格制度作为人才评价制度，是世界各国普遍采用的人力资源开发管理的一项基本制度。这项制度对于加强职业教育培训，提高劳动者素质，增强就业创业能力，促进人员合理流动，推动经济社会发展都具有积极意义。

（二）职业资格分类

1. 职业资格

职业资格是对从事某一职业所必备的学识、技术和能力的基本要求，反映了劳动者为适应职业劳动需要而运用特定的知识、技术和技能的能力。职业资格分别由国家相关部门通过学历认定、资格考试、专家评定、职业技能鉴定等方式进行评价，对合格者授予国家职业资格证书。职业资格包括以下方面：

（1）从业资格。从业资格是指从事某一专业（工种）学识、技术和能力的起点标准。从业资格通过学历认定或考试取得。

（2）执业资格。执业资格是指政府对某些责任较大，社会通用性强，关系公共利益的专业（工种）实行准入控制，是依法独立开业或从事某一特定专业（工种）学识、技术和能力的必备标准。执业资格通过考试方法取得。

从人才评价的角度来看，从业资格是一种水平性评价，执业资格是一种准入资格标准评价。

2. 专业技术人员的职业资格

专业技术人员是指在企业和事业单位等实体单位中从事专业技术工作的人员，以及在外商投资企业中从事专业技术工作的中方人员，如会计师、经济师、人力资源管理专业人员、科研人员等。专业技术人员的职业资格也分为从业资格和执业资格。从业资格制度就是专业技术职务评聘制度；执业资格就是准入资格，即开业或从事某一职业必须取得的职业资格。

3. 技能型人员的职业资格

技能型人员的职业资格也包括从业资格和执业资格，其从业资格就是职业资格证书制度，执业资格就是国家对一些技术工种要求必须取得职业资格证书才能上岗就业。如道路旅客运输驾驶员证、驾驶培训教练员证是从业资格（机动车驾驶证即俗称的驾照不是职业资格证，属于一般资格证书，机动车驾驶证只是道路运输从业资格证的申报条件之一）。特种作业人员所持的是特种作业操作证（如高压电工操作证）。特种作业操作证是由中华人民共和国应急管理部统一式样、标准及编号的执业资格证书，如高压电工作业操作证。

4. 两者的比较

相比较而言，专业技术人员的职业（执业）资格社会影响力和影响面更大，因为不取得从业资格就难以开业或从事某一职业；而技能型人才的从业资格社会影响面、影响力更大，涉及每个技能型人才。

（三）职业资格证书制度

国家职业资格证书制度是劳动就业制度的一项重要内容，也是一种特殊形式的国家考试制度。它是指按照国家制定的职业技能标准或任职资格条件，通过政府认定的考核鉴定机构对劳动者的技能水平或职业资格进行客观公正、科学规范的鉴定，对合格者授予相应的国家职业资格证书。

国家职业资格证书是表明劳动者具有从事某一职业所必备的学识和技能的证明。它是劳动者求职、任职、开业的资格凭证，是用人单位招聘、录用劳动者的主要依据，也是境外就业、对外劳务合作人员办理技能水平公证的有效证件。

《中华人民共和国劳动法》第八章第六十九条规定："国家确定职业分类，对规定的职业制定职业技能标准，实行职业资格证书制度，由经过政府批准的考核鉴定机构负责对劳动者实施职业技能考核鉴定。"《职业教育法》第一章第八条明确指出："实施职业教育应当根据实际需要，同国家制定的职业分类和职业等级标准相适应，实行学历文凭、培训证书和职业资格证书制度。"这为国家确定推行职业资格证书制度和开展职业技能鉴定提供了法律依据。

1. 职业资格证书分类

职业资格证书分为从业资格证书和执业资格证书。职业资格证书在中华人民共和国境内有效。证书由人力资源和社会保障部统一印制，各地人事部门具体负责核发工作。

（1）专业技术人员职业资格证。专业技术人员的职业资格证书包括从业资格证和执业资格证。从业资格证是具有一定专业知识和技能的人员从事专门工作的资格证书，如教师资格证、导游证等；执业资格证是国家对特殊行业规定资格准入的凭证，即无此证书不能从事这一行业，这种资格归行业主管部门管理。比如注册会计师（CPA）归财政部管理，医师执业资格归卫生部管理。

易引起人们混淆的是传统的"职称"与职业资格证的关系。这两种证书在性质和用途上都有显著的区别。首先，"职称"是"专业技术职务任职资格"的简称，以前没有纳入国家职业资格管辖范围。职称证是某一领域内专业技术职务的资格证书，由国家或地方政府人力资源和社会保障部门颁发。它是评价个人在某一领域内专业技术水平和职业素质的重要标志，多强调劳动者的学术理论水平与实践业绩水平，用来对专业人才的评聘管理，具有相当的权威性和公信力。获得职称证可以提高个人在该领域内的声望和地位，也可以作为晋升、评优等方面的参考依据。而职业资格证书则是某一行业或岗位上所需技能、知识和素质的认定证明，由相关行业协会或国家相关部门颁发。获得职业资格证书可以提高个人在该行业或岗位上的竞争力和就业机会。

总体来说，职称证更注重对个人专业技术水平和综合素质的评价，而职业资格证书更注重对个人实际工作能力和专业知识掌握程度的认定。

过去，国家职业资格证书主要由国家人事部（面向专业技术人员）及国家劳动和社会保障部（面向社会人员）负责管理。目前，国家人事部及国家劳动和社会保障部已合并，成为中华人民共和国人力资源和社会保障部，"国家职业资格"开始回归其本意，两条线开始合并，故目前的职称开始纳入职业资格管理，代表专业技术人员的职业资格。专业技术人员职业资格证与职称的对应关系是：高级职称相当于国家一级职业资格证，中级职称相当于国家二级职业资格

证，初级职称相当于国家三级职业资格证。政策上需要先取得资格，单位才聘任。

但另一方面，目前职业资格与职称因为种种原因仍未完全打通，部分用人单位对员工所持的职业资格证的评价及其对应的待遇标准差异较大，加之有关部门对其关系还没有完全理顺，造成了部分职业资格证的社会认可度远没有职称证的高，并附带产生了一些问题。随着我国国家资历框架改革和人才评价体系改革的深入推进，以上职业资格证管理一定会逐步规范，条块分割、互不相认的有关问题也会得到解决。目前江苏等地走在了职业资格证书制度改革的前面。

（2）技能人员职业资格证。我国技能人员的职业资格证书分为五个等级：

1）高级技师（一级 / 高级职称）。要求能够熟练运用专门技术和特殊能力在本职业的各个领域完成复杂的、非常规性工作；熟练掌握本职业的关键操作技术，能够独立处理和解决高难度的技术难题；在技术攻关方面有创新；能组织开展技术改造、技术革新活动；能组织开展系统的专业技术培训；具有技术管理能力。

2）技师（二级 / 中级职称）。要求能够熟练运用基本技术和专门能力完成较为复杂的工作，包括完成部分非常规性工作；能够独立处理工作中出现的问题；能指导他人进行工作或协助培训一般人员。

3）高级工（三级 / 助理职称）。要求能够熟练运用专门技术和特殊能力完成复杂的、非常规性的工作；掌握本职业的关键技术，能够独立处理和解决技术难题；在技术方面有创新；能组织指导他人进行工作；能培训一般人员；具有一定的技术管理能力。

4）中级工（四级）。要求能够熟练运用基本技能独立完成本职业的常规工作；在特定情况下，能运用专门技能完成技术较为复杂的工作，能够与他人进行合作。

5）初级工（五级）。要求能够运用基本技能独立完成本职业的常规工作。

2. 职业资格证书与学历证书的区别

职业资格是对从事某一职业所必备的学识、技术和能力的基本要求，反映了持证者为适应职业劳动需要而运用特定的知识、技术和技能的能力。学历文凭主要反映学生学习的经历，是文化理论知识水平的证明。职业资格与职业劳动的具体要求密切结合，更直接、更准确地反映了特定职业的实际工作标准和操作规范，以及持证者从事该职业所达到的实际工作能力水平。

（四）职业技能鉴定

职业技能鉴定是国家职业资格证书制度的重要组成部分，是一项对职业技能水平的考核活动，属于标准参照型考试。它是由考试考核机构对劳动者从事某种职业所应掌握的技术理论知识和实际操作能力作出的客观测量和评价。

开展职业技能鉴定，推行职业资格证书制度，是落实国家提出的“科教兴国”战略方针的重要举措，也是我国人力资源开发的一项战略措施，对于提高劳动者素质，促进劳动力市场建设以及深化国有企业改革，促进经济发展都具有重要意义。

我国的职业技能鉴定实行政府指导下的社会化管理体制，即按照国家法律政策，在政府相关部门领导下，由职业技能鉴定指导中心组织实施，依托职业技能鉴定所（站）对劳动者技能水平实施的评价和认定的工作体制，包括政策法规、组织实施、质量保证和监督检查四个系统。

个人可自主申请参加职业技能鉴定。申报职业技能鉴定，首先要根据所申报职业的资格条件，确定自己申报鉴定的等级。如果需要培训，要到经政府有关部门批准的培训机构参加培训。职业技能鉴定分为知识要求考试和操作技能考核两部分（满分 100 分，60 分为合格）。知识要求考试一般采用笔试，技能要求考核一般采用现场操作、生产作业项目、模拟操作等方式进行。

（五）国家职业资格目录管理制度

2017 年，根据国务院推进简政放权、放管结合、优化服务改革部署。为进一步加强职业资格设置实施的监管和服务，人力资源和社会保障部研究制定了《国家职业资格目录》。

建立国家职业资格目录是转变政府职能、深化行政审批制度和人才发展体制机制改革的重要内容，是推动大众创业、万众创新的重要举措。建立公开、科学、规范的职业资格目录，有利于明确政府管理的职业资格范围，解决职业资格过多过滥问题，降低就业创业门槛；有利于进一步清理违规考试、鉴定、培训、发证等活动，减轻人才负担，对于提高职业资格设置管理的科学化、规范化水平，持续激发市场主体创造活力，推进供给侧结构性改革具有重要意义。

国家按照规定的条件和程序将职业资格纳入国家职业资格目录，实行清单式管理，目录之外一律不得许可和认定职业资格，目录之内除准入类职业资格外一律不得与就业创业挂钩；目录接受社会监督，保持相对稳定，实行动态调整。设置准入类职业资格，其所涉职业（工种）必须关系公共利益或涉及国家安全、公共安全、人身健康、生命财产安全，且必须有法律法规或国务院决定作为依据；设置水平评价类职业资格，其所涉职业（工种）应具有较强的专业性和社会通用性，技术技能要求较高，行业管理和人才队伍建设确实需要。今后职业资格设置、取消及纳入、退出目录，须由人力资源和社会保障部会同国务院有关部门组织专家进行评估论证，新设职业资格应当遵守《国务院关于严格控制新设行政许可的通知》（国发〔2013〕39 号）规定并广泛听取社会意见后，按程序报经国务院批准。人力资源和社会保障部要加强监督管理，各地区、各部门未经批准不得在目录之外自行设置国家职业资格，严禁在目录之外开展职业资格许可和认定工作。对资格资质持有人因不具备应有职业水平导致重大过失的，负责许可认定的单位也要承担相应责任。推行国家职业资格目录管理是一项既重要又复杂的系统性工作，是职业资格管理的一项改革，对各类人才和用人单位以及促进经济社会持续健康发展有重大意义。

人力资源和社会保障部于 2017 年 9 月 12 日公布了国家职业资格目录（共计 140 项），具体包括专业技术人员职业资格和技能人员职业资格。专业技术人员职业资格共计59项，其中准入类36项，水平评价类23项；技能人员职业资格共计81项，其中准入类5项，水平评价类76项。

五、职业声望与职业期望

（一）职业声望

职业活动是每个人社会生活中的重要组成部分，是人的一种生活方式，这就自然涉及社会对职业的评价问题。

1. 职业声望的概念

职业声望（Occupational Prestige）是人们对职业的地位资源状况，如对社会的贡献、权利、薪酬收入、晋升机会、发展前景、工作条件等的看法或社会舆论对某种职业社会地位的评价。职业声望不同于社会地位，职业声望判断是主观的，而评价社会地位主要有财产地位（经济地位）、权力地位和声望地位三个维度。相对而言，财产地位和权力地位是客观的，认定要容易一些；而职业声望的确认则因为涉及主观的评价而较为复杂。对于职业声望地位的确认，一般通过职业声望调查完成。对职业声望的研究始于1897年美国人口普查局工作人员W. 亨特，他将美国的职业划分为产业主、秘书、熟练工人、非熟练工人四个等级。1925年，C. 康茨第一次使用他自己编制的职业声望量表，对美国的职业声望进行调查。自此以后，西方社会学界关于职业声望的研究逐渐多起来，并发展出许多职业声望测量技术。

2. 影响职业声望评价的因素

影响职业声望评价的因素主要有几种。

（1）职业社会功能。职业社会功能是指一定的职业对社会的作用，它由责任、权力、义务体现出来。社会功能大的职业，任职条件高，职业层级也高。

（2）职业社会报酬。职业社会报酬是指任职者的收入福利待遇、晋升机会、发展前景等。这是一个比较综合的指标。眼前工资或薪酬收入高，并不一定福利待遇高，也不一定晋升机会就多，也不一定发展前景就好。因此，不同的人以不同的认识来评判。

（3）职业自然条件。职业自然条件是指与职业活动相关的自然工作环境，如技术装备、劳动强度、安全系数、卫生条件等。职业自然条件好，职业社会层级也就高。

（4）职业要求。职业要求是指一定的职业对任职者各种素质的要求，包括文化程度、工作能力、道德品质、身体素质等。职业对人要求越高，被人替代的可能性就越小，职业社会层级越高。

（5）个人偏见。有些人形成了对某一种或某一类职业的好与恶的心理定式。缺乏客观性与全面性，只以评价职业声望的个别因素为依据，来对职业进行评价。

（6）舆论氛围。一定时期内大众舆论所造成的具有倾向性认同的职业，虽然职业地位不高，但因其收入等其他因素，使评价者对某一种或某一类职业出现了心理倾向性。

（7）国别和地区。不同国别和地区的人们，在职业声望比较中，也显示出了差异性。

（8）教育程度。受教育程度不同，人们对职业声望的评价不尽相同。

职业声望是以上诸多因素的综合反映和综合作用的结果，任何单项都不能全面地反映职业声望的状况。职业声望是现实的，也是历史的、发展的。在农业社会，对农民的评价高于商人；工业社会崇尚科学技术和管理，对工人和商人的评价高于农民。从就业者的角度来说，一般人们都愿意选择声望高的职业，或者是从职业声望较低的职业流向职业声望较高的职业。

大连理工大学贾俊婷等学者对此进行了调查研究（2016），公布了我国大学生对职业声望的调查结果（职业声望排名表 1–6）。

表 1–6 我国大学生对职业声望的评价表

排序	职业	得分	排序	职业	得分	排序	职业	得分
1	宇航员	91.66	34	演员	69.44	67	木工	56.32
2	科学研究人员	88.39	35	中小学教师	69.20	68	保险公司业务员	56.29
3	飞行员	85.08	36	编辑	68.95	69	电工	56.12
4	军人	82.92	37	消防人员	68.83	70	清洁工	55.23
5	公司董事长	81.11	38	编剧	68.79	71	出租车司机	54.80
6	大学教师	80.88	39	电台播音员	68.01	72	厨师	53.68
7	检察官	80.72	40	出版商	67.83	73	动物饲养员	53.56
8	大学校长	80.43	41	农业技术人员	67.21	74	包工头	53.40
9	工程师	80.20	42	画家	66.78	75	小商店业主	53.02
10	医生	78.82	43	银行职员	66.06	76	裁缝	52.89
11	海关工作人员	78.04	44	记者	65.91	77	环卫工人	52.54
12	法官	77.59	45	营养师	65.03	78	纺织工人	52.29
13	理财师	76.77	46	会计	65.00	79	导游	51.98
14	心理医生	76.50	47	音乐工作者	64.85	80	建筑工人	51.71
15	电子商务工程师	76.37	48	房地产商	64.50	81	图书管理员	51.50
16	中小学校长	75.33	49	歌手	64.42	82	矿工	50.86
17	律师	75.07	50	教练员	64.40	83	乘务员	50.67
18	国有企业厂长	74.89	51	空姐	63.64	84	公交车司机	50.17
19	国家公务员	73.82	52	事业单位员工	63.29	85	废品收购人员	50.08
20	翻译	73.17	53	摄影师	62.98	86	种田农民	50.06
21	外企员工	72.85	54	私企员工	62.73	87	美容美发师	49.36
22	私营企业厂长	72.55	55	幼儿园教师	62.00	88	单位保安人员	49.24
23	警察	72.44	56	护士	61.28	89	传达室人员	49.16
24	导演	72.37	57	秘书	60.33	90	采购员	48.82

续表

排序	职业	得分	排序	职业	得分	排序	职业	得分
25	服装设计师	72.26	58	网络商铺老板	59.46	91	月嫂	47.78
26	公司经理	72.18	59	经销商	59.15	92	商场售货员	45.82
27	网络游戏设计员	71.88	60	模特	58.81	93	餐厅服务员	45.03
28	运动员	71.87	61	个体户	58.58	94	渔民	44.14
29	作家	71.49	62	兽医	58.45	95	接线员	43.59
30	IT 行业人员	71.34	63	化妆师	58.44	96	售票员	43.41
31	地质勘测人员	71.06	64	快递员	57.41	97	保姆	43.33
32	主持人	70.89	65	汽车修理工	56.91	98	客服人员	41.66
33	新媒体工作者	70.49	66	居委会主任	56.76	99	街边小贩	38.09

新浪网络也曾作过我国的职业声望排名调查，如表 1-7 所示。

（二）职业期望与职业成功

1. 职业期望

职业期望（Job Expectancy），又称职业意向，是劳动者对某种职业的希望、愿望和向往，也就是希望自己从事某项职业的态度倾向。职业期望的特点如下。

（1）职业期望来自劳动者个体方面的主观愿望和行为。

（2）职业期望不是空想、幻想，而是劳动者的一种主动追求，是劳动者将自身的兴趣、价值观、能力等与社会需要、社会就业机会不断协调，力求实现个人目标的过程。

表 1-7 全国职业声望得分排列及城乡比较表

得分排序	全国		城镇		农村	
	职业	声望得分	职业	声望得分	职业	声望得分
1	市人大常委会主任	90.15	市人大常委会主任	90.07	法院院长	90
2	市长	89.87	市长	89.26	市长	88.62
3	法院院长	88.61	工程师	88.24	市人大常委会主任	87.5
4	工程师	87.92	大学教师	87.59	工程师	84.93
5	科学家	86.49	法院院长	87.52	科学家	82.8
6	县委书记	85.18	科学家	87.31	县委书记	82.62
7	大学教授	85.15	大学教授	85.72	大学教授	81.83
8	大学教师	85.14	县委书记	85.3	政府机关局长	80.69
9	政府机关局长	81.1	中学教师	81.15	大学教师	78.68
10	外资企业经理	80.15	外资企业经理	81.11	国务院部长	77.54
11	政府机关科长	79.87	政府机关局长	81.03	国营企业厂长	77.15
12	中学教师	79.4	政府机构科长	80.58	政府机关科长	77.02

续表

得分排序	全国		城镇		农村	
	职业	声望得分	职业	声望得分	职业	声望得分
13	中学校长	78.18	中学校长	78.97	外资企业经理	76.63
14	国营企业厂长	78	律师	77.8	集体企业厂长	75.51
15	报社记者	77.32	国营企业厂长	77.54	报社记者	75.45
16	律师	76.12	报社记者	77.47	中学校长	75.09
17	国务院部长	75.96	国务院部长	75.73	中学教师	74.65
18	集体企业厂长	74.95	机关政工干部	75.31	电影明星	72.55
19	电影明星	73.43	电视台主持人	74.02	律师	71.69
20	机关政工干部	72.41	集体企业厂长	73.8	工商税务人员	69.9
21	电视台主持人	72.12	政府机关办事员	73.13	作家	69.89
22	工商税务人员	71.58	电影明星	73.11	银行出纳员	69.18
23	作家	71.3	工商税务人员	71.88	乡镇长	67.83
24	银行出纳员	71.28	银行出纳员	71.84	电视台主持人	67.53
25	政府机关办事员	71.18	作家	71.3	警察	66.94
26	飞机驾驶员	69.46	飞机驾驶员	70.71	政府机关办事员	66.58
27	警察	69.44	体育运动员	70.32	机关政工干部	66.3
28	体育运动员	68.21	警察	70.06	飞机驾驶员	66.09
29	医生	67.04	医生	69.55	私营企业老板	65.66

（3）职业期望也不同于职业声望。职业声望是职业地位的反映，是人们对某种职业的社会地位高低的主观评价。同时，二者也有联系，劳动者个体所追求和希望从事的职业，当然多是社会声望高的职业。

职业期望直接反映着每个人的职业价值观。每种职业都有各自的特性。不同人对职业特性可能有不同的评价和取向，这就是所谓的职业价值观。萨柏曾经将职业价值观或职业取向概括为助人、美学、创造、智力刺激、独立、成就感、声望、管理、经济报酬、安全、环境优美、与上级的关系、社交、多样化、生活方式 15 种类型。

日本 NHK 广播舆论调查所在职业调查中选择和设计了七个价值取向：①能推动社会发展的职业；②助人、为社会服务的职业；③得到人们高度评价的职业；④受人尊敬的职业；⑤能赚钱的职业；⑥虽平凡，但有固定收入的职业；⑦若不为人所用，就自谋职业。人们的职业期望常常由几种价值取向所左右，但是居主导地位的职业价值取向对职业期望起决定作用。

2. 职业成功

职业成功是个人职业生涯追求目标的实现。由于人生目标的多样性，因而职业成功标准也不同。有的人把获得高社会地位和社会声望的职业称为成功；有的人认为有一个薪资不低、安稳轻松的职业算是成功；有的人获得了很多金钱，于是有一种财富的满足感和职业成功感；还有的人把勤奋努力工作，取得成绩看作成功；也有人把事业辉煌，充满了工作成就感，视为成功；还有人以自己能帮助许多人，使他们高兴和感到满足，同时也实现了自我的价值，作为成功的表现。根据德尔（G.Brooklyn Derr，1988）的研究，公司雇员职业成功的标准和方向有以下五种类型：①进取型。一些人希望自己在职业生涯中直线上升，使其达到组织的最高地位或职业的较高阶层。②攀登型。一些人将职业成功定义为不断上升和自我完善的螺旋式攀登过程。③平衡型。即在工作、家庭关系和自我发展之间取得有意义的平衡，以使工作不至于变得太耗费精力或太乏味。④安全型。一些人追求具有长期稳定和相应不变的安全工作。⑤自由型。自己在工作中能够得到最大的自由而不是被别人控制。

职业成功不仅取决于个人评价，还与家庭、单位、社会的评价密切相关。如果一个人在个人、家庭、单位和社会中都得到了肯定的评价，那么他的职业就是成功的。

六、未来的职业

有学者认为，所有新职业均分属三大概念：教导技能、连接人机和关照他人。数字经济的发展深刻地影响着人们的职业选择。现阶段，以人工智能、区块链、云计算、大数据为代表的底层数字技术推动数字经济在全球蓬勃发展，对人类生产、生活和生态产生了全面深刻影响。在数字经济时代，一台电脑或一部手机都可以成为工作场景，人们的职业选择不断扩展。在数字化浪潮下，数字技术带来的实时交互能力加速了职业的大众化。伴随着新产业、新业态、新模式的快速发展，新就业形态应运而生。表 1–8 是根据 2022 年新版《中华人民共和国职业分类大典》整理后得来的新职业数据。

表 1–8　2015 —2021 年我国发布的新职业

批次 / 时间	新职业	特征
第一批（13 个） 2019 年 4 月	人工智能工程技术人员、物联网工程技术人员、大数据工程技术人员、云计算工程技术人员、数字化管理师、物联网安装调试员、建筑信息模型技术员、电子竞技员、电子竞技运营师、无人机驾驶员、农业经理人、工业机器人系统操作员、工业机器人系统运维员	（1）产业结构升级催生高端专业技术类（如人工智能工程技术人员等） （2）数字技术赋能引发传统职业变迁类（如无人机驾驶员等） （3）信息化广泛应用衍生类（如数字化管理师等）
第二批（16 个） 2020 年 2 月	智能制造工程技术人员、工业互联网工程技术人员、虚拟现实工程技术人员、连锁经营管理师、供应链管理师、网约配送员、人工智能训练师、电气电子产品环保检测员、全媒体运营师、健康照护师、呼吸治疗师、出生缺陷防控咨询师、康复辅助技术咨询师、无人机装调检修工、铁路综合维修工、装配式建筑施工员	
第三批（9 个） 2020 年 7 月	区块链工程技术人员、城市管理网格员、互联网营销师、信息安全测试员、区块链应用操作员、在线学习服务师、社群健康助理员、老年人能力评估师、增材制造设备操作员	
第四批（18 个） 2021 年 3 月	集成电路工程技术人员、企业合规师、公司金融顾问、易货师、二手经纪人、汽车救援员、调饮师、食品安全管理师、服务机器人应用技术员、电子数据取证分析师、职业培训师、密码技术应用员、建筑幕墙设计师、碳排放管理员、管廊运维员，酒体设计师、智能硬件装调员、工业视觉系统运维员	

资料链接

全国新就业形态劳动者达 8400 万人

记者日前从中华全国总工会获悉：第九次全国职工队伍状况调查已于近期结束。调查表明，目前全国职工总数 4.02 亿人左右，新就业形态劳动者 8400 万人，农民工 2.93 亿人。职工平均年龄 38.3 岁、平均受教育年限 13.8 年。调查还显示，职工理想信念更加坚定，主人翁地位持续巩固。越来越多的职工积极投身“当好主人翁、建功新时代”“建功‘十四五’、奋进新征程”等主题劳动和技能竞赛。

新就业形态劳动者成为职工队伍重要组成部分，产业工人队伍发展壮大。新就业形态劳动者主要是货车司机、网约车司机、快递员、外卖配送员等群体，以男性青壮年为主，农业户籍人员比例较高。产业工人平均年龄 38.29 岁，农业户籍占 52.1%，平均受教育年限 13.16 年。第三产业的产业工人比例在增长，77.6% 的产业工人集中在制造业和建筑业。

职工受教育程度普遍提高，技术技能素质显著提升。第三产业职工平均受教育年限为 14.5 年，高于第一产业职工的 12.5 年和第二产业职工的 13.0 年。专业技术人员队伍年龄主要处于 30～50 岁之间，集中在教育、制造、卫生和社会工作等行业。

职工更加注重自身和长远发展，更加期望工会组织能够发挥更大作用。95.3% 的职工有兴趣学习新的职业技能或知识，这一比例在 18～40 岁职工和大学本科以上学历职工中表现尤为突出。

据介绍，全国职工队伍状况调查每 5 年一次，第九次全国职工队伍状况调查以“迈向新征程的中国工人阶级”为主课题。

数字经济时代大量新职业快速涌现。新职业改变了企业用工模式，促使灵活就业盛行，其劳动关系也发生新变化，表现为劳动本身从属方式不断弱化，劳动资料提供方式多方并存，劳动过程监督方式技术强化，劳动产品归属方式权属不明，劳动报酬支付方式灵活多样，劳动权益保障方式仍需加强。从就业形式而言，它已不局限于传统的“企业 + 员工”的雇佣形式，以“服务平台 + 个人”为特征的、新个体经济不断开拓新领域的模式，这种模式能够使供求双方快速、精准匹配，从而提高了劳动力市场的灵活度。所以，政府应完善相关政策，加快认证体系建设；工会和行业协会应吸纳新职业从业者加入工会组织，制定相关行业技术和工时标准、工资指导、监督奖惩方式等行业规范；企业应强化自身责任，筑牢新职业从业者劳动报酬、劳动时间、劳动安全、社会保障等权益底线；劳动者应增强法律意识，积极学习新技能，不断增强核心竞争力。

新时代的新员工——共享员工

共享员工是在用工荒尤其是新冠疫情背景下产生的一种新的用工模式，目前受到广泛关注。共享员工是指劳动力剩余企业与劳动力短缺企业之间达成共识，使得双方劳动力资源相互调配，在特殊时期解决企业用工不平衡，解决剩余员工就业压力的用工模式。作为灵活用工的一种，共享员工和其他灵活用工模式间存在一定的联系，但又有较大的差别。

共享员工本质上是一种“跨界用工”、临时借用、分享“剩余”劳动力、以信任经济为基础的新型用工模式，是一种劳动力市场的余缺调节机制。供需组织双方所在的行业要具有产业差异性，用工高峰具有季节性，且要求员工个体属于综合素质较高的复合型人才。目前比较典型的共享员工模式有双主体模式，多主体模式及平台模式等。由于共享员工是在特殊条件下产生的一种新生事物，目前对其劳动法律的界定有待进一步明确，该种用工模式也有待进一步规范。从 2020 年起，国家有关部门出台了指导文件，推动了“共享员工”的依法有序发展。图 1–2 是江浙地区采用较多的共享员工平台模式示意图。

图 1-2 共享员工模式内在关系图

（数据来源：《劳动关系管理》，吴士文周奕黄俊发主编，东南大学出版社，2023 年 9 月，第 68 页）

第二节 什么是职业生涯规划

很多人认为，教育、工作与退休是人生三个不同阶段或组成部分，它们是分开的。但随着社会的发展，布利斯（Bolles）认为，如今把教育（学习）、工作（上班）和娱乐（退休）看成人生中三个互相联系的方面更加重要（《人生的三个组成部分》）。因此，我们试图从职业生涯的角度来加以深入探讨分析。

一、职业生涯（Career）

职业生涯又称职业发展，是指一个人与工作相关的整个人生历程，包括所有与职业相连的活动、行为、价值观、愿望等，也是一个人一生中职位的变迁及职业目标实现的全部过程。

职业生涯分为外职业生涯和内职业生涯。外职业生涯是指一个人从接受教育开始，通过工作直到退休的整个过程，其目标集中在职业过程的外部标志；内部职业生涯是指个人寻求职业的一种主观愿望以及预期的职业发展计划，其目标的重点是在职业过程中积累知识和经验，以及观念、技能和心理的改变。职业生涯的内外区分来源于对职业生涯理解的主、客观假设，即与工作有联系的整个人生历程，不仅需要对经历的客观事实进行一番系统的变革，同时在主观上也会相应改变自己的价值观、目标、认知等职业属性。

从经济的观点来看，职业生涯就是个人在人生中所经历的一系列职位和角色，它们和个人的职业发展过程相联系，是个人接受培训教育以及职业发展所形成的结果。职业生涯是以心理开发、生理开发、智力开发、技能开发、伦理开发等人的潜能开发为基础，以工作内容的确定和变化，工作业绩的评价，工资待遇、职称、职务的变动为标准，以满足需求为目标的工作经历和内心体验的经历。

需要理解到的是，职业生涯是人一生中最重要的历程，对人生价值起着决定性作用。职业生涯是一个动态的过程，是指一个人一生在职业岗位上所度过的、与工作活动相关的连续经历，并不包含在职业上成功与失败或进步快与慢的含义。也就是说，不论职位高低，不论成功与否，每个工作着的人都有自己的职业生涯。总的来说，职业生涯，是一个人一生的工作经历，特别是职业、职位的变动及工作理想实现的整个过程。

二、职业生涯规划

（一）职业生涯规划的内涵

1. 内涵

职业生涯规划（简称生涯规划），又称为职业生涯设计，是指个人与组织相结合，在对一个人职业生涯的主客观条件进行测定、分析、总结的基础上，对自己的兴趣、爱好、能力、特点进行综合分析与权衡，结合时代特点，根据自己的职业倾向，确定其最佳的职业奋斗目标，并为实现这一目标作出行之有效的安排。职业规划就是对职业生涯甚至整个人生进行持续的、系统的计划的过程。

2. 内容构成

一个完整的职业规划由职业定位、目标设定和通道设计三个要素构成。

职业生涯规划通过对职业生涯的主客观因素分析、总结和测定，确定一个人的奋斗目标，并为实现这一目标而预先进行生涯系统安排。任何一个具体的职业岗位，都要求从事这一职业的从业者具备特定的条件，如教育程度、专业知识与技能水平、体质、个人气质及思想品质等，并不是任何一个从业者都能适应任何一项职业的，这就产生了职业对求职者的选择。

一个人在择业上的自由度主要取决于个人所拥有的职业能力和职业品质，而个人的时间、精力、能力毕竟是有限的，要使自己拥有不可替代的职业能力和职业品质，就应该根据自身的潜能、价值和需要来选择适合自己的职业，将自己的潜能转化为现实的价值，这就需要对自己的职业生涯做出规划和设计。在实际的工作环境中，组织和个人对于职业生涯规划的发展重点会存在一定差异。

（二）职业生涯规划的起源

职业生涯规划最早起源于 1908 年的美国。有“职业指导之父”之称的弗兰克 · 帕森斯（Frank Parsons）针对当时大量年轻人失业的情况，成立了世界上第一个职业咨询机构——波士顿地方就业局，并首次提出了“职业咨询”的概念。从此，职业指导开始系统化。到 20 世纪五六十年代，舒伯等人提出“生涯”的概念，于是生涯规划不再局限于职业指导的层面。

在职业生涯规划相关理论中，一般而言，职业生涯规划理论可以分为两类——结构取向理论和过程取向理论（表 1–9）。过程取向理论也称为发展取向理论，它强调个人毕生对职业生涯进行选择的模式，主要探索年龄、学习、成熟度和人格对职业生涯选择的影响。结构取向理论关注某一特定的职业选择情境，聚焦于每一个具体的职业选择，即考察与个人职业选择相关的所有因素。两者的区别是，过程取向理论强调如何正确理解职业生涯发展过程和良好的决策过程，而结构取向理论关注特定的职业选择结果。当然，随着研究的深入，职业生涯规划理论又有了新的发展。

表 1–9 职业生涯规划理论分类

分类	理论观点	重点强调	代表理论
过程取向理论	把生涯问题和决策看作各种事件和选择在一生中的发展过程，这一过程随着个人年龄增长变得日渐复杂	强调最先的选择，然后是指向某一目标的一系列事件或任务	舒伯：生涯发展论； 克鲁姆 · 伯尔茨：社会学习理论； 克内菲尔 · 坎姆：认知发展理论
结构取向理论	把生涯问题和决策看作在一个时间点上发生的事件，即在个人生活当中某一时刻所发生的事	强调选择什么，以及将个人与环境相匹配	帕森斯：特质因素理论； 霍兰德：人格类型理论； 明尼苏达：工作适应理论； 罗伊：亲子影响理论； 鲍丁：心理动力理论

（三）职业生涯规划的分类

职业生涯会在一个人的一生当中一直延续，是一个漫长的进程。根据时间维度来划分，职业生涯规划有 4 种类型：即短期规划、中期规划、长期规划以及人生规划。

（1）短期规划，是指三年之内的规划。主要是设立在不久的将来应实现的目标，规划三年内需要完成的任务。

（2）中期规划，一般涉及 3～5 年的职业目标和任务，是最常用的一种职业生涯规划。

（3）长期规划，是指 5～10 年的规划。主要是设定较长远目标，并规划为实现该目标所应采取的关键而具体的措施。

（4）人生规划，整个职业生涯的规划，时间长至 40 年左右，它是设定整个人生的发展目标和路线。

在人的一生当中，职业规划是必不可少的，从短期到中期，再到长期，直至整个人生规划，就好像爬山一般，要一步步地来。不过，在实际操作中，时间跨度太长或太短的规划都不利于自身发展。因此，一般建议将职业生涯规划控制在 3～5 年比较好。这样既方便结合自身实际情况设立合理的目标，又能随时根据现实情况进行反馈、分析和调整。

每个人都是其人生事业的计划者、设计者和管理者。在漫长的发展历程中能够看到，所有人不仅需要制定短期、中期和长期的规划，还需有终生的目标。不过，随着社会的快速发展，竞争日趋激烈，在这个瞬息万变的时代，一些无法感觉到时间和环境变化的人通常会手忙脚乱、不知所措，造成内心的恐慌和紧张不安，不知该朝哪个方向走，久而久之就会造成无所作为，而且身心也将受到严重的影响。因此，在这个充满变化的时代，尽早地做好职业生涯规划，正确认识自己，并不断地挖掘自己的内在潜能，去实现它、发展它，才能准确掌握人生方向，创造成功的人生。

从主体上看，职业生涯规划由个人职业生涯规划和组织职业生涯规划两部分组成。组织职业生涯规划主要是以现代管理学为基础，从组织层面来考虑职业生涯规划问题，因此，职业生涯的成功与否将直接关系着企业的绩效。同时，职业生涯规划有效地结合了组织目标和员工个人目标，通过员工的工作及职业发展的设计，协调员工个人需求和组织需求，实现个人和组织的共同成长和发展。因此，做好职业生涯开发与规划工作，对组织以及个人都具有十分重要的意义。不过还是存在着不同的观点，即职业生涯规划既可以是以组织为中心，也可以是以个人为中心，当然还可以是两者兼顾的，图 1–3 简明地描述了这两种不同的观点。

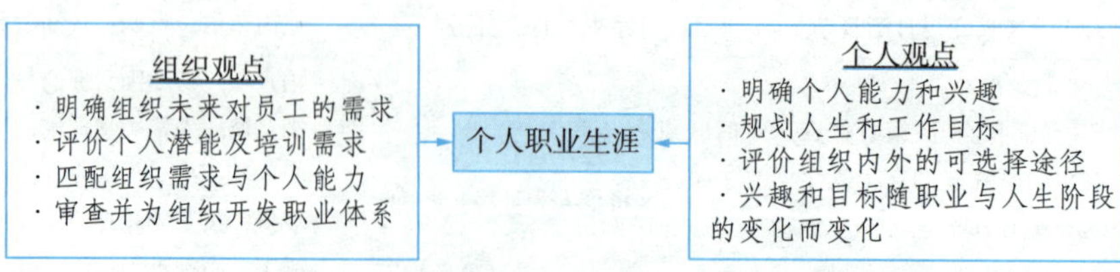

图 1–3　组织及个人职业生涯规划观点

三、职业生涯规划的目的与意义

（一）职业生涯规划的目的

（1）帮助个人发现自己的内在潜能，并选择恰当的职业发展道路。一份行之有效的职业规划可以帮助一个人准确地认识到自己的人格特点、潜在价值，并能引导个人对自己的综合优势与劣势进行全面对比分析，探索其潜能，从而确定职业发展道路。

（2）确定职业目标。职业规划能有效地帮助员工和组织制定清晰的职业目标。职业锚能够清晰地反映个人的职业追求和目标。找准自己的职业锚，可以帮助自己确定职业目标及成功的标准，从而有助于定义个人的职业形象。

（3）使职业发展更有针对性和计划性，从而提高成功的可能性。职业生涯发展要有计划、有目标，采用科学的方法、切实可行的措施，充分发挥自己的专业特长，不盲目设计过快或者过于简单的捷径道路。

（4）发展个人工作技能，并提升应对竞争的综合能力。在当今激烈的社会竞争当中，要想脱颖而出并一直保持成功，需要早早制定好自己的职业规划，有计划、有针对性地朝着自己的目标付诸行动，不断丰富个人工作经验、扩展知识水平，增强个人的职业技能，增加个人职业竞争力。

（二）职业生涯规划的意义

1. 对企业的贡献

职涯建设能系统梳理员工能力的信息，实现公司需求与个人能力的匹配，有助于增长员工技能；企业关注、支持员工发展，让员工不断看到自己的成长，能在很大程度上激励员工士气、提高员工满意度；通过任职资格管理积极引导成长要求，促进员工合理流动。

2. 对管理干部的益处

职涯建设可以有助于管理者与员工在绩效方面的沟通，帮助管理者作出增员、裁员的决策，并提供晋升、降级、轮岗等决策的理论依据，协助管理者为员工提供职业发展的咨询和引导。

3. 对员工的回报

对员工而言，了解个人的优缺点以及职业整合需求，以便更好地了解个人在企业内发展的可能性和未来的机会。同时，可以让员工学习有利于开展工作的新技能，并提供更广泛的未来选择，增加了晋升更高职位的机会，提升个人的成就感。职业生涯本身就是一个持续发展的连续过程，职业规划并不是为了应付当下，其主要是对未来的经营，帮助个人精准定位职业发展的方向，明确未来的奋斗目标，从而取得成功。帮助员工以现有的成就为基础，找准人生的方向，去寻找新的职业机遇。可以进一步引导员工准确评价个人特点和强项，评估个人目标和现状的差距，同时帮助员工重新认识自身的价值并使其增值，增强其职业竞争力。

4. 对人力资源管理的促进

通过职业生涯规划的建设，整合了人力资源活动，将广泛的人力资源活动联为一体，加深员工对人力资源管理的了解和相关政策的理解，也能获得管理层的支持，让员工与管理层共同承担责任。

四、职业生涯规划的基本原则、主要方法与基本流程

（一）把握职业生涯规划的基本原则

1. 清晰性原则

在职业生涯规划的过程中，所设置的目标、措施是否能充分体现清晰性和明确性？实现目标的步骤是否得到了清楚细致的规划？

2. 挑战性原则

在职业生涯规划的过程中，目标或措施是否具有挑战性，还是仅保持其原来状况或是仅仅设定了和原有目标相同水平的任务标准？

3. 变动性原则

在职业生涯规划的过程中，所设置的目标、措施是否能充分体现弹性或缓冲性，能根据工作环境和工作设定中出现的差异和变动设定不同措施来应对？

4. 一致性原则

在职业生涯规划的过程中，我们常要思考如下几个问题，即：所设置主要目标与分目标是否一致？目标与措施是否一致？个人目标与组织目标是否一致？

5. 激励性原则

在职业生涯规划的过程中，所设置的目标、措施是否能充分体现激励性？工作目标是否符合自己的性格、兴趣和特长？是否能对自己产生内在的激励作用？

6. 合作性原则

在职业生涯规划的过程中，所设置的目标、措施是否强调了与他人或组织的合作的重要性？个人的发展目标与企业发展目标是否具有合作性与协调性？

7. 全程原则

在职业生涯规划的过程中，所设置的目标、措施是否强调了规划阶段的完整性？拟定

生涯规划时必须考虑到生涯发展的整个历程，作全程的考虑。

8．具体原则

在职业生涯规划的过程中，所设置的目标、措施是否落实到了具体之处？生涯规划各阶段的路线划分与安排，必须具体可行。

9．务实原则

在职业生涯规划的过程中，所设置的目标、措施是否体现了务实性和可操作性要求？实现生涯目标的途径很多，在做生涯规划时必须要考虑到自己的特质、社会环境、组织环境以及其他相关的因素，选择切实可行的途径。

10．可评价原则

在职业生涯规划的过程中，所设置的目标、措施是否能对应具体的评价标准？规划的设计应有明确的时间限制或标准，以便评量、检查，使自己随时掌握执行状况，并为规划的修正提供参考依据。

（二）职业生涯规划的主要方法

1．选择较好的职业生涯模式

（1）职业生涯模式。一个人的职业生涯有着多种不同的发展可能，不同的职业生涯发展，是个人与社会多种因素相互作用的结果，最后构成不同的模式。据美国社会学家米勒和福姆的研究，人的职业生涯发展可以划分为四种基本模式。其内容如表1-10所示。

表1-10 职业生涯模式总结表

序号	模式类型	主要含义
1	标准型	这是典型的职业生涯的发展过程。属于这种类型的人，一般可以有顺序地经过职业生涯的各个时期
2	稳定型	稳定型即在前期确定职业方向或选择期很短的类型。属于这种类型的人具有较强的职业意识，由学校毕业后马上能就职已相中的工作
3	不稳定型	不稳定型指数次选择职业的类型。属于这种类型的人，往往徘徊于“职业选择与适应→职业再选择与适应→……”的过程中，不能使自己稳定于某个职业。属于浅尝辄止型
4	复杂试用型	即频繁变动职业的类型。属于这种类型的人，没有一个长期的固定工作，而是经常变换职业，所变换的职业间也没有必然联系，即该类人的工作极不稳定、不可靠。所谓“行行浅通，万世稀松”

（2）不同人员的职业生涯模式。关于职业生涯模式，学者们做了深入的研究。美国社会学家福姆与米勒的理论对各类型职业进行了比较全面的分析。他们把人的职业分为专门职业人员（专业人员）、业主与经理人员、白领大员（一般白领人员阶层）、熟练工人（包括领班、工头）、半熟练工人、非熟练工人、家庭服务与个人服务人员七种类型，并对每种类型的从业者的生涯演变进行了研究，描绘出了不同人员的职业阶层变动

过程。

1）专门职业人员。专门职业人员相当于我国的“专业技术系列”的各种人员，如教师、医生、律师等。专门职业人员最初可能从事各种阶层的职业，但他们通常很快就转入专门职业，实现了向上流动，其试验期一般为4年，而后就长期固定于某一专门职业，很少再有转换职业的尝试。

2）业主与经理人员。这是经济境况极好又能从事一定事业的阶层。该类型的人员也是起始于各个阶层的职业，许多人经过相当大程度的向上流动，其中有人职业上有“大起大落”的变动，然后归于业主阶层，并相当长时间地维持该职业。以这种类型为归宿的人，其生涯变动显然比专门职业人员复杂。

3）白领人员。其工作最初时期较短，一般仅2年。该类人员既有出身较低阶层而向上流动者，也有曾从事前两类职业而后向下流动者，但大多数人有较长的白领工作经历。白领阶层人员，还会出现在本阶层内部变换职业、调换工作的现象，甚至变换次数很多，但这不涉及职业阶层的变更，即向上、向下的纵向流动。

4）熟练工人或者工匠。这是体力劳动阶层中的高等层次。领班或工头也属于此类。熟练工人类的人员主要来自半熟练工人或非熟练工人，其主要趋势是程度不大地向上流动。少数人起始于较高层次或最低的服务人员层次。熟练工人在现代社会是人数众多的一大阶层，其工作比较稳定。

5）半熟练工人。半熟练工人通常是技术程度略差的机器操作工人、司机等。半熟练工人的职业起点均为中、低阶层；少数人开始进入职业时是熟练工人或白领职业，但以后向下流动至此。从总体上看，半熟练工人常处于不太稳定的状态，其试行期也比较长。

6）非熟练工人。该类人员一般是从事无技术的重体力劳动，处于职业状况较差、生活境况低下的阶层。该类人员起点基本是本类职业或更低的服务人员。非熟练工人缺少向上发展的知识技能，有些人有向上流动的尝试，但失败后又返回。总的来看，该类职业试行期不长，但工作变动（不超出同阶层）较大，是一种不稳定的阶层。

7）家庭服务人员与个人服务人员。该类人员的职业起点主要是本阶层人员，也有一部分从较高阶层向下流动，固定在此阶层。其试验期较短，该阶层人员也往往处于不稳定的状态。

2. 职业生涯规划的方法

（1）志向引领法。志向是事业成功的基本前提，没有志向，事业的成功也就无从谈起。俗话说：“志不立，天下无可成之事。”立志是人生的起跑点，反映着个人的理想、胸怀、情趣和价值观，影响着一个人的奋斗目标及成就的大小。所以，在制定生涯规划时，首先要确立志向，这是制定职业生涯规划的关键，也是你的职业生涯中最重要的一点。

（2）顺应趋势法。顺应趋势法是当代大学生所选择的第一方法，因为选择新兴的热门行业，会使我们的物质生活更丰富一些，我们有了经济基础，就不愁做不成自己喜欢做的事了。这确实是一个不错的就业方法，但依然有缺陷，因为所有人如果都过分追求热门的

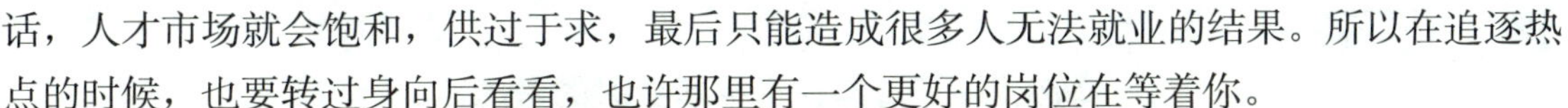

话，人才市场就会饱和，供过于求，最后只能造成很多人无法就业的结果。所以在追逐热点的时候，也要转过身向后看看，也许那里有一个更好的岗位在等着你。

（3）5W 法。这种方法简便易行，也是应用较多的一种规划方法。5W 法是一种归零思考的模式，反复追问，直到找到最后的答案。追问的 5 个问题是：

——Who am I？（我是谁？）

——What will I do？（我想做什么？）

——What can I do？（我能做什么？）

——What does the situation allow me to do？（允许我做什么？有什么约束条件？）

——What is the plan of my career？（我的职业规划是什么？）

（4）传统设定法。该法也叫“定型化效应”，是指在有限经验的基础上根据社会职业声望和社会惯例形成职业目标，并以性别、年龄、社会地位等因素来选择工作。这种方法可以在表面上使你很快找到自己的发展方向，但另一方面也可能会扼杀了你对其他职业的潜能，容易使你故步自封，使你的生活不再缤纷多彩。所以在了解了一些传统信息后，不能轻易下结论，你能做什么，或者你不能做什么，要认真思索，勇于尝试，这才能让你找到相对而言最适合的工作。

（5）橱窗游走法。有时候最好的选择就是没有选择。当我们无法选择时，不妨跳出选择本身，看看“我为什么会被选择困住？”或者“我最后要达成什么样的目的？哪个选择距离我的目标最近？”这种方法有利于你对各种行业有一个粗略认识，使你的视野不再狭隘。但由于对每个职业都抱着不专心或不平等的态度，会造成你的感性认识战胜理性认识，从而不能正确看待你所看到的职业和你所从事的职业。我们应在充分了解各行各业的基础上，仔细揣摩，把就业当成一件很严肃的事情来做。

（6）标杆学习法。标杆学习是 20 世纪 90 年代风靡世界的战略管理工具，用在职业生涯规划上受到较大重视。许多人把标杆学习看作改进职业规划、实现科学规划的一种有效方式。标杆学习法是指行为主体将自己的资源条件或优劣势与家族内部、行业内部、学校班级等优秀者对比，将其树为自己学习的典范，分析寻找与之存在的差距，借鉴他人的先进经验以弥补自身不足，从而提高职业规划的水平。标杆学习是一种比学赶超的良性循环规划法，其实质是模仿、学习和创新的持续改进过程。大学生中，有的还将社会或历史名人作为自己的标杆，取得了较好的效果。

（7）统摄定向法。有些人在思考自己的未来时，常常不知不觉中交给别人来决定。这些人包括：①父母或家人。②朋友或同僚。③老师、指导教授或辅导员。④社会。中国人讲究伦理、社群、天地君亲师，这也影响着我们的职业规划与职业选择行为。即使在现代，许多人在思考自己的未来时，还是不知不觉地把它交给别人来决定，有时还会无条件地服从他们。不过，我们在虚心讨教长辈们的同时，更要问问自己，自己到底喜欢什么职业，愿意做什么工作，综合多方面的认识，我们才能找到自己体现人生价值的职业方向与目标。

思政讲堂

马克思：《青年在选择职业时的考虑》

……每个人眼前都有一个目标，这个目标至少在他本人看来是伟大的，而且如果最深刻的信念，即内心深处的声音，认为这个目标是伟大的，那他实际上也是伟大的，因为神决不会使世人完全没有引导；神总是轻声而坚定地作启示。

……我们应当认真考虑：所选择的职业是不是真正使我们受到鼓舞？我们的内心是不是同意？我们受到的鼓舞是不是一种迷误？我们认为是神的召唤的东西是不是一种自欺？

……但是，不只是虚荣心能够引起对这种或那种职业突然的热情。也许，我们自己也会用幻想把这种职业美化，把它美化成人生所能提供的至高无上的东西。我们没有仔细分析它，没有衡量它的全部分量，即它让我们承担的重大责任；我们只是从远处观察它，然而从远处观察是靠不住的。

……在我们丧失理智的地方，谁来支持我们呢？是我们的父母，他们走过了漫长的生活道路，饱尝了人世的辛酸。……

但是，能给人以尊严的只有这样的职业，在从事这种职业时我们不是作为奴隶般的工具，而是在自己的领域内独立地进行创造；这种职业不需要有不体面的行动（哪怕只是表面上不体面的行动），甚至最优秀的人物也会怀着崇高的自豪感去从事它。最合乎这些要求的职业，并不一定是最高的职业，但总是最可取的职业。

但是，正如有失尊严的职业会贬低我们一样，那种建立在我们后来认为是错误的思想上的职业也一定使我们感到压抑。……

如果我们选择了最能为人类幸福而劳动的职业，那么，重担就不能把我们压倒，因为这是为大家而献身；那时我们所感到的就不是可怜的、有限的、自私的乐趣，我们的幸福将属于千百万人，我们的事业将默默地，但是永恒发挥作用地存在下去，面对我们的骨灰，高尚的人们将洒下热泪。

思政提示：青年大学生选择职业时，如果能够将社会责任和自身需求完美结合，那么这份职业将会使人更有尊严，使人更加自信，也更能积极主动地突破当前日趋严峻的就业形势。

（三）职业生涯规划的基本流程

企业为员工进行职业生涯规划设计，需要协调组织与个人的目标，因此在设计的过程中需要总经理、人力资源部等相关部门共同参与。总经理根据公司的现状确定公司战略发展，然后由人力资源部进行人力资源规划，再由相关部门设计员工职业生涯规划，通过总经理审批以后由人力资源部进行实施、追踪、检验。同时，人力资源部还需要对职业生涯规划的效果进行评估、反馈和总结，帮助员工持续改进职业生涯规划（具体流程见图 1-4）。

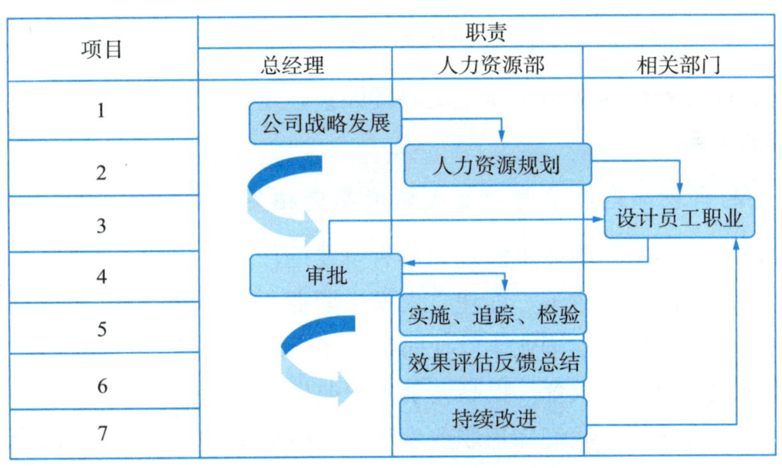

图 1-4　职业生涯规划设计流程

第三节　什么是大学生职业生涯规划

职业生涯是人生中最重要的历程，是追求自我实现的重要人生阶段。正确的职业生涯规划是个人未来事业成功的基础。大学是人生新的起点和转折点，大学阶段是职业生涯发展的重要阶段，如何度过大学时光，将在很大程度上决定一个人今后的发展。大量研究结果表明，大学生尤其是在校大学生对就业的态度主要表现为不敢面对日益严重的就业压力；对于个人职业生涯发展，则更多地表现为对前途的一片茫然。探索大学生职业生涯规划教育存在的问题，并研究解决问题的方法，有利于增强大学生职业生涯规划的科学性，提高大学生的就业竞争力。

一、大学生职业生涯规划的特点和原则

（一）大学生职业生涯规划的特点

处于不同职业生涯开展阶段的人所面对的环境要求不同，自身素质积累不同，因此，个人的职业规划，应根据其规划时的所处阶段、职业开展现状而进行。大学生正处于职业的学习、准备和起步阶段，因此，与已工作过一段时间的职业者的职业生涯规划相比较，大学生的职业生涯规划有其一定的特点，在总体原则和操作步骤大体一致的情况下，两者的规划内容和侧重点不尽相同。

大学生职业生涯规划的特点主要有以下几点。

1. 影响大学毕业生职业生涯规划的因素较多

包括家庭、社会外部因素与个体主观心理因素，重点考察大学毕业生心理和谐状况与职业生涯规划的关系。

2. 大学生的自我和谐水平与职业成熟度高度相关

职业成熟度对大学生的职业生涯规划具有重要的作用。因此，人们在此基础上提出了大学生职业生涯规划的干预对策，即建立大学生职业心理辅导体系，培养大学生健康的职业人格与职业心理，疏导大学毕业生就业时期的不良情绪，缓解就业压力；建立大学生职业生涯规划辅导的全程专业教育，提高大学生职业生涯规划水平。

通过前面的内容介绍，我们知道职业生涯规划按时间类型可以分为短期规划、中期规划、长期规划和人生规划四种。一般的职业者可以按照自身的条件和客观环境的特点，制订期限可长可短的职业生涯规划。

大学生活是一个完整和固定的阶段，其时间维度上有一个标准的划分方法，即大学的学制为大学生活的起止时限。大学生职业生涯规划中最现实、最典型的中期规划，其规划年限一般是与学生的毕业年限相同的。比如，医学院的本科学制为五年，如果一个新生从入学之初开始进行职业生涯规划，那么其规划的起止年限为五年；如果是从二年级下学期开始进行职业生涯规划，那么其规划的起止年限为两年半。虽然大学生的职业生涯规划中也有长期规划或人生规划的做法，但并不具有代表性。

3. 设定目标不同

一般的职业生涯规划的总体目标是为了获取一定的职业地位或取得一定的职业成绩。比如规划自己 35 岁前要进入某企业的高级管理层，或为自己定下两年内销售业务量成为公司之冠的业绩目标。一般职业生涯规划的阶段目标划分也并不明晰，视个人的总体目标和现实差距而定。

大学生的职业生涯规划，其最根本也最现实的目标是初次就业成功，能拥有一个与自己的兴趣、爱好、能力等相匹配的职业岗位。比如，规划自己毕业后进入某大公司的人力资源部门。大学生职业生涯规划的阶段性目标可以十分清楚明朗。比如，一年级应该到达什么要求，二年级应该完成什么方案，毕业年要实现什么目标等等。

（二）大学生职业生涯规划的原则

随着社会的不断发展，职业生涯规划变得日益重要，而大学生正处在选择职业生涯道路的十字路口。在这个关键的时刻，大学生需要全面考虑自身优势、兴趣爱好、市场需求等因素，制订一份符合自身特点的职业规划。以下是大学生职业生涯规划应遵循的原则。

1. 优势和兴趣优先原则

职业规划的第一步是了解自己的优势和兴趣爱好。大学生应该通过自我评估等方式来找到自己的天赋和长处，以及感兴趣的领域和行业。在职业选择时，应该将这些因素作为重要的参考因素，不要迷失自己。

2. 目标性原则

了解自己的特点之后，大学生需要确定一个职业生涯规划的目标，并制订一个实现目标的具体计划。制订计划时需要得到他人的建议和意见，例如老师或职业顾问的建议，他们能够给出可行的建议和意见。

3. 市场需求趋势原则

职业生涯规划必须考虑市场需求和趋势。大学生应该注意行业和职业的前景，选择有前途的领域和职业。同时，还应该了解市场上需要什么样的技能和才能，以便根据实际需求增强自己的技能。

4. 注重持久学习和自我提升原则

持久的学习和自我提升是职业规划中不可忽视的因素。大学生应该继续学习新知识和技能，通过参加培训和实习等活动来提高自己的竞争力。

5. 人际网络原则

建立人际关系和社交网络也是职业规划中的关键因素。大学生应该展开社交活动，结交更多的人，尤其是那些在他们的领域内有着很高地位的人，可以向他们学习，获取宝贵的经验和建议。

综上所述，对于大学生来说，职业生涯规划应该从自身出发，深入了解自己的优势和兴趣爱好，同时也要关注市场的需求和职业趋势，并且要不断学习和提高自己的技能。最后，建立好人际关系和社交网络是成功职业生涯规划的关键。

二、科学评估大学生职业生涯的影响因素

总的来看，大学生职业生涯的影响因素主要包括以下几个方面。

（一）个人条件的影响

职业生涯首先要受到个人自身条件的影响，如个人的潜力、局限力、知识、能力、气质、性格、兴趣、价值观、动机、需要等，它们通过不同的方式制约着个人对职业生涯作出决策、设计和开发。

（二）父母的影响

一个人最初通过对父母职业角色的观察甚至是模仿才获得对职业的了解，所以父母所担负的工作角色，他们的价值观、态度、行为等对个人选择职业道路会产生深刻的影响。这也可以解释为什么某些职业如医生、教师、书画家、音乐家等会出现子承父业，甚至家庭中几代人都从事同样的职业的原因。

（三）朋友、同龄群体的影响

职业的选择会受到朋友、同龄群体的感染和影响。朋友、同龄群体的工作价值观、工作态度、行为特点等不可避免地会影响到个人对职业的偏好、选择从事某一类职业的机会、变换职业的可能性等方面。

（四）社会环境的影响

社会环境中流行的工作价值观、政治经济形势、经济结构的变动等因素，无疑会深深地影响到个人职业生涯的决策、设计与开发。

（五）学校教育的影响

学校教育对个人职业生涯的影响表现在两个方面：一方面，一个人所接受的教育的程度和水平对他选择什么样的职业、成功的可能性大小等产生着直接的影响；另一方面，学校教育所提供的知识和技能训练为个人职业的选择和发展提供了现实基础。

（六）信息的影响

一个人只有掌握全面而准确的职业信息，才能有效地管理自己的职业生涯。职业信息包括对个人职业适应性的充分了解，也包括对不同职业的前景、所需具备的条件及发展机会的把握。

（七）其他因素的影响

对职业生涯的决策、设计与开发还受到许多其他因素的制约，如性别、种族、阶层等。这些因素虽然不十分明显，但仍然占据着一定的影响地位，很难忽略。

三、大学学业与职业生涯发展的关系

学业与职业间的关系是大学生们在学习和工作中必然会面临的问题。学业是指人们在受教育过程中所学习的知识和技能，而职业则是指人们在社会中所从事的工作和事业。在当今竞争激烈的社会中，学业与职业发展之间存在着密切的联系，它们既相互依存，相互促进，相辅相成，又在不断变化和发展。学习是取得知识和技能的途径，而职业发展则是个人通过知识和技能的应用，实现自身职业目标和成长的过程。

（一）学业是职业的基础和前提

人们在职业中所需要的技能和知识都是在学业中学习和积累的。同时，职业又是学业的应用和延伸，人们在职业中实践和应用所学的知识和技能。

学习是个人获取知识和技能的重要途径，对职业发展起着决定性的作用。首先，学习可以帮助个人提升专业能力。通过不断学习新知识和掌握新技能，个人在职业领域中的竞争力得以提高，从而更有可能获得晋升和更好的职位。其次，学习可以开阔个人的思维和视野。不同领域的知识和技能之间相互渗透，通过学习可以跨界获得新的观念和思维方式，从而更有创新力和解决问题的能力。最后，学习可以提升个人的自信心和职业素养。通过学习，个人能够逐渐掌握所需的技能和知识，从而提高自身的专业水平，增加自信心，并具备更好的沟通、合作和领导能力。

（二）职业发展对学习的要求

职业发展需要个人不断提升和适应，因此对学习有着明确的要求。首先，职业发展要求个人具备终身学习的意识。在不断变化的社会和职业环境下，只有具备持续学习的意愿和能力，才能适应新的需求和挑战。其次，职业发展需要个人不断更新知识和技能。只有紧跟行业的发展趋势，学习新知识和技能，才能在职业竞争中保持优势。另外，职业发展还要求个人有较强的自我学习和自我提升的能力。通过自我反思和总结，不断完善自身的知识结构，提升自身能力，从而不断地提高个人的职业素养和综合能力。

（三）优化学习和职业发展的结合

为了更好地发展个人职业，优化学习和职业发展的结合至关重要。首先，个人应该制订明确的职业规划。通过明确的职业目标和计划，确定所需的学习内容和学习路径，从而使学习和职业发展更加有针对性和有效性。其次，个人应该注重实践和经验的积累。学习不仅仅是掌握理论，更需要将所学的知识和技能应用到实际工作中，通过实践不断积累经验，提高职业水平。另外，个人还应该与职业发展相关的人群保持联系，通过交流和合作，取得更多的学习和职业发展机会。

学业与职业间的关系是需要协调和平衡的。在学业和职业中，人们都需要投入大量的时间和精力，但是在实际生活中，人们的时间和精力是有限的，因此需要协调和平衡学业和职业之间的关系。比如，可以制订合理的时间表和计划，分配好学习和工作的时间；可以不断学习和提高自己的能力和技能，以更好地适应职场的需求和要求；可以寻求家人、朋友或同事的支持和帮助，以更好地平衡学业和职业之间的关系。

总而言之，学习与职业发展的关系密不可分，相互影响，相互促进。通过学习，个人可以提升专业能力、开阔思维和视野、增强自信心和职业素养。而职业发展则对学习提出了终身学习、更新知识和技能以及自我提升的要求。为了优化学习和职业发展的结合，个人应该制订明确的职业规划、注重实践和经验的积累，并与职业发展相关的人群保持联系。只有合理结合学习和职业发展，才能在竞争激烈的职场中立于不败之地，实现个人的自我价值和职业目标。

四、个人职业生涯角色取向

职业生涯角色取向是指在职业规划中明确自己的角色定位，即通过认识和了解不同的职业特点，结合个人的条件和实际情况进行分析和选择准备从事的职业类型。个人条件包括学术背景、专业技能、实习经历等，而实际情况包括就业市场需求、行业发展前景等。通过综合考虑个人条件和实际情况，可以选择一个既适合自己又有发展空间的职业角色。

职业角色包括专业技术型、管理型、创业型、咨询型等多种类型。每种职业角色都有自己的特点和要求。了解不同职业角色的工作内容、发展路径和挑战，可以帮助我们更好地选择适合自己的职业角色。

个人的职业生涯角色取向主要考虑四个方面的因素：

（1）职业生涯发展的阶段。

（2）个人生涯可能承担的专业角色。

（3）各阶段的中心任务。

（4）各阶段的重大心理议题。

个人职业生涯角色取向具体见表 1–11。

表 1–11　个人职业生涯角色取向表

阶段	角色	主要任务	重大心理议题
阶段一	学生	发展和发现个人价值、兴趣和能力，拟订明智的教育战略；经由讨论、观察及工作经验，找出可能的职业选择	接受个人选择的责任
阶段二	应征者	学习如何找工作，如何磋商一场面谈；学习如何评估一个工作和一个组织的资讯；拟订实际且有效的工作选择	果断将自己呈现给别人，忍受不确定性
阶段三	储备人员	学习组织的诀窍；协助别人；遵循命令；获得认可	依赖他人；面对现实及组织真相所带来的震撼；克服不安全感
阶段四	同事	成为一个独立的贡献者；在组织找到适当的位置	根据新的自我知识和在组织内的发展潜力重新评估原始的生涯目标；独立；接受个人成败的责任；建立平衡的工作与生活形态
阶段五	指导者	训练或指导他人；介入组织的其他单位；管理小组专案计划	为别人承担责任；从别人的成就中获得满足；如果不是领导管理的角色，则接受现有的专业角色，并从横向发展中发现机会
阶段六	资助者	分析复杂的问题、影响组织的方向；处理组织的机密；发展新的想法；赞助别人其创意的专案计划；承担管理权力和责任	比较关心组织的利益；关心对高压力水准的个人情绪的反映；平衡工作和家庭；对退休生活进行规划
阶段七	退休者	适应生活标准和生活形态的变化；找出表达个人意愿和兴趣的新方法	在个人过去的生涯成就中找到满足的同时，也对个人发展的新途径保持开放态度

五、大学生在组织中的职业生涯发展角色

在组织中，员工的职业生涯发展，不仅是其个人行为，也是组织管理的重要任务。因此，大学生要对将来在组织中发展职业生涯角色作好基本准备。角色发展包括了员工角色、主管角色和人力资源开发部门的角色等（表1-12）。

表1-12 组织中的职业生涯发展角色

角色项目	目的	员工角色	主管角色	人力资源开发部门角色
职业生涯目标	确定职业生涯努力方向，实现个人理想	（1）剖析自己； （2）分析有关因素； （3）规划自我发展目标	（1）为员工提供有关信息； （2）协助员工剖析自己； （3）帮助员工确定目标	（1）职业生涯规划指导； （2）分析员工生涯目标的可行性
配合与选用	配合组织发展目标与发展方向，晋升优秀员工	（1）提供自己的真实材料； （2）争取获得晋升	（1）界定某一工作所需的技能、知识和其他特殊条件； （2）甄选候选人，提出建议	（1）协调过程； （2）指导与分析，对主管和员工提出忠告； （3）对候选人进行考核、面试
绩效评估	指导和教导员工达到最好的工作绩效，提高工作满意度	（1）自我评估； （2）请求和接受回馈	（1）提供回馈和教导； （2）以正式或非正式的方法进行评估	（1）监督和评估各种评估表，使其达到一致和公平； （2）训练主管人员的评估员工
个人职业生涯发展	创造良好的环境，沟通职业生涯目标	（1）负起自我生涯发展的责任； （2）寻找和获得有关自我和生涯趋势的真实信息； （3）界定和沟通；（4）完成发展性的计划	（1）组织并指导有关职业生涯发展问题的讨论； （2）提供真实的反馈信息； （3）提供有关职业生涯发展的参阅资料； （4）鼓励和支持员工的职业生涯发展	（1）提供有关职业生涯发展方面的参阅资料及信息； （2）训练主管人员如何带领员工讨论； （3）为员工职业生涯发展提供训练、教育机会； （4）制定并公布有关职位的标准及要求
职业生涯发展评估	每年对员工的工作能力及其潜力进行评估，使其与单位的发展需求相结合，确保组织效能持续增长	进行自我认识和自我评估，研究自我发展存在的问题	（1）根据当前的绩效、潜能和兴趣评价员工； （2）与其他主管沟通信息； （3）确认机会和问题； （4）推动员工生涯规划的实施	训练主管人员如何对员工进行职业生涯发展评估
职业生涯调试	使工作、生活、职业生涯目标能密切地融合	（1）接受评估意见； （2）必要时调整工作和职业生涯目标	根据评估结果，提出调整意见并实施	（1）对调整方案进行备案； （2）协助主管完成员工的工作或职业生涯目标的调适

六、大学生职业生涯规划的误区

虽然我国大学生职业生涯规划教育已获得了一些成绩，并帮助大学生成功规划个人的职业生涯，但不容置疑，目前仍旧存在一些问题与误区。

1. 普遍缺乏对职业生涯规划的重视

原因主要有两方面：第一，现实社会严峻的就业压力缩小了大学生职业生涯规划的空间。在当前形势下，毕业生就业的选择余地小。勉强就业，既不能实现人和职业的匹配，人也不能在其岗位创造最大价值。第二，缺乏职业理想与目标。而许多学生进入大学后意志消沉，没有明确的发展方向和职业理想。加上心理的不完全成熟，对未来的发展前景没有规划，不知道需要对其职业生涯进行规划，更不知道该如何规划。

2. 规划不科学，以自我意愿为出发点，与现实存在偏差

不少大学生在进行职业生涯规划时确定的目标不切实际，好高骛远，只盯住大城市、大企业、大机关、高收入、高地位的岗位，很少有人主动愿意去不发达地区。而分析目前大学毕业生的特点，自身也还存在实践能力差，动手操作能力弱，重智商轻情商，缺乏情绪控制力，适应能力和社会交往能力差等很多不足的地方。

3. 进行职业生涯规划时盲目随从

在高校毕业生增多和金融危机的双重影响下，到底有多少人是在理智地思考和判断之后做出的选择？又有多少人是“考研无意识”“为了考研而考研”？大学本科的扩招，使本科学历在劳动力市场上不再具有绝对优势。很多同学存在“就业恐惧症”。因此，很多同学把考研看成来留守在象牙塔里的通道，盲目跟风，糊涂考研。

4. 缺乏职业生涯规划的专业指导

目前，我国高校毕业生的职业生涯规划和就业工作主要是由辅导员进行指导。然而，通常辅导员都不是专业的职业生涯规划指导人员，没有足够的能力去指导学生进行职业生涯规划。在没有获得较专业的职业生涯规划指导的前提下，学生由于阅历浅，思想不成熟等原因往往不能作出正确的规划。

5. 职业生涯测评工具不能满足大学生的需求

自我认知是大学生职业生涯规划的起点，而自我认知的途径之一就是通过职业测评工具来了解自己的职业兴趣、职业性格、职业能力、职业价值观等，据此作出更为客观、科学的自我评价。目前，从资金方面看，很多高校在大学生职业生涯规划教育的经费投入上还没有达到一定的力度，而且，职业生涯规划教育的软硬件设施尚不健全，有些高校甚至连基本的职业测评系统都没有，根本无法满足大学生通过外界测评工具达到客观认知自我的需求。测试的方向性比较单一，缺少一定的科学性和实效性，无法作为学生做职业测评的科学的参考依据。此外，大学生在选择测评工具时，存在着较大的随

意性，这也影响了测评结果的准确性。

本章小结

本章对职业、职业生涯和职业生涯规划等概念进行了详细阐述，通过分析职业及职业生涯的特点，总结了其目的和意义，并提出了职业生涯规划的原则、方法和步骤。同时，本章针对大学生职业生涯的特点，专门研究了大学生职业生涯规划的原则和影响因素，阐述了大学学业与职业生涯发展的关系，并较深入地分析了大学生职业生涯规划的主要误区，以便为大学生们提供实践上的指导。

关键术语

工作（Job/Work）
职业（Occupation）
职业生涯（Career）
职业生涯模式（Career Model）
职业生涯规划（Career Planning）
组织职业生涯管理（Organizational Career Management）
职业声望（Occupational Prestige）
职业期望（Occupational Expectancy）
职业成功（Occupational Success）

复习思考题

1. 在本章的引导案例中，叶小乐的问题可能你也遇到过。如果你是叶小乐，你将如何解决这一问题？

2. 你是如何理解本章引页出现的三句谚语的？请根据相关理论知识，并结合现实，和同学们讨论一下，这些谚语说明了什么问题？它们对我们作好职业生涯规划有何启发？

3. 疫情时期，很多大学毕业生就业遇到了较大困难，受此影响，他们开始深入思考如何进行职业设计与规划，以有效应对就业市场出现的各项挑战，但也有些大学生由于平时对此关注不够，基础欠佳，缺乏发展目标，对当前的困难感到有些茫然与迷惑。请你结合现实，谈谈当前大学生在职业规划方面遇到的最大挑战或困难是什么？如何应对之？

4. 近年来，很多用人单位从组织目标和强化人力资本管理角度出发，为员工设计了多渠道的职业发展渠道，以留住核心人才，提高组织的核心竞争力。请你根据职业生涯规划相关理论知识，作为当代大学生，你认为组织应如何帮助我们提高职业生涯规划指导或管理水平？为什么？

第2章 Chapter 2 职业生涯规划的主要理论流派

知识结构图

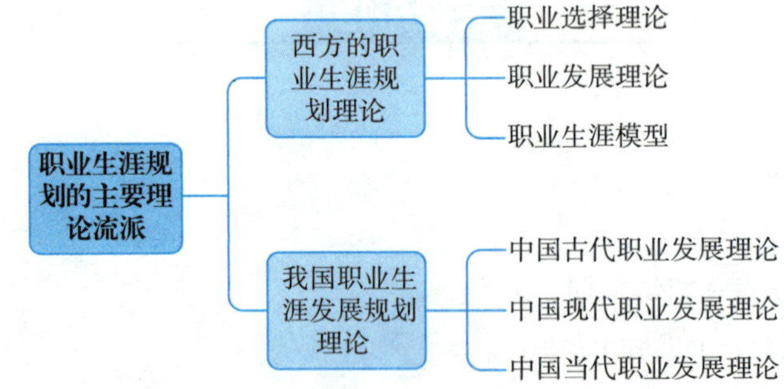

名言隽语

吾十有五而志于学，三十而立，四十而不惑，五十而知天命。

与其守成法，毋宁尚自然；与其求划一，毋宁展个性。

知之者不如好之者，好之者不如乐之者。

学习目标

1. 了解西方有代表性的职业选择理论及各自的具体内容；
2. 了解西方有代表性的职业发展理论及各自的发展阶段划分；
3. 掌握职业生涯规划模型的构建，绘制个人导向型的职业生涯管理模型；
4. 理解胜任力冰山模型、胜任力洋葱模型，分析两种模型的区别联系；
5. 了解我国的职业生涯发展历程及取得的理论成果。

引导案例

张梅该如何选择?

张梅经济学研究生毕业，她的工作背景并不复杂。张梅毕业后便留校当了两年经济学教师，可是却对那种论资排辈儿、媳妇儿熬成婆的形式十分反感，而且张梅也觉得自己并不适合在教育领域发展。之后便跳槽到一家国有风险投资公司，主要负责客户投资顾问及产品销售业务，业绩十分亮眼。四年后因为家庭原因，来到了北京，通过朋友介绍进入一家国有证券公司任职，除了负责以前的工作职责，她还负责部门内部的管理工作。这样的工作一直持续到现在。国企绝对的稳定性使她从根本上丧失了晋升的欲望和念头，甚至已经有近两年的时间失去了对工作的兴趣和激情，而且薪资根本就没有什么大的提升。许多同事早已跳槽，过得也都还不错，薪资也是自己的两三倍，以自己的能力和资历绝不应该只拿这点钱。周围也有一些公司在向自己示意，但除了薪资稍稍提高之外，工作内容并无大的改变。由于公司规模比现在的小，工作性质也没有什么质变，张梅拒绝了。她也趁着年关试探性地投出20多份简历，近两个月了都杳无音信。张梅也想过跳槽，但是已经35岁的她对于自己还能否经受得起职场的大风大浪的考验，显得毫无信心。没有发展的困惑和寻求发展的理想，以及害怕风险的本能使张梅感到职业发展一片渺茫。张梅该如何规划自己的职业生涯呢？又该如何选择才能获得最大的利益和职业生涯的较好发展呢？

【案例启示】在决定跳槽以谋求加薪、晋升的时候，首先要考虑的不是目标工作的薪水是否高、职务是否有晋升、公司规模是否比现在的规模大等因素，而是应该明确自己适合做什么、自己能够做什么以及自己想要做什么。科学规划自己的职业生涯，确保每一次的职业选择都尽可能少走弯路，在最短的时间内充分调动、挖掘自己的职业竞争力，以最快的速度实现职业目标。

第一节 西方主要的职业生涯规划理论

一、职业选择理论

（一）帕森斯的特质因素理论

帕森斯的特质因素理论又称帕森斯的人职匹配理论。1909年美国波士顿大学教授弗兰克·帕森斯（FrankParsons）在其《选择一个职业》的著作中提出了人与职业相匹配是职业选择的焦点的观点，其核心思想是通过个体特质与职业要求的匹配来提高职业满意度和职业稳定性。帕森斯认为，每个人都有自己独特的特质，包括能力、兴趣、价值观等，而每种职业也有其特定的要求，如知识、技能、性格等。当一个人的特质与职业要求相匹配时，这个人就更可能在该职业中获得成功和满足感。

特质因素理论要求职业指导者首先要进行一系列的测量，了解学生个性特点，帮助学生对自己有正确的认识与评价；同时，还必须通过观察、会晤、问卷、心理图示、个案分析等工作了解社会有关职业的信息，尤其是不同工种、行业对劳动者在能力、技能及态度等方面的要求。只有在对“特性”和“因素”有了相当细致的了解后，才能通过职业咨询来达到职业匹配的目的。首先，评价求职者的生理和心理特点（特性）。通过心理测量及其他测评手段，获得有关求职者的身体状况、能力倾向、兴趣爱好、气质与性格等方面的个人资料，并通过会谈、调查等方法获得有关求职者的家庭背景、学业成绩、工作经历等情况，并对这些资料进行评价。其次，分析各种职业对人的要求〔因素），并向求职者提供有关的职业信息，包括：①职业的性质、工资待遇、工作条件以及晋升的可能性；②求职的最低条件，诸如学历要求、所需的专业训练、身体要求、年龄、各种能力以及其他心理特点的要求；③为准备就业而设置的教育课程计划，以及提供这种训练的教育机构、学习年限、入学资格和费用等；④就业机会。再次是人职匹配。指导人员在了解求职者的特性和职业的各项指标的基础上，帮助求职者进行比较分析，以便选择一种适合其个人特点又有可能得到并能在职业上取得成功的职业。

资料链接

特质理论与职业选择

特质因素论认为，每个人都具有稳定的特质（个人的人格特征，包括一个人的价值取向、态度和行为表现等特有的思想和行为模式），而职业也具有稳定的因素（客观工作要求必备的知识结构、能力等条件）。一个人在选择职业的过程中，应当首先清楚认识个人的主客观条件，即对自我的认知，如个人兴趣、能力、资源、局限及其他特征；与此同时，还应当清楚了解职业世界，如各种职业岗位所需技能要求、工作环境、薪酬福利、发展前景等；在掌握上述两类信息的基础上，将主客观条件与各种可能的职业岗位相对照，最后选择一个与个人相匹配的职业。这就是帕森斯的“职业指导的三大原则”。

（二）霍兰德的职业性向理论

美国心理学教授约翰·霍兰德于 1971 年提出职业性向理论，该理论源于人格心理学的概念和大量职业咨询的实践研究，是从整个人格角度考察职业的选择问题。约翰·霍兰德假设人的职业选择是其人格的反应。在同等条件下，人和环境的适配性或一致性将增加个体的工作满意度、职业稳定性和职业成就感。

霍兰德的职业性向理论认为大多数人的人格特质可以归纳为现实型、研究型、艺术型、社会型、管理型、常规型六种类型：①现实型（R）：动手能力强，喜好从事实务的工作，通常具有较强的实践性，不善言辞，缺乏社交能力，喜欢用手或是用工具制造修理一些东西，喜欢从事室外工作或操作机器。②研究型（I）：擅长对各种现象进行观察、分析和推理，喜欢与思想有关的研究活动，具有聪明、好奇、有学问的特征，具有创造性和批判性，不喜欢组织、领导方面的活动。③艺术型（A）：偏好模糊，喜欢在写作、音乐、艺术和戏剧等方面进行艺术创作，厌恶明确、秩序和系统化的活动，想象丰富，看重美的品质。④社会型（S）：偏好对他人进行传授、培训、教导等方面的社会活动，喜欢与人合作，积极关心他人幸福，喜欢给大家传递信息，愿意帮助别人解决困难；不喜欢与材料、工具、机械等实物打交道。通常表现出重视社会和伦理道德问题的价值观。⑤企业型（E）：对领导角色和冒险活动感兴趣，喜欢从事领导他人实现组织目标或获取经济效益的活动，精力充沛、自负、热情、自信，具有冒险精神，能控制形势，擅长表达和领导。⑥常规型（C）：偏好对数据资料进行明确、有序的整理工作，看重经济上的成就，相比领导更愿意处于从属地位、跟随大流。他们具有细心、顺从、依赖、有序、有条理、有毅力、效率高等特征。

类型	人格特点	职业倾向	对应的职业
现实型	手脚灵敏、身体协调、不善交际、言辞拙劣	技能型、操作型工作	机械工、司机、水电工、计算机硬件人员等
研究型	思维严谨、逻辑清晰、理性分析、勇于挑战、善于思考	学识型工作、理论型工作	工程师、科学研究员、学者等
艺术型	富于想象、冲动、直觉、自我、情绪化、追求完美	艺术型工作	演员、设计师、画家、诗人、雕刻家等
社会型	友善、善于沟通、合作、关心他人和社会	与人有关的工作	教师、公关人员、咨询人员，社区工作者等
企业型	精力充沛、喜欢冒险和控制、自信乐观、富有魅力	领导和管理型工作	企业管理人员、政府官员、法官、销售人员等
常规型	顺从、谨慎、保守、务实、稳重、自控、追求稳定	常规性工作	秘书、文员、会计、图书管理员、数据统计员等

霍兰德等认为工作环境也可分为现实型、研究型、艺术型、社会型、企业型、常规型六种，提出六种职业环境模型的环形结构模型，如图 2-1 所示。

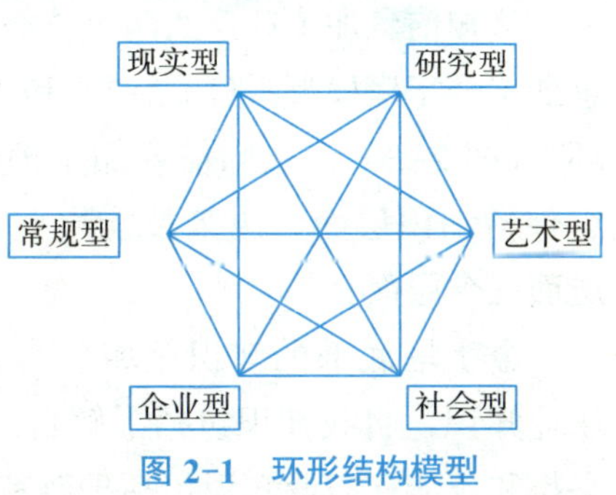

图 2-1　环形结构模型

根据霍兰德理论，个体可能同时具备多种类型的人格特质，不过会有一种占优势，其他相对较弱。六种职业兴趣类型（R、I、A、S、E、C）按顺时针方向排成环形。两种兴趣类型间有相邻、相对、相隔三种关系。其中，相邻职业类型间关系最紧密，相对最远，相隔居中。在六角形模型上，任何两种职业类型之间的距离越近，其职业环境及人格特质的相似度越高。处于相对位置上的两种类型，它们的相似度最低。同时，六角模型也表明了六种人格特质类型之间的一致性。相邻的类型，即那些在六角形上相近的类型组成了最一致的模型。此模型是霍兰德职业选择理论的精髓。根据霍兰德的四个基本假设，职业者的人格特质与所选择的职业环境相一致时，他才能达到工作的最佳状态，劳动者的才能与积极性才会得以高水平地发挥。因此，职业者在进行职业选择时应尽量选择与自己人格特质相一致的工作环境模式，这样比较容易获得职业上的成功以及心理上的愉悦感。

资料链接

霍兰德职业兴趣测试量表（完整专业版）– 心理测评 – 易读心理网 https：//a.061h.cn/XlExam/detail/id/231.html？ sid=NzE2MV8xNjUxODA4NDgy&qhclickid=5770993f0bb57e81

（三）认知信息加工理论

1991 年盖瑞 · 彼得森、詹姆斯 · 桑普森和罗伯特 · 里尔登在其著作《生涯发展和服务：一种认知的方法》中详细阐述了生涯发展的新方法——认知信息加工（Cognitive Information Processing，CIP）方法。认知是指人们的思维方式或者人们的头脑是如何加工信息的。心理学家认为人们在自己的长时记忆中保持着一些不同种类的知识结构和成分，这些结构和成分对于生涯决策的制定具有重要意义。认知信息加工理论就是基于在生涯问题的解决和决策的制定过程中大脑接收、编码、储存和利用信息与知识的理念而形成的一种理论。认知信息加工理论主要关注涉及解决职业生涯问题和职业生涯决策的思维和记忆过程，强调职业生涯问题的解决是一个认知的过程。

认知信息加工理论基于八种假设，这些假设的核心内容如下：①生涯选择以人们如何去思考和去感受为基础；②进行生涯选择是一项问题解决活动；③生涯问题解决的能力以人们了解什么和如何思考为基础；④生涯决策需要良好的记忆；⑤生涯决策需要动机；⑥持续进行的生涯发展是终身学习和成长的一部分；⑦生涯发展在很大程度上取决于人们的思维内容和思维方式；⑧生涯质量取决于人们对生涯决策和生涯问题解决了解的程度。

认知信息加工理论的两个核心观点是“信息加工金字塔模型”（图 2–2）和“CASVE 循环”（图 2–3），认知信息加工理论的基本内容包括知识层面、决策技能层面、执行加工层面三个层面。

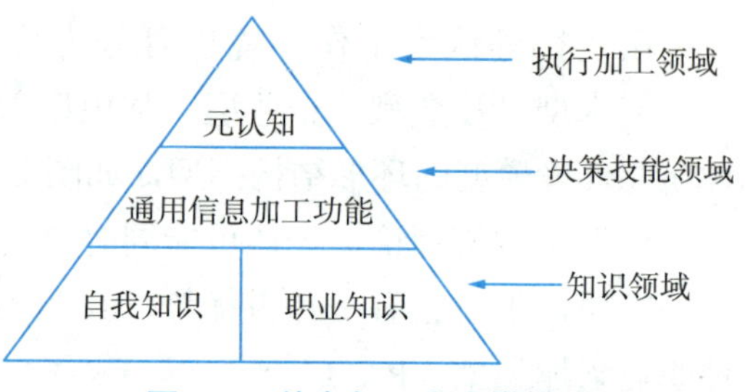

图 2–2 信息加工金字塔模型

金字塔底部的知识领域包含自我知识和职业知识，自我知识包括了解自己的价值观、兴趣和技能；职业知识包括理解特定的职业、学校专业及其组织方式。知识领域可以比作储存于计算机记忆中的各种数据文件、各种零散的信息以一条动态的信息或图式的方式储存。这些图式能使人们处理和加工生涯问题解决和决策制定的信息。

“自我知识”是个体生涯开发的基石。自我知识中最重要的三个基本因素是个人兴趣爱好、职业偏好和职业技能。兴趣是一切活动的源泉与职业生涯中赖以生存的重要条件，没有兴趣的工作将导致人们的生涯变得没有意义，工作也会面临不断的跳槽。在生涯规划中，找到自己的兴趣所在点，才能激发自己的无限潜能与工作激情。首先，要关注自己以往的经历，找到让自己快乐或不快的一些工作事件，找出快乐或不快乐的原因，从中找到能提升自我知识的方面进行生涯问题的解决和决策。其次，要利用现有的资源和工具进行生涯决策。身边的资源是比较容易获取和得到的，因此在面对一切可利用的资源的时候，尽可能找到有利于生涯决策的资源。此外，在以上的基础上充分了解自己的兴趣爱好、职业偏好和擅长技能，对自身了解得越多，也就更加有利于解决生涯中遇到的问题，作出生涯决策。

“职业知识”作为金字塔底端第二个重要的部分，奠定了生涯规划的起步。职业知识包含职业技能、职业能力、思维方式、工作态度、动手能力等内容，广泛地存在于政府文件、报告、参考资料、电脑文件、影碟和其他媒体资源中，与自我知识相对。因此，在职业知识方面，大学生应主动参与职业的选择，了解各种职业的需求，结合自我知识，找到兴趣点，进一步找到喜欢的职业，进行职业探索与职业分析，逐步规划未来的职业生涯，能让自己最终的职业生涯更加顺利。

金字塔第二级水平的决策技能领域最重要的就是CASVE循环，包含进行良好决策的沟通（Communication）、分析（Analysis）、综合（Synthesis）、评估（Valuation）和执行（Execution）五个阶段，完成此过程依赖于五阶段中每一阶段的成功，任一阶段出现问题都会影响整个问题的解决。

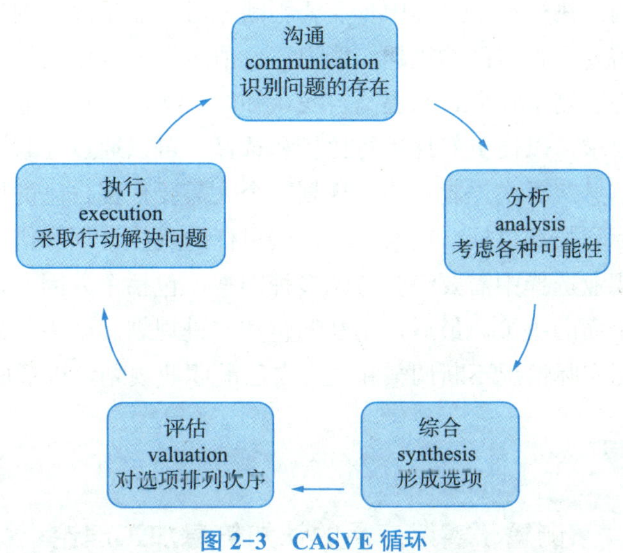

图2-3 CASVE循环

沟通即识别问题的存在。在沟通的初始阶段，人们可能会被问题所难倒，也许会因为工作中遇到的不顺感到迷茫、沮丧、消沉，进行自我否定和做出不良行为。一旦第一步遇到困难，就无法进行下一步的决策和选择，因此要提高沟通交流的技能。分析即对自我关于自我知识、职业知识各方面的认识，如何获取信息，获取信息后如何利用信息等，因此在分析阶段需要提高分析阶段的技能，如进行职业兴趣测验，确定自己的自我认知是否准确，是否足够了解自己，正确描述自己的自我形态，详细记录出生活中遇到的生活故事和生活历程，确保信息的真实性，确保对各种选择的信息不存在偏见，没有受到外界不恰当的影响。综合阶段就是对各种搜集的内容进行汇集，查找各种可能解决问题的方法。对于综合能力的评估，应该确定影响你做生涯规划决策的因素，找出限制因素，并剔除不合理因素，只用合理选项，对各种问题进行综合评估，最终进行下一步的决策，才能进行职业决策的评价。评价阶段就是对所选择的职业进行评述估量，对前期从交流中、分析中综合出来的选择进行最后的研究，找到最优选择。评价既是对前期工作的检查，再次确认是否合理，生涯规划是否符合自己的职业能力和是否与自身兴趣相契合，也是对生涯规划一个阶段性的总结，确认生涯规划的完整性与合理性。最后是执行阶段，执行即做完前四项要素后，最终做出一套完整的职业生涯规划计划，包括生涯前的准备工作、生涯中的具体执行以及生涯选择后的自我反思，依据这一过程，最后进行职业选择，根据自己的情况来决定是否重复以上五个要素，最后实施。该阶段不要被困难和挫折所打倒，把消极的困境转化为积极的动力，将这些困难一一记录下来，对其进行反思，提高自己的执行能力。

金字塔顶端的执行加工领域包括自我对话（self-talk）、自我觉察（self-awareness）和控制与监督（Control and monitoring），它具有工作控制职能。它告诉在金字塔第二级水平上的程序将按照何种顺序运作，就像计算机的 CPU 告诉计算机运行程序何时发出指令一样。

在职业生涯规划的执行加工过程中，需要不断地对职业生涯规划进行优化。首先，提高自我认知。个人需要了解自己的兴趣、能力、价值观等，以便更好地进行职业选择。可以通过自我评估、心理测试等方式来提高自我认知。其次，收集职业信息。个人需要了解各种职业的特点和要求，以便更好地进行比较和选择。可以通过互联网、就业中心、招聘会等途径获取职业信息。再次，制订职业规划。个人需要根据自己的情况和目标制定职业规划，包括短期目标和长期目标，以及实现这些目标的具体计划和措施。又次，综合考虑多种因素。个人在职业选择中需要综合考虑多种因素，包括个人因素、社会因素和家庭因素等，以便作出更全面的决策。最后，不断调整和改进规划。个人的兴趣和能力是不断变化的，个人需要根据实际情况不断调整和改进自己的职业规划，以适应社会发展的变化。

资料链接

侧重于实际应用的认知信息加工理论

研究方法的问题一直是心理学研究中十分困难的问题。信息加工认知心理学继承了实验心理学的传统，吸收了计算机科学的研究成果，形成了一套比较完整的研究方法——实验、模拟、理论分析相结合的研究方法。这种研究方法充分地反映了当代科学在实验基础上高度综合的研究特点，以及定性研究与定量研究相结合、宏观研究与微观研究相结合的特点。正是研究方法的突破，促进了信息加工认知心理学的发展。这些研究方法如下。

（一）实验法

从 100 多年前冯特在莱比锡建立了第一个心理学实验室以来，实验方法已被大多数心理学家所接受。这是因为实验的方法能使研究者在控制的情境下，系统地操纵自变量，观察因变量的变化，探讨变量之间的关系。实验有助于研究者搜集资料，验证假说，提高研究的信度和效度。实验方法是信息加上认知心理学采用的主要手段。信息加工认知心理学的实验主要是反应式实验和眼动实验。

（二）口述报告法

口述报告法，也称出声思考法，是一种由被试大声地报告自己在进行某项操作时的想法来探讨内部认知过程的方法。口述报告多半在操作时进行，也可以在操作后通过回忆来叙述。从某种意义上来讲，口述报告的方法有些类似传统的内省法，也可以认为是对内省法的批判与继承。在进行口述报告实验时，主试一定要要求被试大声地如实报告操作时自己思考的详细内容，使内部的思维过程外部言语化，但不要他们解释情境或思维过程。被试所报告的应主要是短时记忆中保留的很快就会消失的信息。内克森和西蒙等人采用这种方法，在认知研究上取得了一定的成就。口述报告的方法已被许多信息加工认知心理学家所接受。

（三）计算机模拟的方法

计算机模拟是信息加工认知心理学最有代表性的一种独特的研究方法。计算机模拟是心理学与计算机科学的交叉领域，也是人工智能的重要组成部分。这种方法是想通过对心理过程的计算机模拟来认识人心理过程的本身，即对人的内部信息加工过程进行逻辑分析。

计算机模拟常和理论分析结合在一起，多从程序缩减、流程分析、程序模拟三个方面着手。程序缩减是一种以潜在性因素作为资料来源，用分离认知因素来探讨认知过程的方法。典型的设计是让被试执行两种复杂程度不同的任务，从对比的角度来探讨复杂任务的操作时间和信息加工过程。流程分析是通过计算机流程图的比较进一步探讨操作时心理表征的顺序和方向。程序模拟是把人的认知过程编成各种计算机语言输入计算机，如果输入的程序能正常工作，设计者至少可以得知某种心理过程在逻辑上是可行的，即获得逻辑合理性方面的验证。例如，克拉克等人用计算机模拟的方法探讨了人的句子理解过程，达柯等人则探讨了人怎样利用自己有限的短时记忆去处理和分析句子的前后关系。这些研究都取得了一定的成就。

二、职业发展理论

（一）舒伯的生涯彩虹理论

1953年美国生涯发展研究者舒伯（Donald E.Super）在《美国心理学家》杂志上发表文章，提出“生涯”的概念，之后形成了舒伯生涯发展理论。他认为“生涯”是生活中各种事件的演进方向和历程，统合了人一生中的各种职业和生活角色，由此表现出个人独特的自我发展形态；它也是人自青春期以至退休之后，一连串有酬或无酬职位的综合，甚至包括了副业、家庭和公民的角色。为了综合阐述生涯发展阶段与角色彼此间的相互影响，舒伯创造性地描绘出一个多重角色生涯发展的综合图形——一生生涯的彩虹图（图 2-4），形象地展现了生涯发展的时空关系，诠释了生涯的定义。

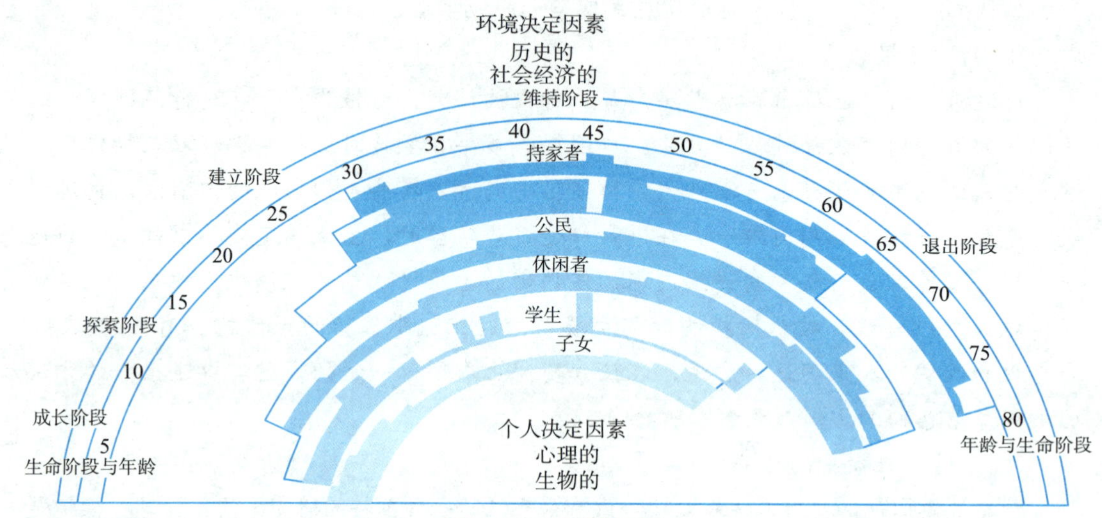

图 2-4　生涯彩虹图

1. 横贯一生的彩虹——生活广度

在生涯彩虹图中，最外的层面代表横跨一生的“生活广度”，又称为“大周期”，包括成长期、探索期、建立期、维持期和衰退期。从这个彩虹图的阴影比例中可以看出，成长阶段（0～14 岁）最显著的角色是子女；探索阶段（15～20 岁）是学生；建立阶段（30 岁左右）是家长和工作者；维持阶段（45 岁左右）工作者的角色突然中断，又恢复了学生角色，同时公民与休闲者的角色逐渐增加，这正如一般所说的“中年危机”的出现，同时暗示这时必须再学习、再调适才有可能处理好职业与家庭生活中所面临的问题。彩虹图中的阴影部分表示角色的相互替换、盛衰消长。它除了受到年龄增长和社会对个人发展、任务期待的影响外，往往跟个人在各个角色上所花的时间和感情投入的程度有关。舒伯认为，除了整个生涯的发展要经历这五个阶段之外，各个阶段和角色的发展同样要经历五阶段，由此形成“成长—探索—建立—维持—衰退”的循环发展模式。

2. 纵贯上下的彩虹——生活空间

生涯彩虹图的纵向层面代表的是纵贯上下的生活空间，是由一组职位和角色所组成，包括儿童、学生、休闲者、公民、工作者、夫妻、家长、父母和退休者九种角色。舒伯认为人在一生当中都会扮演这些不同的角色。各种角色之间是相互作用的，一个角色的成功，特别是早期的角色如果发展得比较好，将会为其他角色提供良好的关系基础。但是，在一个角色上投入过多的精力，而没有平衡协调各角色的关系，则会导致其他角色的失败。

3. 彩虹的阴影厚薄——生活深度

生涯彩虹图的彩虹阴影部分的厚薄，表示生活的深度，代表不同阶段对角色投入的时间和程度。为了适应生涯不同阶段发展任务的变化，生涯角色的投入程度也会随之此消彼长。要保持生涯彩虹的完整、连续和绚丽，需要综合考虑生涯目标、阶段任务、核心角色、个体条件和社会环境等因素，做到合理安排角色的投入程度，以求得生涯的和谐发展。如果在一个角色上投入过多的精力，没有平衡协调各角色的关系，会导致其他角色的失败。

资料链接

舒伯列举各阶段的生涯发展任务

1. 学前儿童（增进自我协助的能力、认同其父母双方、增加自我引导能力）

2. 小学生（增进与他人共同合作的能力、选择适合个人能力的活动、承担个人行为的责任、从事家中零星的工作、学习基础知识）

3. 中学生（进一步发展其能力与特殊才能、选择就读学校或未来就业的领域、选择学校课程、发展其独立性）

4. 青年（选择高等教育机会或就业途径、选择学校专业课程、选择适当的职业、发展职业技能）

5. 中年人（职业稳定下来、提供未来的发展机会、探寻适当的发展或晋升途径）

6. 老年人（逐步适应退休的生活、探寻适当的活动以填充退休后的空间和时间，尽可能维持自足的能力）

以上各阶段不是绝对的或一成不变的，但是其主要的发展任务不单单指上述列举的各项，个人必须面对每一种新的发展课题，达成发展的目标。各阶段的发展任务并不完全与职业直接相关，但由此可知职业发展与个人其他方面的发展（人格、社会行为、情绪、价值观念等）相互关联。根据各个阶段循环发展的观念（每个阶段都可分为成长、探索、建立、维持与衰退），各阶段间同样呈现出这样的循环过程。

（二）金兹伯格的生涯发展理论

美国著名职业指导专家金兹伯格（Ginzberg）对职业生涯发展进行长期研究后指出，个人成长是一个持续不断的历程，在不同的阶段，个体在外在社会环境、个人的身心发展、人格特质、价值观念、教育机会和工作成就等因素的影响下表现出不同的职业成熟度。金兹伯格研究的重点是童年到青少年阶段的职业心理成熟过程，通过比较美国人从童年到成年有关职业选择的想法和行为，将职业发展分为幻想期、尝试期和现实期三个阶段。

1. 幻想期（0～11 岁）

儿童们对大千世界，特别是对于他们所看到或接触到的各类职业工作者，充满了新奇、好玩的感觉。此时期职业需求的特点是：单纯凭自己的兴趣爱好，不考虑自身的条件、能力水平和社会需要与机遇，完全处于幻想之中。

2. 尝试期（11～17 岁）

这是由少年儿童向青年过渡的时期，具体划分四个阶段：兴趣阶段、能力阶段、价值阶段和转移阶段。这一时期，人的心理和生理在迅速成长发育和变化，有独立的意识，价值观念开始形成，知识和能力显著增长和增强，初步懂得社会生产和生活。在职业需求上呈现出的特点是：有职业兴趣，对职业有更深层次的探索，更多地和客观地审视自身各方面的条件和能力，开始注意职业角色的社会地位、社会意义，以及社会对该职业的需要。

3. 实现期（17 岁以后）

这一时期又分为试探、具体化和专门化三个阶段。青年即将步入社会，能够客观地把自己的职业愿望或要求，同自己的主观条件、专业方向、能力以及社会现实的职业需要紧密联系和协调起来，寻找适合于自己的职业角色。他们对所希求的职业不再模糊不清，已有具体的、现实的职业目标，表现出的最大特点是客观性、现实性、讲求实际。

金兹伯格的生涯发展理论，展示了从幼年到青年期个体职业心理发展的生动图景，表明早期职业心理的发展对人生职业选择有着重大的影响。

（三）塞缪尔的职业生涯发展理论

塞普尔·H. 奥西普作为美国有代表性的职业学家，著有《生涯发展理论》一书。他把人的职业发展划分为 5 个大的阶段。

1. 成长期（0～14 岁）

儿童经历对职业从好奇、幻想、感兴趣，到有意识培养职业能力的逐步成长过程。塞普尔将这一阶段，具体分为 3 个成长期。首先是幻想阶段（10 岁之前），儿童从外界感知到许多职业，对于自己觉得好玩和喜爱的职业充满幻想，并通过角色游戏进行模仿，实现自己对职业角色的认同。其次是兴趣阶段（11～12 岁），以兴趣为中心，理解、评价职业，开始作职业选择。最后是能力阶段（13～14 岁），开始考虑自身条件与喜爱的职业是否相符，开始关注并有意识地发展能力。

2. 探索期（15～24 岁）

探索期是青年择业、初就业时期。青年力图更多地了解自我，并作出尝试性的职业决策；同时通过经验的积累，不断改变自己的职业期望。探索期可分为 3 个阶段。首先是试验阶段（15～17 岁），个体通过想象、讨论、观察、见习、社会实践等活动开始综合认识和考虑自己的兴趣、能力与职业社会价值、就业机会，开始进行择业尝试。其次是过渡阶段（18～21岁），查看劳动力市场，或者进行专门的职业培训，从过去的理想进入当前的现实，并对自己的职业期望进行现实性调整。最后是尝试阶段（22～24岁），选定工作领域，开始从事某种职业。

3. 建立期（25～44岁）

个人为建立稳定职业阶段需要经过两个时期。首先是尝试阶段（25～30岁），是个人对初就业选定的职业不满意，一直不能适应，就再选择、变换职业工作。变换次数各人不等。也可能满意初选职业而无变换。其次是稳定阶段（31～44岁），个体已经适应了整个职业生活环境，明确了自己在职业岗位中的责任和权利，能顺利、成功解决职业中的各种问题，开始在职业体会中有满足感和成就感，最终确定职业为自己终身职业。

4. 保持期（45～59岁）

在这一时期，个体一般达到常言所说的“功成名就”情景，已不再考虑变换职业工作，只力求维持已取得的成就和社会地位。

5. 衰退期（60岁以上）

由于个体健康状况和工作能力逐步衰退，即将退出工作，结束职业生涯，考虑退休后的生活安排。

（四）施恩的职业生涯发展理论

美国的埃德加·施恩教授立足于人生不同年龄段面临的问题和职业工作主要任务，将职业生涯分为② 9个阶段。

1. 成长、幻想、探索阶段（0～21岁）

这一阶段的主要任务是：①发展和发现自己的需要和兴趣，发展和发现自己的能力和才干，为进行实际的职业选择打好基础；②学习职业方面的知识，寻找现实的角色模式，获取丰富信息，发展和发现自己的价值观、动机和抱负，作出合理的受教育决策，将幼年的职业幻想变为可操作的现实；③接受教育和培训，开发工作世界中所需要的基本习惯和技能。在这一阶段所充当的角色是学生、职业工作的候选人、申请者。

2. 查看工作阶段（16～25岁）

查看工作阶段的主要任务有两个：①查看劳动力市场，谋取可能成为一种职业基础的第一项工作；②个人和雇主之间达成正式可行的契约，个人成为一个组织或一种职业的成员，充当应聘者或新学员的角色。

3. 基础培训阶段（16～25岁）

与查看职业工作或组织阶段担当实习生、新手的角色不同的是，该阶段个体已经迈进职业或组织的大门。此时个体的主要任务是：①了解、熟悉组织，接受组织文化，融入工作群体，尽快取得组织成员资格，成为一名有效的成员；②适应日常的操作程序，应付工作。

4. 早期职业的正式成员资格阶段（17～30 岁）

取得组织新的正式成员资格后，个体面临的主要任务包括：①承担责任，成功地履行与第一次工作分配有关的任务；②发展和展示自己的技能和专长，为提升或查看其他领域的横向职业成长打基础；③根据自身才干和价值观，根据组织中的机会和约束，重估当初追求的职业，决定是否留在这个组织或职业中，或者在自己的需要、组织约束和机会之间寻找一种更好的配合。

5. 职业中期（25～45 岁）

处于职业中期的正式成员，年龄一般在 25 岁以上，其主要任务为：①选定一项专业或查看管理部门；②保持技术竞争力，在自己选择的专业或管理领域内继续学习，力争成为一名专家或职业能手；③承担较大责任，确定自己的地位；④开发个人的长期职业计划。

6. 职业中期危险阶段（35～45 岁）

职业中期的后半段时间属于危险阶段，其主要任务为：①现实地估价自己的进步、职业抱负及个人前途；②就接受现状或者争取看得见的前途做出具体选择；③建立与他人的良师关系。

7. 职业后期（40 岁—退休）

从 40 岁以后直到退休，可说是处于职业后期阶段，此时的职业状况或任务是：①成为一名良师，学会发挥影响，指导、指挥别人，对他人承担责任；②扩大、发展、深化技能，或者提高才干，以担负更大范围、更重大的责任；③如果求安稳，就此停滞，则要接受和正视自己影响力和挑战能力的下降。

8. 衰退和离职阶段（40 岁—退休）

不同的人在不同的年龄会衰退或离职，此间主要的职业任务是：①学会接受权力、责任、地位的下降；②基于竞争力和进取心下降，要学会接受和发展新的角色；③评估自己的职业生涯，着手退休。

9. 离开组织或职业（退休）

在失去工作或组织角色之后，面临两大问题或任务：①保持一种认同感，适应角色、生活方式和生活标准的急剧变化；②保持一种自我价值观，运用自己积累的经验和智慧，以各种资源角色，对他人进行传帮带。

需要指出的是，施恩虽然基本依照年龄增大顺序划分职业发展阶段，但并未囿于此。施恩教授划分职业周期阶段主要是依据职业状态和职业行为和发展过程的重要性，而个体经历某一职业阶段的年龄有别，所以，他只给出了大致的年龄跨度，因此，职业阶段上所示的年龄有所交叉。

三、职业生涯管理模型

（一）个人导向型的职业生涯管理模型

1. 职业生涯管理模型假设

个人导向型的职业生涯管理模型是美国职业生涯管理专家格林豪斯等在借鉴、综合他人研究成果的基础上开发的，该模型描绘的是人们应该如何管理他们的职业生涯，即职业生涯管理的过程。受特质因素理论、人格类型理论等的影响，职业生涯管理模型的基本假设是：当人们的工作和生活体验与本人的愿望和要求一致时，他们会感到更有成就感并具有更高的生产率；当人们的工作经验与个人的需要、价值观、兴趣和生活方式偏好相符时，他们会对职业选择更加满意；当工作所需的恰好是个人所具有的技能时，职业的绩效往往会有所提高。个人导向型的职业生涯管理模型是一个以个人为中心的模型，强调个人在职业生涯管理中的主导作用。职业生涯管理模型具体如图 2–5 所示。

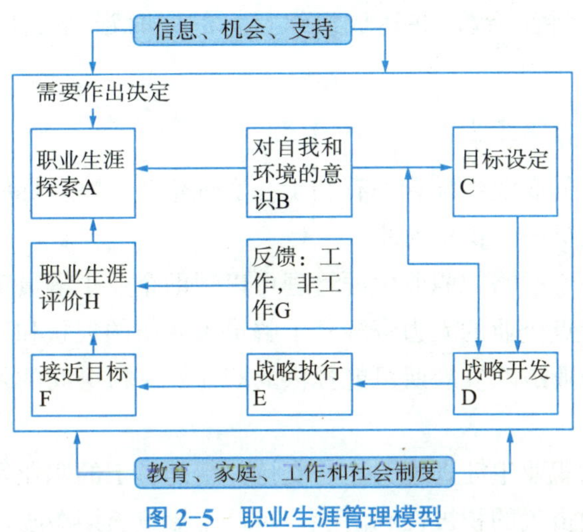

图 2–5 职业生涯管理模型

2. 一个持续解决问题的过程

职业生涯管理模型提供的是一个解决问题进行决策的循环过程。个人通过收集信息来认识自己和周围的环境，然后建立目标，制订并执行战略计划，获得反馈信息继续职业生涯管理。职业生涯管理模型的成功应用不仅取决于个人，也取决于组织。它需要员工之间的、目前和将来的老板之间的、同事之间的、朋友的以及家庭的信息系统。个人必须愿意对他们的职业生涯采取积极和负责任的行动，也需要收集正确决定所需要的信息。研究表明，获得家庭和朋友支持的个人将会感到更加安全，也能够更好地实现职业生涯发展。组织必须愿意并善于与员工分享信息，提供必需的资源并支持员工在职业生涯管理中的尝试。

格林豪斯认为职业生涯是一个持续解决问题的过程。一方面，工作是生活的一个非常重要的组成部分。一份满意的职业能够提高人们的成就感。相反，一连串糟糕的职业生涯选择会对人的自信产生灾难性的影响。另一方面，我们制定的目标常常是不现实的，加之我们对工作环境中所处的位置的了解并不深入，所以，我们需要持续的、有意识的、积极的职业生涯管理。还有，不断变化的环境使得组织必须作出新的选择、制定新的战略，如技术革新、业务重组、公司并购等都会影响一个人在特定组织中的职位。与此同时，个人也在改变，随着年龄的增长、思想的成熟和经历的丰富，个人的才能和价值观也会发生变化。另外，家庭环境的改变等也会给职业选择带来限制或机遇。因此，我们需要持续的、有意识的、积极的职业生涯管理，这并不是说人们应该每周每日随时不断地批评自己的行为或修订自己的目标或战略，但是，人们应该与自己及环境的改变大体保持一致，选择更加适应目前的价值观和生活方式偏好的职业的机会。

（二）组织战略型的职业生涯管理模型

组织战略型的职业生涯管理模型是指以组织战略目标为出发点，建立一套能够识别员工发展需要、职业潜力和支撑员工职业发展的系统，并借助该系统引导员工的个人发展目标和组织的目标保持一致，在达成组织目标的同时帮助员工实现个人职业目标的活动。

1. 基于组织战略的职业生涯管理的意义

企业实施基于战略的职业生涯管理有利于在实现企业战略目标的同时满足员工的发展需要，吸引员工，留住员工，积累人才。

第一，企业实施基于战略的职业生涯管理可以帮助企业了解员工的不同个性、职业需求和职业锚等信息，盘点企业的人力资源，了解员工队伍的现状和职业发展需求，并协调员工职业发展需求同企业战略发展所可能提供的职业发展机会间的矛盾，提高人力资源配置的合理性。

第二，基于战略的职业生涯管理关注、支持并帮助员工的职业发展，能深层次激励员工，持久、内在地调动员工的积极性和潜能，对员工形成长期激励，培养员工对企业的忠诚感、归属感，增强员工队伍的稳定性，保持企业管理团队的连续性和质量。

第三，基于战略的职业生涯管理通过培训、轮岗等活动可有效提高员工技能和素质，可使员工实现自我价值的不断提升、超越和心理成就感的追求得到满足。企业通过有步骤、有计划、分阶段地让员工得到培训进修、轮岗锻炼和自我学习等，帮助员工进行自我提高。

第四，基于战略的职业生涯管理可增强员工对自身和职业环境、职业机会的把握能力，更加顺利地实现职业发展，通过开展职业生涯管理、咨询、测评等工作，可使员工更加清楚、了解自身的长处和短处及适合的职业发展方向。

第五，基于战略的职业生涯管理可帮助员工协调好职业生活与家庭生活的关系，利于促进员工的全面发展，更好地实现人生目标。目前，很多企业的职业生涯管理系统都包括实施工作—家庭平衡计划，工作—家庭平衡计划具体包括向员工提供家庭问题和压力排解的咨询服务、创造参观或联谊等机会促进家庭和工作的相互理解和认识、将部分福利扩展到员工家庭范围以分担员工家庭压力、帮助员工避免家庭生活与工作生活冲突等。

第六，基于战略的职业生涯管理作为人力资源管理的一项战略措施，可以为整个企业管理系统提供多重支持。首先，职业生涯管理为企业发展战略服务，支撑战略目标的达成；其次，支持企业生产经营管理和企业绩效管理；再次，职业生涯管理支持企业动态人员管理制度等。

基于战略的职业生涯管理能够实现个人目标与企业目标的协调统一。在使员工个人成才的同时也满足企业的需要，实现个人组织双赢。

2. 组织战略型职业生涯管理模型的构建

企业实施基于战略的职业生涯管理必须对员工个体职业发展有充分的了解，只有掌握了个体职业发展的特点，了解员工的职业需求，才有可能将企业目标和个体目标进行有机的整合，以提高员工工作和职业的满意度。基于战略的职业生涯管理模型（如图2-6所示）构建要求组织根据自身战略进行职位设置和职位的分类及分等定级，在此基础上形成明确的员工职业发展的通道；并要求组织根据自身战略确定各级各类职位的任职资格标准；牵引员工在组织内不断学习与提高，同时组织要建立员工任职资格晋升评审系统，在员工具备晋升到某一职位的资格条件时，其可以主动向人力资源管理部门提出申请，由人力资源管理部门组织专门的评审委员会进行评审，获得通过后，员工就实现了职位的晋升和职业的发展。基于战略的职业生涯管理还要求组织要动态地发布自身的发展思路、发展战略，并及时提供组织的职业需求信息，职业提升路线或策略，以引导员工不断提升自身素质，满足组织发展需要；营造和谐的人才成长环境，积极为人才提供职业生涯发展的咨询平台和学习与提高的平台，实现组织成长带动员工成长，员工成长推动组织成长。

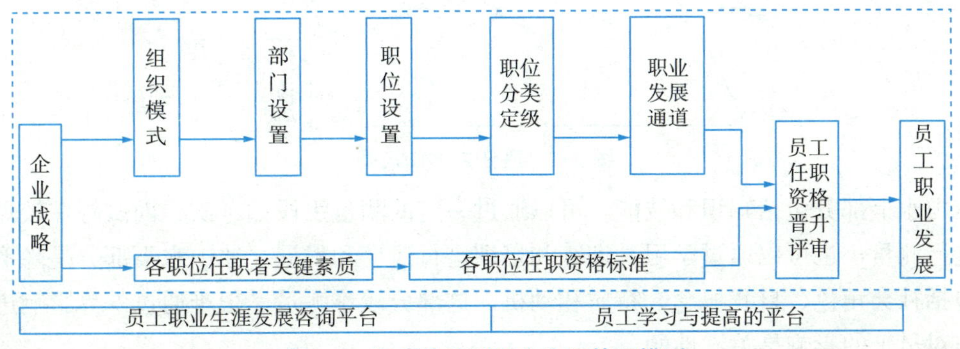

图2-6 组织战略型职业生涯管理模型

四、职业胜任力模型

“胜任力”的概念最早由哈佛大学教授戴维·麦克利兰（McClelland）于1973年正式提出。麦克利兰教授认为胜任力是一种个人的深层次特征，这种深层次特征包括动机特质、自我形象态度价值观、某领域的特殊技能等一切可以被测量的能与他人显著区分的个体特征，它可以有效地将卓有成效者与普通者区分开来。

胜任力模型则是由针对特定的岗位、职位表现出来的优异胜任特征而组合起来的结构要素，包括胜任特征的名称、胜任特征的定义和行为指标的等级等要素。主要包括：①知识：个体在特定职业领域中所掌握的专业知识和信息，包括技术知识、行业知识和公司知识等。②技能：个体在完成工作任务和解决问题时所具备的能力，包括技术技能、人际交往技能和团队协作技能等。③态度和价值观：个体对工作的态度、价值观和工作中的行为准则，包括责任心、敬业精神、诚信意识等。④需求：个体在职业发展中的内在驱动力和需求，包括职业兴趣、职业追求和职业目标等。⑤个性与特质：个体所具备的独特性格和特征，如情绪稳定性、创新性、抗压能力等。

（一）胜任力冰山模型

麦克利兰教授认为，胜任力主要包括知识（knowledge）、技能（skills）、社会角色（socialroles）、自我概念（self-concept）、特质（traits）及动机（motives）6个部分，表现优异者和一般者相区别开来的特征就是胜任力，这6个方面的胜任力特征组成一个整体的胜任力结构。麦克利兰指出，胜任力的确定过程应遵循两个原则：一是能否显著地区分工作业绩，二是要以客观数据为依据。为此，麦克利兰教授提出了胜任力冰山模型，如图2-7所示，把员工不同胜任力的表现划分为“看得见的冰山”部分和“看不见的冰山”部分，并对胜任力组成的各要素进行了层次上的排列。

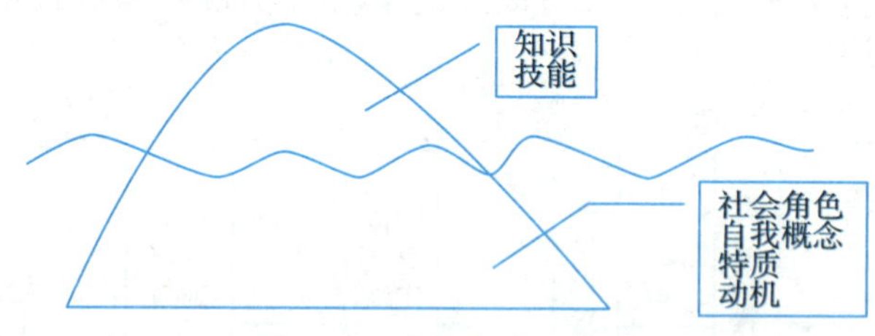

图2-7 胜任力冰山模型

冰山水上部分包括知识和技能，可以通过一定的测量手段如考试、面试等在较短的时间内进行测量，也可以通过学习、训练和培训进行改变和发展。冰山水下部分是隐形的特质，包括社会角色、自我概念、特质和动机，这部分较难测量，很难通过外界影响进行改变，但对员工的影响是关键性的。

麦克利兰结合关键事件法和主题统觉测验开发出了“行为事件访谈法”，以此为基础，研制了胜任力模型的开发程序，其主要步骤是找出能鉴别绩优者和绩平者的绩效标准；选择绩优者和绩平者两组人员作为效标样本；对绩优者和绩平者相区别的胜任力进行界定；寻找并优化测量胜任力的方法；选择两组样本对胜任力进行检验。之后，有人在麦克利兰的基础上对胜任力冰山模型加以完善，针对不同岗位或职业，形成了不同人员的通用胜任力模型，并在此基础上建立了胜任力模型的建构方法和程序：确定绩效有效标准→选择效标样本→收集资料→建立胜任力模型→验证胜任力模型→胜任力模型的应用。

（二）胜任力洋葱模型

美国学者 R. 博亚特兹（Richard Boyatzis）在对麦克利兰的胜任力冰山模型进行深入研究分析后提出了胜任力洋葱模型。他把胜任力体系描述成洋葱状，分为 3 层，由外到内分别为显质层、变质层和潜质层，如图 2-8 所示。首先是显质层，表示易于培养和评价的知识和技能；其次是变质层，指的是可以培养的社会角色、自我概念、态度和价值观等；最后是潜质层，指特质和动机等，这是最难以评价和培养的。

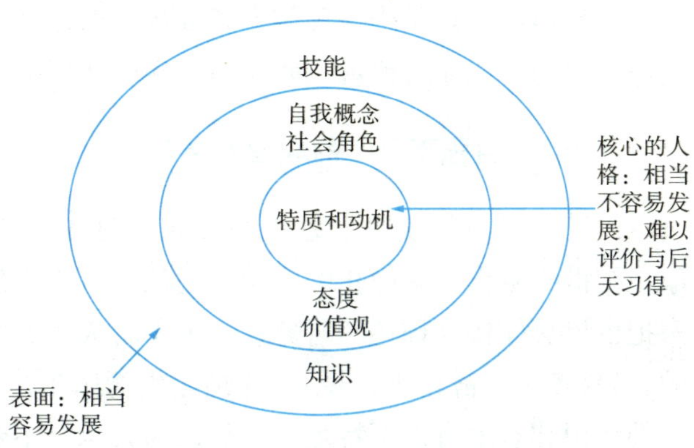

图 2-8 胜任力洋葱模型

洋葱模型和冰山模型两者在本质上是一致的，个人特质表现为外显和内隐，作用时间分为短暂与长远，行为表现分为可测量与不易测量、可评价与难评价。

资料链接

建立岗位胜任力模型的流程

一、明确企业战略发展方向
二、确定目标岗位
三、界定绩优标准
四、选取样本组
五、收集、整理数据信息
六、对胜任力进行编码
七、划分胜任力等级
八、构建胜任力模型
九、对胜任力模型进行验证

第二节 我国主要的职业生涯规划理论

一、中国古代职业发展理论

中华传统文化是中华民族在长期生产劳动、生活交往中逐渐积淀而成的，浸润于人们的职业理想、职业价值观、职业道德和职业规范之中。

（一）“自强不息”的职业发展观

由于东西方传统哲学思想的差异，西方哲学家在世界观上把世界总体作为判断的对象，把世界看作一幅静止的画面，是从“有”出发来认识和分析世界的。而中国古代哲学家把世界总体作为描述的对象，把世界看成动态的状态，是从“生”出发来开始哲学思考的。《易传·系辞传上》说：“天地之大德曰生。”受“生”的哲学思想影响，中国人对人生的认识和态度有以下特点：一是认为人生是不断发展变化的。孔子曾站在河边，面对奔流的河水发出感慨：“逝者如斯夫，不舍昼夜。”他认为，任何事物都像流水一样，永远处在发生、发展的过程中。宇宙永远保持着生生不息的活力，人生也一样。“苟日新，日日新，又日新”指的就是人可以通过不断内省和修身来实现人生的革新和变化。二是认为人生是分阶段的。孔子说：“吾十五而有志于学，三十而立，四十而不惑，五十而知天命，六十而耳顺，七十而从心所欲，不逾矩。”这段话被认为是我国古代最早关于职业生涯阶段的描述。孔子在这段话中依据年龄将人的生涯分为六大阶段，并指明每个阶段的主要任务。15 岁左右是“志于学”阶段：其主要任务就是立志求学、认真学习，为今后的职业和人生发展打基础。这里的“学”不仅指学习知识，还各种探索。30 多岁是“而立”阶段：其主要任务是“立业”，即立事业、立家业，但更为重要的是个体的“独立”。这时的人们无论职业还是人生都在逐渐趋向于稳定。虽然职业还可能会变动，人生也有可能遇到波折，但大致的方向已基本确立。与此同时，个体对工作、家庭乃至社会的责任感也在逐渐增强，而这也是“立”的重要内涵。40 多岁是“不惑”阶段：人们在这个阶段职业稳定并有所发展，事业上基本达到功成名就的巅峰状态，心智非常成熟，人格完全定型，思考问题深思熟虑。50 岁是“知天命”阶段：人在这个阶段无论身体还是心理都开始走向衰老，孔子主张顺应规律。60 多岁是“耳顺”阶段：人在这个阶段开始退休，职业发展也基本上停滞，历经了人生的起落和波折，这时候人们已能以心平气和的态度泰然处之，达到较为轻松的状态。70 多岁是“从心所欲，不逾矩”阶段：大多数人在这个年纪即使在物质生活上不能“从心所欲”，但在心境上都能做到随心、自由，但不能逾越规矩，倚老卖老。三是认为人生需要自强奋进。《周易·乾卦·象传》说：“天行健，君子以

自强不息”，体现了中国人积极进取的人生态度。

“自强不息”的发展观带给职业生涯教育的启示在于：职业生涯是不断向前发展的；职业生涯是分阶段的，且有规律可循。树立不断进取的职业态度，是克服求职过程中和职场中困难的法宝，也是推动职业生涯不断向前发展的不竭动力。

（二）“内圣外王”的职业价值观

中国传统哲学作为一种以人生哲学为主调的哲学理论形态，特别关注如何做人的问题。在人生的价值观上，突出地表现为“义”与“利”之间的关系。义利关系是道德理想与现实需求之间的关系，也包含着群体与个体之间的关系问题。“义”是一个关于群体性原则的哲学理念，“利”是一个关于个体性原则的哲学理念。中国哲学家比较看重“义”，而不太看重利，从而表现出强调群体价值、忽视个体价值，强调道德价值、忽视功“利”价值的倾向。在操作层面上，儒道两家大都主张运用“内圣外王”的模式来处理道义与事功的关系。“内圣外王”是庄子在《天下》篇中提出来的，包含着德才兼备的意思。《礼记·大学》中的“古之欲明明德于天下者，先治其国；欲治其国者，先齐其家；欲齐其家者，先修其身；欲修其身者，先正其心；欲正其心者，先诚其意；欲诚其意者，先致其知，致知在格物”描绘出了理想的职业生涯演进路线，即“修身、齐家、治国、平天下”。首先是修身。儒家认为无论对谁“修身”都是最基本的，即《礼记·大学》所载的“自天子以至于庶人，壹是皆以修身为本”。其次是齐家。简言之，就是管理好自己的家庭，使家庭和谐、和睦。俗语说“家和万事兴”，其中所说的“事”也包括事业和人生。最后是治国、平天下。这在儒家的语境中并非指成为最高统治者，而是从个人志向的角度来讲，即为人要有“治国、平天下”的大志。在“治国、平天下”中，个人突破自我和家庭的狭隘，而将自己的事业乃至人生置于国家、天下层面进行考虑，不再“独善其身”而是“兼善天下”，在国家、天下层面实现自己的人生理想和抱负，因而体现出非常强的使命感和责任感。儒家认为，通过“修身”而“成圣”“成神”，完成理想人格的塑造，进而将“内圣”与“外王”相统一，建立“家齐”“国治”“天下平”的业绩，实现终极人生理想。

“内圣外王”的价值观对当代大学生的职业价值观有着重要的指导作用：个人志向只有与国家需要相一致，立德修身、建功立业，才能实现自身价值。

（三）“因势利导”的职业规划观

春秋战国时期，以法家为代表的“势治”思想影响深远。在法家看来，“势”是相对于“法”来说的，是“法”所面对的客观情势，即“法”能否得到落实的制度环境，由此提出因势利导的“势治”思想。商君认为，一个国家在特定时段所面对的客观情势既可以是“治势”，也可以是“乱势”。“故夫名分定，势治之道也；名分不定，势乱之道也。”营造“治势”必须将因性利导与因势利导相结合。治国之道首先要立足现实，因性而为，方可因势导。商君说：“今夫飞蓬，遇飘风而行千里，乘风之势也；探渊者，知千仞之深，县绳之数也。”也就是说，只有顺应风势，才能飘风千里；只有借助县绳，才能探渊千仞。

“势治”思想运用到职业生涯规划中，带来如下启示：一是在认识自我的基础上做规划。“势治”思想强调治势要“因性而为”，这个“性”指的是“人性”。在职业生涯规划中，认识自我是基础，要充分认识自己的兴趣、性格、能力等职业人格。中国古人最为推崇的自我认知方法是“自省”和“自审”。“知之者不如好之者，好之者不如乐之者”，是对职业兴趣的自审；“为人谋而不忠乎？与朋友交而不信乎？传不习乎？”是对职业性格的自审；“工欲善其事，必先利其器”是对职业能力的自审……二是在认清形势的基础上做规划。“故托其势者，虽远必至；守其数者，虽深必得。”也就是说，依托有利的情势与有效的设施，事物自然有序。科学的职业生涯规划，必须认清职业环境，把握行业、职业发展趋势，结合个人特点，才能立于不败之地。

（四）“知行合一”的职业实践观

“中国传统哲学具有两个最鲜明的特色，一个是注重辩证思维的优良传统，另一个就是注重实践的优良传统。”在中国古代哲学家看来，认识世界和认识自己的目的，都在于指导人生实践，因此，他们十分强调言行一致、知行合一。“知行合一”的实践观应用于职业生涯教育，主要包括以下方面：一是重视行动。孔子说“听其言而观其行”；墨翟主张“言必信，行必果”“务言而缓行，虽辩必不听”。二是强调创新求变。《周易》提出“革故鼎新”思想，“革，去故也，鼎，取新也”。《吕氏春秋》指出，“世异时移，变法宜矣”；魏源指出，“天下无数百年不弊之法，无穷极不变之法，无不除弊而能兴利之法，无不易简而能变通之法”。这些无不体现改革变法、求变求新的思想。职业生涯规划也不能墨守成规，要因时而动、因势而变，才能赢得主动。

（五）“精忠信敏”的职业道德观

受传统文化滋养，我国在长期社会分工中逐渐形成精、忠、信、敏的职业道德观。精，指的是精致、精工、精通，包含了精益求精的态度、追求卓越的精神和中国特有的道技合一的理念。自古以来，任何一个从事工艺劳动的工匠，都是以其毕生精力献身于这一工艺领域的，如铁匠、铜匠、建筑泥瓦匠等。早在春秋战国时期，除农业之外的各种手工艺工匠已经形成规模，称为“百工”。这些工匠能够“审曲面势，以饬五材，以辨民器”。《诗经》中的“如切如磋，如琢如磨”，反映的就是古代工匠在切割、打磨、雕刻玉器时精益求精、反复琢磨的工作态度。此外，中国哲学对工匠精神有着独到的认知：道技合一或“匠工蕴道”。《庄子》中的庖丁解牛、匠石运斧、老汉粘蝉等生动事例告诉人们，古代匠人的技艺能够达到鬼斧神工的至高境界，即所谓“臣之所好者，道也，进乎技矣”。庖丁以 19 年解牛数千之功力，技法能够以神遇而不以目视，达到“官知止而神欲行，依乎天理”的境地，可见，中国传统工匠精神既是实践的积淀，同时又是内心对道的追求的展现。忠，指的是忠诚无私、尽心竭力，包含两个层面：一是无二心，二是尽心竭力。董仲舒说：“心止于一中者谓之‘忠’；持二中者谓之‘患’。”《左传 · 成公九年》曰：“无私，忠也。”尽心竭力指的是以尽心尽力为起点，强调个体尽心竭力地为他人、国民、君主、国家服务，个人应当为共同体奉献。“将死不忘为社稷，可不谓忠乎？”信，指的是诚实守信。儒家将诚信视为个人的安身立命之本。“自古皆有死，民无信不立”，这是以信立身；《礼记·坊记》曰：“君子信让以莅百姓，则民之报礼重”，这是以信理政；“童叟无欺”是以信经商。也就是说，各行各业都要做到诚实守信。敏，指的是勤勉。《论语·公冶长》：“敏而好学，不耻下问”；《中庸》说：“人道敏政。”按照儒家的勤政思想，当政者要做到“敏则有功”，对自己要任劳任怨，率先垂范；对民众要劳而不怨，爱惜民力；在用人上则要量能授官，考核功过。大禹就是儒家心目中敏则有功的典范。《诗经·大雅·韩奕》云：“夙夜匪懈，虔共尔位”，指的就是任劳任怨，率先垂范，这与当下对人民公仆的职业道德要求仍然十分契合。

职业发展理论是中国传统文化的重要组成部分，它涵盖了职业选择、职业规划、职业发展和职业评估等方面的思想与实践。这些理论不仅反映了古代中国人民的智慧，而且对于现代职业发展仍具有重要的启示意义。

二、中国现代职业发展理论

（一）蔡元培的实利主义教育理论

蔡元培是我国近代教育改革杰出的先驱者，也是我国近代职业教育的重要开拓者之一，有着丰富的职业教育思想。他重视“实利主义教育”，积极倡导发展职业教育，主张教育救国，他秉承职业教育是一种基于就业的教育类型的本质属性理念，并在办学与课程教学方面体现其此本质属性理念。

1. 重视“实利主义教育”，倡导发展职业教育

辛亥革命后，我国开始了政治、经济、文化教育等一系列改革。蔡元培当时指出，国家积弱积贫，经济落后是由于农工商实业没有充分发展，而实业没有充分发展的根源在于实业教育之不兴。根据当时实业教育发展状况，并参考各国教育经验，蔡元培指出“今日世界所恃以竞争者，不在武力，而尤在财力。于是有第二之隶属政治者，曰实利主义之教育，以民生计为普通教育之中坚”。强调“以民生计”，提出了实利主义教育，并将“实利主义教育”列入我国教育方针“五育并举”。实利主义教育不仅给人以各种普通的文化科学知识，还给人发展实业的知识和技能，并给予一定的职业训练。“实利主义教育”实际上是发展资本主义生产的知识技能教育，属于职业教育范畴。蔡元培把实利教育作为富国强兵、发展国民经济的重要措施，指出当务之急是大力发展职业教育，“学有用之学，从事制造财富之工”。

蔡元培把职业教育作为解决中学生出路的办法，他主张小学教育后进行分流，一部分进入普通中学，另一部分进入中等农工商业学校。他指出普通中学也应培养学生的职业应用能力，还提出了职业教育的两大社会功能，即“人计”的功能与“事计”的功能。“人

计”的功能是“供青年谋生之急”；“事计”的功能是“供社会分业之所需”。这样做既解决了人们的生计问题，又满足了农工商业发展的需要；既解决了人口压力的问题，又缓解了辍学、失业的社会问题；还能将矿产资源转化为社会财富，达到国家富强的目的。

2. 秉承职业教育是一种基于就业的教育类型的本质属性理念

蔡元培把教育分普通、专门、实业三类，而实业教育主要包括农工商医天文等，并认为职业教育是一种教育类型。职业教育与普通教育只是类型的不同，职业教育是基于就业的教育，而普通教育是基于升学的教育。他说“职业教育好像一所房子，内分教室、寝室等，有各自的用处；普通教育则像一所房屋的地基，有了地基便可把楼台亭阁等建筑起来”。普通教育是打基础的，职业教育是分专业的，是讲技能的。应在普通教育中渗透职业技术教育，主张按文理科和应用学科来分设高等学校，用“治学”和“治术”来区别当时的两类高校，认为“治学者可谓之大学，治术者可谓之高等专门学校”。他还指出“吾国自古以来，职业观念错误，以致埋没人才。要知职业无贵贱大小，都为平等，有利于人群者，即为正当职业”。只要是正当职业，就会对社会有所贡献，就应得到社会的尊重。职业只是分工不同，并不存在高低贵贱之别，都是为社会服务。普通教育的毕业生最终要进入社会，从事某一职业，因而不存在无职业性的教育。正如黄炎培所说，就广义的教育而言，凡是教育都含有职业的意味，“盖教育之者，固授人以学识技能而使之能生存于世界也”。

3. 体现就业本质属性的办学观与课程教学观

（1）就业办学观。蔡元培认为做好社会调查是办好学的前提。要使职业教育满足社会的需要，必须做好社会调查，搞清社会需要哪些类型的人才，必须从社会发展的实际需要出发，确定办学方向、专业建设和课程设置，学校的专业设置、课程安排以及教学方法的选择等都要建立在调查研究的基础之上。“调查现行教育之状况、调查职业界之状况、调查社会百业供求之状况、调查学校毕业生之状况、调查各地已办职业教育之状况。”在他看来，只有从社会的需要出发才能办好职业教育。蔡元培认为，职业学校要体现职业学校的办学特色，要与普通学校办学有所区别。首先，职业学校要有明确的办学目标，要以适应社会经济发展为第一要务。其次，职业学校要以学生未来就业为导向，要加强学生职业兴趣和实践操作能力方面的培养，在教学计划、课程设置上体现为学生未来就业服务的理念，解决结构性失业的问题。再次，在办学方式上，高等专门学校应当重视实际操作练习，并可以延聘技师等从事实际工作的人来进行相关教学。最后，在办学质量方面，强调衡量职业教育质量的重要标准之一是看办学是否以培养学生就业为根本办学方针，学生的动手能力是否有所提高。

（2）课程教学观。在职业教育课程方面，蔡元培主张采用“实利主义”来构建课程，重视实用性科目。他指出旧教育对自然学科非常轻视，这对发展实业十分不利，因此，他主张职业教育的大多数课程均应采用实用性的课程。“国语国文之形式，其依准文法者属于实利，而依准美词学者，属于美感。其内容则国民主义当占百分之十，实利主义当占其四十，德育当占其二十，美育当占其二十五，而世界观则占其五”。蔡元培还注重普通教育与实业技能的结合，以普通学术悉寓于树艺、烹饪、裁缝及金、木、土、工之中，主张实用性课程在普通教育中也应占有较大比重，应在高等小学中开设修身、国文、算学、中华地理、中华历史、理化、博物、手工、图画、体操等课程，根据地方实情加开外国语、唱歌、农工商中的学科，在高小开设的这些课程中实用性课程占有相当大的比例。在职业教育教学方面，蔡元培认为职业人才培养只有同实践相结合，才能培养出合格的职业人才。要注重实践，重视在教学中把知识与技能紧密结合起来以提高学生的动手能力，大幅度延长学生在校的实习时间，增加职业教育中实习课的比重，注重学生的动手能力和实践能力的培养。学生通过应用与操作以掌握操作技能，使所学知识转化为实际的工作能力。提倡学生边学边做，学工的在工厂实习，在建筑工地劳动；学农的在农场参加生产；学商的在附近商店、银行实习。教师要结合实际讲授专业知识，既要训练学生的脑，又要训练学生的手。

蔡元培的“实利主义教育”职业教育思想对当代职业教育意义深远。第一，职业教育是基于就业的教育，高等职业教育尤为如此。职业教育是一种教育类型，并不是一个教育层次。在各个教育层面，尤其在高等教育层面，理应存在专科、本科、硕士、博士层面的高等职业教育。第二，职业学校尤其是高职院校一定要按照职业院校自身的办学规律来办学，必须以就业为导向，加强与社会经济的联系，走职业院校社会化办学之路，做好办学的社会调查，要以社会需求为基点来进行人才培养，以加强职业院校培养人才的社会适应性。第三，职业教育专业课程设置要灵活，要与社会需求对接，这样才能解决目前的结构性失业问题，职业教育本是基于就业的教育。实用性课程要在整个开设的课程中占有大比重，加强实践性教学环节的管理，突出寒暑假实习，以提高学生动手能力。

思政讲堂

蔡元培教育思想

蔡元培是中国近代著名的资产阶级革命家和民主主义教育家。辛亥革命爆发后，在他的主持与带领下，颁布了《壬子癸丑学制》，成为中国近代第一个资本主义的学制。赴任北京大学校长后，他从自由、民主的原则出发，对北京大学进行了翻天覆地的改革，为中国高等教育开辟了一片新天地。今天，小编就带大家一起来聊一聊蔡元培的教育思想。

蔡元培5岁起使去私塾读书，饱读诗书的他在16岁那年就考中秀才，而后在家乡“设馆教书”，当了两年塾师，特别崇拜宋儒，笃守孝道。但在甲午战争爆发后，蔡元培和很多有识之士一样，都认识到了“中国之败兵割地也，非外人致之，八股致之也”。于是辞去当时的职位，南下从事教育活动。蔡元培一生由此发生重大转折，逐渐从一个饱读传统经史的清王朝的臣子走到了王朝的对立面。

辛亥革命后，腐朽的清王朝覆灭，中华民国成立。在蔡元培主持下，颁布了《壬子癸丑学制》，其中强调，改学堂为学校。例如，清华学堂被改为清华大学，京师大学堂被改为北京大学等。后来蔡元培被任命为北京大学校长。

提到北大，同学们都知道，这是我国最高的教育殿堂，是各专业人才聚集的地方。但在当时，北大确是一个充满官僚主义旧习，为满足升官发财之欲望的场所。学生对研究学问没有兴趣，读书仅为混资历谋官位。他们基本出自豪门贵族，带着仆人。他们对专任的教员不欢迎，而对那些很少讲课，但却在政府担任重任的专员极为热情，希望借此得到政府官员的青睐，这也就造成了当时北大的腐败。对此，蔡元培在孙中山等人的支持下，对北大进行全面的改革。

首先，改变学生观念。1917年1月9日，蔡元培发表就任北京大学校长的演说，对学生提出三点要求：一曰抱定宗旨，二曰砥砺德行，三曰敬爱师长。蔡元培指出："大学者，研究高深学问者也。"大学，不是学生升官发财的捷径，也不是贩卖知识的场所。学生必须要转变这一观念，养成学问家的人格。

其次，整顿教师队伍，聘请热心的教员。刚刚我们讲到，很多认真执教的教员不受欢迎，反倒是那些本就为政府要员，但并不认真执教的专员备受欢迎。对此，蔡元培认为，不仅要改革学生的观念，还要改变任教教师的教学。于是，蔡元培开始招聘北大教员，只要具有真才实学，教学热心，有研究学问的兴趣和能力的学者，则不管他的国籍、资格、年龄、思想倾向，都应加以聘任。所以当时，封建保守派的辜鸿铭，资本主义派的胡适，马克思主义流派的李大钊等人，都被聘用为北大教员。同时又对不符合教师要求的教员进行解聘。当时有位外国教师，仰仗有大使馆的撑腰，不遵守改革要求，被蔡元培辞退。后来在大使馆和政府的施压下，蔡元培都没有妥协，还亲自为自己打官司并取得胜利。

最后，发展研究所，培养正当兴趣。前面讲到，北大很多学子都出身贵族，身上充满封建陋习，常有不正当的兴趣。蔡元培认为，想要改变这种陋习，就要培养师生正当兴趣。于是发展研究所，成立文科、理科、法科、地质科研究所；面对北大新书不足的情况，多渠道筹款，广积图书，多购新书供学生学习；组织学生成立体育会，书法研究会，画法研究会等，培养学生正当兴趣。

思政提示：学习教育家精神，做新时代立德树人的大先生，从"四有"好老师到"四个引路人

（二）黄炎培的大职业教育理论

黄炎培是我国近代以来著名的教育家，也是近现代职业教育的开创者，其提出的大职业教育理论在职业教育理论中占据着重要地位。大职业教育理论强调职业教育应超越狭隘的学校教育范围，与社会经济发展密切相关。职业教育应以服务社会为宗旨，以就业为导向，通过提供专业技能和知识，促进个体就业和经济发展。这一理论的核心在于将职业教育与国家、社会需求紧密结合，实现个人职业价值与社会价值的双重提升。

1. 全社会职业教育

全社会职业教育是黄炎培大职业教育主义最鲜明的特色，也是黄炎培大职业教育主义的重点。全社会职业教育意味着职业教育是社会的事，应让全社会都参与职业教育，同时学校也要积极参与社会的各类活动。在黄炎培看来，"社会是整个的，不和别部分联络，这部分休想办得好"。他还提出，"职业教育机关的本质，是十分富于社会性的，所以职

业教育机关唯一的生命就是社会化”。大职业教育主义理论提出以后，黄炎培开始在社会各个领域践行其职业教育社会化的理念。

2. 全过程职业教育

如果说全方位职业教育体现了黄炎培大职业教育主义思想的广度和宽度，全过程职业教育则体现了黄炎培大职业教育主义思想的深度和厚度。全过程职业教育是黄炎培基于整体性思维以实现职业教育可持续发展的结果，也是黄炎培一生孜孜以求的教育目标。大职业教育主义不是把职业教育囿于教育的某一个阶段或者某个特定时期，而是贯穿人生整个教育的全过程。总的来讲，黄炎培大职业教育理论的全过程特点体现出“职业陶冶—职业学校教育与职业指导—职业补习终身教育”的过程。

3. 全民职业教育

全民职业教育是黄炎培大职业教育主义的又一鲜明特点。其精神实质是平民职业教育，其主要对象是平民阶层子弟，是为了解决他们的谋生需求和就业需求而举办的一种专门类型的教育。从另一角度看，全民职业教育又是为了适应国家经济社会发展的实际要求，为谋社会生产力之发展而实施的具有特定内涵的教育。黄炎培全民职业教育的全民性内涵主要体现在以下三个方面：把就业谋生作为全民职业教育的逻辑出发点；把谋求大多数人的幸福生活作为全民职业教育的价值立场；把覆盖各个阶层作为全民职业教育的方位目标。

4. 全面素养职业教育

在人才培养目标上，黄炎培大职业教育主义思想体现出全面职业素养教育的特点。大职业教育主义理论一经问世，黄炎培就把培养适应社会岗位发展需求以及个性特长全面发展的人才作为职业教育的目标追求，并且身体力行地践行全面提高人才素质的教育目标。他提出，“办职业教育，重在实事实行和真人格的修养，我们应‘好的事从我做起，坏的事从我戒起’；做事不要名、不要利、不要权；不见异思迁，始终其事，长此实干下去，才能说办职业教育，才能说救亡，才能说充裕民生，得兴民族”。

黄炎培大职业教育主义的“四个全面”特点体现了其职业教育思想的广度、长度、厚度和高度，深入研究黄炎培大职业教育主义的思想内涵及理论特质，借鉴黄炎培大职业教育主义“四个全面”的办学理念、办学思路和人才培养等，有利于构建中职、高职、职教本科相衔接的现代职业教育体系和人才培养体系，全面提升现代职业教育的办学质量，增强职业教育的社会适应性，从而不断满足人民群众对教育的多样化需求，为全面建设社会主义现代化国家、实现中华民族伟大复兴的中国梦提供有力的人才支持和技能支撑。

黄炎培大职业教育理论为中国现代职业教育的改革与发展提供了重要的思想基础和实践指导，促进了中国职业教育的现代化进程，提高了职业教育的社会地位和影响力。黄炎培大职业教育理论强调产教融合与校企合作的重要性，推动了教育与产业的深度融合，这种合作模式有利于提高人才培养质量，满足社会经济发展对人才的需求。

三、中国当代职业发展理论

（一）职业生涯发展混沌理论

混沌在中国神话中指盘古开天辟地之前天地混浊不分的状态。当代混沌理论研究的是随机的事件背后存在着的内在联系，是对确定性系统中出现的内在“随机过程”形成的途径、机制的研讨。社会心理学和管理学等社会科学领域已经开始使用混沌理论描述一系列复杂系统的特征。

传统的职业生涯发展研究主要目的多是理解人的主要特征，并将这些特征与特定的环境相匹配。然而随着个性和职业越来越多变，作为职业心理学基础模式的人－环境匹配模式以及对于人与环境相契合的追求，在今天的劳动力市场上愈发显得无济于事和难以实现，于是，一些学者开始尝试使用混沌理论来解释职业行为。职业生涯发展受到父母、社会、环境、性别、年龄、政治信仰、宏观经济状况、兴趣、能力、地域等因素影响，这些因素决定了职业生涯的复杂性、不可预知性。职业生涯中会发生“突现”，但受知识、能力限制，个人是不可预知长期未来的，故应把注意力放在对自身能力和过去经验的积累上，从而应对职业生涯中的“突现”。由于在职业生涯系统中，微小的事件也能引起重大的职业生涯改变，因此，职业生涯系统具有非线性特征。在职业生涯中，人们也可能遭遇职业方向上突然而巨大的改变，即发生职业生涯“相移”，这种相移可能由重大的外部事件（如工伤）引起，也可能诱因很小。职业目标是职业生涯中的“点吸引子”，它将职业生涯向既定目标的方向吸引，职业生涯发展在个人愿望和父母愿望之间的摆动构成了一种职业生涯的“摆吸引子”，员工周而复始从事的重复性工作则是职业生涯“环吸引子”的代表。

混沌理论指出了传统职业生涯研究中被忽视的某些事实，职业生涯发展的混沌理论将职业生涯发展与其他科学领域的深刻见解联系了起来。职业生涯发展的混沌理论越来越不容忽视，因为随着全球化、虚拟化、人口结构等新变化的出现，表面上看影响职业生涯发展的因素越来越杂乱无章、无法控制，实质上影响职业生涯发展的各因素间却存在着某些联系。中国正处在历史上全新的发展阶段，改革开放、产业结构调整、教育改革等外在因素为职业生涯研究创造了典型环境和典型研究对象，学者们通过对这些因素间联系进行长期、完整的分析，可以发现某些规律，而发现这些规律正是职业生涯发展混沌理论研究的任务所在。

（二）职业生涯发展比较理论

随着互联网时代、智能时代的到来，社会经济改革以及新技术发展的趋势影响，许多企业无法为员工提供长期的、稳定的工作保障。在激烈的竞争中，如何在组织生存并获得更为长久的发展机会，并对自己职业生涯进行合理规划和有效管理，从而实现自身的职业成功，已经成为新职场人面临的重要课题。无论是职场小白，还是已经在职场中打拼多年的“老员工”，对自我职业生涯管理意识都在逐步上升，对职业生涯成长空间异常关注。

国内外学者对此也展开了深入研究，并取得了丰硕的成果，对比国内外职业生涯发展理论，国内职业生涯发展理论在国外职业生涯发展理论的基础上结合本国实际情况，取得了职业生涯本国化等研究成果。

1. 职业生涯管理的定义界定比较

1908年，被誉为“职业咨询之父”的帕森斯（Parsons）首次提出“职业咨询”这一概念，目的是帮助人们对自己的职业进行适合的选择，从而开启了职业生涯管理的研究之路。随后，职业生涯管理在管理学科中进一步发展，经历了多个阶段，涌现了一系列经典的理论，如职业选择理论、职业锚理论、特质理论等。

国内外学者对职业生涯管理的内涵界定等基本观点相同，但结合各国实际各有侧重。Kossek、Roberts和Fisher将自我职业生涯管理定义为个人对自身职业生涯遇到的问题，通过信息的收集，作出决定的过程。格林豪斯等提出，职业生涯管理是个人对自己职业生涯时间的支配、控制的过程。马跃如和程伟波认为，自我职业生涯管理是规划和设计，一个人对所要从事的职业、所工作的组织能够在职业发展上达到的高度，为实现这一目标，进行知识的累积和技能的开发从未实现个人成就发展的最大化。龙立荣等认为，职业生涯管理是员工为自身发展的需要，结合组织实际与个人实际，在组织内外寻求职业自我完善的不断发展的过程。

2. 何谓成功的职业生涯管理比较

对职业成功的定义，最早可追溯到Thorndike于1934年出版的《预测职业成功》一书，书中对职业成功的定义、标准、测量以及影响因素都有了明确的阐述。随后，众多学者从多角度对职业成功的概念维度进行了界定，并开展了一系列相关研究。Eby、Butts、Lockwood将研究的关注点放在无边界职业生涯下衡量成功的综合指标，提出感知的职业满意度、市场竞争力等都是衡量的指标。周文霞和孙健敏提炼了中国情境下职业成功的维度——外在报酬、内在满足与和谐平衡，同时，在研究中发现，新时期的职业成功标准很难有一个客观统一的标准，员工个体的主观性在逐渐增强。Converse等通过实证研究证实积极主动的个性和员工的自我控制是职业成功的原因之一。Wesarat等认为现在的职业生涯管理就是组织职业生涯的管理和个人职业生涯的管理进行有机的结合。对Wesarat这一观点，徐智华非常认同，提出成功的职业生涯管理是组织与员工自我的职业生涯管理的有机整合。

综合国内外相关研究发现，员工职业生涯管理在员工的自我职业发展中具有十分显著的地位，个人与组织的契合度与员工的职业成功有着显著的正相关，员工对自我职业生涯的控制程度、有效管理幅度，都可以对个体和组织产生深刻影响。职业成功的影响因素有很多，具体可分为人口统计学因素、能力资本因素、组织因素、人格特质因素和契合因素等。随着组织环境因素的不断变化，在日益变化的经济环境下，通过有效的职业生涯管理，从而达到职业成功，是未来研究的一个方向。

（三）职业生涯教育本国理论

“本土化”成为一种普遍的学术运动开始于20世纪50年代，结合本国的实际情况，德国、英国、日本等经济发达的国家都提出本国大学生职业生涯的理论。依据各自的社会实际与需要，以批判的方式吸收外来的研究成果，提出符合自身的理论设想，揭示客观规律并大胆创新和实践，这是各国“本土化”的任务。总结各国职业生涯教育的经验，大都经历了“移植—借鉴—对话—创新”这四个阶段，以全程性和发展性的生涯辅导理论为主流，通过立法为国家的生涯教育指明方向，通过财政资金扶持，建立完备的机构，培养专业化的指导师资队伍，广泛借助多媒体应用和软件测量工具。

中华职业教育社以及清华大学校长周寄梅先生早在 1916 年就针对西方国家的职业指导理论与经验，开展了探索活动。现阶段，颇具特色的要数中国的香港和台湾地区。全程性和发展性是香港高校职业生涯教育注重的关键。20 世纪 90 年代，生涯规划与辅导理论开始从欧美传入我国。在 2003 年，教育部《关于进一步深化教育改革促进高校毕业生就业工作的若干意见》中有明确规定：“加强毕业生就业指导，将就业指导课作为学生思想政治教育的重要组成部分，并纳入日常教学。”

本章小结

本章对国内外职业生涯发展理论进行了详细梳理，介绍了西方的职业生涯规划理论，包括职业选择理论、职业发展理论，还有职业生涯模型等，同时对我国的职业生涯发展规划理论进行了阶段性归纳，具体包括中国古代职业发展理论、中国现代职业发展理论和中国当代职业发展理论。通过本章的学习，可以让大学生对中西方职业发展理论的起源、发展、演变等有较为清晰的了解，以便为大学生职业生涯规划提供理论指导。

关键术语

特质因素（Trait Factors）

职业性向（Professional Orientation）

信息加工（Information Processing）

职业生涯规划管理（Career Planning Management）

职业生涯发展模型（Career Development Model）

复习思考题

1. 西方职业生涯发展理论有哪些典型代表理论？具体内容是什么？

2. 西方职业生涯选择理论有哪些典型代表理论？具体内容是什么？

3. 我国古代有哪些职业发展观点？这些古典理论对当代职业生涯规划有何指导意义？

4. 蔡元培的“实利主义教育”职业教育思想对当代职业教育有何深远意义？

第3章 Chapter 3 大学生的职业选择

知识结构图

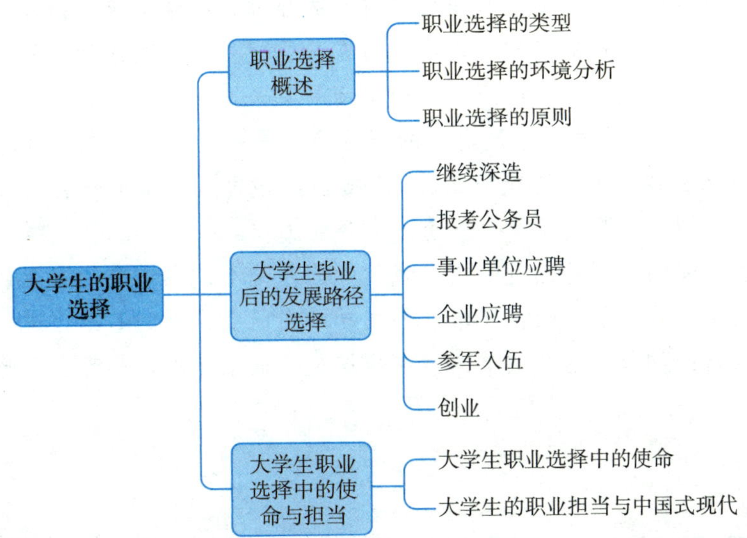

名言隽语

职业并不是你在做什么，而是你在成为什么样的人。

一个成功者和一个失败者之间的差别，并不在于知识和经验，而在于思维方式。

不要被别人的期望和压力所左右，要听从自己内心的声音，选择自己真正喜欢的事业。

学习目标

1. 掌握职业的类型；
2. 掌握职业选择的原则与方法；
3. 明确大学生毕业后的发展路径选择，有意识地提高职业素质；
4. 懂得大学生职业选择中的使命与担当。

引导案例

“我本科的专业是法学，读研时专业还是法学。求职时，我先对法学相关职位进行了解，锁定了重点目标后，就通过各种渠道搜集信息。”李涛说。李涛从重庆一所知名高校毕业后，顺利考取了某市检察院的公务员。从一开始找工作，他就有很清晰的自我认知，确定了自己的目标，不随波逐流。

邹露也有同样的看法，她毕业于长沙一所高校，所学专业为人力资源管理，现就职于某知名物流公司，从事人力资源管理工作。“从大三开始，进入什么类型的组织工作一直困扰着我，外企、国企、私营企业，如何取舍呢？经过对自己职业素质和企业特点的分析，结合兴趣爱好，我决定放弃外企和国企。我想趁年轻的时候挑战一下自我。”

龚洁从长沙一所高校的行政管理专业本科毕业后直升同专业研究生。一年之后，她便开始考虑自己的就业问题。首先，她积极与自己的导师、同学交流，请他们分析自己有什么优缺点，适合从事什么样的工作。其次，她充分重视社会实践活动。从研二开始，龚洁先后进入政府机关和企业实习。实习的好处显而易见——直接帮助龚洁筛选出了大致的就业方向。“本来，与行政管理专业最对口的职业应该是公务员，可在人社厅实习了3个月之后，我感到自己实在不适合在政府工作。”接着，她进入一家美资公司实习半年。通过这段愉快的实习经历，她坚定了一个信念：去企业工作。

上述三位求职者的共同特点是：在自我认知的基础上，主动进行职业认知，求职前都进行了相关的信息搜集，从而获得了求职的成功。在职业认知的基础上进行职业选择是同学们比较容易忽略的细节，这个细节的考虑应该是全面细致的，是带有前瞻性的综合评估过程。

第一节 职业选择概述

所谓职业选择，是指一个身心健康、具有实际工作能力的社会成员，在社会分工的各个行业中，经过诸方面相关因素的权衡，做出决定进入某一部门，占有其中一个工作岗位的过程。这是一个建立个人与社会基本关系的重要步骤。

人类社会是统一的物质世界中最高级、最复杂的一种存在的形式。从自然界的演化到人类社会的形成，是自然史上一次巨大的飞跃。这个飞跃的关键就在于劳动。劳动创造了人和人类社会，劳动是整个人类社会生活的第一基本条件。个人只有投入创造物质财富和精神财富的社会生产劳动之中，才能真正获得人所具有的社会意义。选择职业是一个人走向社会的开端，对个人以后的生活、对社会都具有重大的价值。

从个人角度来看，职业选择有助于达到个人的人生目的。从社会范围来看，职业选择将满足一定的社会要求。只有将这二者辩证地统一起来，才能使职业选择的价值得到实现。

一、职业选择的类型

职业选择是个人对自己就业方向和工作岗位类别的比较、挑选和确定，是一种人生决策。职业选择有以下类型。

1. 标准型选择

标准型选择，即在人的职业生涯历程中顺利完成职业准备、职业选择、职业适应期，比较成功地进入职业稳定期。

2. 先期确定型选择

先期确定型选择，即人们在职业准备期接受方向明确的职业、专业教育，并在准备期确定了自己的职业方向，有时教育培训单位还协助介绍对口的职业。

3. 反复型选择

反复型选择，即当一个人选择职业走上工作岗位后，不能顺利完成职业适应，或者自己的职业期望提高，导致的二次选择，以至三次、四次选择。

二、职业选择的环境分析

拥有稳定的职业环境，是每个人都在追求的目标。中国明确提出“和谐劳动关系”的目标，但职业环境往往是一件复杂的事情。职业环境可以从两个角度来划分：宏观方面和微观方面。

（1）从宏观层面来看，职业环境以国家政策为基础，主要有国家就业政策、人事交流政策、社会保障政策等。这些政策在服务和谐劳动关系方面具有重要价值，旨在提高劳动者收入，促进就业形势的稳定发展。

（2）从微观层面来看，职业环境主要涉及企业的管理因素，如企业的管理制度、关系规范、内部政策、福利类型等，以及员工的基本素质、实习升学能力。

职业环境的稳定性不仅要有宏观环境的支持，更要在微观层面进行有效的管理，只有这样，劳动者才能实现健康且有意义的就业，个人能够得到更多的精神和物质满足。

另外，职业环境的稳定包括职场的文化气氛。职业文化不但包含各种宗旨信念和企业精神，也包括对新技术的拥护、优质服务等。必须关注这些文化因素，使得企业氛围、办事效率更能彰显出整体职业环境的稳定发展。综上所述，职业环境包括宏观上的国家政策以及企业管理因素，以及微观上的职场文化气氛等。只有做好统筹，建构一个和谐优美的职业环境，才能实现企业发展、员工忠诚和员工实现价值的层层契合的共赢境界。

三、职业选择的原则

（一）发挥个人素质优势

个人素质是大学生在选择职业岗位时应具备的基本条件。只有在工作岗位上最大程度地发挥自己的特长与优势，才能扬长避短，出色地完成本职工作。这是人职匹配、人尽其才的要求，也体现了对职业负责、对社会负责的精神。

（二）符合社会需要

一个人在选择职业岗位时，需将社会需要作为出发点和归宿点，以社会对个人的要求为准绳，从而决定自己的职业岗位。职业岗位伴随着社会历史的发展而产生。每一个职业岗位的出现，都是源于社会发展的需要。如因为航海的需要，出现了造船业；家庭汽车拥有量的增加，使得汽车制造业出现了井喷的现象；互联网的发展、网络购物的兴起，让电子商务等相关行业成了现今较为热门的行业。

随着高校毕业生就业制度的改革，毕业生自主择业程度增加。过去一切由组织安排的现象得以很大程度地改善。但所谓的自主择业仍需符合社会发展需要，不能盲目地追求“自我”。

（三）主动选择

大学生在职业选择中必须主动出击、积极参与，不能消极等待。大学生应主动通过多方渠道了解人才供求信息，找到与个人相匹配的职业岗位，靠个人能力与素养参与岗位竞争，要抓住择业的契机，发现自我、完善自我。

（四）有利于长远发展

在选择职业时，不能只顾眼前利益，更不能单纯地只注重经济效益、薪资待遇等，应更多地关注职业长远发展。青年人作为社会发展的生力军，承担着民族复兴的重任，肩负着光荣的历史使命。在选择职业时，应立足长远、着眼未来，将个人发展与社会发展有机结合。

（五）结合个人兴趣

很多同学在毕业面临找实习或者找工作的时候，可能会陷入一种迷惘。我们应该如何选择自己的职业呢？当然，人们通常倾向于选择与自我兴趣类型相匹配的职业环境。如果能够将职业与兴趣相结合，肯定是最好不过的事情，可以很好地发挥个人的潜能。但是找不到与自己兴趣完全对应的职业环境呢？其实，同学们无须多虑，因为我们是多种兴趣类型的综合体，大多数同学的兴趣类型其实并不显著突出。因此，我们在评价自己的兴趣类型时，可以综合多种类型构成兴趣类型组，去选择适合你这个组别的职业。再者，因为影响职业选择的因素是多方面的，我们有时不能完全依据自己的兴趣去做选择，有时候还要参照社会的职业需求及获得该种职业的现实可能性。例如，小丽很想当老师，那她还需要获得相应的职业资质，如教师资格证。因此，我们在做职业选择时会不断妥协，选择相邻职业环境，甚至相隔职业环境。但是，如果我们进入的是与自我兴趣完全不同的职业环境，那么可想而知，工作起来可能难以适应，甚至可能会每天工作得很痛苦。那么，我们的兴趣类型有哪些呢？

人格类型与职业环境的适配，如表 3-1 所示。

表 3-1　人格类型与职业环境的适配

人格类型	特点及职业类型
现实型（R）	共同特点：愿意使用工具从事操作性工作，动手能力强，做事手脚灵活，动作协调。偏好于具体任务，不善言辞，做事保守，较为谦虚。缺乏社交能力，通常喜欢独立做事。 性格特点：感觉迟钝、不讲究、谦逊、踏实稳重、诚实可靠。 职业建议：喜欢使用工具、机器，需要基本操作技能的工作。要求具备机械方面才能、体力，或从事与物件、机器、工具、运动器材、植物、动物相关的职业有兴趣，并具备相应能力。 职业类型：技术性职业（计算机硬件人员、摄影师、制图员、机械装配工），技能性职业（木匠、厨师、技工、修理工、农民、一般劳动）
研究型（I）	共同特点：思想家而非实干家，抽象思维能力强，求知欲强，肯动脑，善思考，不擅长动手。喜欢独立的和富有创造性的工作。知识渊博，有学识才能，不善于领导他人。考虑问题理性，做事喜欢精确，喜欢逻辑分析和推理，不断探讨未知的领域。 性格特点：坚持性强，有韧性，喜欢钻研。为人好奇，独立性强。 职业建议：喜欢智力的、抽象的、分析的、独立的定向任务。要求具备智力或分析才能，并将其用于观察、估测、衡量、形成理论、最终解决问题的工作，并具备相应的能力。 职业类型：科学研究人员、教师、工程师、电脑编程人员、医生、系统分析员
艺术型（A）	共同特点：喜欢以各种艺术形式的创作来表现自己的才能，实现自身的价值；具有特殊艺术才能和个性。 性格特点：乐于创造新颖的、与众不同的艺术成果，渴望表现自己的个性。 职业建议：各类艺术创作工作。音乐、舞蹈、戏剧等。 职业类型：演员、编导、教师；文学、艺术方面的评论员；广播节目的主持人、编辑、作者；绘画、书法、摄影家；艺术、家具、珠宝、房屋装饰等行业的设计师等
社会型（S）	共同特点：喜欢与人交往、不断结交新的朋友、善言谈、愿意教导别人。关心社会问题、渴望发挥自己的社会作用。寻求广泛的人际关系，比较看重社会义务和社会道德。 性格特点：为人友好、热情、善解人意、乐于助人。 职业建议：喜欢要求与人打交道的工作，能够不断结交新的朋友，从事提供信息、启迪、帮助、培训、开发或治疗等事务，并具备相应能力。 职业类型：教育工作者（教师、教育行政人员），社会工作者（咨询人员、公关人员）
企业型（E）	共同特点：追求权力、权威和物质财富，具有领导才能。喜欢竞争、敢冒风险、有雄心、有抱负。为人务实，习惯以利益得失、权力、地位、金钱等来衡量做事的价值，做事有较强的目的性。 性格特点：善辩、精力旺盛、独断、乐观、自信、好交际、机敏、有支配愿望。 职业建议：具备经营、管理、监督等工作能力。避免研究性质的职业或情境。 职业类型：项目经理、销售人员、营销管理人员、政府官员、企业领导、法官、律师

续表

人格类型	特点及职业类型
传统型（C）	共同特点：尊重权威和规章制度，喜欢按计划办事，细心、有条理，习惯接受他人的指挥和领导，自己不谋求领导职务。喜欢关注实际和细节情况，通常较为谨慎和保守，缺乏创造性，不喜欢冒险和竞争，富有自我牺牲精神。 性格特点：有责任心、依赖性强、高效率、稳重踏实、细致、有耐心。 职业建议：喜欢要求注意细节、精确度、有系统有条理，具有记录、归档、据特定要求或程序组织数据和文字信息的职业，并具备相应能力。 职业类型：秘书、办公室人员、记事员、会计、行政助理、图书馆管理员、出纳员、打字员、投资分析员

同学们，职业兴趣是我们职业选择中最重要的因素。通过职业兴趣的测验可以帮助我们明确一些主观性的兴趣方向，从而明确更适合自己的职业选择。根据霍兰德的职业兴趣模型，职业兴趣可以影响对所从事职业的满意程度。当同学们所从事的职业与职业兴趣类型匹配时，那么你的潜能就可以得到最大程度的发挥，工作业绩也更加显著。

在本章后有《霍兰德职业兴趣测量表》，感兴趣的同学可以去测一测，找到适合自己的职业。

第二节 大学毕业后的发展路径选择

案例导入

某大学生关于考研的经验分享

一、找准定位

有些志向高远的同学希望考名校，这固然很好，但自己一定要认清自己，根据实际情况确定适当的目标，切不可盲目追求名校，以致失去很多机会。在中国研究生招生信息网组织的一次全国高校答疑会上，一位同学曾咨询某高校是否接受校外调剂，校方的回答是“当初你不选的学校，现在也不会需要你”。由此可见，找准定位非常重要。

二、确定复习方法

每个人的基础不同，学习方法也就不同。同时，科目不同，复习方法也不同，备考者可以参考各种网络论坛上分享的笔试信息和技巧，咨询经历过考研的学长，从其经历中吸取经验与教训，最终确定适合自己的复习方法。

三、合理规划复习时间

考研是一场持久战。每位同学都在辛苦坚持，但是，考研不能打时间仗，而要打高效率战。要根据自己的实际情况，找到一个舒适的学习状态，做好复习时间规划。例如，我的安排是保证每天至少有2～3小时的复习时间，每周至少有一天按照考研时间（上午8：30—11：30，下午2：00—5：00）进行复习，以便适应考试节奏。此外，每天抽出时间对当日所学内容进行梳理，并对错题进行回顾。

四、保持良好心态

考研道路并不平坦，每个人都会遇到不同的困难并接受各种煎熬。这时，需要学会自我调节或找人倾诉。任何时候都不要给自己过大压力，也不要让自己丧失希望。

思政提示：考研是一场持久战，需要我们有足够的耐心和好的学习方法。同时还需具备良好的心态和坚定的信念。

毕业后的发展路径选择是每一位大学生对未来职业的期望，更是对某项职业的追求和向往。我们本节将对继续深造、报考国家公务员、事业单位、应聘、企业单位应聘、参军入伍、创业等主要途径作出介绍。

一、继续深造

（一）考研

1. 研究生的种类

（1）按学习方式的不同分类。按学习方式的不同，硕士研究生分为全日制硕士研究生和非全日制硕士研究生。前者是指在高等学校和科研机构进行全日制学习的硕士研究生；后者是指在学习期间仍在原工作岗位承担一定工作任务的硕士研究生。

（2）按录取类别的不同分类。按录取类别的不同，硕士研究生分为定向就业硕士研究生和非定向就业硕士研究生。定向就业的硕士研究生须在被录取前与招生单位、用人单位分别签订定向就业合同，毕业后到定向单位就业。非定向就业硕士研究生毕业时采取毕业研究生与用人单位“双向选择”方式落实就业单位，由招生单位及所在地省级毕业生就业主管部门负责办理相关手续。

（3）按培养目标和培养方式的不同分类。按照培养目标和培养方式的不同，硕士研究生可分为学术型硕士研究生和专业型硕士研究生两种。两者处于同一层次，分别享受学术型学位教育与专业型学位教育。学术型学教育以学术研究为导向，偏重理论和研究，其目标为培养大学教师和科研机构的研究人员。专业型学位教育以专业实践为导向，重视实践和应用，其目标为培养在专业和专门技术上受到正规的、高水平训练的高层次人才。

（4）按考试方式的不同分类。按考试方式的不同，硕士研究生分为统考硕士研究生、联考硕士研究生、单独考试硕士研究生和推荐免试硕士研究生。统考硕士研究生须参加部分考试科目由教育部统一组织命题的全国统一考试。联考硕士研究生须参加全国联考，即教育部批准的特定学科（类别）、专业（领域）的部分考试科目由全国统一或联合命题的考试。单独考试硕士研究生参加单独考试，即经教育部批准的部分招生单位为符合特定报名条件的在职人员单独组织命题的考试。推荐免试硕士研究生因受高校推荐免试而无须参加初试，但须参加由招生单位组织的复试。

2. 读研究生的途径

对于应届本科毕业生而言，读研究生的途径有以下两种：一是保研，二是考研。

（1）保研。保研，即直接通过学校保送的方式读研究生。高校一般于每年 9 月下旬至 10 月下旬在大四学生中筛选保研人员。筛选规则和操作权由各高校掌握。高校不同，保研情况也不相同。保研的形式通常有以下几种：

1）基于学习成绩的免试直推。一般做法是高校规定学习成绩的基本要求，按照一定比例将保研名额下发到各院系，由院系结合其他方面的情况上报保研名单，交由学校审批。一般情况下只有班级前几名才能获得保研资格。

2）特长生免试直推。有些高校为了留住具有某种特长的人才，往往给予这类人才特别优惠，免试推荐其读研究生。常见的有体育类特长生和文艺类特长生免试推荐。

3）高校间免试直推。教育主管部门为了鼓励高校之间开展学术交流，近几年大力提倡各高校向其他高校免试推荐优秀毕业生。由于各高校的保研条件和学生的学习状况存在差异，有时候在本校难以获得保研资格的学生在其他高校反而有机会如愿读研。因此，如果大学生在本校成绩很好，排名也比较靠前，但在本校保研的希望不大，则可以试一试跨校保研。需要注意的是，大学生应该去搜寻有关信息，并主动与相关高校取得联系。

4）免试推荐，保留入学资格。这类保送生并不是马上去读研，而是保留入学资格一两年，先根据高校的安排去有关部门工作，或作为教育部门选派人员去边远地区支教。通过这种途径保送的条件相对要低一些，但也不是人人都能申请，一般只有表现突出的学生干部或活动积极分子才有入选资格。

免试推荐并不代表考生完全不需要参加考试。一些高校为了确保推荐质量，往往会加试一些科目，如英语、专业课等。此外，保研人员必须参加复试。

（2）考研。考研是一个艰苦而漫长的过程。大学生一旦决定考研，就应做好相应的心理准备，并科学理性地选择专业和学校。

1）做好心理准备。在决定考研之前，大学生应先问自己“为什么要考研”，想清楚自己真正需要的是什么，应该怎样实现自己的目标。有的大学生对自己的专业很感兴趣，认为应该更加深入地学习和研究，以提高自己的专业水平；有的大学生想要更换自己的专业，进而在自己感兴趣的领域求得更好的发展；还有的大学生想通过提升学历来增加找到好工作的筹码。总之，大学生决定考研之前应当慎重考虑自己的出发点，切勿盲目从众考研。

2）选择合适的专业。在报考阶段，大学生应该按照招考比例、考试难度等理性地选择最适合自己的专业。这里主要从热门专业、传统专业和特殊专业三个角度来分析研究生专业：①热门专业。即切合时代热点、社会需求量大、未来就业前景看好的专业。热门专业为大多数考生所看好。在选择研究生专业过程中，热门专业的最大特点就是报考人数爆满、竞争激烈、录取比例较低。报考此类专业的大学生最好评估一下自己的兴趣和潜力，广泛听取老师和同学的意见，量力而行，选择合适的专业。②传统专业。即社会总体需求量有限的基础学科类专业。常见的传统专业有文史类、哲学类、冶金类、地质类、基础学科类（如数学、物理和化学等）等。与热门专业相比，传统专业显得比较冷门。这类专业的招生名额在研究生招生总名额中占有很大的比例，报考竞争不太激烈。③特殊专业。特殊专业的硕士研究生主要有工商管理硕士（MBA）、法律硕士（JM）和软件工程硕士（MSE）及公共管理硕士（MPA）等。其中，工商管理硕士的招生考试相对独立。针对特殊专业招生的学校数目少，但一般招生量较大，对于一些跨专业考试的考生来说，报考特殊专业硕士比较合适。

3）选择合适的院校。在选择好专业后还应确定报考院校。整体而言，大学生通常可以从以下几个方面来评估招生院校的质量。①该院校在目标专业领域的地位；②目标专业导师的名气与学术成就；③该院校近年来所取得的学术成果等。

具体而言，大学生可以从以下方面对招生院校进行分析。①统计、分析招生院校近三年的录取分数线，一些比较好的学校的总分录取分数线和单科分数线有可能会高于全国统一的录取分数线；②统计、分析所报考专业在招生院校近三年的录取平均分。通过这些数据可以分析出录取分数的变化趋势，进而在选择报考院校和专业时尽量避开竞争焦点，提高自己被录取的概率。

总之，在选择报考专业和院校时一定要把目光放得长远一些，根据社会经济发展和人才需求趋势理性判断专业的就业前景，切忌盲目跟风。

3. 报名、考试具体事宜

（1）报名时间。正式报名时间一般为每年9月至10月。现在一律采用网上报名方式，考生可自行登录“中国研究生招生信息网”（http：//yz.chsi.com.cn）浏览报考须知，按网上公告的要求完成报名。

（2）考试科目。考研科目分为公共课科目和专业课科目，公共课科目是必考科目，包括英语与政治；专业课科目由各高校根据各专业要求设置。

（3）考试与录取。入学考试分初试和复试。报考者通过初试后还要参加复试，复试通过后才能被录取。复试由各招生单位负责，一般在4月下旬至5月上旬举行。复试合格、体检合格的人员，会在6月或7月收到录取通知书，9月正式跨入研究生的行列。

（4）录取中的调剂。由于报考人数过多等因素，每年都会出现成绩过线的考生不能被录取的情况，而与此同时，一些高校的某些专业却招不满人。这种情况下，一批成绩过线但总分不够高、不能被所报专业录取的考生在条件具备的前提下，可以通过调剂的方式转入所报考院校的其他专业或其他院校的相关专业。初试成绩符合复试调剂基本要求的考生可以申请调剂。复试调剂的具体要求均以初试结束后教育部发出的录取工作通知的规定为准。届时，考生可通过“中国研究生招生信息网”调剂服务系统填写调剂志愿。

（二）出国留学

1. 出国留学的类别

（1）公派出国留学。公派出国留学是指根据国家建设需要，由国家及有关部门、地方、单位全部或部分资助，通过各种渠道和方式，有计划地派出人员留学。公派出国留学有以下几种情况。一是由国家有关部委支付经费；二是由世界银行提供贷款；三是通过校际交流途径出国；四是自筹经费，或由亲友资助，或享受国外奖学金，由个人申请，经有关部门批准后，列入国家计划，出国手续与公费人员手续一样，即通常所说的“自费公派”。

（2）自费出国留学。自费出国留学是指我国公民提供可靠证明，由其定居国外的亲友资助，或使用本人、亲友在国内的外汇资金，到国外高等学校、科研机构学习或进修。出国手续由其自行办理。

知识目标

了解教师招聘考试、公务员考试的步骤和报考条件。

了解西部计划、特岗计划、“三支一扶”计划的含义和优惠政策，选调生的招生条件和优惠政策，以及应征入伍的条件、流程和优惠政策。

二、报考公务员

公务员是指依法履行公职、纳入国家行政编制且由国家财政负担工资福利的工作人员。要想成为公务员，就必须通过公务员考试。

我国的公务员考试分为国家机关公务员考试和地方公务员考试。中央国家机关公务员考试是指中央、国家机关及中央国家行政机关派驻机构、垂直管理系统所属机构录用机关工作人员和国家公务员的考试。地方公务员考试是指地方各级党政机关、社团等为招录机关工作人员和国家公务员而组织进行的各级地方性考试。

（一）公务员招考步骤

1. 发布招考公告

招考公告的内容包括招考单位、招考职位、招考专业、招考人数、报考条件、报名方式、考试科目及内容、报名时间及方式、考试时间及地点等。

2. 报名

报名方式有网上报名和现场报名两种方式。若采取网上报名的方式，则报考人员须先在网上填写相关资料，然后将这些资料打印出来，并在规定的时间内持相关证件，到指定地点进行资格确认。如果采取现场报名的方式，则报考人员应到指定的报名地点办理报名手续。办理手续时，报考人员一般应持以下报名材料：应届毕业生持本人身份证、学生证、应届毕业生就业推荐表、成绩单和近期正面免冠照等；其他人员持本人身份证、户口簿、学历证书和有关证明材料、本人近期正面免冠照等。

3. 考试

考试包括笔试和面试。笔试一般由招考单位统一命制试卷、统一组织考试并阅卷评分。对笔试合格的考生，招考单位的人力资源和社会保障部门依笔试成绩高低顺序，按招考职位和拟录用人数的比例确定面试对象。不同招考单位的面试时间会有差异，各招考单位会在相关网站发布通知。

4. 体检和考核

对面试合格的考生，招考单位按笔试、面试成绩各占 50% 的比例计算总成绩，依总成绩高低顺序，按照招考职位拟录用人数等额确定体检、考核人选。体检不合格者，按成绩高低顺序依次补录。

5. 录用

招考单位根据考生总成绩高低顺序和体检、考核结果，择优拟定录取人选，报省人力资源和社会保障部门审批。

6. 试用期

对于新录用的国家公务员，试用期为 1 年。试用期满合格的，予以正式任职；不合格的，取消录用资格。

（二）公务员招考对象与报考条件

我国招考公务员的工作分级进行。虽然国家公务员考试和地方公务员考试有所不同，但招考对象和报考条件大同小异。招考对象为应届和历届毕业的专科生、本科生和研究生（定向培养生除外）等。

报考条件具体要求如下：①具有中华人民共和国国籍；②年满 18 周岁；③拥护中华人民共和国宪法，拥护中国共产党的领导和社会主义制度；④具有良好的政治素质和道德品行；⑤具有履行职责的身体条件和心理素质；⑥具有符合职位要求的文化程度和工作能力；⑦法律规定的其他条件。报考公务员，除应当具备上述条件外，还应当具备省级以上公务员主管部门规定的拟任职位所要求的资格条件。

（三）公务员考试的内容

1. 笔试

笔试（公共科目笔试）包括“行政职业能力测验”（以下简称“行测”）和“申论”两

科。全部采用闭卷考试的方式。考试没有指定教材。

（1）行政职业能力测验。行政职业能力测验试题为客观性试题，考试时限为 120 分钟，满分为 100 分。行政职业能力测验主要测查与公务员职业密切相关的、适合通过客观化纸笔测验方式进行考查的基本素质和能力要素，包括言语理解与表达、数量关系、判断推理、资料分析和常识判断等部分。

（2）申论。申论试题为主观性试题，考试时限为 180 分钟，满分为 100 分。申论考试要求应试者对给定材料进行分析、概括、提炼和加工，以测查应试者的阅读理解能力、综合分析能力、提出问题和解决问题的能力及文字表达能力。申论材料通常涉及某一个或某几个特定的社会问题，要求应试者能够准确理解材料所反映的主要内容，全面分析问题所涉及的各个方面，并能在把握材料主旨和精神的基础上，提出自己的观点、思路或解决方案，准确流畅地用文字表达出来。

2．面试

面试在公务员考试成绩中占有较大的比例。若应试者只参加公共科目笔试和面试的情况下，综合成绩如下：公共科目笔试总成绩占 50%，面试成绩占 50%；其计算公式为“（行测 + 申论）/2×50%+ 面试 ×50%”。若应试者除了参加公共科目笔试和面试外，还要参加专业科目考试的，综合成绩如下：公共科目笔试总成绩占 50%，面试成绩和专业科目考试成绩共占 50%。例如，2019 年某机关单位特殊岗位的成绩计算方式如下：公共科目笔试总成绩 ×50%+ 专业笔试成绩 ×15%+ 面试成绩 ×35%。一般来说，入围面试的应试者的笔试分数都相差不大，甚至只相差 1 分或 0.5 分，因此，面试成绩格外重要。应试者要做好充分的准备才能突破重围。

国家公务员考试与地方公务员考试的区别：

（1）考试性质。国家公务员考试属于招聘考试，应试者在填报相应的职位，并通过笔试、面试和体检等录用考核后，一旦被录用便成为相应职位的工作人员。地方公务员考试有资格考试和招聘考试两种，绝大多数地方公务员考试采用的是招聘考试的方式，应试者选择职位并报名参加考试，被录取后直接成为招考单位相应部门的公务员。国家公务员考试和地方公务员考试各自独立进行，不存在隶属关系。应试者可根据自己的需要选择所要参加的考试。可同时报考国家公务员和地方公务员。

（2）招考对象。国家公务员考试面向全国招考。地方公务员考试主要面向当地的居民、在当地就读的大学生或本省生源的大学生。对于某些对技术要求或者学历要求比较高的特殊人才，通常会面向全国招考。

各省市对参加考试的应届生的生源要求各不相同。例如，上海市某机关单位的招考公告规定报考者应为“上海市高等院校，国务院各部、委、办、局所属高校（含已划转地方的高校），或列入‘211’工程建设的地方高校的本科以上的优秀毕业生”。

一般来说，政府在招录公务员时对应届毕业生是给予照顾的。近几年，在公务员招考过程中，对参加了“西部计划”（大学生志愿服务西部计划）、“特设岗位”（针对已满服务期的四项基层服务人员而特别设置的岗位）、“三支一扶”（支教、支农、支医和扶贫计划）和“青南计划”（大学生志愿服务青南计划）等项目计划且服务期满的大学毕业生，给予5～10分的加分奖励。

（3）考试科目。国家公务员考试包括笔试（分为公共科目和专业科目）和面试。一般情况下，国家公务员考试和地方公务员考试的笔试科目为行测和申论，只是在题目设置上略有不同。通常，国家公务员考试的行测试题为140道，题量比地方公务员考试的行测试题多20道，难度也稍微大一些。与此同时，在地方公务员考试中，招考单位可能根据具体情况调整笔试科目。例如，北京公务员考试的笔试科目是行测和公共基础知识；浙江省的是行测和综合基础知识。若要报考地方公务员考试，则应注意查阅招考单位公布的招考简章，以便有针对性地进行复习。

（4）考试时间。从2002年起，国家公务员招录工作的时间是固定的，报名时间固定在每年11月的第一个星期六，考试时间则固定在每年12月的第三个星期六。

地方公务员考试的时间差异很大，而且每年的招考时间会有一些变动，部分省份每年有春、秋季两次考试。此外，地方政府还会组织一些关于选调干部到基层的考试，有些机关的用人部门还会单独招考。除了省级机关单位的公务员考试，各个非省会城市的机关单位也会组织一些考试。大学毕业生应注意查询招考单位的相关网站。

各类公务员考试的报考不受次数限制，只要时间上不冲突，毕业生可以参加多次公务员考试，如国家公务员考试、学校所在地的地方公务员考试、生源地的地方公务员考试，以及一些对生源没有限制的地方公务员考试等。

三、事业单位应聘

事业单位是指一般是国家机构设置的带有一定的公益性质的机构，从事教育、科技、文化、卫生等活动的社会服务组织。

事业单位按照资金来源分为全额拨款事业编制、差额拨款事业编制、自收自支事业编制、参公事业编制。生活中常见的是全额拨款事业编制、参公事业编制。

按工作性质分4类。包括管理岗位、专业技术岗位和工作技能岗位、特设岗位人员。

事业单位优势：福利好、社会认可度高。招考次数多，机会更大。

报考人选：应届毕业生、社会在职人员、基层服务项目的群体。

考试范围：职业能力测试公共基础知识、综合应用能力、部分岗位考专业知识。

四、企业应聘

在市场经济和互联网科技快速发展的形势下，大学毕业生应聘企业职位的途径更加多样化。概括起来，主要有以下几种。

（一）到实习单位就业

实习单位提供的职位一般与毕业生的专业对口。通过实习，毕业生不仅可以进一步巩固所学的专业知识，还能通过实践锻炼实操能力，提高专业技能。在实习过程中与实习单位达成就业协议，是一种很好的就业方式，尤其是对医学类专业、师范类专业及走校企合作途径的毕业生来说。

现在大多数用人单位已经意识到，在实习活动中挑选优秀的毕业生，不仅可以给毕业生一个锻炼机会，还可以让单位自身有更充足的时间考察毕业生。一般情况下，被留用的毕业生通过实习对用人单位有了一定的了解，能够缩短入职后与用人单位的磨合期。因此不少用人单位会优先选用在本单位实习过的毕业生。如果有条件，毕业生可以利用空余时间或寒暑假找一份实习工作，一方面可以锻炼自己的业务能力；另一方面可以增加工作经验，为毕业求职作准备。

（二）参加现场招聘会

1. 校园招聘会

学校就业指导部门是毕业生就业工作的职能部门，具体负责组织、指导和协调各系（院）毕业生的就业工作，经过多年的工作实践，与许多用人单位建立了稳定的合作关系。学校就业指导部门每年都会举办若干次大型综合性校园招聘会和小型专场校园招聘会（见图 3-1、3-2）。

图 3-1　校园招聘会

（图片来源：本校电视台提供）

图 3-2　校园招聘会

（图片来源：本校电视台提供）

校园招聘会的针对性较强，因为用人单位通常在了解学校的相关情况后，才有针对性地发出人才需求信息。参加校园招聘会的用人单位不会对毕业生提出工作经验方面的要求。参加校园招聘会的学生通常是本校学生，相对来说人数不算太多，应聘的成功率较高，特别是系（院）级的专场招聘。

不少用人单位在校园招聘会期间还会举办宣讲会或供需洽谈会。毕业生可借此机会了解用人单位的招聘职位信息和企业文化。有些用人单位会在宣讲会上收集简历，甚至直接进行面试。

校园招聘会的相关信息一般在学校就业信息网和校内公告栏发布。毕业生一定要重视校园招聘会，主动参与，积极应聘。

2．高校毕业生专场招聘会

为促进毕业生就业，培育就业市场，各省市通常会举办高校毕业生专场招聘会。这类招聘会一般由政府相关部门主办，各省市应届毕业生均可免费参加。这类招聘会的特点是参会的用人单位数量多、地域分布广，需求的专业种类和人数都比较多，能为毕业生提供较多选择，但前来应聘的毕业生也多，竞争激烈。对于此类招聘会，毕业生应尽早入场，提前搜集需求信息，把握签约机会。

3．行业专场招聘会

行业专场招聘会大多由教育部门与各行业主管部门联合举办。行业专场招聘会的特点是对与行业相关的专业人才需求量大，相关专业毕业生的求职成功率高。对于这类招聘会，相关专业的毕业生应积极参加。

4．人才市场举办的招聘会

参加人才市场举办的招聘会也是实现就业的有效途径之一。各地人才市场举办的招聘会所提供的需求信息涉及范围较广，包括不同层次、不同行业的人才需求信息，很多用人单位要求求职者具有一定的工作经验。毕业生在参加此类招聘会前，应先弄清楚有哪些用人单位参加招聘，从中找出自己的目标单位和职位，到招聘会现场后直奔招聘单位所在场地，这样可以节省很多时间。

（三）参加网络招聘会

近年来，网络招聘会已经成为毕业生求职的重要途径之一。国家发展和改革委员会、人力资源和社会保障部、教育部和国务院国有资产监督管理委员会等部门还专门组建了“全国高校毕业生就业网络联盟”，每年都安排了相当数量的网络招聘会，各省市也有为数不少的网络专场招聘会，如职通天下人才网承办的潍坊市高新区首届网络招聘会。网络招聘会的一个突出特点是“迅速”和“节省”，它可以实现资源共享，简化招聘程序，节约就业成本，提高就业效率。毕业生只需要登录相关招聘网站，就能根据用人单位的需求信息投递电子简历或进行视频面试等。

毕业生利用网络求职时，应针对不同的用人单位精心设计每份简历，并在有效时间内将电子简历发给用人单位，以提高求职的成功率。网上求职时，由于用人单位和求职者双方不见面，所以毕业生需在简历上突出自己的优势。当然，网上求职时，也要提防网络骗局。

资料链接

全国高校毕业生就业网络联盟网络招聘会

全国高校毕业生就业网络联盟网络招聘会，以全国大学生就业公共服务立体化平台为依托，以战略性新兴产业、高新技术产业、文化产业、现代服务业和现代农业等国家重点扶持行业为主要就业渠道，每年联合国务院国有资产监督管理委员会、人力资源和社会保障部、工业和信息化部、科技部、商务部和农业农村部等行业部委共同举办公益性网络招聘会，深受广大用人单位与高校毕业生的欢迎。用人单位参加网络招聘会时须先注册，审核通过后方可自主发布招聘信息。毕业生参加网络招聘会时应先注册，填写完个人简历信息后，即可在线投递简历。

（四）借助社会关系求职

借助社会关系求职是一种传统的就业渠道。在就业市场上，许多用人单位采用熟人推荐的方式招聘员工，因为熟人推荐的人一般比较可靠，用人风险低，而且与正规招聘相比，招聘成本也相对较低。因此，毕业生应当积极地借助社会关系求职。

通常，可以为自己提供就业机会的社会关系成员如下：①家庭成员和亲戚；②父辈的同学、同事及朋友；③老师、校友等。此外，部分求职者也可尝试拓展自己的人脉圈，并利用这些关系积极求职。

五、应征入伍

从2010年开始，部队每年从应届高校毕业生中征收义务兵。高校毕业生入伍服义务兵役，对于提高兵员素质，优化兵员结构，加快实施人才强军、科技强军战略，完善国防动员体系，增强大学生服务国防、服务国家和人民的责任意识，磨砺青年学生品质、丰富阅历、增强体魄，具有十分重要的意义。

（一）应征入伍的条件

1. 学历条件

根据国家有关规定批准设立、实施高等学历教育的全日制公办普通高等学校、民办普通高等学校和独立学院，按照国家招生规定录取的全日制普通本科、专科（含高职）、研究生、第二学士学位应（往）届毕业生、在校生和已被普通高校录取但未报到入学的学生可以应征入伍。

2. 政治条件

征兵政治审查的内容包括应征公民的年龄、户籍、职业、政治面貌、宗教信仰、文化程度、现实表现、家庭主要成员和主要社会关系成员的政治情况等。征集服现役的大学生必须热爱中国共产党，热爱祖国，热爱人民军队，遵纪守法，品德优良，决心为抵抗侵略、保卫祖国、保卫人民的和平劳动而英勇奋斗。

3. 身体条件

应征入伍的大学生要身心健康、体魄强健，在身体方面应符合如下条件：

（1）身高。男性160厘米以上，女性158厘米以上。

（2）体重。男性不超过标准体重的30%，不低于标准体重的15%；女性不超过标准体重的20%，不低于标准体重的15%。标准体重 =（身高 - 110）千克。

（3）视力。大学生右眼裸眼视力不低于4.6，左眼裸眼视力不低于4.5。屈光不正，准分子激光手术后半年以上，无并发症，视力达到相应标准的，视为合格。

（4）内科。收缩压大于或等于90毫米汞柱，小于140毫米汞柱；舒张压大于或等于60毫米汞柱，小于90毫米汞柱；心率60～100次/分；等等。

4. 年龄条件

男性普通高等学校在校生应年满17～22周岁，高职（专科）毕业生可放宽到23周岁，本科及其以上学历毕业生可放宽到24周岁。女性普通高等学校在校生和毕业生应年满17～22周岁。

（二）应征入伍的预征时间

每年12月31日前，年满18岁的男性公民应当按照法律规定履行兵役登记义务。已经进行过兵役登记，有参军意向的，可直接参加网上应征报名。每年的兵役登记时间为1月10日至6月30日。每年的应征报名时间如下：上半年为1月10日至2月15日；下半年为4月1日至8月15日。

（三）应征入伍的流程

（1）网上报名预征。有应征意向的高校毕业生可在征兵开始之前登录“全国征兵网”（网址 https：//www.gfbzb.gov.cn）进行报名，填写、打印“应届毕业生预征对象登记表”（以下简称“登记表”）和“高校毕业生应征入伍学费补偿国家助学贷款代偿申请表”（以下简称“申请表”），交所在高校征兵工作管理部门。

（2）初审、初检。毕业生离校前，在高校参加身体初检、政治初审，符合条件者确定为预征对象，高校协助兵役机关将“登记表”和“申请表”审核盖章发给毕业生本人，并完成网上信息确认。初审、初检工作最晚在7月15日前完成。

（3）实地应征。高校应届毕业生可在学校所在地应征入伍，也可在入学前户籍所在地应征入伍。

（4）高校应届毕业生在学校所在地应征的，各高校与兵役机关结合初审、初检工作同步进行体格检查和政治审查，在毕业生离校前完成预定兵工作，9月初学校所在地县

（市、区）人民政府征兵办公室为毕业生办理批准入伍手续。政治审查以毕业生本人现实表现为主，由其就读学校所在地的县（市、区）公安部门负责，学校分管部门具体承办，原则上不再对其入学前和就读返乡期间的现实表现情况进行调查。

（5）高校应届毕业生在入学前户籍所在地应征入伍时，应在7月30日前将户籍迁回入学前户籍地，持“登记表”和“申请表”到当地县级兵役机关参加实地应征，经体格检查、政治审查合格的，9月初由当地县（市、区）人民政府征兵办公室办理批准入伍手续。

（四）应征入伍的优惠政策

为了鼓励高校毕业生应征入伍。国家完善了高校毕业生入伍服义务兵役的政策。入伍大学生可享受以下五个方面的优惠政策。

（1）优先征集。高校应届毕业生入伍时，享受优先报名应征、优先体检政审、优先审批定兵、优先安排使用的待遇。

（2）学费补偿。由政府补偿学费或代偿国家助学贷款；家属按规定享受军属待遇。

（3）选用培养。高校毕业生士兵可优先选取为士官；符合条件的本科以上毕业生可选拔为军官；在报考军校方面，专科毕业生士兵可参加全军统一组织的本科层次招生考试，进入有关军队院校学习；高校毕业生士兵参加优秀士兵保送入学对象选拔时，年龄放宽1岁，同等条件下优先列为优秀士兵保送入学推荐对象。

（4）考试升学。高校毕业生士兵退役后，参加政法干警招录培养体制改革试点考试的，教育考试笔试成绩总分加10分；3年内参加硕士研究生考试的，初试总分加10分；立二等功及其以上的，免试推荐入读硕士研究生；高职（专科）毕业生免试入读成人本科或经一定考核后入读普通本科。

（5）就业服务。高校毕业生士兵退役后报考公务员、应聘事业单位职位的，在军队服现役的经历视为基层工作经历，同等条件下优先录用或者聘用；退役后，按照国家规定发给退役金，由安置地的县级以上地方人民政府接收；退役后1年内可视同高校应届毕业生办理就业报到手续，户档随迁。

六、走创业之路

鼓励大学生创新创业已成为全社会关注的热门话题。党中央、国务院十分重视大学生创新创业与就业工作，号召大众创业、万众创新。

我国部分高校也成立相关机构，并投入大量人力物力。大学生自主创业成为新生代的一种重要的就业方式。

大学生创业本书第十章有详细介绍，在此不再赘述。

第三节 大学生职业选择中的使命与担当

一、大学生职业选择中的使命

使命可以理解为一个人、一个组织或者对自己存在的本质目标和意义的理解。这通常涉及一种责任感以及一种对于自己行为的驱动力。使命可以是个人的，也可以是集体的。使命是驱使我们行动的重要动力。使命感是指一个人对自己的使命有深刻的理解和感知，以及一种强烈的责任感和承诺。有了使命感，一个人就会有方向、有动力、有决心，即使面临困难和挑战也会坚持下去。

当代大学生是我国未来科学技术发展和文化建设的中坚力量，应该义不容辞地肩负起发展我国科技文化的历史重任。

大学生在职业选择中的使命主要包括以下几个方面。

（1）建设中国特色社会主义，实现中华民族的伟大复兴：这是当代大学生肩负的重要使命，需要他们在学习和实践中积极发挥作用，为中国特色社会主义的发展作出贡献。

（2）努力学习，立志成才：大学生应当致力于成为现代社会的骨干力量，全面提高自身的素质和技能，包括但不限于科学文化和专业知识的掌握。

（3）加强思想道德修养：大学生应注重个人的全面发展，不仅在知识和技能上追求卓越，也要在思想道德和人文素养上下功夫，成为一个具有高尚品德的人。

（4）正确运用科学技术知识：大学生还应学会将所学的科学技术知识应用于实际生活中，确保其为人类正义事业服务，并在各种诱惑面前作出正确的选择。

（5）处理好个人利益和人民利益的关系。大学生在追求个人成长的同时，也应注意维护国家和人民的利益，积极参加公益活动和社会创新，以回馈社会。

综上所述，大学生的使命在于传承优秀精神和文化，勇于创新，并积极参与社会进步和发展，为社会和人民作出积极的贡献。

二、大学生的职业担当与中国式现代化

在中国现代化的进程中，青年的担当和作为起着重要的作用。他们是推动中国现代化的生力军，同时也是现代化进程中的受益者和参与者。青年应当积极投身于各个领域，发挥自身的力量，共同推动中国现代化的全面发展。

1. 创新思维与现代化的发展

创新思维是青年担当的重要表现形式。现代化进程需要新的理念、新的思维方式和新的技术手段。青年具有较强的接受能力和创新能力，能够带来新的想法和创新的解决方案，推动现代化的进步。青年应当拓宽思维，勇于探索，不断创新，为中国现代化注入新的动力。

2. 创业精神与现代化的蓬勃发展

创业精神是青年担当的重要表现形式。中国现代化需要大量的创新创业者。青年拥有勇于拼搏的决心和对未知的好奇心，能够在经济、科技和文化等领域中创造出新的价值。青年应当树立创业意识，并在创新创业的过程中实现自身的成长与发展，同时也推动中国现代化的蓬勃发展。

3. 社会参与和公民意识的提升

当代大学生应当提升自身的公民意识和社会责任感，积极参与社会公益事业。通过社会参与，更好地了解社会问题和需求，为解决社会问题提供创新的解决方案。青年的积极参与和贡献能够为中国现代化进程注入活力，提升社会的整体素质和幸福指数。

4. 青年担当与中国现代化的互动

当代大学生的担当与中国现代化是相互促进、互动发展的关系。青年的参与和贡献能够有效推动中国现代化的全面发展，同时中国现代化对青年也提出了更高的要求和期望。青年应当具备世界眼光、创新思维和社会责任感，以适应并推动中国现代化的进程，实现自身的发展和成长。

当代大学生担当是中国现代化进程中不可或缺的部分。青年应当以创新思维和创业精神为引领，积极参与中国现代化的各个领域，推动中国现代化的全面发展。通过积极的社会参与和提升公民意识，青年能够为中国现代化注入活力，实现自身的成长和发展。中国的青年们，让我们肩负起时代赋予的使命，为祖国的现代化进程贡献力量，实现个人价值和国家发展的双赢。

本章小结

本章对职业的内涵、类型等概念进行了详细阐述，一并提出了职业选择的原则与方法。通过案例分析让学生明确了毕业后的发展路径选择（继续深造、报考公务员、事业单位应聘、企业应聘、参军入伍、创业等）、懂得大学生在职业选择中的使命与担当，有意识地提高自身职业素质、进行有针对性的求职。

关键术语

职业选择（Career Choice）
发展路径（Development Path）
能力（Capacity）
使命（Mission）
担当（Take on）

复习思考题

1．你对未来的职业有思考过吗？求职前，你应该做好哪些准备？

2．通过阅读大学毕业后的发展路径选择中某大学生关于考研的经验分享案例，你认为读研究生的途径有哪些？需做哪些准备工作？

3．什么样的人适合报考公务员？请展开讨论，相互交流，并说明理由。

4．分析自己是否适合创业，并说明原因。如果适合创业，那么你会抓住哪个方向的创业机会？

5．本章大学生众筹百万元做“互联网＋理发”案例中，你认为“发学院”成功的因素在哪？

资 料

霍兰德职业兴趣测量表

人的个性与职业有着密切的关系。不同职业对从业者的人格特征的要求是有差距的，如果通过科学的测试，可以预知自己的个性特征，这有助于选择适合于个人发展的职业。您将要阅读的这个《职业性格自测问卷》，可以帮助您作个性自评，从而发现自己的个性特征更适合从事哪方面的工作。

请根据对每一题目的第一印象作答，不必仔细推敲，答案没有好坏、对错之分。具体填写方法是，根据自己的情况，如果选择“是”，请打“√”，否则请打“×”。

1．我喜欢把一件事情做完后再做另一件事。（ ）
2．在工作中我喜欢独自筹划，不愿受别人干涉。（ ）
3．在集体讨论中，我往往保持沉默。（ ）
4．我喜欢做戏剧、音乐、歌舞、新闻采访等方面的工作。（ ）
5．每次写信我都一挥而就，不再重复。（ ）
6．我经常不停地思考某一问题，直到想出正确的答案。（ ）
7．对别人借我的和我借别人的东西，我都能记得很清楚。（ ）

8．我喜欢抽象思维的工作，不喜欢动手的工作。（　　）
9．我喜欢成为人们注意的焦点。（　　）
10．我喜欢不时地夸耀一下自己取得的好成就。（　　）
11．我曾经渴望有机会参加探险。（　　）
12．当我一人独处时，会感到更愉快。（　　）
13．我喜欢在做事情前，对此事情作出细致的安排。（　　）
14．我讨厌修理自行车、电器一类的工作。（　　）
15．我喜欢参加各种各样的聚会。（　　）
16．我愿意从事虽然工资少，但是比较稳定的职业。（　　）
17．音乐能使我陶醉。（　　）
18．我办事很少思前想后。（　　）
19．我喜欢经常请示上级。（　　）
20．我喜欢需要运用智力的游戏。（　　）
21．我很难做那种需要持续集中注意力的工作。（　　）
22．我喜欢亲自动手制作一些东西，从中得到乐趣。（　　）
23．我的动手能力很差。（　　）
24．和不熟悉的人交谈对我来说毫不困难。（　　）
25．和别人谈判时，我总是很容易放弃自己的观点。（　　）
26．我很容易结识同性朋友。（　　）
27．对于社会问题，我通常持中庸的态度。（　　）
28．当我开始做一件事情后，即使碰到再多的困难，我也要执着地干下去。（　　）
29．我是一个沉静而不易动感情的人。（　　）
30．当我工作时，我喜欢避免干扰。（　　）
31．我的理想是当一名科学家。（　　）
32．与言情小说相比，我更喜欢推理小说。（　　）
33．有些人太霸道，有时明明知道他人是对的，也要和他人对着干。（　　）
34．我爱幻想。（　　）
35．我总是主动地向别人提出自己的建议。（　　）
36．我喜欢使用榔头一类的工具。（　　）
37．我乐于解除别人的痛苦。（　　）
38．我更喜欢自己下了赌注的比赛或游戏（　　）
39．我喜欢按部就班地完成要做的工作。（　　）
40．我希望能经常换不同的工作来做。（　　）
41．我总留有充裕的时间去赴约会。（　　）
42．我喜欢阅读自然科学方面的书籍和杂志。（　　）
43．如果掌握一门手艺并能以此为生，我会感到非常满意。（　　）

44．我曾渴望当一名汽车司机。（ ）
45．听别人谈“家中被盗”一类的事，很难引起我的同情。（ ）
46．如果待遇相同，我宁愿当商品推销员，也不愿当图书管理员。（ ）
47．我讨厌跟各类机械打交道。（ ）
48．我小时候经常把玩具拆开，把里面看个究竟。（ ）
49．当接受新任务后，我喜欢以自己的独特方法去完成它。（ ）
50．我有文艺方面的天赋。（ ）
51．我喜欢把一切安排得整整齐齐、井井有条。（ ）
52．我喜欢做一名教师。（ ）
53．和一群人在一起的时候，我总想不出恰当的话来说。（ ）
54．看情感影片时，我常禁不住眼圈红润。（ ）
55．我讨厌学数学。（ ）
56．在实验室里独自做实验会令我寂寞难耐。（ ）
57．对于急躁、爱发脾气的人，我仍能以礼相待。（ ）
58．遇到难解答的问题时，我常常放弃。（ ）
59．大家公认我是一名勤劳踏实的、愿为大家服务的人。（ ）
60．我喜欢在人事部门工作。（ ）

结果对照，职业人格的类型（符合以下“是”或“否”答案的记1分，不符合的记0分）：

常规型（C）：是（7，19，29，39，41，51，57），否（5，18，40）。

现实型（R）：是（2，13，22，36，43），否（14，23，44，47，48）。

研究型（I）：是（6，8，20，30，31，42），否（21，55，56，58）。

企业型（E）：是（11，24，28，35，38，46，60），否（3，16，25）。

社会型（S）：是（26，37，52，59），否（1，12，15，27，45，53）。

艺术型（A）：是（4，9，10，17，33，34，49，50，54），否（32）。

将得分最高的三种类型从高到低排列，得出1个（或2个）3位组合答案，再对照《人格类型与职业环境的匹配》和《测试结果与职业匹配对照表》得出人格类型所匹配的职业。

测试结果与职业匹配对照表

RIA：牙科技术员、陶工、建筑设计员、模型工、细木工、制作链条人员。

RIS：厨师、林务员、跳水员、潜水员、染色员、电器修理、眼镜制作、电工、纺织机器装配工、服务员、装玻璃工人、发电厂工人、焊接工。

RIE：建筑和桥梁工程、环境工程、航空工程、公路工程、电力工程、信号工程、电话工程、一般机械工程、自动工程、矿业工程、海洋工程、交通工程技术人员、制图员、家政经纪人员、计量员、农民、农场工人、农业机械操作、清洁工、无线电修理、汽车修理、手表修理、管工、线路装配工、工具仓库管理员。

RIC：船上工作人员、接待员、杂志保管员、牙医助手、制帽工、磨坊工、石匠、机器制造、机车（火车头）制造、农业机器装配、汽车装配工、缝纫机装配工、钟表装配和检验、电动器具装配、鞋匠、锁匠、货物检验员、电梯机修工、装配工、托儿所所长、钢琴调音员、印刷工、建筑钢铁工人、卡车司机。

RAI：手工雕刻、玻璃雕刻、制作模型人员、家具木工、制作皮革品、手工绣花、手工钩针纺织、排字工作、印刷工作、图画雕刻、装订工。

RSE：消防员、交通巡警、警察、门卫、理发师、房间清洁工、屠夫、锻工、开凿工人、管道安装工、出租汽车驾驶员、货物搬运工、送报员、勘探员、娱乐场所的服务员、起卸机操作工、灭害虫者、电梯操作工、厨房助手。

RSI：纺织工、编织工、农业学校教师、某些职业课程教师（诸如艺术、商业、技术、工艺课程）、雨衣上胶工。

REC：抄水表员、保姆、实验室动物饲养员、动物管理员。

REI：轮船船长、航海领航员、大副、试管实验员。

RES：旅馆服务员、家畜饲养员、渔民、渔网修补工、水手长、收割机操作工、搬运行李工人、公园服务员、救生员、登山导游、火车工程技术员、建筑工人、铺轨工人。

RCI：测量员、勘测员、仪表操作者、农业工程技术、化学工程技师、民用工程技师、石油工程技师、资料室管理员、探矿工、煅烧工、烧窖工、矿工、炮手、保养工、磨床工、取样工、样品检验员、纺纱工、漂洗工、电焊工、锯木工、刨床工、制帽工、手工缝纫工、油漆工、染色工、按摩工、木匠、农民建筑工人、电影放映员、勘测员助手。

RCS：公共汽车驾驶员、一等水手、游泳池服务员、裁缝、建筑工人、石匠、烟囱修建工、混凝土工、电话修理工、爆炸手、邮递员、矿工、裱糊工人、纺纱工。

RCE：打井工、吊车驾驶员、农场工人、邮件分类员、铲车司机、拖拉机司机。

IAS：普通经济学家、农场经济学家、财政经济学家、国际贸易经济学家、实验心理学家、工程心理学家、心理学家、哲学家、内科医生、数学家。

IAR：人类学家、天文学家、化学家、物理学家、医学病理学家、动物标本剥制者、化石修复者、艺术品管理者。

ISE：营养学家、饮食顾问、火灾检查员、邮政服务检查员。

ISC：侦察员、电视播音室修理员、电视修理服务员、验尸室人员、编目录者、医学实验室技师、调查研究者。

ISR：水生生物学者、昆虫学者、微生物学家、配镜师、矫正视力者、细菌学家、牙科医生、骨科医生。

ISA：实验心理学家、普通心理学家、发展心理学家、教育心理学家、社会心理学家、临床心理学家、目标学家、皮肤病学家、精神病学家、妇产科医师、眼科医生、五官科医生、医学实验室技术专家、民航医务人员、护士。

IES：细菌学家、生理学家、化学专家、地质专家、地理物理学专家、纺织技术专家、医院药剂师、工业药剂师、药房营业员。

IEC：档案保管员、保险统计员。

ICR：质量检验技术员、地质学技师、工程师、法官、图书馆技术辅导员、计算机操作员、医院听诊员、家禽检查员。

IRA：地理学家、地质学家、声学物理学家、矿物学家、古生物学家、石油学家、地震学家、气象学家、原子和分子物理学家、电学和磁学物理学家、设计审核员、人口统计学家、数学统计学家、外科医生、城市规划家、气象员。

IRS：流体物理学家、物理海洋学家、等离子体物理学家、农业科学家、动物学家、食品科学家、园艺学家、植物学家、细菌学家、解剖学家、动物病理学家、作物病理学家、药物学家、生物化学家、生物物理学家、细胞生物学家、临床化学家、遗传学家、分子生物学家、质量控制工程师、地理学家、兽医、放射性治疗技师。

IRE：化验员、化学工程师、纺织工程师、食品技师、渔业技术专家、材料和测试工程师、电气工程师、土木工程师、航空工程师、行政官员、冶金专家、原子核工程师、陶瓷工程师、地质工程师、电力工程师、口腔科医生、牙科医生。

IRC：飞机领航员、飞行员、物理实验室技师、文献检查员、农业技术专家、生物技师、动植物技术专家、油管检查员、工商业规划者、矿藏安全检查员、纺织品检验员、照相机修理者、工程技术员、编计算程序者、工具设计者、仪器维修工。

CRI：簿记员、会计、计时员、铸造机操作工、打字员、按键操作工、复印机操作工。

CRS：仓库保管员、档案管理员、缝纫工、讲述员、收款人。

CRE：标价员、实验室工作者、广告管理员、自动打字机操作员、电动机装配工、缝纫机操作工。

CIS：记账员、顾客服务员、报刊发行员、土地测量员、保险公司职员、会计师、估价员、邮政检查员、外贸检查员。

CIE：打字员、统计员、支票记录员、订货员、校对员、办公室工作人员。

CIR：校对员、工程职员、海底电报员、检修计划员、发报员。

CSE：接待员、通讯员、电话接线员、卖票员、旅馆服务员、私人职员、商学教师、旅游办事员。

CSR：运货代理商、铁路职员、交通检查员、办公室通信员、簿记员、出纳员、银行财务职员。

CSA：秘书、图书管理员、办公室办事员。

CER：邮递员、数据处理员、办公室办事员。

CEI：推销员、经济分析家。

CES：银行会计、记账员、法人秘书、速记员、法院报告人。

ECI：银行行长、审计员、信用管理员、地产管理员、商业管理员。

ECS：信用办事员、保险人员、各类进货员、海关服务经理、售货员、购买员、会计。

ERI：建筑物管理员、工业工程师、护士长、农场管理员、农业经营管理人员。

ERS：仓库管理员、房屋管理员、货栈监督管理员。

ERC：邮政局局长、渔船船长、机械操作领班、木工领班、瓦工领班、驾驶员领班。

EIR：科学、技术和有关周期出版物的管理员。

EIC：专利代理人、鉴定人、运输服务检查员、安全检查员、废品收购人员。

EIS：警官、侦察员、交通检验员、安全咨询员、合同管理者、商人。

EAS：法官、律师、公证人。

EAR：展览室管理员、舞台管理员、播音员、驯兽员。

ESC：理发师、裁判员、政府行政管理员、财政管理员、工程管理员、售货员、职业病防治、商业经理、办公室主任、人事负责人、调度员。

ESR：家具售货员、书店售货员、公共汽车的驾驶员、日用品售货员、护士长、自然科学和工程的行政领导。

ESI：博物馆管理员、图书馆管理员、古迹管理员、饮食业经理、地区安全服务管理员、技术服务咨询者、超级市场管理员、零售商品店店员、批发商、出租汽车服务站调度。

ESA：博物馆馆长、报刊管理员、音乐器材售货员、广告商售画营业员、导游、（轮船或班机上的）事务长、飞机上的服务员、船员、法官、律师。

ASE：戏剧导演、舞蹈教师、广告撰稿人、报刊专栏作者、记者、演员、英语翻译。

ASI：音乐教师、乐器教师、美术教师、管弦乐指挥、合唱队指挥、歌星、演奏家、哲学家、作家、广告经理、时装模特。

AER：新闻摄影师、电视摄影师、艺术指导、录音指导、丑角演员、魔术师、木偶戏演员、骑士、跳水员。

AEI：音乐指挥、舞台指导、电影导演。

AES：流行歌手、舞蹈演员、电影导演、广播节目主持人、舞蹈教师、口技表演者、喜剧演员、模特。

AIS：画家、剧作家、编辑、评论家、时装艺术大师、新闻摄影师、男演员、文学作者。

AIE：花匠、皮衣设计师、工业产品设计师、剪影艺术家、复制雕刻品大师。

AIR：建筑师、画家、摄影师、绘图员、雕刻家、环境美化工、包装设计师、绣花工、陶器设计师、漫画工。

SEC：社会活动家、退伍军人服务官员、工商会事务代表、教育咨询者、宿舍管理员、旅馆经理、饮食服务管理员。

SER：体育教练、游泳指导。

SEI：大学校长、学院院长、医院行政管理员、历史学家、家政经济学家、职业学校教师、资料员。

SEA：娱乐活动管理员、国外服务办事员、社会服务助理、一般咨询者、宗教教育工作者。

SCE：部长助理、福利机构职员、生产协调人、环境卫生管理人员、戏院经理、餐馆经理、售票员。

SRI：外科医师助手、医院服务员。

SRE：体育教师、职业病治疗者、体育教练、专业运动员、房管员、儿童家庭教师、警察、引座员、传达员、保姆。

SRC：护理员、护理助理、医院勤杂工、理发师、学校儿童服务人员。

SIA：社会学家、心理咨询者、学校心理学家、政治科学家、大学或学院的系主任、大学或学院的教育学教师、大学农业教师、大学法律教师、大学工程和建筑课程的教师、大学数学教师、医学教师、物理教师、大学社会科学教师、生命科学教师、研究生助教、成人教育教师。

SIE：营养学家、饮食学家、海关检查员、安全检查员、税务稽查员、校长。

SIC：描图员、兽医助手、诊所助理、体检检查员、娱乐指导者、监督缓刑犯的工作者、咨询人员、社会科学教师。

SIR：理疗员、救护队工作人员、手足病医生、职业病治疗助手。

第4章 Chapter 4 大学生的自我认知

知识结构图

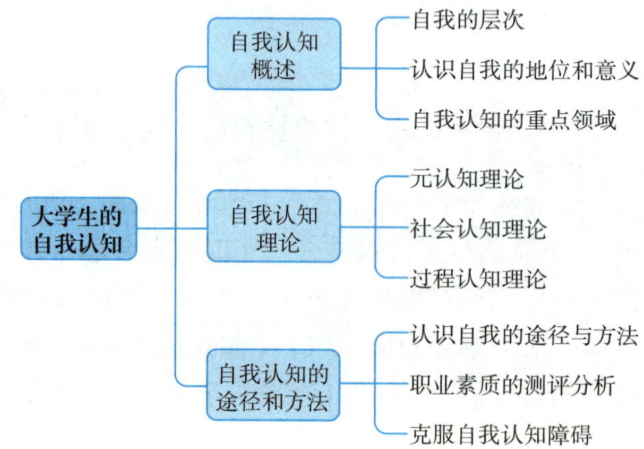

名言隽语

你，正如你所思。

要有所行动，然后认识自己。

自知，方能自律自强。

学习目标

1. 掌握自我的层次，认识自我的地位和意义，自我认知的重点领域等；
2. 了解自我认知的相关理论；
3. 掌握自我认知的途径和方法；
4. 理解职业素质的内涵，学会运用职业素质测评分方法进行测评；
5. 掌握克服自我认知障碍的方法途径。

“没有缺点”的大学生

小李是北京某知名高校的应届毕业生，成绩优异，能力出众。临近毕业时他收到一家国企的面试通知。面试进行了20分钟。小李对评委们提出的问题都能从容应对。在座评委们都表示非常满意。这时有位评委问小李，“你在学习、实践等各方面都表现得很出色，你的优势非常明显，请问如果要是有不足，你觉得你主要存在什么不足？”面对这个经常可能会被问到的问题，小李同学没有了刚才的那份自信，显得有些不知所措，坐在那里整整一分钟都没有说话。这引起了在座所有评委的疑问。人力资源部经理委婉地提醒：“你随便谈谈就行，我们知道你很优秀，但是人不可能没有缺点。你觉得自己在哪些方面还存在一些不足呢？”小李依然什么也没有说。场面有些尴尬。又过了一会，小李同学才不好意思地说：“对不起，关于这个问题，我还从没有认真思考过。”

启示：作为一个大学生，一定要学会自我认知，正确认知自己的优势与劣势。“人无完人，”一个人不可能没有缺点。当然，一个平时表现再差的学生，身上也有自己的闪光点。

第一节 自我认知概述

一、自我的层次

自我是一个多维度、多层次的有组织的结构。自我认识与多学科研究对象相关，它是哲学、心理学、社会心理学、社会学、教育学、文化学等许多学科所关注的对象。心理学侧重于对个体差异性的研究；社会学侧重于社会对个体的影响或者社会结构本身；教育学更关心自我评价在教育过程中的运用等。要全面展示自我评价的本质和过程，需要借助交叉学科的研究。

（一）生理自我、心理自我与社会自我

从自己的生理状况和心理状况，自己与他人和社会关系的认识、评价、期望的角度看，自我层次包括“生理自我”“心理自我”“社会自我”三个方面综合认知。生理自我的认识，即认识自己的生理状况，如身高、体重、体态等；心理自我的认识，即认识自己的心理特征，如兴趣、能力、气质、性格等；社会自我的认识，即认识自己与他人的关系，如自己与周围人们相处的关系，自己在集体中的位置与作用等。

1. 生理自我

生理自我指的是个体对自身生理结构、身体机能、健康状况、体力体能等生理特征的认识和体验。由于生理特征的外显性和易量化的特点，日常生活中，人们可以借助定期体检，获得对自身身高、体重、视力、听力、三围、血压、血糖、骨密度等生理指标的实时检测，实现对生理自我的动态认识。但是如果要科学系统地认识生理自我，仅仅依靠体检结果是不够的，必须借助专业人士的专业判断和解读，才能全面深入地了解自身的健康状况以及工作、生活对身体的影响。除了少数特殊岗位之外，大多数职业都需要健康的身体才能胜任，所以，大学生应该从年轻时就养成良好的学习、工作、生活习惯，定期体检，保持工作、生活与健康之间的动态平衡关系。

2. 心理自我

心理自我指的是个体对自身的需求、兴趣、价值观、气质、性格与能力等心理属性的认识和体验。心理属性的潜在性和难以量化的特点，决定其是自我认识过程中的重点和难点，往往需要借助间接的心理测量工具，如智力测验、人格测验、行为事件分析等，从不同角度收集相关数据，才能得到相对科学的认识结果。美国心理学家麦克利兰的胜任特征模型理论（前文已经提到该理论，在此不再赘述）让人们日益认识到，心理属性在事业发展和工作成就中发挥着关键作用。相对于外显的知识和技能，一个人的需求和动机水平、人格特质和自我认知、目标定位和价值观等更能有效预测其在职业发展中获得成就的可能性。该理论的研究结论意味着，如果希望获得事业的成功，大学生不但需要掌握专业知识和技能，更需要对自身需求层次、动机水平、人格特质、目标设定与价值理想等进行持续的监控和投入，才能不断认识自我、完善自我，追求卓越。

资料链接

泰戈尔被问了三个问题。第一个问题是：世界上最简单的是什么？泰戈尔回答“责怪别人最容易”；第二个问题是“世界上最难的是什么？”泰戈尔回答“认识自己是最困难的”；第三个问题是：世界上最伟大的是什么？泰戈尔回答“爱是最伟大的”。

3. 社会自我

社会自我指的是个体对自身所处的社会环境、所拥有的社会资源的认识。社会自我在职业选择和事业发展初期有着特殊的重要的意义。在某种程度上，个体所处的家庭环境直接决定其职业选择的范围和事业发展的机会。国外有关研究发现，家庭的社会阶层和社会网络具有继承性，中国也有“龙生龙、凤生凤、老鼠生来会打洞”的俗语。对大学生群体而言，充分了解和利用自己的社会资源，无疑是职业发展的捷径。社会资源匮乏的寒门子弟，也不必气馁，因为除了家庭资源之外，同学、师长、朋友、同事等社会资源对长远的职业拓展有着更深远的意义。

（二）公开自我、隐蔽自我与潜在自我

“约哈里窗”是社会学家约瑟夫·卢福特和哈里·伊阿那设计的一种交流模型。根据“约哈里窗”的原理，人自身储存的信息有四种形态，或者说有四种区域。其一，开放区（openarea），即包括本人和其他人都知道的有关本人的信息，例如，你的名字、发色，以及你有一只宠物狗的事实；其二，盲目区（blindspot），包含其他人了解而本人却没有意识到（或不了解）的有关本人的信息，例如，你的处事方式，别人对你的感受；其三，隐蔽区（hiddenarea），包含本人了解而其他人不了解的有关本人的信息，例如，你的秘密、希望、心愿，以及你的好恶；其四，未知区（unknownarea），包含本人不了解，其他人也不了解的有关本人的信息。未知区是尚待挖掘的黑洞，它对其他区域有潜在影响。

（三）现实自我与理想自我

每个人都有现实自我和理想自我。就正常人而言，二者是有机联系在一起的。现实自我决定了个体如何选择理想自我，而理想自我又给现实自我的发展提供指导和动力。现实自我常被人称为“真实自我”，与“理想自我”相对，是指个体对自己在与环境相互作用中表现出的综合现实状况和实际行为的意识，指个体实际拥有的自我概念，即现在是什么样的人。理想自我代表个体最希望拥有的自我概念、理想概念，即他人为我们设定的或我们为自己设定的特征。它包括潜在的、与自我有关的且被个人高度评价的感知和意义。而现实自我包括对已存在的感知、对自己意识流的意识。通过对自己体验的无偏见的反映及对自我的客观观察和评价，个人可以认识现实自我。

二、认识自我的地位、意义

1. 认识自我的地位

自我认识是主观自我对客观自我的认识与评价过程，这个过程内在地包含两个阶段，即自我体验和自我评价。自我体验是个体对自身状况的认识和评价而引发的内心情感体验，是主观自我对客观自我所持有的一种态度，如自信、自卑、自尊、自满、内疚、羞耻等都是自我体验。自我体验与自我认知、自我评价直接相关，也与个体对社会的规范、价值标准的认识有关，良好的自我体验有助于人们保持健康、积极的人生态度，更好地应对生活、学习中的压力和挫折，从而更有效地适应社会的变化和职业发展的需要。即将步入社会的大学生群体，面对来自工作环境和生活环境的巨大变化，需要加强自我体验训练，以便拥有高度的自尊感、自信感和自豪感，不自卑，不自傲，不自满，随着年龄的增长和经验的增加，学会处理各种负面情绪，例如因做错事而感到的内疚感，因做坏事而产生的羞耻感等，才能在职业发展过程中以更成熟的心态应对各种不

确定性。

自我评价是在自我认识的基础上对自身身心状况作出的某种判断。自我评价是自我的核心成分，是自我成长和发展的主要任务和标志，是个体在认识自身行为和活动的基础上通过与他人的比较而产生和实现的，直接决定了人们的自我体验。大多数人由于自我评价力的发展水平不高，往往存在对自己身心状况高估或低估的情况。例如，很多驾驶员高估自己的控制力，疲劳驾驶导致车毁人亡；很多大学生低估自己的能力，不愿意面对考试压力而放弃考研。因而，正确的自我评价对个人的内在心理活动和外在行为表现具有重要影响。一个自信、坚定的人往往在求职就业过程中更能承受压力，更善于调整情绪和行为，从而具有更大的竞争力。因此，大学生需要学会与同伴进行客观比较，提高自我评价能力，同时学会借助别人的评价来间接评价自己，学会用一分为二的观点评价自己。

自我认识内在地包含了自我评价和自我体验，后者是前者的主要成分。自我认识既包含对自我的描述，例如我现在在微笑，又包含对自我的评价，例如我的心情很不错，也包含对自我的体验，例如我是个积极的人。自我评价是自我体验的前提，自我体验是自我评价的结果。当个体意识到自己在某方面的属性超越其他个体或优于身边同伴时，就容易体验到骄傲、自豪、自信和自尊。反之，在个体意识到自身情况存在缺陷，明显技不如人或者处于下风时，往往伴随着负面情绪的产生，如自卑、懦弱、逃避等。所以，客观公正的自我评价是决定积极自我体验的前提条件，片面主观的自我评价是消极自我体验的来源。

2. 认识自我的意义

认识自我在个体职业发展中有十分重要的作用，对自我的认识是思考职业问题的起点和制定职业决策的基础。自我认识越清晰，越能积极正确地思考自身的职业定位，作出符合客观实际相对理性的职业决策。某种意义上，对自我的认识程度，决定了个体职业生涯发展的方向和达到事业成就的高度。正如作家余华所言，认识了自己也就认识了世界。但是，认识自己并不是一件简单的事。很多人认为我们对自身的了解会超过他人，自己会比父母、师长、朋友更熟悉自己，而且自己对自己最坦白诚实。但现实是，自己往往成为我们最熟悉的陌生人。所以大学生在进入社会之前，有必要从自我的概念出发，看看应该从哪些角度入手，全面、系统而客观地认识自我、规划适合自身特点的职业发展方向和人生成长路径。

（1）认识自己是完成职业规划的前提和基础。每个人都有自己的能力、爱好、性格和信仰。对自己感兴趣的事物我们会给予优先关注和积极探索，并在活动中表现得全神贯注、心驰神往。了解自己的需求、目标、理想，知道自己喜欢什么、讨厌什么、发自内心需要什么，都是自我认知的一部分。只有当个体对自身的优势与劣势以及外部环境中的机会与挑战进行综合分析和评价，才能从纷繁复杂的外部世界中找到适合自己发展的道路，也才能在充分理解自己的需求、兴趣、个性和能力的基础上，完成自身职业发展路径的规划。缺乏对自我的认识，就好像自己开车在陌生的地方旅游，没有地图，哪里有路就往哪里走，到了最后自己能不能继续旅程，或者能够去到哪里都完全没有意识。现实生活中，通过个人需求、性格与职业的统一，很多人获得了事业的成功与心理的满足。而也有很多人，因为缺乏兴趣与能力的支撑，在工作中遭遇失意与挫败。

（2）认识自己是树立自信和提升自控水平的必要条件。自信心的获得来自对自身的肯定、信任和接纳。一定的经验对于个人具有怎样的意义，是由个体对自我的认识所决定的。每一种经验对于特定个体的意义也是特定的。不同的人面对完全相同的经验，可能会产生完全不同的理解和体验。自我认识的过程就像一个过滤过程，决定了个体如何解释各种经验对于自身的意义和价值。换句话说，每个人的自我满足水平并不简单取决于他所获得的成功大小，在本质上取决于他的自我认识水平。自控力的产生同样建立在自我认识的基础上。只有了解自己是什么样的人，在不同的情况下会有什么样的想法和行为，人们才会容易形成对自己行为的控制力。因为人们只能控制了解的事物，对情绪、需求、观念的控制均来源于对自身状况的了解和把握。如果一个人不能正确地认识自我，看不到自己的潜在能力，就会觉得处处不如别人。在身陷不确定的学习和工作情境中时，他们往往因缺乏对自身潜力的认识和对自身情绪、行为的确信而焦虑、失控、丧失信心且畏缩不前。例如有大学生备考半年，却在考研前夜因焦虑而放弃赴考。当然，过高地估计自己，也会导致骄傲自大、盲目乐观、缺乏风险意识等。因此，正确而全面地认识自己才能在职业规划过程中克服焦虑，自信地面对就业市场上的机遇与挑战。

（3）认识自己是维持心理平衡、保持积极心态的重要途径。了解自己的人会更清楚地知道出现问题和挫折的时候自己做了些什么，哪些行为对事情的结果有影响。现实生活中，有些人脾气不好，自我认知能力低下，意识不到自己的在语言和行为可能导致的后果，所以在群体环境中总是会与他人产生矛盾，在工作和生活中承受巨大的人际压力。当这样的状况反复出现时，个体就极容易出现心理失衡或者失调，而缺乏自我认识的人很难意识到人际矛盾的焦点和根源，从而会经历艰难的社会适应过程，甚至会觉得整个世界都与自己为敌。而另一方面，人们往往喜欢指责不是特别熟悉的人，给他们贴标签，但对于自己非常熟悉的人，比如父母，却总会多一分宽容，比如用“他就是这样的人”来安慰自己。同样的情况发生在我们自己身上也是如此。如果不了解自己，就会很容易自责和产生负罪感，但如果你知道自己的优势、弱点，接纳自己的不完美和不足，就不会时刻感到挫败了。

资料链接

正确认识自己——伽利略的故事

伽利略1564年出生在意大利比萨，在著名的比萨斜塔旁。他父亲是个破产的贵族。当伽利略来到这个世界上时，他的家庭已经很穷了。伽利略17岁时被比萨大学录取。在大学里，伽利略不仅学习刻苦，而且喜欢向老师提问。即使这是人们习以为常的现象，他也要打破砂锅问到底。有一次，他站在比萨的天主教堂里，眼睛盯着天花板，一动不动。他在干什么？原来，他用右手按左手脉搏，看着天花板上来回摆动的灯光。他发现，光的摆动越来越弱，每次摆动之间的距离逐渐缩短，但每次摆动所需的时间是相同的。伽利略随后制造了一个长度合适的钟摆，测量脉冲的速度和均匀性。从这里，他发现了钟摆定律。这个钟是根据他发现的法则制造的。家庭生活的贫困迫使伽利略提前离开了大学。退学后，伽利略还在家里学习数学。由于他的不断努力，他在数学研究方面取得了突出的成就。同时，他发明了比重秤，并写了一篇题为《固体的重心》的论文。此时，21 岁的伽利略已名扬全国，人们称他为“当代阿基米德”。25 岁那年，比萨大学破例聘请他为数学教授。

三、自我认知的重点领域

大学生职业生涯规划的核心是确定职业目标，从而找准努力方向，增强发展动力。确定职业目标必须考虑外部世界与内部自我认知两大方面。系统化的职业生涯规划是一个“由内而外”的过程。外部因素对职业目标的确定有着重要的影响，而自身因素对职业目标确定的作用则更显突出。每个人的性格、能力、兴趣和价值观都是不同的，每一种职业需要不同的性格、能力、兴趣和价值观特征。而工作和生活的满足感则来自两者的正确匹配，因此，在制订职业规划时，大学生只有通过分析自身性格、兴趣、价值观、能力和气质等因素与职业的关系，把握这些因素对职业选择的影响和作用，才能真正确定自己切实可行并值得终身追求的职业目标。因此，每一位大学生都要走进自己的内心世界，积极探索以形成一个正确而全面的自我认知。

（一）职业与性格认知

“我性格比较内向，但是目前学的是市场营销专业，我应该怎样找工作？”在日常生活和学习过程中人们经常谈论与性格有关的话题。似乎每个人都很清楚自己，却又是最不了解自己的，以至于在专业和职业的选择上有很多犹豫。那么，究竟什么是性格？它与职业又有什么关系呢？

1. 性格

东方古语云：“积行成习，积习成性，积性成命。”西方也有名言：“播下一个行为，收获一种习惯；播下一种习惯，收获一种性格；播下一种性格，收获一种命运。”可见东西方对性格形成的看法一样。那么什么是性格呢？性格是指一个人对现实的稳定的态度，以及与这种态度相应的、习惯化了的行为方式中表现出来的人格特征。性格是个体之间的人格差异的核心体现，强调每个人都有与众不同的特质。主要表现为每个个体在对人、对事的态度和行为方式上所表现出来的心理特点，如开朗、坚强、懦弱、粗暴等。性格是在社会生活实践过程中逐步形成的。由于各人所处的客观环境不一样，先天的素质不同，形成了各种各样类型的性格。性格是大学生自我认知的重要内容。

2. 性格与职业的关系

人的性格千差万别，或热情外向或羞怯内向，或沉着冷静或火暴急躁。职业心理学的研究表明，不同的职业有不同的性格要求。

所谓职业性格主要是指一个人对职业的稳定态度和在职业活动中习惯了的行为方式所表现出来的个性心理特征。职业性格对个人的职业生涯规划具有重大意义。例如，有的人对待工作总是一丝不苟、踏实认真，在待人处事中总是表现出高度的原则性、果断、活泼、负责，在对待自己的态度上总是表现为谦虚、自信、严于律己等，所有这些特征的总和就是他的职业性格。虽然每个人的性格都不能百分之百地适合某项职业，却可以根据自己的职业倾向来培养、发展相应的职业性格。

性格是个体特性中具有核心意义的部分，与职业紧密相关。性格无所谓好坏，关键看是否放对了地方。每一类性格都有与之相适应的职业范围。性格使一个人更加偏爱某一种而不是另一种环境。由于性格的不同，每个人在对不同环境的认知过程中，也表现出不同的个性化风格。从事与自己的性格不匹配的工作，个人的才能就会受到阻碍，会让你觉得整个工作状态都很“不对劲”。因此，在职业选择中，我们应尽可能充分考虑自己的个性特征与职业要求是否相适应。这样在工作中就能够满足你的独特欲望，能够发挥你特有的能力，还能利用你的个人资本，体验到更多的快乐和愉悦。因此，在进行职业生涯规划时，性格通常是重点因素。

（二）职业与兴趣认知

1. 兴趣

兴趣是人认识某种事物或从事某种活动的心理倾向。兴趣是一种无形的动力，每个人都会对他感兴趣的事物给予优先注意和积极的探索。兴趣不只是对事物的表面的关心，任何一种兴趣都是由于获得这方面的知识或参与这种活动而使人体验到情绪上的满足而产生的。

一个人的兴趣是一个逐步深化的过程，一般要经历有趣、乐趣和志趣三个阶段。一个人的兴趣形成是从感到有趣开始的，逐渐演变成乐趣，最后到志趣结束。感到有趣是兴趣发展的初始阶段，它往往易起易落、转瞬即逝。随着对某一事物的新奇而产生，又随着这种新奇感消失而自然退去。乐趣是兴趣发展的进一步深化，人们的兴趣会向专一的方向发展，在深入这一事物过程中产生快乐感。志趣是兴趣发展的高级阶段，当一个人对某一事物产生志趣时，就会全身心地投入其中，在做的过程中产生成就感，并为之努力和奋斗。志趣是一个人取得成功的重要推动力量，能将人的潜能最大限度地调动起来。在实践活动中，兴趣能使人们工作目标明确，积极主动，从而能自觉克服各种艰难困苦，获取工作的最大成就，并能在活动过程中不断体验成功的愉悦。

2. 兴趣与职业的关系

美国曾对多位著名的科学家进行调查，发现很少有人是出于谋生的目的而工作，他们大多是出于对某一领域问题的强烈兴趣而孜孜追求，不计名利报酬，忘我地工作，他们的职业生涯的成功是与他们的兴趣相联系的。

职业兴趣是兴趣在职业方面的表现，是指人们对某种职业活动具有的比较稳定而持久的心理倾向。良好而稳定的职业兴趣使人从事各种实践活动时，具有高度的自觉性和积极性。个人根据稳定的兴趣选择某种职业，兴趣就会变成巨大的个人积极性，促使一个人在职业生活中做出成就；反之，如果一个人对所从事的职业不感兴趣，就会影响其积极性的发挥，难以从职业生活中得到心理上的满足，不利于开展工作。

资料链接

DISC 性格测试

DISC 性格测试题（完整版）

在每一个大标题中的四个选择题中只选择一个最符合你自己的，并在英文字母后面做记号。一共 40 题。不能遗漏。

注意：请按第一印象快速选择。如果不能确定，可回忆童年时的情况，或者以你最熟悉的人对你的评价来从中选择。

一、1. 富于冒险：愿意面对新事物并敢于下决心掌握的人；D

2. 适应力强：轻松自如适应任何环境；S

3. 生动：充满活力，表情生动，多手势；I

4. 善于分析：喜欢研究各部分之间的逻辑和正确的关系。C

二、1. 坚持不懈：要完成现有的事才能做新的事情；C

2. 喜好娱乐：开心充满乐趣与幽默感；I

3. 善于说服：用逻辑和事实而不用威严和权力服人；D

4. 平和：在冲突中不受干扰，保持平静。S

三、1. 顺服：易接受他人的观点和喜好，不坚持己见；S

2. 自我牺牲：为他人利益愿意放弃个人意见；C

3. 善于社交：认为与人相处是好玩，而不是挑战或者商业机会；I

4. 意志坚定：决心以自己的方式做事。D

四、1. 使人认同：因人格魅力或性格使人认同；I

2. 体贴：关心别人的感受与需要；C

3. 竞争性：把一切当作竞赛，总是有强烈的赢的欲望；D

4. 自控性：控制自己的情感，极少流露。S

五、1．使人振作：给他人清新振奋的刺激；I
2．尊重他人：对人诚实尊重；C
3．善于应变：对任何情况都能作出有效的反应；D
4．含蓄：自我约束情绪与热忱。S
六、1．生机勃勃：充满生命力与兴奋；I
2．满足：容易接受任何情况与环境；S
3．敏感：对周围的人、事过分关心；C
4．自立：独立性强，只依靠自己的能力、判断、与才智。D
七、1．计划者：先做详尽的计划，并严格按计划进行，不想改动；C
2．耐性：不因延误而懊恼，冷静且能容忍；S
3．积极：相信自己有转危为安的能力；D
4．推动者：动用性格魅力或鼓励别人参与。I
八、1．肯定：自信，极少犹豫或者动摇；D
2．无拘无束：不喜欢预先计划，或者被计划牵制；I
3．羞涩：安静，不善于交谈；S
4．有时间性：生活处事依靠时间表，不喜欢计划被人干扰。C
九、1．迁就：改变自己以与他人协调，短时间内按他人要求行事；S
2．井井有条：有系统有条理安排事情；C
3．坦率：毫无保留，坦率发言；I
4．乐观：令他人和自己相信任何事情都会好转。D
十、1．强迫性：发号施令，强迫他人听从；D
2．忠诚：一贯可靠，忠心不移，有时毫无根据地奉献；C
3．有趣：风趣，幽默，把任何事物都能变成精彩的故事；I
4．友善：不主动交谈，不爱争论。S
十一、1．勇敢：敢于冒险，无所畏惧；D
2．体贴：待人得体，有耐心；S
3．注意细节：观察入微，做事情有条不紊；C
4．可爱：开心，与他人相处充满乐趣。I
十二、1．令人开心：充满活力，并将快乐传给他人；I
2．文化修养：对艺术学术特别爱好，如戏剧、交响乐；C
3．自信：确信自己个人能力与成功；D
4．贯彻始终：情绪平稳，做事情坚持不懈。S
十三、1．理想主义：以自己完美的标准来设想衡量新事物；C
2．独立：自给自足，独立自信，不需要他人帮忙；D
3．无攻击性：不说或者做可能引起别人不满和反对的事情；S
4．富有激励：鼓励别人参与、加入，并把每件事情变得有趣。I

十四、1. 感情外露：从不掩饰情感、喜好，交谈时常身不由己接触他人；I
2. 深沉：深刻并常常内省，对肤浅的交谈、消遣会厌恶；C
3. 果断：有很快做出判断与结论的能力；D
4. 幽默：语气平和而又冷静的幽默。S

十五、1. 调解者：经常居中调解不同的意见，以避免双方的冲突；S
2. 音乐性：爱好参与并有较深的鉴赏能力，因音乐的艺术性，而不是因为表演的乐趣C
3. 发起人：高效率的推动者，是他人的领导者，闲不住；D
4. 喜交朋友：喜欢周旋、聚会，善交新朋友，不把任何人当陌生人；I

十六、1. 考虑周到：善解人意，帮助别人，能记住特别的日子；C
2. 执着：不达目的，誓不罢休；D
3. 多言：不断说话、讲笑话以娱乐他人，觉得应该避免沉默而带来的尴尬；I
4. 容忍：易接受别人的想法和看法，不需要反对或改变他人。S

十七、1. 聆听者：愿意听别人倾诉；S
2. 忠心：对自己的理想、朋友、工作都绝对忠实，有时甚至不需要理由；C
3. 领导者：天生的领导，不相信别人的能力能比得上自己；D
4. 精力充沛：充满活力，精力充沛。I

十八、1. 知足：满足自己拥有的，很少羡慕别人；S
2. 首领：要求领导地位及别人跟随；D
3. 制图者：用图表数字来组织生活，解决问题；C
4. 惹人喜爱：人们注意的中心，令人喜欢。I

十九、1. 完美主义者：对自己、对别人都高标准，一切事物有秩序；C
2. 和气：易相处，易说话，易让人接近；S
3. 勤劳：不停地工作，完成任务，不愿意休息；D
4. 受欢迎：聚会时的灵魂人物，受欢迎的宾客。I

二十、1. 跳跃性：充满活力和生机勃勃；I
2. 无畏：大胆前进，不怕冒险；D
3. 规范性：时时坚持自己的举止合乎认同的道德规范；C
4. 平衡：稳定，走中间路线。S

二十一、1. 乏味：死气沉沉，缺乏生气；S
2. 忸怩：躲避别人的注意力，在众人注意下不自然；C
3. 露骨：好表现，华而不实，声音大；I
4. 专横：喜命令支配，有时略显傲慢。D

二十二、1．散漫：生活任性无秩序；I
2．无同情心：不易理解别人的问题和麻烦；D
3．缺乏热情：不易兴奋，经常感到好事难做；S
4．不宽恕：不易宽恕和忘记别人对自己的伤害，易嫉妒。C
二十三、1．保留：不愿意参与，尤其是当事情复杂时；S
2．怨恨：把实际或者自己想象的别人的冒犯经常放在心中；C
3．逆反：抗拒，或者拒不接受别人的方法，固执己见；D
4．唠叨：重复讲同一件事情或故事，忘记已经重复，总是不断找话题说话。I
二十四、1．挑剔：坚持琐事细节，总喜欢挑不足；C
2．胆小：经常感到强烈的担心、焦虑、悲戚；S
3．健忘：缺乏自我约束，导致健忘，不愿意回忆无趣的事情；I
4．率直：直言不讳，直接表达自己的看法。D
二十五、1．没耐性：难以忍受等待别人；D
2．无安全感：感到担心且无自信心；S
3．优柔寡断：很难下决心；C
4．好插嘴：一个滔滔不绝的发言人，不是好听众，不注意别人的说话。I
二十六、1．不受欢迎：由于强烈要求完美而拒人千里之外；C
2．不参与：不愿意加入，不参与，对别人生活不感兴趣；S
3．难预测：时而兴奋，时而低落，或总是不兑现诺言；I
4．缺同情心：很难当众表达对弱者或者受难者的情感。D
二十七、1．固执：坚持照自己的意见行事，不听不同意见；D
2．随性：做事情没有一贯性，随意做事情；I
3．难于取悦：因为要求太高而使别人很难取悦；C
4．行动迟缓：迟迟才行动，不易参与或者行动总是慢半拍。S
二十八、1．平淡：平实淡漠，中间路线，无高低之分，很少表露情感；S
2．悲观：尽管期待最好但往往首先看到事物不利之处；C
3．自负：自我评价高，认为自己是最好的人选；D
4．放任：允许别人做他喜欢做的事情，为的是讨好别人，令别人鼓吹自己。I
二十九、1．易怒：善变，孩子性格，易激动，过后马上就忘了；I
2．无目标：不喜欢目标，也无意确定目标；S
3．好争论：易与人争吵，不管对何事都觉得自己是对的；D
4．孤芳自赏：容易感到被疏离，经常没有安全感或担心别人不喜欢和自己相处。C

三十、1．天真：孩子般的单纯，不理解生命的真谛；I
2．消极：往往看到事物的消极面阴暗面，而少有积极的态度；C
3．鲁莽：充满自信有胆识但总是不恰当；D
4．冷漠：漠不关心，得过且过。S

三十一、1．担忧：时时感到不确定、焦虑、心烦；S
2．不善交际：总喜欢挑人毛病，不被人喜欢；C
3．工作狂：为了回报或者说成就感，而不是为了完美，因而设立雄伟目标不断工作，耻于休息。D
4．喜获认同：需要旁人认同赞赏，像演员。I

三十二、1．过分敏感：对事物过分反应，被人误解时感到被冒犯；C
2．不圆滑老练：经常用冒犯或考虑不周的方式表达自己；D
3．胆怯：遇到困难退缩；S
4．喋喋不休：难以自控，滔滔不绝，不能倾听别人。I

三十三、1．腼腆：事事不确定，对所做的事情缺乏信心；S
2．生活紊乱：缺乏安排生活的能力；I
3．跋扈：冲动地控制事物和别人，指挥他人；D
4．抑郁：常常情绪低落。C

三十四、1．缺乏毅力：反复无常，互相矛盾，情绪与行动不合逻辑；I
2．内向：活在自己的世界里，思想和兴趣放在心里；C
3．不容忍：不能忍受他人的观点、态度和做事的方式；D
4．无异议：对很多事情漠不关心。S

三十五、1．杂乱无章：生活环境无秩序，经常找不到东西；I
2．情绪化：情绪不易高涨，感到不被欣赏时很容易低落；C
3．喃喃自语：低声说话，不在乎是否说清楚；S
4．喜操纵：精明处事，操纵事情，使对自己有利。D

三十六、1．缓慢：行动思想均比较慢，过分麻烦；S
2．顽固：决心依自己的意愿行事，不易被说服；D
3．好表现：需要自己成为被人注意的中心；I
4．有戒心：不易相信，对语言背后的真正的动机存在疑问。C

三十七、1．孤僻：需要大量的时间独处，避开人群；C
2．统治欲：毫不犹豫地表示自己的正确或控制能力；D
3．懒惰：总是先估量事情要耗费多少精力，能不做最好；S
4．大嗓门：说话声和笑声总盖过他人。I

三十八、1．拖延：凡事起步慢，需要推动力；S
2．多疑：凡事怀疑，不相信别人；C
3．易怒：对行动不快或不能完成指定工作时易烦躁和发怒；D

4. 不专注：无法专心致志或者集中精力。I

三十九、1. 报复性：记恨并惩罚冒犯自己的人；C

2. 烦躁：喜新厌旧，不喜欢长时间做相同的事情；I

3. 勉强：不愿意参与或者说投入；S

4. 轻率：因没有耐心，不经思考，草率行动。D

四十、1. 妥协：为避免矛盾即使自己是对的也不惜放弃自己的立场；S

2. 好批评：不断地衡量和下判断，经常考虑提出反对意见；C

3. 狡猾：精明，总是有办法达到目的；D

4. 善变：像孩子般注意力短暂，需要各种变化，怕无聊。I

将以上的选择做一个统计，并记在括号内。

D-（ ）I-（ ）S-（ ）C-（ ）

测试结果的使用说明：

计算你的各项得分，超过10分称为显性因子，可以作为性格测评的判断依据。低于10分称为隐性因子，对性格测评没有实际指导意义，可以忽略。如果有两项及以上得分超过10，说明你同时具备那两项特征。

Dominance——支配型/控制者

高D型特质的人可以称为“天生的领袖”。

在情感方面，D型人一个坚定果敢的人，酷好变化，喜欢控制，干劲十足，独立自主，超级自信。可是，由于比较不会顾及别人的感受，所以显得粗鲁、霸道、没有耐心、穷追不舍、不会放松。D型人不习惯与别人进行感情上的交流，不会恭维人，不喜欢眼泪，同情心匮乏。

在工作方面，D型人是一个务实和讲究效率的人，目标明确，眼光全面，组织力强，行动迅速，解决问题不过夜，果敢坚持到底，在反对声中成长。但是，因为过于强调结果，D型人往往容易忽视细节，处理问题不够细致。爱管人、喜欢支使他人的特点使得D型人能够带动团队进步，但也容易激起同事的反感。

在人际关系方面，D型人喜欢为别人做主，虽然这样能够帮助别人做出选择，但也容易让人有强迫感。由于关注自己的目标，D型人在乎的是别人的可利用价值。喜欢控制别人，不会说对不起。

描述性词语：积极进取、争强好胜、强势、爱追根究底、直截了当、主动的开拓者、坚持意见、自信、直率

Influence——活泼型/社交者

高I型的人通常是较为活泼的团队活动组织者。

I型人是一个情感丰富而外露的人。由于性格活跃，爱说，爱讲故事，幽默，是一个天才的演员，能抓住听众，常常是聚会的中心人物。天真无邪，热情诚挚，喜欢送礼和接受礼物，看重人缘。易兴奋，喜欢吹牛、说大话，天真，永远长不大，富有喜剧色彩。但是，似乎也很容易生气，爱抱怨，大嗓门，不成熟。

在工作方面，I型人是一个热情的推动者，总有新主意，色彩丰富，说干就干，能够鼓励和带领他人一起积极投入工作。可是，I型人似乎总是情绪决定一切，想哪儿说哪儿，而且说得多干得少，遇到困难容易失去信心，杂乱无章，做事不彻底，爱走神儿，爱找借口。喜欢轻松友好的环境，非常害怕被拒绝。

在人际关系方面，I型人容易交上朋友，朋友也多。关爱朋友，也被朋友称赞。爱当主角，爱受欢迎，喜欢控制谈话内容。可是，喜欢即兴表演的特点使得I型人常常不能仔细理解别人，而且健忘多变。

描述性词语：有影响力、有说服力、友好、善于言辞、健谈、乐观积极、善于交际

Steadiness——稳定型/支持者

高S型的人通常较为平和，知足常乐，不愿意主动前进

在情感方面，S型人是一个温和主义者，悠闲，平和，有耐心，感情内藏，待人和蔼，乐于倾听，遇事冷静，随遇而安。S型喜欢使用一句口头禅："不过如此。"这个特点使得S型总是缺乏热情，不愿改变。

在工作方面，S型能够按部就班地管理事务，胜任工作并能够持之以恒。奉行中庸之道，平和可亲。一方面习惯于避免冲突，另一方面也能处变不惊。但是，S型似乎总是慢吞吞的，很难被鼓动。懒惰，马虎，得过且过。由于害怕承担风险和责任，宁愿站在一边旁观。很多时候，S型总是焉有主意，有话不说，或折中处理。

在人际关系方面，S型是一个容易相处的人，喜欢观察人、琢磨人，乐于倾听，愿意支持。可是，由于不以为然，S型也可能显得漠不关心，或者嘲讽别人。

描述性词语：可靠、深思熟虑、亲切友好、有毅力、坚持不懈、善倾听者、全面周到、自制力强

Compliance——完美型/服从者

高C型的人通常是喜欢追求完美的专业型人才。

在情感方面，C型人是一个性格深沉的人，严肃认真，目的性强，善于分析，愿意思考人生与工作的意义，喜欢美丽，对他人敏感，理想主义。但是，C型人总是习惯于记住负面的东西，容易情绪低落，过分自我反省，自我贬低，离群索居，有忧郁症倾向。

在工作方面，C型人是一个完美主义者，高标准，计划性强，注重细节，讲究条理，整洁，能够发现问题并制定解决问题的办法，喜欢图表和清单，坚持己见，善始善终。但是，C型人也很可能是一个优柔寡断的人，习惯于收集信息资料和做分析，却很难投入实际运作的工作中。容易自我否定，因此需要别人的认同。同时，也习惯于挑剔别人，不能忍受别人的工作做不好。

对待人际关系方面，C型人一方面在寻找理想伙伴，另一方面却交友谨慎。能够深切地关怀他人，善于倾听抱怨，帮助别人解决困难。但是，C型人似乎始终有一种不安全感，以至于感情内向，退缩，怀疑别人，却不喜欢别人的反对。

描述性词语：遵从、仔细、有条不紊、严谨、准确、完美主义者、逻辑性强

（三）职业价值观认知

你想过什么样的生活？你想要的是什么？什么东西对你而言是有价值的？什么样的工作因素会特别打动你，让你毅然选择某种职业？其实这就涉及一个价值观认知的问题。

1. 价值观

简单地说，价值观就是辨别什么是好的，什么是坏的，就是我们生活和工作中最看重的标准和原则。价值观是我们做出决定时候的重要参考指标。当一个人无法作出决定的时候，也是其没有真正拥有自己价值观的时候。价值观和价值观体系是决定人的行为的心理基础，价值观是后天在社会化过程中培养起来的，有一个形成的过程，是随着个人知识的增长和生活经验的积累而逐步确立起来的。

2. 价值观与职业的关系

俗话说，人各有志，这个“志”表现在职业选择上就是职业价值观，它是一种具有明确的目的性、自觉性和坚定性的职业选择的态度和行为，对一个人职业目标和择业动机起着决定性的作用。当一个人在面临职业选择时，职业价值观就是他无论如何都不会放弃的职业中至关重要的东西，表明了一个人通过工作所要追求的理想是什么，是为了金钱、为了权力还是为了一种情感关系。

职业价值观主要是指一个人的人生目标和人生态度在职业选择方面的具体表现，也就是一个人对职业的认识和态度以及他对职业目标的追求和向往、理想、信念。世界观对于职业的影响，集中体现在职业价值观上。由于个人的身心条件、年龄阅历、教育状况、家庭影响、兴趣爱好等方面的不同，人们对各种职业有着不同的主观评价。由于价值观不同，人们对具体的职业和岗位的选择也就不同。有的人喜欢与人打交道的职业，有的人乐于同物打交道的职业，有人喜欢挑战性的工作，有人喜欢稳定性的职业等，这都是职业价值观的具体表现。

价值观对人的一生有重要的影响。在职业生涯规划中，我们常常需要做出这些选择，是要工作舒适轻松，还是要高标准的工资待遇？是要成就一番事业，还是要安稳太平？当两者有矛盾冲突时，最终影响我们决策的是存在于内心的职业价值观，可见价值观对职业生涯的影响是深远的。首先，价值观是个人与工作进行匹配的基础，工作价值观通常都是与某种职业紧密相连的。假如创造性对你来说是一项重要的工作价值，那么，可以选择建筑师、设计师、广告创意人员、工程师和表演艺术家的工作。其次，价值观在职业发展中起决定性的作用，价值观是人们在考虑问题时所看重的原则和标准，是一种内在的驱动力，在很多时候，甚至超过了性格和兴趣对职业选择的影响。再次，价值观指引个人的职业生涯志向。比如，一个非常务实且有极强政治欲望的人，不可能对一个低工资且无法发挥自己领导才能的工作感兴趣。如果在制订职业生涯规划选择职业时，没有考虑自己的价值观念，选择了不适合自己的职业，就很难在这个岗位上工作下去，当然也就谈不上事业发展的成功。

如今，我们不得不面对这样一个事实，知识经济时代要求从业者具备终身学习能力，从业者能力的提高必然带来择业机会的增多，而后者直接导致从业者在面对职业选择机会时困惑的加剧。职业困惑部分源于外在因素对价值观的影响，更有一部分是因为困惑者对自身需求的不了解。为此，发现你的价值观，对于生涯规划就有重要意义。

（四）职业与能力认知

在现实生活中，有人过目成诵，说明他有惊人的记忆力；有人联想丰富，富于想象，说明他的想象力强；有人擅长音乐和绘画，说明他有高超的艺术才能；有人运算敏捷，思维灵活，说明他有较强的运算能力。那么，什么是能力呢？

1．能力

能力是完成一项目标或者任务所体现出来的素质，是直接影响活动效率，并使活动顺利完成的个性心理特征。例如，搞外交工作，要具有灵活而敏捷的思维、较好的语言表达、较强的记忆等能力。从事管理工作，要具备一定的组织、交际、宣传说服等能力。只有在能力上足以胜任工作，才能取得良好的工作绩效，否则，工作就不能顺利进行。根据不同的划分标准，人们对能力的种类划分也不同。以能力所表现的活动领域的不同来划分，具有以下几种类型。

（1）一般能力。这是指在进行各种活动中必须具备的基本能力。它保证人们有效地认识世界，也称智力，智力包括个体在认识活动中所必须具备的各种能力，如观察力、记忆力、想象力、思维能力、注意力等，其中抽象思维能力是核心，因为抽象思维能力支配着智力的诸多因素，并制约着能力发展的水平。

（2）特殊能力。特殊能力又称专门能力，是顺利完成某种专门活动所必备的能力。如音乐能力、绘画能力、数学能力、运动能力等。各种特殊能力都有自己的独特结构，如音乐能力就是由四种基本要素构成：音乐的感知能力、音乐的记忆和想象能力、音乐的情感能力、音乐的动作能力，这些要素的不同结合，就构成不同音乐家的独特的音乐能力。

（3）再造能力。这是指在活动中顺利地掌握前人所积累的知识、技能，并按现成的模式进行活动的能力。人们在学习活动中的认知、记忆、操作与熟练能力多属于再造能力。

（4）创造能力。这是指在活动中创造出独特的、新颖的、有社会价值的产品的能力。再造能力和创造能力是互相联系的，再造能力是创造能力的基础。任何创造活动都不可能凭空产生的，因此为了发展创造能力，首先就应虚心地学习、模仿、再造。在实际活动中，这两种能力是相互渗透的。

（5）认知能力。这是指个体接受信息、加工信息和运用信息的能力，它表现在人对客观世界的认识活动之中。

2．能力与职业的关系

在日常生活或工作中，我们清晰地知道“喜欢什么”并不等于一定能“干好什么”，前者是一种主观体验，而后者还包括了各种客观条件。在进行职业生涯规划时，不能只考虑自己的兴趣，还要客观地认知自己的职业能力。

（1）职业能力的定义。如果说兴趣或许能决定一个人的择业方向，以及在该方面所乐于付出努力的程度，那么职业能力则能说明一个人在既定的职业方面是否能够胜任，也能说明一个人在该职业中取得成功的可能性。

职业能力是人们从事其职业的多种能力的综合，主要是指个体将所学的知识、技能和态度在特定的职业活动或情境中进行类化迁移与整合所形成的能完成一定职业任务的能力，可从生活领域迁移转换到工作领域，有助于个体推销自己和其才能，是成功所需要的品质。

（2）职业能力与职业发展的关系。在职业生涯中，个人的成功不仅与人的性格、兴趣、价值观等因素相连，与一个人的职业能力也是紧密相关的。

首先，能力是个人职业选择的基础。在其他条件相同情况下，职业能力强的人比职业能力弱的人，更能使工作顺利开展，更容易高效率地完成任务。不同职业对人的能力有不同的要求。不同的人，其拥有的能力也各不相同。有的人擅长言语交流，有的人擅长实践操作，有的人擅长逻辑分析，有的人擅长事务性工作。每个人都有自己独特的能力结构。社会上不同的职业对从业者的能力有不同要求，有的需要计算能力、有的需要动手能力、有的需要分析能力，而大多数职业都需要几种能力的综合。驾驶员、侦查员、飞行员、服务员需要较强的注意力和观察力，解说员、报务员、售货员要有较强的记忆力等。

其次，不同的职业选择对能力发展具有重要影响。一个人的职业能力不同于他的专业知识和专业技能，专业知识和技能是人们在长期的学习工作中逐步形成的，并随着年龄的增长而增长，而职业能力则包含有某些先天的因素，不会随着年龄的增长而增长，到了一定的年龄阶段，还会出现职业能力减退的现象。各国的职业规定中对从事飞行员和汽车驾驶员职业的人，都规定了终止驾驶的年龄。专业知识丰富不等于职业能力就一定强，某方面的职业能力强也不表明他的专业知识丰富。诚然，人的能力差别是客观存在的，这种差别制约着人们活动的领域与职业选择的范围。一个人如果不能很好地认清自己的能力，错误地选择职业，将无法发挥出自己的潜力，也终将一事无成。

（五）职业与气质认知

在人的各项活动中可以看到，有的人活泼好动，反应灵敏；有的人安静稳重，反应迟缓；有的人总是显得十分急躁，情绪明显外露；有的人则总是不动声色。人与人之间在这些心理特征方面的差异或相似，就表现为气质的异同。

1. 气质

“气质”同我们日常生活中所说的“脾气”“秉性”十分相近，它影响个体活动的一切方面，并且使一个人不论活动内容、场合、兴趣、动机如何，都稳定地显示出同样性质的特点。如果某人说话、办事、走路、吃饭等都是急匆匆的，就显示出其急脾气特性。那么，什么是气质呢？气质是人的个性心理特征之一，主要表现在心理活动的强度、速度、灵活性与指向性等方面的一种稳定的心理特征。人的气质差异是先天形成的，受神经系统活动过程的特性所制约。孩子刚一落生时，最先表现出来的差异就是气质差异，有的孩子爱哭好动，有的孩子平稳安静，因而它为人的全部心理活动表现染上了一层浓厚的色彩。

2. 气质与职业的关系

一个人的气质不仅影响他所从事的活动的能力，而且也影响活动的效率。每一种职业领域都可以找出各种不同气质类型的代表，同一气质的人在不同的职业部门都能作出突出的贡献。性格决定一个人适合做什么，气质则是一个人做事风格的外在表现。职业气质是个人的生理基础，直接影响着一个人的性格、兴趣、能力和活动效果。具有不同职业气质的人，对待同一件事情的态度和处理方法，可能会迥然不同。所谓职业气质，主要是指个体典型的、稳定的心理特征，突出表现为人在心理活动方面的动力过程，它能反映出一个人心理活动过程进行的速度、强度以及稳定性和指向性。

人的气质本身并无善恶之分，气质类型也没有好坏之别，每种气质都有其积极的一面，也有消极的一面。在职业生涯规划中，气质是一个人职业选择的重要依据，气质不仅影响个人的职业选择，同时也影响个人具体工作的成败。在人们所从事的职业中，不同的岗位对从业人员的气质有不同的要求。某种气质特征往往能为胜任某项工作提供有利条件，而对另一些工作又表现出明显的不适应。研究和实践表明，气质特征是选择职业的重要依据之一。比如，一些特殊的职业和工种，如飞机驾驶员、宇航员、高空作业人员、运动员、消防队员等，由于紧张的工作和重大的责任，要求具备灵敏而快速的反应、冷静、胆大心细等心理素质，要求具备强而平衡且灵活型的气质。因此在这种情况下，气质特性就决定了一个人是否适合从事该种活动。至于一般的职业，从原则上讲，也都要求人们具有相应的气质特点，如采购、公关、推销等工作，活泼、敏捷、热情的人会做得非常好，而精细的工作则更适合沉静稳重、敏感细致的人。

第二节 自我认知理论

一、元认知理论

1976 年，美国心理学家 Flavell 提出元认知概念，并将元认知表述为“个人关于自己的认知过程及结果或其他相关事情的知识”，也指“为完成某一具体目标或任务，依据认知对象对认知过程进行主动的监测以及连续的调节和协调”。随后，该理论引发了学术界的激烈讨论并达成共识，认为元认知由三个部分组成：①元认知知识，即个体所存储的既和认知主体有关又和各种任务、目标、活动及经验有关的知识片段；②元认知体验，是指人们保持和从事认知活动时产生的认知和情感体验；③元认知监控，指主体在进行认知活动的全过程中，将自己正在进行的认知活动作为意识对象，不断对其进行积极而自觉地监视、控制和调节。目前，元认知已被公认为是影响人的认知活动效率的重要而高级的认知机能，它不仅与个体的批判性思维有密切联系，更被当代心理学视为智力或思维结构中最高级、最核心的决定性成分，成为开发智力潜能、提高学习能力的突破口和关键。

元认知理论的提出，无论对心理学研究还是教育职业领域的研究都具有重大意义。一方面，元认知对传统的认知领域提出了疑问。传统观点把认知活动划分为知觉、记忆、思维、语言等，只注重各自的相对独立性，并未强调这些现象之间的内在联系；而元认知则强调认知的内在联系性和相似性，有助于将个体作为一个完整的人来进行研究。这一点为研究个体的心理健康与元认知的关系提供了可能。另一方面，无论在教育领域还是职业领域，元认知调节对个体学习和工作效率的影响已经日益凸显。研究表明，元认知调节能力强的学生总是善于使用各种学习方法，他们通过多种特定的策略来调节自身的学习活动包括对时间的管理、选择学习过程的同伴、通过多种内在或外在的支持来监测其理解状况等。

训练大学生的元认知能力可以提高自我认知能力。意识是人脑对客观现实的反映，它分为自我意识和对周围事物的意识。马克思曾经指出：“意识在任何时候都只能是被意识到了的存在，而人们的存在就是他们的现实生活过程。”这个被意识到了的存在，包括自身的存在、客观世界的存在以及自身同客观世界的复杂关系。人不仅能意识到周围事物的存在而且也能意识到自己的存在，能意识到自己在感知、思考和体验，也能意识到自己有什么目的、计划和行动，以及为什么要这样做而不那样做，这样做的后果将是怎样，应如何调节自己的行动等，这就是人的自我意识，也就是自我认知。自我认知是人的认知活动的最高形式，它以主体及其活动为意识的对象，因而，对人的认识活动起着监控作用。通过自我意识系统的监控，以实现人脑对信息的输入、加工、储存、输出的自动控制系统的控制。这样，人就能通过控制自己的意识而相应地调节自己的思维和行为。在校大学生的自我认知能力通常偏弱，如果他们不能意识到自己的认知活动并根据要求对自己的认知活动加以调控，那么思想就容易产生偏差。要想提高他们的自我认知能力，最有效的办法就是训练他们的元认知能力，也就是训练他们自我认识、自我调节、自我批判与反思等方面的能力，使他们既能接纳自己，又能认清社会和欣赏他人，还能意识到自己的情绪活动和其他行为并对它们实施调控。这种自我监督、自我检查、自我调节正是元认知的实质作用。

元认知

元认知是20世纪70年代认知领域出现的一个新名词。简单来讲，元认知是对认知的认知。元认知对心理学研究的深刻意义在于它对传统的不同认知领域之间的界限提出了疑问。传统观点将认知活动人为地划分为知觉、记忆、思维、言语等范畴，在一定程度上割裂了这些现象之间的内在联系；而元认知研究则削弱了这种人为的分离，它强调传统认知范畴之间的相似性而非其区别，因此有助于传统认知领域的重新整合，有助于将个体作为一个完整的人来研究，而且，元认知研究在教育领域具有重要的实际意义。

（1）由来及发展。美国心理学家Flavell于20世纪70年代提出元认知这个概念，他将元认知定义为：反映或调节认知活动的任一方面的知识或者认知活动。Brown等人认为元认知是个人对认知领域的知识和控制。Sternberg将元认知定义为关于认知的认知，认知包含对世界的知识以及运用这种知识去解决问题的策略，而元认知涉及对个人的知识和策略的监测、控制和理解。国内有研究者将元认知定义为，个体对自己认知系统的了解以及对自己如何进行认知系统信息的处理决策过程。

（2）组成要素。尽管在元认知的定义方面，不同的人有不同的见解，但都认同元认知最根本的特征，即元认知是以认知过程本身为对象的一种现象。不只是元认知的概念有多种说法，对于元认知所包含的要素的认识也是众口不一。Flavell认为元认知有两大要素，分别是元认知知识和元认知体验。他指出元认知知识是个体所存储的既和认知主体有关又和各种任务、目标、活动及经验有关的知识片段；元认知体验即伴随并从属于智力活动的有意识的认知体验或情感体验。Brown等人认为元认知的两大要素是关于认知的知识和认知调节。Salvador等人认为，元认知能力一方面是指关于自身知识、所使用的策略和策略的运用的知识；一方面是指对自己学习过程的控制，包括对认知调节和控制的各种评价。Sabina等研究者认为，元认知调节过程可分为三类：计划，执行任务前选择和使用策略，分配认知资源；监控，在任务中理解和表现的意识；评价，在结束任务后对成绩的评价。

国内研究者倾向于把元认知要素分为三类：元认知知识，元认知体验和元认知监控。元认知知识是主体通过经验积累起来的、关于认知活动的一般性知识，即对影响认知活动的因素、各因素之间的相互作用以及作用的结果等方面的认识。元认知知识又包括认知主体、认知任务和认知策略三个方面。元认知体验是主体在从事认知活动时所产生的认知和情感体验。元认知监控则是指主体在进行认知活动的过程中，将自己正在进行的认知活动作为意识对象，不断地对其进行积极而自觉的监视、控制和调节的过程。汪玲、郭德俊等人认为，元认知的三个基本要素是元认知技能、元认知知识和元认知体验。其中，元认知技能是个体进行调节活动所必须具备的根本条件，元认知知识为调节提供基本的知识背景，而元认知体验则是调节得以进行的中介，三要素之间相互作用，相互影响。

二、社会认知理论

社会认知理论是指在传统的行为主义人格理论中加入了认知成分，形成了新的社会认知理论。社会认知理论是社会心理学的重要理论之一，它是一种用来解释社会学习过程的理论，社会认知理论家们将个体描绘为积极地处理事件和发展关于强化期望的人，而不是作为根据以前相依强化物来自动行为的人。根据班杜拉（Bandura）的理论，关于行为强化的个体期望，比这个行为以前是否受到过强化更为重要。此外他认为强化历史对个体的认知没有直接的作用。相反它是通过个人的记忆、解释和偏见筛选出来的。

1. 社会认知理论的主要内容

（1）三元交互决定论。行为到底是由外部力量决定的还是由内部力量决定的，长期以来存在两种决定论：个人决定论和环境决定论。个人决定论强调人的内部心理因素对行为的调节和控制，环境决定论强调外部环境因素对行为的控制。美国心理学家班杜拉在批判前人的基础提出自己的理论。他的理论在于探讨环境、人及其行为之间的动态的相互决定关系。将环境因素、行为、人的主体因素三者看成相互独立、同时又相互作用从而相互决定的理论实体。其中，个人的主体因素包括行为主体的生理反应能力、认知能力等身心机能。所谓交互决定，是环境、行为、人三者之间互为因果，每二者之间都具有双向的互动和决定关系。

在三元交互决定论中，一方面，人的主体要素如信念、动机等往往强有力地支配并引导其行为，行为及其结果反过来又影响并最终决定思维的内容与形式以及行为主体的情绪反应；另一方面，个体可以通过自己的主体特征如性格、社会角色等引起或激活不同的环境反应，再者，行为作为人与环境之间的中介，是人用以改变环境，使之适合人的需要而达到生存的目的并改善人与环境之间的适应关系的手段，而它不仅受人的需要支配，同时也受环境的现实条件的制约。

（2）观察学习。班杜拉认为，观察学习，亦称替代学习，是指一个人通过观察他人的行为及其强化结果习得某些新的反应，或使他已经具有的某种行为反应特征得到矫正。他按信息加工的模式对观察学习进行了分析，认为观察学习是由4个相互关联的子过程组成的，即注意过程、保持过程、产出过程、动机过程。第一个过程是注意过程，指的是在观察时将心理资源开通的过程，它决定着观察者选择什么样的示范原型。第二个过程是对示范活动的保持，要对示范活动进行保持就必须以符号的形式把它表象化，从而保留在记忆中。观察学习主要依存于两个表象系统表象和言语，其中，言语编码较之视觉表象在观察学习时更具有确实性。第三个过程是产出过程，也就是把符号表象转换成物理形式的外显行为的过程。第四个过程是动机过程，是观察者在特定的情境条件下由于某种诱因的作用而表现示范行为的过程。总之，观察学习只有在这四个过程都完成的基础上才能实现。

（3）自我效能感。自我效能感是个体对自己与环境发生相互作用效验性的一种自我判断，自我效能感强的人能对新的问题产生兴趣并全力投入其中，能不断努力去战胜困难，而且在这个过程中自我效能也将会不断得到强化与提高，相反，自我效能感差的人总是怀疑自己什么都做不好，遇到困难时一味畏缩和逃避。班杜拉认为，个体在活动中是通过四个方面的信息来获得或形成自我效能感的。

实践的成功经验即个体对自己的实际活动过程中所取得的成就水平的感知，成功经验增强其自我效能感，反之降低自我效能感。替代性经验的效能信息，是指看到能力等人格特征和自己相似的他人，在活动中取得了成功的观察结果，能够使观察者相信当自己处于类似活动情境时也能获得同样的成功，从而提高观察者的自我效能感。言语的劝导是指接受别人认为自己具有执行某一任务的能力的语言鼓励而相信自己的效能。值得注意的是说服性的言语必须实事求是，调动个体的积极性。那些虚幻的、华而不实的劝导会适得其反影响自我效能的水平。个体在追求目标时，自我效能通过生理唤起来影响行为改变。乐观积极的自己肯定信念能创造积极情感，消极情绪会产生挫败感，所以要变消极情感为乐观心态。

由此可以看到，自我效能可以在社会环境中来培养。所以在思想政治教育学习中注重引导受教育者，直面困难而不是逃避，使自己的自我效能得到强化。

2．社会认知理论的代表模型

近年来，研究者们将社会认知研究的结构和过程结合起来提出了 4 个具有代表性的理论模型。

（1）范畴模型。社会认知研究一般比较关注关于社会群体的抽象的、概括化的观念。在这种观点看来，一旦获得有关某个群体的信息，便会发展出该群体的一种概括化概念，即范畴。范畴并不具有可以决定个体是否是某个范畴成员的定义性特征或标准，实际上某种范畴组织成员都是彼此变化的。如果某客体特征与范畴社会认知特征充分相似的话，则该成员会被归属于该范畴。

（2）样例模型。绝大多数社会认知模型都是说明一个归类过程的（就像上面所说的范畴模型也是一个归类的过程）。按照这些模型，归类并不能通过客体与范畴原型之间的比较，而是通过客体与样例记忆集合中范畴成员之间的比较而获得。这样的一种认知过程就是样例模型。

（3）群体表征的混合模型 . 由于范畴模型和样例模型都有缺陷，因此有研究者认为有效的合理的社会认知模型必须包括抽象知识表征以及具体的样例表征。就是综合范畴模型和样例模型而得出的。

（4）情境模型。该理论认为，存在两种知识结构，即情境模型和概化表征。其中，情境模型代表人们对具体事件和事态的理解，这种理解是在传递社会信息的过程中自动完成的。情景模型的建立，又为理解新信息及相关的人和事提供相应的基础。

三、过程认知理论

（一）认知的基本过程

在普通心理学中，认知过程指人脑通过感觉、知觉、记忆、思维、想象等形式反映客观对象的性质及对象间关系的过程。H. 西蒙认为，人类认知有3种基本过程。首先是问题解决：采用启发式、手段－目的分析和计划过程法。其次是模式识别能力。人要建立事物的模式，就必须认识各元素之间的关系。如等同关系、连续关系等。根据元素之间的关系，就可构成模式。最后是学习。学习就是获取信息并将其储存起来，便于以后使用。学习有不同的形式，如辨别学习、阅读、理解、范例学习等。

（二）认知过程的形式

1. 感觉

感觉是指客观事物的个别属性在人脑中的直接反映。客观事物直接作用于人的感官，引起神经冲动，由感觉神经传导至脑的相应部位，便产生感觉。它分为两大类：①外部感觉，指接受外部刺激，反映外界事物属性的感觉。包括视觉、听觉、嗅觉、味觉、肤觉。②内部感觉，指接受机体内部刺激，反映身体的位置、运动和内脏器官不同状态的感觉，包括运动觉、平衡觉、机体觉等。感觉不仅是人的心理活动的开端和来源，而且也是人从事各种实践活动的必要条件。

2. 知觉

知觉是指脑对直接作用于感觉器官的客观事物的各种特性或各个部分的综合反映。感觉提供客观事物的个别属性、个别方面、个别部分的信息，而知觉则把这些分散、片段信息结合起来，形成事物的完整映象。一般说来，感觉的材料愈丰富和精确，知觉映象也愈完整和正确。知觉不是感觉材料简单的堆砌，而是按照一定关系将这些材料有机地统一起来。只要这些特性或部分的关系不变，知觉映象也不变；关系改变，知觉映象也改变。知觉是多种感觉器官协同活动的结果。如对物体形状的知觉是视觉和触觉、动觉等协同活动的结果。知觉过程受到主体以往的知识经验和当前需要、情绪等多种因素的影响，有明显的主观性和个别差异。

知觉具有四种基本特性，即整体性、选择性、理解性和恒常性。知觉有不同的分类。按哪种感觉器官在知觉中起主导作用，而分为视知觉、听知觉、触知觉、嗅知觉和味知觉等；按知觉对象的不同性质，分为空间知觉、时间知觉和运动知觉；按知觉过程与主观意识联系程度的不同，又可分为无意知觉和有意知觉（观察）。

3. 记忆

记忆是指人脑对过去经验的反映。包括识记、保持、回忆或再认三个基本过程。从信息加工的观点来看，记忆是人脑对外界输入的信息进行编码、储存和提取的过程。对信息的编码相当于识记过程，对信息的提取相当于回忆或再认过程。存在于人脑中的信息在应用时不能提取或提取发生错误则为遗忘现象。记忆不仅在人的心理活动中具有基石的作用，而且在人的各种实践活动中具有积累和借鉴经验的作用。

4. 思维

思维是指人脑对客观事物的间接的和概括的反映，是借助于语言揭示事物本质特征以及内部规律的理性认识过程。不同的心理学派对思维提出了不同的主张，其中符茨堡学派强调无意象思维；构造主义者强调表象的作用；机能主义者强调适应目的；早期行为主义者强调肌肉活动的作用；皮亚杰强调运算和概念。根据不同标准，可以将思维分为许多类别。其中包括经验思维与理论思维，直觉思维与分析思维（逻辑思维），常规（习惯）性思维与创造性思维，发散思维与辐合思维，动作思维与形象思维等。关于思维与语言的关系，有三种不同观点：①主张语言决定思维，思维离不开语言，没有语言就没有思维；②主张思维和语言各自独立，否认两者有必然联系；③主张语言和思维是一回事，否认两者有任何区别。

5. 想象

想象是指在外界现实刺激物影响下，在头脑中对过去形成的若干表象进行加工改造而建立形成的心理过程。想象是在大脑意识控制下，对感官感知并储存于大脑中的信息进行分解与重组的思维运动。想象属于第二信号系统，是用形象进行思考的。想象是人脑在原有感性形象的基础上创造出新形象的心理过程。如作家在写作时所需塑造的人物形象，就是作家在已经积累的知觉材料的基础上经过加工改造而成的。也就是说，想象是在创造主体的大脑中对已有表象进行加工改造而创造新形象的过程。

第三节 大学生自我认知的途径与方法

一、认识自我的途径

（一）通过自己认识自己

首先，要熟悉自己的自然条件，包括健康情况、心理状态、情感特点、爱好倾向、知识水准、专业特长、智力情况、能力特点，还可以测定一下自己的生物节律周期、智商指数、气质类型、性格类型等作为参考。其次，是对自己在不同领域的实践中（如对各个科目的学习）取得的不同成绩进行比较，以发现自己的优点，确定奋斗的目标。回顾以往的个人经历，是否取得了一些可以量化的业绩。如“期末考试专业排名第三”“连续三年获得一等奖学金”“在兼职期间，完成销售额的110%”，这些数据可以具体翔实地说明你的成绩，成绩的取得离不开个人能力，这是个人能力的具体例证。另外，记日记就是一种常见的自我暴露、自我交流的手段，也是自我分析、自我认识、自我监督的手段。

同时，人们也可以通过自己与自己的比较来获得对自身状况更为动态的认识。这种与自己的比较包括两方面：一是将目前的“自我”与过去的或将来的“自我”作比较；二是将自己的期望与实际获得的成就相比较。这两方面都是客观、正确地认识自我不可缺少的。个体的自尊、自信、自大、自卑等主要取决于个体内在状态与自我期望等主观因素。往往是这些因素决定着个体对自己的感情、态度的判断和评估。我们往往依据自己在一定活动中的成败，对自己的学识、素养和才能作出判断。生活中常有这样的事情：有的同学期望获得第一名，视屈居第二为奇耻大辱，而有的同学却为成绩及格而兴高采烈；有的年轻人因条件较差的工作而愁眉不展，自叹苦不堪言，而老工人在相同的条件下却“以苦为乐”，干劲十足……如此种种，都反映了人们的判断水平。每一个年轻朋友，都是将自己心目中形成的理想的“我”的形象与现在的“我”进行比较，这往往就是我们生活的动力。要追求、寻找这个理想的“我”，就需要坚定、忍耐、专心致志和顽强地自我进取，就得克服懒惰、懈怠、消极、怯懦等习性。

当然，由于个体的自我认识过程受到多方面的影响，包括个体的认识能力水平、价值观念、个人抱负等因素，导致人们的自我评价不可避免地带有主观性。正确的内省必须遵循现行社会中通行的社会文化价值观念、普遍的社会文化准则和行为规范，否则不可能对自己进行客观公允的认识。一个能够正确对待自己的人，不会因为别人的过高评价而沾沾自喜，也不会因为别人不切合实际的指责而垂头丧气。

（二）借助他人来了解自己

比较评价是指通过与同学等同龄人和先进人物相比较而认识自我。有比较才有鉴别，有鉴别才能更好地认识自己的长处和短处。一方面，当局者迷，旁观者清。当面对“你是个怎样的人”时，一般人都会认为自己准备的自我评价是冷静分析后的结果，而事实上，人们往往要通过他人对自己的评价，且与他人进行比较之后才能形成结论。了解你的人（老师、同学、家人、上级、同事、客户）会如何评价你？他们是否总是依靠你才能完成某件事情？是否认为你更擅长做这件事或者是你做事情更负责任？当你离开某个岗位时，周围的人是否会因为你的离去而感到有什么不适或困难？对这些问题的回答，都可能反映出你个人所擅长的、为人称道的能力和品质。我们可以通过直接与周围的人谈谈，让他们来帮助你认识自己。在具体的实践中，我们可以借助他人对我们的评价去认识自己。正如我们需要借助镜子来认识自己的五官样貌，我们对自己的言行品格特征的认识，也需要依靠他人对我们的态度和反应。这正如心理学家库里所指出的，别人对自己的评价是自我评价的一面镜子。

在与他人交往的社会生活中，我们借自己的外显行为将自己展示在他人面前，他人对我们的看法和评价反过来也会影响我们对自己的认识。因此，个体对自己的认识在很大程度上取决于周围的人对自己的评价和态度，特别是家人对自我认识的影响尤其深远。当然，他人的评价并非都很准确，正如镜子会因凹凸不平而歪曲人的形象一样。倘若我们能多和人交往，注意倾听多数人的意见或反映，善于从周围的人的一系列评价中，概括出一些较稳定的评价作为自我评价的基础，将大大有助于自我了解。另一方面，对自我的认识很大程度上受“社会比较”的影响。也就是说，选择的参照物不同，自我认识的结果就可能相去甚远。在这里，与他人比较被称为“社会比较”，是一个社会心理学术语，指的是个体就自己的信念、态度、意见等与其他人的信念、态度、意见等作比较。在社会比较过程中，人们出于自尊，往往会选择背景不同的人作比较，以得出合乎己意而有偏差的结论。例如两个人性格能力完全一样，其中一个人和爱热闹、开朗乐观的人生活在一起，他对自己的评价很可能是“一丝不苟，过于严肃”；而另外一个人和严肃认真、追求完美的人生活在一起，他对自己的评价则可能是“生性随意，追求自由”。可见，对自我的认识极易受他人影响。为了提高准确性，选择正确比较对象是关键。所以应放宽视野，扩大比较范围，从不同角度进行社会比较。此外，不要做过一次自我评价就认为评价结果会一成不变，而应当根据环境变化，多做几次比较。在具体操作中，我们可以通过和别人比较认识自己。社会心理学家费斯廷格的社会比较理论认为，人有一种评估自己的内驱力，在缺乏客观的、非社会标准的情况下，人们将通过与他人的比较来评估自己。社会实践证实了这个观点。每当我们怀疑自己的能力，反躬自问自己“我在某方面的能力到底如何”时，就会很自然地想到和别人进行比较，以判定自己在社会生活中的位置和形象。这就好比自己跑步的速度是在与他人的比赛中比较得出来的；身高是通过“按个头排序”确定的。人们评价自己的品质、能力和性格特征等都是如此。大学生总是需要通过和自己地位、条件相类似的人的对比来估计和判断自己的能力等级和相对竞争地位。

（三）借助工具认识自己

借助工具，我们可以得到对自身内在属性和特征更为清晰和准确的认识。一方面，我们可以使用体重秤、身高仪、血压计和体温计对人体的生理属性和物理特征进行精准地度量，帮助我们了解和判断自身身体状况和健康水平。这一类度量对于选拔一些特殊职业从业人员是必不可少的。例如，飞行员的选拔、运动员的挑选以及宇航员的培养等。因为这些职业工作性质的特殊性，决定了其对从业者的身体素质和体格状态有着超出一般标准的要求。另一方面，我们也可以借助各种心理测量工具，对个体的心理素质，包括能力水平和人格特征，进行广泛的度量。这里的所谓心理素质，主要指那些完成特定工作或活动所需要或与之相关的感知、技能、能力、气质、性格、兴趣、动机等个人特征，他们是以一定的质量和速度完成工作或活动的必要基础。心理测量（psychologic alassessment）是用来检测人们的能力、行为和个性特质的特殊的测验程序。心理测量通常是指对个体差异的测量，因为多数测量都是确定在某个固定的维度上。广义的心理测量不仅包括以心理测验为工具的测量，也包括用观察法、访谈法、问卷法、实验法、心理物理法等方法进行的测量。狭义的心理测量是通过科学、客观、标准的测量手段对人的特定素质进行测量、分析、评价。通常心理测量依据测验的功能，可以分为能力测验、智力测验和人格测验。常用的智力测验量表有韦氏量表和瑞文高级推理测验，而人格测验主要有 MMPI、16PF、EPQ 等。

二、认识自我的方法

认识自我的方法根据标准化程度可以分为非标准化评估方法和标准化评估方法。前者主要包括自我反省法、橱窗分析法和行为事件法等；后者涉及统计分析法、心理测验法、专家咨询法等。每一种方法在认识自我的过程中发挥的作用不同，认识自我的角度也存在差异，需要在灵活应用不同方法的基础上实现对自我的系统化认知。

（一）自我反省法

自我反省法是通过自己对自身言行思想的反省和分析来了解自我、认识自我的方法。反省意指反思自己的思想行为，检查其中的错误，也是“反省心理学”中的专业词汇，指对自身过往心理活动的追溯和回忆。从本质上看，反省法是一个自我归因的过程，是通过对自身外显行为和内隐行为的观察分析，找到行为背后隐含的态度、偏好、动机和信念的过程。个体关于自己的情感、个性和信念的认识，主要来源于对自身内心状态的觉察和认知，对自身外显行为的观察，对于自身行为相关环境的认知等等。

在认识自我的过程中，反省法的优势在于操作简单，成本低廉，且对外在环境和条件的依赖性弱，可由个体独立完成整个反省过程，并且个体可以根据自身情况和认识需要决定分析的次数和频率。而且，一个善于自我反省的人，往往对自己的优点和缺点有着更为清醒的认知，能够在生活和工作中扬长避短，选择和顺应自我发展的方向。而不善于自我反省的人，往往由于缺乏自知之明，无法顺应自我发展的需要，陷入自我迷失之中。当然，自我反省法的缺陷也不能忽略，具体表现为自我反省过程的主观性和自我分析视角的局限性，容易导致个体对自我的认识不够客观、不够全面。例如，过于夸大自己的能力而导致“刚愎自用”，或者过于低估自己的潜力而导致“自我怀疑”，都会制约和阻碍个体获得事业上的成就。

那么，如何运用和提高自身的反省能力呢？首先，学会接受批评。每一个人都喜欢受到表扬，而不喜欢受到批评。法国心理学家高顿教授通过一项专题研究证实，那些难以接受批评的孩子长大后，大多会对批评持“避而远之”或“拒之门外”的态度。久而久之，就失去了自我发展和改进的机会。面对他人的批评，要认真倾听，保持平和的心态，有则改之，无则加勉。其次，学会总结经验教训。总结经验教训事实上就是对自我行为的一种反省。例如，一个孩子用打架来解决与同学之间的矛盾，如果他在打架上吃了亏，他会想："上次我感到生气的时候是用打架来表达我的愤怒的，结果我被别人打了。那么下次发生这样的情况时，我该怎么办呢？我不用打架来解决可以吗？是不是有更好的解决方法呢？"当人们直接感受到行动与结果之间有某种关系后，他们往往会先想一想再采取行动。在具体操作过程中，可以通过撰写自我反省记录，帮助个体发展自我反省能力。

（二）橱窗分析法

橱窗分析法是一种借助直角坐标系不同象限来表示人的不同部分的分析方法（图4-1）。社会学家约瑟夫·卢福特和哈里·伊阿那设计的自我认识模型"约哈里窗"（约哈里即 Johari ，Joseph & Harry=Johari）就是采用的橱窗分析法。根据"约哈里窗"的原理，自我的存在形态分为四种，或者可以理解为"自我"存在于四类区域之中。其一，开放区，即自己和他人都知道的有关自我的信息，这通常被视为一个人公开的自我形象，属于个人展现在外部环境中的自我部分；其二，盲目区，包含他人了解，而本人却没有意识到（或不了解）的有关自我的信息，好比自己的背影，别人看得清清楚楚，而自己却一无所知；其三，隐蔽区，包含本人了解，而他人不了解的有关自我的信息，这是每个人内心中都存在的"隐私面"；其四，未知区，包含本人不了解、他人也不了解的自我的信息，属于个体潜在的、尚未开发的自我。该模型把自我分成四个部分，即开放的自我、盲目的自我、隐藏的自我和未知的自我，并认为这四个区域的大小是随着个体的发展和成长而不断变化的。

图 4-1 橱窗分析法

（1）开放的自我，也称"公众我"。比如，我们的性别、外貌、婚否、职业、工作生活所在地、能力、爱好、特长、成就等。这是自己清楚别人也知道的自我。"开放的自我"是自我最基本的信息，也是了解自我、评价自我的基本依据。这个区域的大小受个体思想开放程度、个性张扬程度、人际交往范围、获得关注的程度以及信息开放程度等因素的共同影响。例如，通过广泛社交、主动沟通，大学生可以扩大"开放的自我"的范围。

（2）盲目的自我，也称“盲点我”。比如，我们不经意的一些小动作或下意识的行为习惯，一个得意的微笑或不耐烦的神态，往往自己意识不到，而别人却明察秋毫，即所谓当局者迷，旁观者清。“盲点我”的区域大小与个体的自我反省的能力有关，善于接受他人意见的人也往往更能发现自身的局限。所以，学会反思，重视他人回馈，保持开放思维，不固执，是大学生认识自己、理解自己的重要方法。

（3）隐藏的自我，也称“隐私我”。比如，人们常说的个人隐私、个人秘密，多指埋藏于心底，不愿意或不能让他人获知的想法或情感等，属于自己知道而别人不知道的部分。任何人都需要适度地给自我保留一个私密空间，这是维持心理健康的需要。但是如果隐私太多，则无法与外界进行有效的交流，会导致心理压抑，引发对周围环境的误解和错判，不利于促进积极的人际交往，从而限制个体扩大社交圈的机会。

（4）未知的自我，也称为“潜在我”。通常是指人们潜在的能力或特质，比如一个人经过特定的训练或学习后，可能获得何种体验和认知，这是自己或他人都无法事先获知的。所谓“师傅领进门，修行在个人”，说的就是这种现象。由于这一部分的自我是自己和他人都不知道的部分，对这一部分自我的认识，依赖于持续的自我探索和发现。对于尚未成熟的大学生，如果经常学着尝试一些全新的领域，挖掘自身潜力，就会有机会收获惊喜。所以，那些勇于自我探索者，往往更善于发展自我、超越自我。

（三）行为事件法

行为事件法，又被称为关键事件法，是指自己或他人，将成长过程中的重要行为事件根据要求加以记录，在大量收集信息的基础上，完成对个体自身个性特征、能力水平和兴趣偏好的分析和评价。所谓关键事件，指的是在个体成长过程中，给自己造成显著影响的事件。通常关键事件对个体人生轨迹有着决定性的影响，关键事件基本决定了个体在某个阶段的成功与失败、盈利与亏损、高效与低效。对大学生群体而言，建议通过撰写成就故事，达到搜集关键事件、分析自我的目的。所谓成就故事就是生活中令你有成就感的具体事件，这些“成就事件”既可以是工作或学习上的，也可以是课外活动或家庭生活中发生的。它们不必是惊天动地的大事，只要符合以下两条标准，就可以被视为“成就”。①你喜欢做这件事时体验到的感受；②你为完成它所带来的结果感到自豪。如果同时你还获得了他人的认可和表扬那就更好了，不过这并不重要。在撰写成就故事时，需要严格按照“TSAR”原则，即每个故事都应包含以下要素：①你想达到的目标（target），即需要完成的事情。②你面临的障碍、限制或困难（situation）。③你的具体行动步骤（action），即你是如何一步步克服障碍、达成目标的。④描述行为结果（result），即你取得了什么成就，最好能够量化评估（用某种方法衡量或以数据说明）。其具体使用过程如下。①人生阶段的划分。可以将自己的人生划分为4个阶段，即学前阶段、小学阶段、中学阶段、大学阶段。每一个阶段用一个重要的事件或者时间点来界定。第一个阶段从出生开始，最后一个阶段一直持续到当下。②重要事件的列举。每个阶段里找出1～3件对你而言意义重大的成就事件，这些事件涉及你的情感、性格、生活轨迹、人际关系等。例如，发生重大变化的生活转折点、个人取得的重大成功、个人做出的重要决定、承受过的重大情感打击、记忆深刻的经历等，完整记录关键事件是一个巨大的挑战，大多数情况下需要通过努力回忆，甚至需要询问他人。③对重要事件的分析。针对每一个成就事件，你需要思考并试图回答这些问题：这个事件给你的认知和想法带来了哪些冲击？这个事件给你的情感带来了哪些影响？这个事件对于现在的你有什么意义或者联系？

（四）统计分析法

统计就是有关收集、整理、分析和解释统计数据，并对其所反映的问题作出一定结论的方法。它是一种从微观结构上来研究物质的宏观性质及其规律的独特的方法。统计分析指通过对研究对象的规模、速度、范围、程度等数量关系的分析研究，认识和揭示事物间的相互关系、变化规律和发展趋势，借以达到对事物的正确解释和预测的一种研究方法。

运用统计分析法认识自我，就是运用数学方式，对自身各方面的生理、心理属性进行量化数据的收集和分析，通过对各种数据及资料进行数理统计和分析，对自身的属性和特征形成定量的结论。统计分析方法是目前广泛使用的现代科学方法，是一种比较科学、精确和客观的测评方法。其具体应用方法有很多，在实践中使用较多的是指标评分法和图表测评法。

（五）心理测验法

心理测验方法主要有以下四种。

（1）纸笔测验。纸笔测验简称笔试，即要求被试者根据项目的内容，把答案写在纸上，以了解被试者心理活动的一种方法。纸笔测验的形式主要有七种：单项选择题、多项选择题、是非题、匹配题、填空题、简答题、小论文，纸笔测验在员工招聘中有很大的作用，尤其是在大规模的员工招聘中，它能很快把员工的基本活动了解清楚，然后可以划分出一个基本符合需要的界限。

（2）量表法。量表（scale）是一种比纸笔测验更严格的测量工具，它们可以被看作一把尺子，用这把尺子对被试者的属性进行测量。一般的心理测验都由一个或几个量表组成，它们的建构程序更严格，客观化的程度更高，往往有常模可以参照。例如，韦克斯勒智力测验量表。

（3）投射测验。有些心理特征是很难直接观察和测量的，如人们的欲望、动机、需要等，就需要用投射的测量方法。所谓投射法，就是让被试通过一定的媒介，建立自己的想象世界，在无拘束的情景中，不自觉地表露出其个性特征的研究方法。它可以适合各种目的、用途。其主要方法有以下几种：①联想技术。为被试呈现一些刺激，请被试者报告对这些刺激的反应，根据被试者的反应作出分析。常用的有各种墨渍投射测验、各种字词的联想测验等。②构成技术。指的是被试者需要根据一个或一组图形或文字材料讲述一个完整的故事。这种测验主要测量被试者组织信息的能力，从测验的结果分析被试者的深层心理。比较著名的有：主题统觉测验、麦克莱兰的成就测验，其他的还有测量人们信念、宗教信仰、价值观等的测验，这种技术主要侧重于对被试者产出的分析。③词句完成法。把一些没有完成的句子呈现给被试者，请被试者根据自己的想法把句子完成，例如，“我觉得我们的企业……”被试者可以做出各种反应，这种方法比上述两种都简单，但却很说明问题。④排序技术。请被试者把一组目标、愿望、需要等按某种标准加以排序。许多价值观、成就动机、态度的测量都用这种技术。⑤表现技术。这是一种侧重过程性分析的技术，不大注意被试者的产出。要求被试者参加一些活动，通过这些活动可表现出他们的需要、愿望、情绪或动机。他们处理事务和人际交往的方式无不带有个人的独特特征。这些活动设计要求符合实际生活的场景，如做游戏、演一出戏、角色扮演、画一幅画等都可以。⑥个案分析技术。这是一种综合性技术，既有表现的成分，又有投射的成分。个案设计需贴近实际，请被试者根据文中提供的线索做出自己的判断和评价，被试者在操作时要付出一定的努力，充分发挥想象力，所以这种方法能引起被试者的很大兴趣。

（4）仪器测量法。这是指通过科学的仪器对被试者进行测试，以了解被试者心理活动的一种科学方法。随着科学技术的发展，测量心理活动的仪器越来越多，如多导仪、眼动仪、动作稳定仪等，这些仪器在测量人的兴趣、动机、技能等方面起到了举足轻重的作用。

三、职业素质的测评分析

职业素质是劳动者在生理条件的基础上，通过专业教育培训、实践和自我完善等途径形成和发展起来的个人内在品质，主要表现在职业兴趣、职业能力、职业个性及职业情况等方面。职业素质具备职业性、稳定性、内在性、整体性和发展性等特征。不同的职业需要具备不同的职业素质。一个人的职业素质是在长期职业中积累而成的，一旦产生就具备相对的稳定性。因此，可以对个人进行职业素质的测评分析。

（一）职业素质测评的内涵

职业测评兴起于20世纪初，在美国军事和工业领域获得了广泛应用，大大提高了职业招聘和培训部门的经济效益。职业测评是心理测验的一个分支，在学术上被广泛认可的心理测验的定义是“行为样组的客观的标准的测量”。科学的职业测评以特定的理论为基础，经过设计问卷、抽样、统计分析、建立常模等程序编制。职业测评必须符合三个条件：①效度：测验结果的准确性；②信度：测验结果的稳定性；③常模：每一位被试者的心理测验都有一个原始分数，通常情况下这个分数没有实际意义，除非这个分数能与别人比较。与此相关的标准便是常模。常模是指有代表性的样本在测验上的分数分布情形。科学的职业测评是客观化、标准化的问卷，它的科学性、客观性、可比较的功能是其他自我了解的方法不具有的。职业测评已经得到越来越广泛的运用，甚至在不少杂志、网站、电视上也会出现各式各样的职业测评，但是这些我们看到的大多数都不是严格意义上的职业测评。

（二）职业素质测评的类型

常见的职业素质测评类型主要有以下几类。

1．智力倾向测验

智力测验就是对智力的科学测试，它主要测验一个人的思维能力、学习能力和适应环境的能力。平常我们所说的智力，在心理学中又称为一般能力。现代心理学界对智力有不同的看法。所谓智力就是指人类学习和适应环境的能力。智力包括观察能力、记忆能力、想象能力、抽象概括能力、创造能力等。其中抽象概括能力是智力的核心。人要完成任何一种活动，都和这些能力的发展分不开。德国心理学家施特恩（W.Stern）首先提出了智商的概念。智商即智力商数（Intelligence Quotient），常用 IQ 表示。智力的高低以智商 IQ 来表示，正常人的 IQ 在 90 到 109 之间；110 到 119 是中上水平；120 到 139 是优秀水平；140 以上是非常优秀水平；而 80 到 89 是中下水平；70 到 79 是临界状态水平；69 以下是智力缺陷。一般来说，智商比较高的人，学习能力比较强，但这两者之间不一定完全有正相关。因为智商还包括社会适应能力。有些人学习能力强，社会适应能力并不强。一般智力测验都是为了给自己的智力确定一个范围。

常用的智力测验有以下几种。

（1）比奈 – 西蒙智力量表。1905 年法国心理学家制作出第一个正式的心理测验。比奈 – 西蒙智力量表（Binet-Simon Tests）包括 30 个项目，1908 年进行了第一次修订，1922 年传入我国，1982 年由北京吴天敏先生修订，共 51 题，主要适合测量小学生和初中生的智力。

（2）韦克斯勒智力量表。韦克斯勒智力量表（Wechsler Intelligence Scale）是由美国心理学家 D. 韦克斯勒制定的。为了更真实地反映出一个人的智力情况，韦克斯勒编制了 6 个语言量表，5 个操作量表。首次采用离差智商，$\mu=100$；$\sigma=15$；韦氏成人智力量表（Wechsler Adult Intelligence Scale，WAIS，1955），适用于 16 岁以上的成人；韦氏儿童智力量表（Wechsler Intelligence Scale for Children，WISC，1949），适用于 6 到 16 岁儿童；韦氏学前儿童智力量表（Wechsler Preschool and Primary Scale of Intelligence，WPPSI，1963），适用于 4 到 6 岁半。

（3）斯坦福 – 比奈智力量表。斯坦福 – 比奈智力量表（Stanford-Binet Intelligence Scale）是美国斯坦福大学教授推孟（Lewis Terman）于 1916 年对“比奈 – 西孟智力量表”修订而成的。1937 年和 1960 年，斯坦福 – 比奈智力量表又经过两次修订，成为目前世界上广泛流传的标准测验之一。智龄（mental age）即人的智力年龄。推蒙提出了智力商数的概念，其公式为：智商（IQ）= 智龄（MA）/ 实龄（CA）×100。测验以个别方式进行，通常幼儿不超过 30～40 分钟，成人不多于 90 分钟。测验程序是以稍低于被试实际年龄组开始，如果在这组内有任何一项目未通过则降到低一级的年龄组继续进行，直至某组全部项目都通过，这一年龄组就作为该被试智龄分数的“基础年龄”；然后再依次实施较大的各年龄组，直至某组的项目全部失败为止，此年龄组作为该被试的“上限年龄”。1960 年舍弃比率智商，引进离差智商，μ=100；σ=16。

（4）瑞文标准智力测验。瑞文标准智力测验是英国心理学家瑞文于 1938 年设计的非文字智力测验。自问世以来，许多国家的学者对它进行了修订，现在被世界各地广泛使用，有着理论意义和实用价值。该测验旨在测试人的一般智力水平，尤其可以测量人的解决问题的能力、观察力、思维能力、发现和利用自己所需的信息及适应社会生活的能力。它的主要特点是适用年龄范围宽，测验对象不受文化、种族、语言的限制，并且可以用于一些生理缺陷者，如用于听障儿童、文盲。测验既可以个别进行，也可以团体实施，使用方便，省时省力，结果解释直观简单，测验具有较高的信度和效度。瑞文测验的编制者曾于 1947 年、1956 年对瑞文推理测验做过小规模修订，1947 年又编制出适合小年龄儿童和智力落后者的彩色推理测验，同时还编制了适合高智商者的高级推理测验。1985 年，我国学者张厚粲等人对该测验进行了修订，建立了中国常模。

（5）军队团体智力测验。军队甲种团体智力测验是一种文字测验。适用于具有中学以上文化水平的人。测试时限 40～50 分钟，由 8 个分测验组成，即遵循指示、算术、判断、词义异同、词句重组、完成数序、类比和常识。每个分测验的项目按难度顺序排列，有 5 个复分。信度系数为 0.95，效度（与斯坦福 - 比奈智力量表的相关系数）为 0.80～0.90。军队乙种团体智力测验是一种非文字测验，适用于文盲和不懂英语的人，测验时限 50 分钟，由 7 个分测验组成，即迷津、数立方体、完成图序、译码、校对数字、图像指缺和几何组构测验。该测验与军队甲种团体智力测验的相关系数为 0.80，与斯坦福 - 比奈智力量表的相关系数为 0.73。

（6）认知能力测验。认知能力测验由桑代克编制，题目均由易到难排列，结果以离差智商、百分等级、标准九分数等作解释，对学业成就、工作成就、职业类型等有相当的预测能力；包括初级型、文字测验、非文字测验和数字测验四个部分。

2. 人格测验

用以测量求职个体与他人相区别的独特而稳定的思维方式和行为风格，这些特点可能影响该求职者的工作绩效和工作方式及习惯。常见的人格测验是明尼苏达多相人格测验（MMPI），是 20 世纪 40 年代初由美国明尼苏达大学教授哈撒韦（S.R.Hathaway）和麦金利（J.C.Mckinley）编制的。MMPI 的目的是试图对人的人格特点提供客观的评价，包括 14 个分量表，其中 10 个临床量表和 4 个效度量表。

（1）10 个临床量表。

Hs（hypochondriasis，疑病）；

D（depression，抑郁）；

hy（hysteria，癔症）；

Pd（psychopathicdeviate，心理变态）；

Mf（masculinity-femininity，男性化 - 女性化）；

Pa（paranoia，偏执）；

Pt（psychasthenia，精神衰弱）；

Sc（schizophrenia，精神分裂）；

Ma（hypomania，轻躁症）；

Si（socialintroversion，社会内向）。

（2）4 个效度量表。

疑问分数（Q）；

说谎分数（L）；

诈病分数（F）；

校正分数（K）。

3. 职业兴趣测验

了解个人对职业的兴趣，即“你喜欢做什么”。不同人的工作生活兴趣可以按照对人、概念、材料这三大基本内容要素分类，而社会上的所有职业、工作也是围绕这三大要素展开的。基于这一理论思想设计的职业兴趣测验可以在个体兴趣与职业之间进行匹配。常用的职业兴趣测验方法有史特朗职业兴趣量表（Strong Vocational Interest Blank，SVIB）和库得兴趣记录（Kuder Preferenee Record，KPR）等。兴趣测验通常列出众多的兴趣选择项，涉及运动、音乐、艺术、文学、科学、社会服务、计算、书写等领域，例如，喜欢踢足球，喜欢看球赛，喜欢听流行音乐，喜欢听交响乐，喜欢看画展，喜欢外出写生，喜欢看爱情小说，喜欢看侦探小说，喜欢看科普杂志，喜欢自己做小家具，喜欢写诗歌，喜欢做数字游戏，喜欢写信，喜欢外出旅游，喜欢独立思考，喜欢下棋，等等。根据被试者对各种兴趣项目的“是”或“否”选择，或依据受试者排列出的兴趣序列，可以对其是否适合某一职业或某一种工作作出判断。

4. 职业价值观及动机测验

职业价值观是指人生目标和人生态度在职业选择方面的具体表现，也就是一个人对职业的认识和态度以及他对职业目标的追求和向往。理想、信念、世界观对于职业的影响，集中体现在职业价值观上。了解个人在职业发展中所重视的价值观以及驱动力，即“你要什么”，通过动机测验，可以了解个体的工作生活特点，从而找到激励他们积极性的依据和途径，并以此为依据安排相应的工作内容。职业价值观的类型有：①自由型（非工资生活者型）。该类型职业价值观的人不受别人指使，凭自己的能力拥有自己的小“城堡”，不愿受人干涉，想充分施展本领；适合职业类型偏艺术性职业。②小康型。该类型职业价值观的人追求虚荣，优越感也很强。很渴望能有社会地位和名誉，希望常常受到众人尊敬。欲望得不到满足时，由于过分强烈的自我意识，有时反而很自卑；适合职业类型有记账员、会计、银行出纳、税务员、核算员、打字员、计算机操作员、统计员、秘书等。③支配型（权力型）。该类型职业价值观的人想当上组织的一把手，飞扬跋扈，无视他人的想法，为所欲为，且视此为无比快乐；适合职业类型有推销员、进货员、商品批发员、旅馆经理、饭店经理、广告宣传员、律师、政治家、零售商等。④自我实现型。该类型职业价值观的人不关心平常的幸福，一心一意想发挥个性，追求真理；不考虑收入地位及他人对自己的看法，尽力挖掘自己的潜力，施展自己的本领，并视此为有意义的生活；适合职业类型有气象学家、生物学家、天文学家、动物学者、化学家、报刊编辑、地质学者、物理学者、数学家、实验员、科研人员、科技工作者等。⑤志愿型。该类型职业价值观的人富于同情心，把他人的痛苦视为自己的痛苦，不愿干表面上哗众取宠的事，把默默地帮助不幸的人视为无比快乐；适合职业类型有社会学家、福利机构工作者、导游、咨询人员、社会科学教师、护士等。⑥技术型。该类型职业价值观的人认为立足社会的根本在于一技之长，认为靠本事吃饭既可靠，又稳当；适合职业类型有木匠、农民、工程师、飞机机械师、机械工、电工、司机等。⑦经济型（经理型）。该类型职业价值观的人断然认为世界上的各种关系都建立在金钱的基础上，包括人与人之间的关系，甚至父母与子女之间的爱也带有金钱的烙印；这种类型的人确信，金钱可以买到世界上所有的幸福；各种职业中都有这种类型的人，商人为甚。⑧合作型。该类型职业价值观的人，人际关系较好，认为朋友是最大的财富；适合职业类型有公关人员、推销人员、秘书等。⑨享受型。该类型职业价值观的人喜欢安逸的生活，不愿从事任何挑战性的工作；无固定职业类型。

随着社会的发展，一些职业可能会淡出社会生活，还会出现一些新的职业，而各种职业自身所代表的社会声望、实际收入水平、工作环境背景也将会发生很大的变化，这些都将影响个人的职业指向。要想确定个人的职业方向，还需综合考虑个人的个性、兴趣、能力以及社会环境等因素。

5. 职业能力测验

日常生活和职业活动的观察和研究都证明：人的职业能力各不相同。有人善于言语交谈，有人善于机械操作，有人善于理论分析，有人善于实践工作。每个人都有自己独特的能力结构。社会上的职业也是多种多样的，各种职业对从业者的能力要求亦各不同。有的需要言语能力，有的需要计算能力，有的需要动手能力，大多数职业需要几种能力的综合。职业能力测试是个人进行自我认知，明确自身能力特点的一种工具。同时要注意的是，并不是不具有职业要求的相应能力就不能从事这一职业。由于职业能力特别是专门能力可以在职业实践中培养出来，择业者可以通过发挥自己的能动性，在工作中培养和发展自己的职业能力，使之适应职业的需要。

按内容分为一般能力倾向测验、特殊职业能力测验、创造力测验和心理运动机能测验：①一般能力倾向测验主要测量思维力、想象力、记忆力、推理力、分析力、数学能力、空间关系力、语言能力等，典型方法有一般能力倾向测验（GATB）、区分性能力倾向测验（DAT）。②特殊职业能力测验主要测量某一职业的能力，典型方法有明尼苏达办事员能力测验、斯奈伦视力测验、西肖音乐能力测验、梅尔美术判断测验、飞行能力测验。③创造力测验主要测量各种创新思维能力，典型方法有南加利福尼亚大学测验、托兰斯创造思维测验、芝加哥大学创造力测验等。④心理运动机能测验主要测量心理运动能力、身体能力，典型的方法有本纳特机械理解测验、克劳福小零件灵巧测验、明尼苏达操作速度测验、明尼苏达空间关系测验、明尼苏达秘书测验、明尼苏达集合测验、施旦贵斯机械性能测验、麦夸里机械能力测验、普渡插碰板测验、奥卡挪手指灵活性测验等。

6. 性格测验

性格是指表现在人对现实的态度和相应的行为方式中的比较稳定的、具有核心意义的个性心理特征，是一种与社会相关最密切的人格特征，在性格中包含有许多社会道德含义。性格表现了人们对现实和周围世界的态度，并表现在他的行为举止中。性格主要体现在对自己、对别人、对事物的态度和所采取的言行上。从心理学来说，性格测验用来测试一个人对现实的稳定的态度并从个人习惯了的行为方式中归纳一个人所表现出来的人格特征。其主要应用于职业发展、职业咨询、团队建议、婚姻教育等方面，其中，MBTI（Myers Briggs Type Indicator），作为一种迫选型、自我报告式的性格评估测试，是目前国际上应用较广的人才甄别工具。MBTI 倾向显示了人与人之间的差异，而这些差异产生于：他们把注意力集中在何处，从哪里获得动力（外向、内向）；他们获取信息的方式（实感、直觉）；他们作决定的方法（思维、情感）；他们对外在世界如何取向；通过认知的过程或判断的过程（判断、知觉）。

心理学家们经过心理测试，以各自的标准和原则，对性格测试结果类型进行了分类，下面是几种有代表性的观点：①从心理机能上划分，性格可分为理智型、情感型和意志型。②从心理活动倾向性上划分，性格可分为内倾型和外倾型。③从个体独立性上划分，性格分为独立型、顺从型、反抗型。④斯普兰格根据人们不同的价值观，把人的性格分为理论型、经济型、权力型、社会型、审美型、宗教型。⑤海伦·帕玛根据人们不同的价值观和注意力焦点及行为习惯的不同，把人的性格分为九种，称为九型性格，包括 1 号完美型、2 号助人型、3 号成就型、4 号艺术型、5 号理智型、6 号疑惑型、7 号活跃型、8 号领袖型、9 号和平型。

7. 职业发展评估测验

主要是评估个体的求职技巧、职业发展阶段等。

除此之外，还有用于针对整个组织的组织行为评估，针对中高层管理者的情景模拟测验和高绩效管理测验等；用于个体职业规划、发展的测评还包括职业发展测评、职业 / 生涯决策测验和职业 / 生涯成熟度测验等。这些测验都是基于西方经典职业发展理论之上的，均用于评估个体的职业发展程度，是欧美国家进行职业辅导的基本工具，但是还没有在国内得到普遍应用。

特别需要注意的是，职业测评绝不是用少数三四种工具“以不变应万变的方式”对付所有个体对不同职位的测量要求。实际上，每个求职者的特点都是不尽相同的，各个职位的素质要求也是相当多样化的，因此可能产生的测评组合也就十分丰富。要想真正做到人职匹配，必须有的放矢地根据个人的特点和岗位需要选择测量工具，使工具适应求职个体和招聘岗位的需求，而不是让个体和岗位去迁就测评工具的要求。

（三）职业素质测评在职业规划中的应用

1. 职业兴趣——你喜欢什么工作？

兴趣是力求认识、掌握某种事物，并经常参与该种活动的心理倾向。在职业上，每个人也都会有自己的偏好。职业兴趣对人的行为有强大的驱动作用。因此要了解自己的职业兴趣，并尽可能从事有趣的职业。职业兴趣测评对于明确职业兴趣、协助职业选择、拓展职业范围都具有重要作用。

2. 能力倾向——你擅长什么工作？

能力是人们成功地完成某种活动所必须的个性心理特征。职业规划中，能力是最重要的方面，是事业成功的必要条件，即“有之不必然，无之必不然”。如果我们能够及时准确地了解自己的优势能力，并在制定职业目标时予以充分的考虑，会极大地提高达成职业目标的概率。能力倾向测评不仅可以预测成功，而且在预测失败方面会有更大的效果，即它可以有效地预测要避免从事的职业。

3. 价值观——你喜欢什么工作与生活方式？

每个人工作都是为了满足一定的需要，但很难找到一份完全满足自己需要的工作。如何取舍，价值观起着重要作用。价值观是人对客观事物的需求表现出来的评价，包括从人生的基本价值取向到个人对具体活动或事物的有用性、重要性、价值的判断。价值观测评会有助于职业决策和提高工作满意度。

4. 性格——你待人处世、处理事情的方式与风格是什么？

性格是在现实中一个人稳定的态度和习惯化的行为方式所表现出的个性心理特征，它是最能体现个体差异的一个特质。性格测评有助于了解自己的行为方式，为职业决策和行动提供可靠依据。

职业测评仅仅是一个工具，用得好会事半功倍，用得不好则可能误入歧途。所以清楚地了解这些测评、掌握恰当的使用方法、以良好的心态看待测评结果是进行测评前必要的准备工作。需要说明的是，再好的职业测评也只是给出一份准确的分析报告，并不是“盖棺定论”式的准确结论。进行测评的目的不应是测评而测评，也不应是为了得到一个与个性匹配的职业名称而进行测评。测评的结果，主要是指导进一步探索，激励后面的学习和提高。

四、克服自我认知障碍

人们在自我意识完善过程中，有时不能客观地认识和评价自我，出现自我认知偏差，甚至造成自我认知障碍。

（一）大学生自我认知障碍的类型

在大学生诸多的自我认知障碍中，主要包括自傲、虚荣、自卑的不良心理状态。

1. 自傲心理

自傲是过高估计自己的一种自我认知。心理学把自傲定义为“自己显示型”或“自我扩张性”。自傲者以自我为中心，表现出很强的优越感，处处表现自己，对自身的长处无限夸大，炫耀自己，对他人容易指责和怪罪，挑三拣四，盛气凌人。他们普遍认为自己来大学后处处都很出色，认为他人各方面均不如自己。由此产生极度自恋、自大等心理问题。具有这种心理的学生具体表现为：自视过高，认为自己非常了不起，别人都不行；看不起别人，总认为自己比别人强很多；往往固执己见，唯我独尊，总是将自己的观点强加于人，在明知别人正确时，也不愿意改变自己的态度或接受别人的观点；过度防卫，有明显的嫉妒心。

资料链接

乐乐去找辅导老师时可是一点也不快乐，一副愁容满面、十分烦恼的样子。

“老师我很痛苦，我快要烦死了。你能帮帮我吗？”一进门，她就皱着眉急促地问道，显得有些不太礼貌。

“别着急，你慢慢说，我会尽力帮助你的。”辅导员亲切地答道。于是乐乐便说出了自己的烦心事。

乐乐是个独生女，生活在一个幸福的家庭。她父母都是某机关的干部，爷爷、奶奶和父母对她倍加宠爱，可谓在蜜罐里长大的，此前还没遇到过不如意的事。乐乐也很聪明、能干，从小学、初中，高中，直到现在的大一，学习成绩始终非常优秀，并且还一直担任班长或团支书。因此她也总是能够以优异的学习成绩和较强的组织能力得到每位老师的喜爱，可谓老师和班里的宠儿。可是进入大学以来，尤其是最近一段时间，不知是哪里出了问题，她感到自己在班上没有权威了。自己作为团支书每次开会安排活动时，许多同学都不愿听她的话，有时候老师也故意跟自己作对，好像都不再喜欢自己了，总跟自己争论问题，每次弄得很不开心。总之乐乐认为，最近所有人都在跟自己过不去。

听了乐乐的一番牢骚和抱怨，辅导员对她的问题已稍有眉目。老师很理解地说道：“你一直是个很优秀的学生，家人、老师、同学都喜欢你，你也很开心快乐，但最近却感觉一切都变了，所以你很伤心苦恼。”

“是呀，以前他们简直是众星捧月般对我，可现在他们都有些冷漠了，我高中的同学也不怎么跟我来往了，我感觉身边没了朋友。”

“众星捧月般？”老师重复道。

“嗯，以前我特有权威，他们都得听我的。”可以看出，她很自信，但这种自信带着股傲气。

“为什么都得听你的呢？”老师问道。

“因为我聪明、有能力呀。我做事情从不用他们掺和，他们都太笨头笨脑的了，只会碍事，我一个人就万事大吉。”她的话里充满了咄咄逼人的高傲和自负。

“那他们都听你的，信服你的一切安排？”

“是啊。尽管他们有时也有意见，但每次最后还是都照我的安排做了。”

“你平时跟同学交往密切吗？比如，课下交流多不多？”

“这……我忙得很，又是学习又是班委的，跟他们谈心聊天的机会很少。”

“那你如何得知他们真的很信服你的组织领导呢？”

“你是说他们并不赞同我的做法？我从来没想过这个问题。不过有这种可能，难怪他们现在越来越不听我的了。”

“或许你并不很了解同学们的真实感受。你一贯自作主张，不愿听他们的意见，他们或许心里已经很是恼火了，会不会啊？”

“或许是吧，上次我还为了春游的事情跟同学吵起来了呢。我可能真有些自以为是，不太尊重大家的意见。”她说话的语气有些软了下来。接着她又有些疑惑地说：“不过，他们能行吗？他们有许多是农村来的，都没见过多少世面呀。”

“你认为农村的孩子就比不上城里孩子聪明？”

“是有点这样想的。不过……班里有几个农村考上来的同学成绩还是很优秀的，老师也很喜欢他们。班上有特长的同学也不少。我现在感觉我的想法可能有点片面了。我或许应该多听听同学们的建议，说不定他们有更好的设想。老师，是这样吗？”

“对，他们也有许多值得你学习借鉴的地方。”乐乐的领悟能力很强，辅导员充分肯定了她的进步。

“是的，我平时只认为自己最行，把别人的好处和优点都忘了。”

“你能认识到这一点我很高兴。我想你已经知道今后该怎么做了吧。”

“以后我一定会多与大家交流沟通，团结大家一起把班里的事情做好。我还要多向同学们学习。”师生都会心地笑了。

之后，乐乐与同学的联系增多了，合作增加了。现在的乐乐变得快乐了，而且越来越受到大家的好评。

2．虚荣心理

虚荣是指追求虚假荣誉的一种心理状态。虚荣心理是指以不适当的虚假方式来保护自己自尊心的一种心理状态。这种人把荣誉或引起人们的羡慕、赞赏，作为一种生活目标追求，因而常常不择手段地去猎取。这种人很注意别人对自己的评价，又忌妒任何比自己强的人，把别人取得的荣誉视为对自己的竞争。因此这种人总是使自身处于较强的自束和更强的情感波动之间的矛盾之中，一旦目标、愿望不能达到，就会背上沉重的包袱，压得喘不过气来，造成精神过度紧张。心理学上认为，虚荣心是自尊心的过分表现，是为了荣誉和引起普遍注意而表现出来的一种不正常的社会情感。具体地表现为：许多学生在吃穿用上追求高档化，喜欢和学生谈论名牌，攀比家境；在自身条件无法达到保护自己的自尊心理时，反而会在与别人的差距中感受折磨与痛苦。

3. 自卑心理

在心理学中，自卑是指一种因过多的自我否定而产生的自惭形秽的情绪体验。有自卑感的人轻视自己，过分看重自身短处，否定自己的长处或对自己的长处没有足够的认识，因而常表现出胆怯、畏惧、怀疑，担心被人嫌弃和拒绝，行为中采取逃避方式。形成这种软弱无力的心理品质的原因很多，如生理缺陷、成绩不好、能力差、失恋、社会地位低下等。但是引起自卑的直接原因是受到别人的嘲笑、讥讽、打击。具体表现为以下几种情况：认为自己的相貌极为不扬，但却无力改变现状，由此孤僻独处，不愿与人交流；认为自己平时的行为一无是处，在意别人对自己的看法，随大流以求与他人保持一致；以极度的自傲心理填补自己的自卑，担心被别人发现其内心的真实想法。

思政讲堂

正视自我改变困境

张海迪，1955 年秋天在济南出生。5 岁患病，胸以下全部瘫痪。从那时起，张海迪开始了她独特的人生。她无法上学，便在家自学中学课程。15 岁时，海迪跟随父母，在山东聊城农村，给孩子当起教书先生。她还自学针灸医术，为乡亲们无偿治疗。后来，张海迪自学多门外语，还当过无线电修理工。

在残酷的命运挑战面前，张海迪没有沮丧和沉沦，她以顽强的毅力与疾病做斗争，经受了严峻的考验。她虽然没有机会走进校门，却发奋学习，学完了小学、中学全部课程，自学了大学英语、日语、德语和世界语，并攻读了大学和硕士研究生的课程。1983 年张海迪开始从事文学创作，先后翻译了《海边诊所》等数十万字的英语小说，编著了《向天空敞开的窗口》《生命的追问》《轮椅上的梦》等书籍。其中《轮椅上的梦》在日本和韩国出版，而《生命的追问》出版不到半年，已重印 3 次，获得了全国“五个一工程”图书奖。在《生命的追问》之前，这个奖项还从没颁发给散文作品。

张海迪怀着“活着就要做个对社会有益的人”的信念，以保尔为榜样，勇于把自己的光和热献给人民。她以自己的言行，回答了亿万青年非常关心的人生观、价值观问题。邓小平亲笔题词：“学习张海迪，做有理想、有道德、有文化、守纪律的共产主义新人！”随后，“张海迪”成为道德力量。张海迪 2007 年为全国政协委员，供职于山东作家协会，从事创作和翻译。

思政提示：身处逆境不可怕，要敢于正视自己；坚定理想信念，成就不凡人生。

（二）大学生自我认知障碍的主要原因

1. 自身原因

大学生自我定位不当是很重要的一个方面。自我定位不当，会直接导致对自己的评价过高或过低，由此必然产生自傲或自卑心理。同时，自身性格的缺陷也会导致大学生自我认知障碍。需要指出的是，有过某一特别严酷的经历和心理创伤的学生往往容易形成自卑心理。

2. 外在环境影响

学校是大学生接触最密切的外部环境，学校的规章制度是否完善，具体操作是否公平公正，校风是否良好，会直接影响到大学生的心理状态。在社会大环境中，各种文化思潮、蜂拥而至的信息等也会对大学生的价值观的形成产生综合影响。

3. 家庭的多重因素

家庭的经济状况、社会地位、家长的文化素质，以及父母感情的和谐程度在很大程度上都会影响到大学生的自我认知。有研究结果表明，家庭的多种因素对大学生的心理健康产生了显著影响。

（三）克服大学生自我认知障碍的途径

评判大学生的心理健康水平应从六个标准给予着重考虑：智力正常、情绪健康、意志健全、人格完整、自我评价正确、人际关系和谐。根据这六项标准，大学生自我认知障碍的解决途径可从以下几个方面入手。

1. 帮助大学生建立正确的自我意识

（1）有效的控制自我。自我控制是消除自我认知障碍的主要手段。自傲的人应时时注意去学会爱别人，抛弃自我中心观念。自卑的人应经常进行积极的自我暗示，自我鼓励，相信事在人为，当面临某种感到信心不足的情况时，不妨在心里默念几句“我能行”或者以一种豁出去的心理去从事活动，事先不必过多考虑失败后的情绪，就会产生自信，战胜自卑。

（2）客观自信地认识自我。客观、全面地自我认识是消除自我认知障碍的基础。一个人对自我的认识和评价越接近客观实际，其社会适应能力就越强。只有客观评价自己，乐观自信，宽容豁达，才能促进个性的发展，增进心理健康。此外，谦虚是一个人正确对待自我应具有的恰当态势。谦虚者在评价自身时，因有较强的自信心支持，故不怀疑自己。

2. 注重家庭因素对大学生的特殊影响

（1）转变家长观念。家长要转变观念，认识到家庭教育的重要作用。心理素质是大学生综合素质的重要组成部分，也是大学生未来走上成功的基础。家庭教育具有长期性和易沟通性等优势，家长比教师更能观察孩子内心发展变化，从而能够及时采取有效措施，家长教育比学校教育更为持久和长远，家庭心理健康教育有助于大学生人格的健康发展，培养其独立性，有利于孩子稳定情绪和开朗性格的形成和发展。其次，父母的教育方式也对子女心理状况的形成具有重要的影响。不同的家庭对孩子有不同的教育方式，也将产生不同的教育效果。

（2）增加家长与子女的沟通。家长应该加强与子女的沟通，准确把握子女心理动态。现在大学生具有强烈的人际交流和情感沟通需要，但是由于手机、计算机的普及，子女与父母之间的直接交往减少，以直接交往为条件的情感联系慢慢淡化，情感交流匮乏。这样家长与子女的心理距离随着时间的推移而越来越大，对子女的心理状况也不容易把握。一定要及时关注孩子在学校学习和生活状况，对出现的问题及时解决，及时与孩子进行心与心的沟通和交流。

（3）掌握科学的知识和方法。家长要丰富自身的心理知识结构，提高应对心理问题的能力。家长要加强相关理论知识的学习，不断提高自身的认识和分析事物的能力，掌握科学的教育方法。家长要了解子女心理发展规律和特点，掌握家庭健康教育的方法，创造使孩子心理得到健康发展的充分条件，及时发现孩子心理问题，并懂得如何进行处理。家长不仅要关注孩子的心理状况，更要关心自己的心理健康，因为家长是否拥有乐观、积极向上的心态，心理健康状况如何都对孩子的心理产生重要影响。

3. 充分发挥高校在大学生心理健康教育方面的优势

（1）关注学生思想动态和心理变化。大学生身处信息爆炸时代，各种不同文化思想的交流对大学生直接或间接产生了不同程度的影响。大学生思想处于形成时期，大学生心理状况处在不断地变化之中，高校要加强对大学生能力健康状况的监控，在不同的时期，应开展有针对性的调查，尤其是对心理重大影响的事件应及时进行调查，掌握学生的心理动态，针对不同时期可能出现的心理问题，采取不同的措施，及时解决大学生存在的心理问题。要及时关注大学生思想动态，积极引导大学生树立正确的世界观、人生观和价值观。

（2）加强大学生心理健康教育师资队伍建设。高校要加强大学生心理健康教育师资队伍建设，提高心理健康教育工作人员水平。应通过各种方式、途径对高校教育者、管理者进行心理健康理论和方法的培训提高，实现对大学生心理健康教育的宏观与微观相结合。加强学生管理人员的心理卫生专业知识的培训，建立一支既有学生工作经验，又有心理卫生知识的学生管理队伍。此外，高校还要加强教师的心理辅导工作，并和学生心理健康教育工作同时进行，通过多种方式和途径强化教师对心理健康的重要性认识。

4. 优化大学生自我认知的外部环境

（1）积极主动帮助大学生解决心理认知障碍。社会要积极主动地参与心理问题的解决，努力为大学生心理健康问题的解决营造良好的社会心理环境。良好的社会心理环境对社会成员的心理行为将产生重大影响。如果一个社会成员很容易获得社会支持，就会产生积极的心理体验。社会要用发展变化的眼光看待当今的大学生，正确认识大学生存在的缺点与不足，积极主动地关爱大学生的心理健康成长。

（2）坚持正确的社会舆论导向。良好的社会舆论氛围能帮助大学生提高修养和品位，促进大学生的心理健康。各级教育、文化、科研院所和新闻出版单位、群众团体应为大学生心理健康教育营造良好的社会舆论，提供科学的信息，优化舆论环境，营造积极向上的、科学的舆论氛围，为大学生创造良好的社会生活环境。媒体要充分利用自身优势，以鼓励和正面宣传为主，用正确的舆论引导人，消除人们对大学生的偏见和歧视。例如客观、公正地报道先进人物事迹，特别要树立典型，大力宣传大学生自强不息的精神。

本章小结

本章对大学生的自我认知的层次、认识自我的地位和意义、自我认知的重点领域等进行了详细阐述，详细介绍了元认知理论、社会认知理论、过程认知理论等自我认知理论。同时，本章针对大学生职业生涯的特点，详尽阐述了认识自我的途径和方法，指导大学生进行职业素质测评，克服自我认知障碍等。

关键术语

生理自我（Physical Self）
心理自我（Psychological Self）
社会自我（Social Self）
职业能力（Professional Ability）
气质（Temperament）
职业素质（Professional Quality）
人格测验（Personality Test）

复习思考题

1. 简述大学生自我认知障碍有哪些，引发这些障碍的主要原因有哪些?
2. 结合教材内容和自身实际情况，简述职业素质测评在职业规划中的应用。
3. 尝试走进自己的内心世界，积极从性格、兴趣、价值观、能力、气质等方面对个人进行正确而全面的自我认知探索。

大学生的职业生涯规划

知识结构图

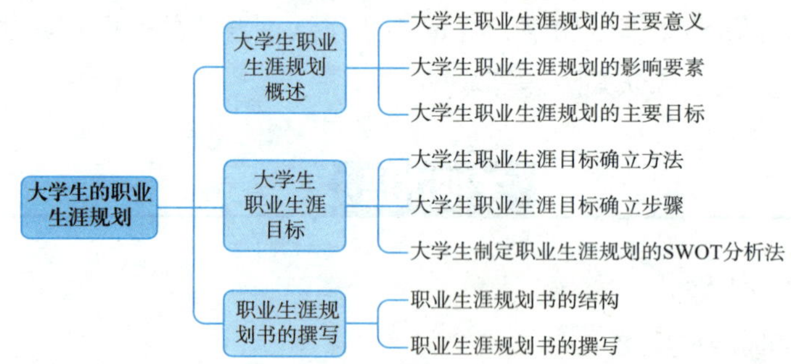

名言隽语

人无远虑，必有近忧。——《论语·卫灵公》

对于一只盲目航行的船来说，所有的风都是逆风。——（法）哈伯特

学习目标

1. 掌握大学生职业生涯规划的主要目标；
2. 了解大学生职业生涯规划的方法；
3. 掌握职业生涯规划书的撰写。
4. 着眼长远、打牢基础，既谋划长远，又干在当下。——《人民日报》

引导案例

大学生缺乏职业生涯规划虚度光阴

进入大学后，小洋觉得没有束缚的大学生活实在比压力重重的高中生活开心许多，于是十分惬意地享受起了这样的生活。“反正四年挺长的，对于未来，现在还不需要想太多，先让自己解放一阵再说，到时肯定会有出路的。”小洋如是告诉自己。渐渐地，小洋越来越沉醉于自己的悠然自得里，完全忘记了当初“只放松一阵”的想法。上网、旅游、谈恋爱，日子过得特别滋润，一切只由着自己的兴趣来，毫无目标可言。对于专业学习、外语研读、实习也是顺其自然，临时抱佛脚，能过得去就行。

转眼就进入了大四，小洋突然发现：保研，轮不到她；自己考吧，实力不够，考上的概率很小；找工作，投了那么多简历却都石沉大海，偶尔有面试却也只是面试了一两次就没回音了，直到快毕业离校还没找到工作。除了感叹自己运气不好，小洋充满无奈地感慨：“如果我以前再用功点，能拿个奖学金什么的就好了；在英语或者其他方面有点特长就好了；又或者多些大公司的实习经历，能力再强一点，就不会像现在这样‘无头苍蝇’般茫然了；如果可以让我重来一次大学……”

【案例启示】只可惜文中的小洋虚度了大学的美好时光，临近毕业时悔之晚矣。一切都只是“如果”，错过的再也回不来了，没有规划的苦果只能由自己默默承受。在我们有机会可以选择，可以将“如果”变成现实的时候，请珍惜这样的机会，好好规划自己的未来，不要再后悔虚度曾经的光阴。

第一节 大学生职业生涯规划的概述

一、大学生职业生涯规划的主要意义

（一）职业生涯规划有利于促成大学生的自我实现

面对人生大舞台，相信每个人都在追求成功，渴望实现自我价值。美国心理学家马斯洛提出了著名的“人生需求理论”，指出人类需求是从低层次向高层次推进，即从生理需求 - 安全需求 - 友爱和归属的需求 - 受尊重的需求 - 自我实现的需求。较高级的人生需求，如友爱和归属的需求、尊重的需求、自我实现的需求是无限的，必须通过满足社会公众和他人的需求才能实现。而所有这些需求实际上都要通过职业生涯活动来丰富。高级人生需求能否实现很大程度上依赖我们职业生涯进展状况。

因而，大学生应尽早作好自己的职业生涯规划。大学生职业生涯规划使同学们在进入校园之初即明确自己的奋斗方向，制定恰当的人生目标。志当存高远，只有确立了目标，我们才能更清楚自己前进的方向，知道自己是为了什么而奋斗，我们在做每一件事、完成每一个任务时才能更有热情和动力。相反，没有方向和目的的生活，会使自己陷于浑浑噩噩的状态。然而，制定一个既符合自身特点又适应社会需要的可行性目标并非一件易事。目标太简单，起不到激励促进的作用；目标太远大、又失去了实现的可能，不知从何下手。要制定出最合适的职业生涯目标，需要全面了解自己，洞悉社会变化趋势，掌握制定目标的技巧。职业生涯规划将提供有效的工具和方法使我们能够激发自我潜能、突破障碍，在不同的发展阶段都能时刻对自己的过去、现在和未来有一个审视、评估、调整的机会。

大学生进行职业生涯规划，将有助于把自己的理想进一步转化为现实的人生，把遥不可及的远大目标分解成具有可操作性的阶段性目标，把对未来职业发展的预期转变为具体的行动步骤。我们既要仰望星空，也要脚踏实地。职业生涯规划可以帮助我们更早地意识到自己的人生目标，让我们沿着规划的道路，一步一个脚印地走下去。

（二）职业生涯规划有利于确定职业发展目标

职业生涯规划首先教我们对自我进行分析。通过分析，认识自我，了解自我，澄清自己的价值观，正确评估自己的能力，评价自己的智慧，确认自己的性格，判断自己的情绪，找出自己的特点，发现自己的兴趣，明确自己的优势，衡量自己的差距。通过分析，确定符合自己兴趣与特长的生涯路线，正确设定自己的职业发展目标并通过制订和执行计划，使自己的才能得到充分发挥，以实现职业发展目标。通过职业生涯规划，帮助自己选择合适的职业。运用科学的方法，采取有效的行动，化解人生发展中的危机与陷阱，使事业获得成功，实现自己的人生理想。

大学生职业生涯规划主要指大学生一生中从职业准备到选择职业、正式就业，也包括可能出现的尝试创业等历程与行动的总体筹划。从跨进大学校门开始，认清自身职业愿望、主观条件与客观形势，确定明确的职业目标，打好基础，积极投入实践，练就过硬的职业技能与本领，寻找合适的就业机会，从第一份工作开始逐步走向事业的成功，这是较为理想的大学生职业生涯发展之路。这样的职业规划对同学们熟悉职业内容与环境，掌握职场生存的方法与技巧，采取职业行动，评估职业效果等都将有积极的指导作用。在当代社会，大学阶段成为多数学生从学校走向社会的过渡阶段，同时有相当大比例的同学在毕业后选择直接进入社会工作，开始职业生涯。另外，经过长期的学习和积累，大学生对社会有了一定的认识，思想不断成熟，知识的储备和生活的经验也在不断丰富，具备了相应的规划能力。因此，大学阶段成为职业生涯规划的最佳阶段，我们需要为进入社会做好充分的准备。

除了自身所处的时间阶段、个人条件等因素外，社会、企业等外在竞争因素也成为大学生进行职业生涯规划的催化剂。随着我国教育事业的发展，大学毕业生数量剧增，各类企业对人才的要求越来越高，求职竞争日趋激烈。除了过硬的专业知识，其他比如团队合作能力、领导能力、独立面对挑战的能力等都成为竞争的主要因素。这些能力、素质的培养，要求同学们在上大学时就要有明确的发展方向，通过实践和社会活动有目的、有计划地提升，为走上职场做好准备。实践证明，通过对个人的职业生涯进行全方位的规划与设计，将可以使自己从树立明确的职业发展方向开始，努力地围绕这个方向，充分发挥自身的潜能，坚持不懈地奋斗，最终走向成功。

（三）职业生涯设计能够解决毕业生择业和就业的定向问题

很多大学生在就业和择业过程中表现出短浅的一面，一味地想迫切实现自己的个人利益，对自己的现实状况没有合理的分析。尤其是当个人意愿与社会需要不一致时，很多毕业生盲目就业，用尽全力挤向所谓的“热门行业”“热门单位”，经过若干年后才发现，原来那并不是自己想要的，并不能满足自身的成就感，也无法满足国家和社会的需求，与社会的主流价值相悖而行。职业生涯规划的设计过程首先强调了深入的分析，让毕业生充分认识社会环境，同时也深化了个人服从集体，局部服从整体的意识，使毕业生意识到自身对社会、国家所承担的责任和义务，这对于毕业生个人求职和国家发展都有利，它解决了大学生择业和就业的定向问题，让毕业生不会过分强调今天的利益，而是看到长远的利益，使毕业生树立长期的成熟的择业观，树立顾全大局意识，能够理解国家，认识到只有与社会达成一致才能成功。

资料链接

穿越玉米地

人生就像博弈，一步失误，全盘皆输。甚至人生还不如弈棋，因为人生不可能再重来一次。当我们以睿智的眼光冷静地分析了自己想要的是什么，接下来，我们要做的是制定目标并使之分解。只有脚踏实地地去追求，才能点燃内心的火种。

有一年，一群意气风发的天之骄子从美国哈佛大学毕业了，他们即将开始穿越各自的玉米地。他们的智力、学历、环境条件都相差无几。在临出校门前，哈佛对他们进行了一次关于人生目标的调查。结果是这样的：

27 %的人，没有目标。

60 %的人，目标模糊。

10 %的人，有清晰但比较短期的目标。

3 %的人，有清晰而长远的目标。

此后的25年，他们穿越玉米地。25年后，哈佛再次对这群学生进行了跟踪调查。结果又是这样的：

3 %的人，25年间他们朝着一个方向不懈努力，几乎都成为社会各界的成功人士，其中不乏行业领袖、社会精英。

10 %的人，他们的短期目标不断地实现，成为各个领域中的专业人士，大都生活在社会的中上层。

60 %的人，他们安稳地生活与工作，但都没有什么特别成绩，几乎都生活在社会的中下层。剩下27 %的人，他们的生活没有目标，过得很不如意，并且常常在抱怨他人、抱怨社会、抱怨这个“不肯给他们机会”的世界。

他们都出身于名校，本身资质并无太大的差别。他们之间的差别仅仅在于：25 年前，他们中的一些人知道为什么要穿越玉米地，而另一些人则不清楚或不很清楚。

有目标的人，会知道自己的路在哪里。而一个人不知道他想去哪里，不知道他想成为什么样的人，想做什么样的事，他就不会成功。

无论多么优秀的人，都需要看到目标，才能鼓足勇气跨越所有障碍，走向成功。

——【美】斯宾塞约翰逊《谁动了我的奶酪》

二、大学生职业生涯规划的影响因素

影响职业生涯规划的自身因素是多方面的，主要是个体的气质、性格、兴趣、能力和职业价值观。因此，在制订职业规划之前，必须对自己的气质和性格等相关因素进行系统分析。

（一）内在因素

1. 气质

气质是人的典型的稳定的心理特点，一般分为胆汁质、多血质、黏液质和抑郁质 4 种。胆汁质的人适合做开拓性的工作；多血质的人对事业有浓厚的兴趣，并能够持续很长的时间；黏液质的人是最佳的合作者，也是最容易得到上司认同的下属；抑郁质的人具有细心谨慎、感情细腻、善于思考等特点。四种气质在工作中各有利弊，关键在于要认识到一般的人都是好几种气质的混合，需要综合考虑，根据自己的气质特点来选择合适的职业。

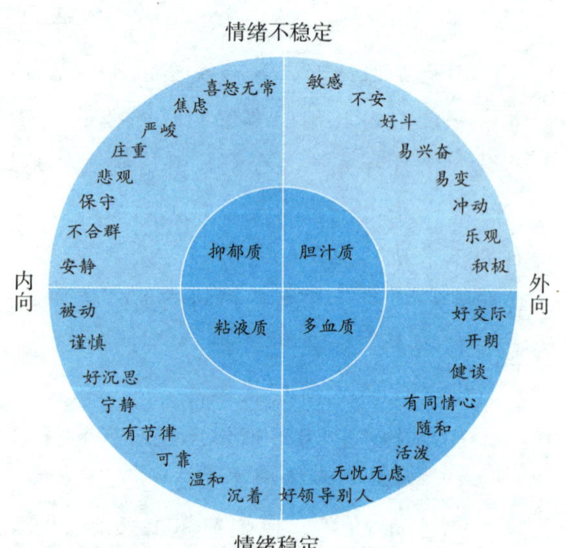

2. 性格

性格是个人稳定的态度和习惯的行为方式，是气质和其他心理特征的外在表现形式。与气质的稳定性不同，性格具有更大的变性，更容易因为经历和遭遇的不同而改变。同时，虽然气质可以影响性格的形成和发展，但是，性格也可以在一定程度上掩盖和改造气质。性格一般分为外向和内向两种。个人身上也往往兼有内向与外向两种性格。生活中屡见不鲜的例子是一个从前腼腆内向的人最后却成了成功的企业家，而一个开朗好动的人却在安静的实验室中度过了一生。

3. 性别

性别不同，其选择的职业方向也有所不同。女性一般倾向于公务员、教师等较稳定的工作。而男性则更倾向于有挑战性和更能体现自己能力的工作，自己创业的概率也较女性大。另外，一些企事业单位在招聘时，对于不同性质的工作，也存在一定的性别选择。如对体力有要求、需要经常出差的工作，一般男性优先，而细致性工作则更倾向于女性。

4. 兴趣

职业兴趣决定的是这个职业你是否喜欢。理想在客观上确定了你要做什么，而兴趣是在主观上确定你喜欢什么，不喜欢什么。兴趣是影响人择业最主观的因素，也是判别一个职业是否适合自己的关键因素。所以大学生在择业时一定要充分考虑自己的兴趣。职业兴趣应有新体现，可以通过职业测评来认知。

5. 能力

能力包括职业能力和非职业能力。职业能力特指影响你做好一份职业、影响你在职业上发展的能力，而非指个人的所有能力。职业能力是由具体的一个个职业所客观要求的，就是说如果你要做好这项工作，必须要具备最起码的职业能力（专项职业能力），如团队协作能力、商务写作能力等。大学生在择业时更多要考虑自己具备的通用职业能力，只有当要在多个职业中具体选择职业时，专项职业能力才会派上用场。

6. 职业价值观

价值观是一种内心尺度。它凌驾于整个人性，支配着人的行为、态度、观察、信念、理解等，支配着人认识世界、明白事物对自己的意义和自我了解、自我定向、自我设计等，因而直接影响个人的职业选择与职业生涯规划。职业价值观是指个人对与职业相关的客观事物（包括人、物、事）及对自己的行为结果的意义、作用、效果和重要性的总体评价，是推动并指引一个人决定和行动的原则标准，是个性心理结构的核心因素之一。它使人的行为带有稳定的倾向性。

7. 职业理想

职业理想是人们在职业上依据社会要求和个人条件，借助想象而确立的奋斗目标，即个人渴望达到的职业境界。它是人们实现个人生活理想、道德理想和社会理想的手段，并受社会理想的制约。很多大学生还没有明确的职业理想，他们只有一些生活理想、社会理想。职业理想直接影响你选择怎样一个具体职业，生活理想、社会理想等都只能左右你选择的行业。

（二）外在因素

1. 教育因素

一个人受教育程度的不同直接决定他职业选择的方向、职业能力的高低，乃至整个人生的发展轨迹。低学历的人其职业规划的方向更为直接、具体，也更容易实现自己的目标。而受过高等教育的大学生其职业规划方向比较广泛、层次更高，同时由于高校扩招及就业压力的增加，大学生就业竞争更加激烈。

2. 家庭因素

从小的生长环境如家庭气氛、家人关系、父母管教态度以及和亲友、邻居交往的亲疏程度等都会影响到我们的个性、需求、人际关系和好恶。大学生进入大学后与家庭仍保持着千丝万缕的联系，家长的世界观、价值观仍对子女形成一定的影响。

3. 社会因素

社会因素包括社会的政治环境、经济环境，另外还包括社会文化环境、科技发展水平、相关行业的发展趋势等。对大学生来说，还包含自己所学的专业与未来职业的关系等。通过对环境分析，使自己了解所在国家、地区的政治和经济发展趋势，了解自己毕业后打算选择的行业和职业在未来社会中的地位以及发展趋势，了解自己所学的专业与未来职业的关系等。从而可以帮助自己利用大学宝贵的时光努力学习文化知识，提升自己的职业能力和职业素养，为更好地报效祖国、充实和完善自己奠定坚实的基础。

（1）政治环境。政治制度与经济是相互影响的，它不仅影响到一国的经济体制，而且影响到国家的兴衰，也影响到企业的组织体制，从而影响到个人的职业发展。政治制度还会潜移默化地影响个人的追求，从而对职业生涯产生影响。因此了解政府鼓励和提倡的发展信息，掌握政府优先发展什么产业、行业是很有必要的。很多行业的未来发展趋势和政府导向是密切相关的。比如我国现阶段实行的乡村振兴政策、数字中国政策、健康中国政策等，对我国未来的行业发展具有十分重要的影响。

（2）经济环境。经济环境对人的职业生涯发展可以产生重要影响。当经济发展非常景气时，百业兴旺，就业渠道、薪资提升和职业发展的机会就会大增；反之，就会使人的职业发展受阻。对经济环境的了解可以通过了解社会经济发展水平、经济改革状况、通货膨胀率、国际贸易状况等几个方面获得。比如 2008 年发生的国际金融风暴对全球的经济环境造成了极大的负面影响，加重了就业的压力等。

4. 环境因素

这里所说的环境既包括你家庭所在地的环境，也包括你上学所在地的环境，甚至包括你未来即将工作地区的环境。它既包括学习空间（如教室、图书馆、阅览室、实验室等）和生活空间（如宿舍、厨房、道路、运动场、绿化区等），还包括校园文化、校园资源、班级寝室风气、社团精神等方面，也包括单位的企业文化、管理制度、领导素质和价值观、自己的收入和发展空间等。

这里的说的环境不仅指大城市，也是指跟你生活、学习、工作有关的环境。当然，城市的规模、所处地域、产业结构、行业发展、生活便利度、休闲度等都会影响你是否决定在这个城市工作与生活。如何选择适合自己发展的城市呢？是留在大城市工作还是响应党和国家的号召到广阔的基层去大展宏图呢？这都将影响到你的职业生涯。

思政讲堂

青年群体的职业规划现状与趋势

青年是国家的未来、民族的希望。促进青年更好成长、更快发展，是国家的基础性、战略性工程。青年群体的职业发展是各方共同关注的重要内容。2023 年 10 月 19 日，人民数据研究院联合北京师范大学新闻传播学院发布《青年群体职业规划数据分析报告（2023）》。报告探究青年群体的职业规划现状与趋势，分析职业教育和高校相关课程在青年职业规划中的促进作用，并结合实际情况提出相关倡议。

一、青年群体的择业观念更加清晰

报告发现，当前青年群体的职业规划表现为三个方面的特点：第一，青年群体日益重视职业规划。一是青年群体的职业规划意识增强。60.85% 的青年高度重视职业规划。然而，44.74% 的青年对职业规划的准备程度仍需增强。二是青年群体通过各种途径提高职业规划能力。66.58% 的青年表示自学过职业规划的内容，51.87% 的青年表示参加过校内相关课程，24.19% 的青年表示，参加过职业规划培训机构或企业的培训讲座（参见图 1）。

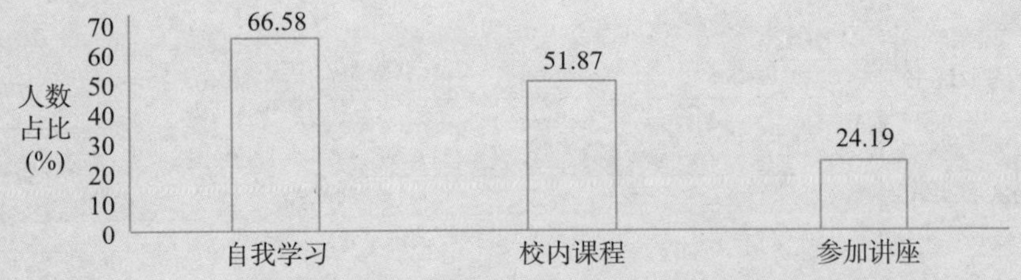

图 1　青年群体参与职业规划方式

第二，青年群体的择业观念更加清晰。一是青年倾向“有编制”的职业。政府部门、事业单位、央企国企在青年群体的就业选择上热度较高，占比 64.59%、56.36%、48.63%。二是青年更懂得自己的职业未来要干什么。薪酬和工作稳定是青年群体择业的主要考虑因素。91.31% 的和 84.43% 的青年把薪酬和稳定视为最看重的因素。追求有编制的职位中，对薪酬的要求则较低；倾向于民企和创业的青年，更看重发展空间、成长机会等。三是青年的“求稳”择业观心态较强。78.75% 的青年在找工作时偏向于“求稳”（参见图 2）。

	薪资水平	发展空间	工作稳定	单位性质	个人兴趣	锻炼成长	企业文化
央企国企	91.80	73.11	88.52	66.56	53.44	41.31	40.33
外资企业	93.37	73.47	84.69	63.78	53.57	39.80	42.35
民营企业	90.14	74.65	76.06	64.79	64.79	45.07	52.11
政府部门	89.88	71.10	89.02	67.05	50.58	41.04	37.28
事业单位	89.68	70.80	89.38	66.37	51.62	39.82	37.46
研究机构	92.75	71.76	86.26	64.12	53.82	39.69	37.79
自主创业	91.57	74.70	77.11	60.24	62.65	44.58	46.99

图例：90 80 70 60 50 40

图 2　青年群体择业因素与倾向就业去向占比分布（选择越多，颜色越深）

第三，青年群体的职业路径持续优化。一是“边工作边规划”已成青年群体的常态。在校生或已入职场的青年人“探索过程中进行规划”，整体占比 54.86%。二是青年更努力提升技能提高自身竞争力。调研数据显示，青年希望提高职业技能的占比最高，达 78.11%，其中，专科生、本科生提升自身职业素养的意愿最高，占比分别为 81.08% 和 79.39%。三是超九成的青年希望提升工作技能、解决问题、沟通表达和人际关系的能力。其中，不少青年通过职业教育培训机构提升自己的能力，为求职做好准备（图 3）。

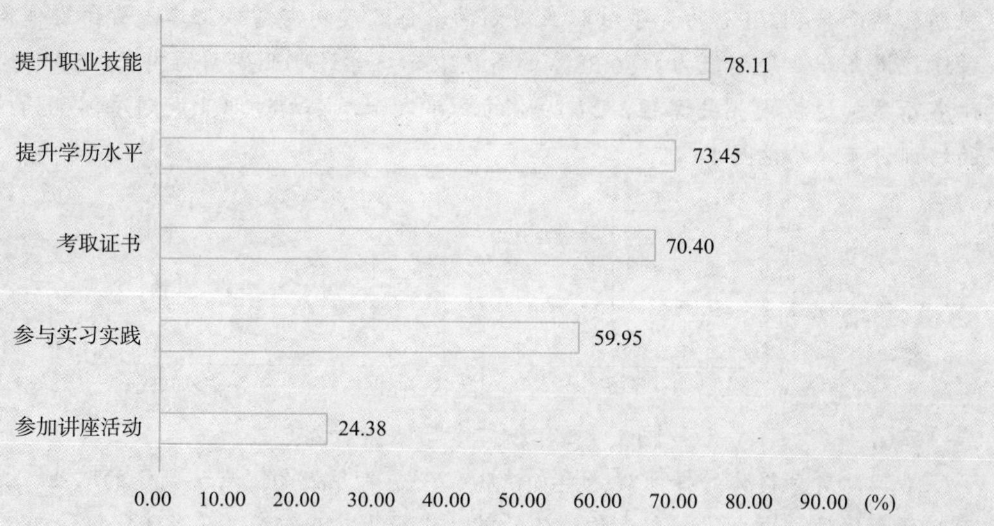

图 3　不同求职求学状态下职业规划情况

二、青年群体通过职教机构打破“信息差”

报告指出，职业教育助力青年未来职场发展，主要表现在三个方面。

第一，青年对职业教育培训机构持积极态度。对于职业教育培训机构，88.66% 的青年认为可以帮助保持个人职业竞争能力；84.50% 的青年认为可以不断更新能力，紧跟行业发展；68.04% 的青年认为“多项手艺傍身总没错”。

第二，青年希望职业教育培训机构可以帮助打破“信息差”。对于职业教育培训机构，62.44% 的青年认为可以提升就业准备能力，61.69% 的青年认为可以了解更多信息，也有 54.23% 的青年认为可以作好“学校—职场”的过渡。

第三，青年希望职业教育培训机构能提升信息类技能。76.12% 的青年希望“提升信息类技能，适应数字化变革”。不少青年通过职业教育培训机构提升自己，如截至 2023 年 6 月 30 日，粉笔线上平台累计注册用户约 5620 万人。平均每个月有 920 万名用户通过人工智能等方式提高自身职场能力，积极融入数字经济发展新浪潮。

三、青年群体更喜欢高校与企业合作的宣讲会

报告发现，近年来高校职业规划课程呈现以下特点。

第一，职业规划课程量大。高校按教育部规定要开设职业规划相关课程，不仅要贯穿于整个培养过程，且课时要不少于 38 个学时。调研数据显示，近九成青年表示学校开设了相关课程。然而，仅有 5.47% 的青年认可学校的职业规划课程，49.50% 的青年对学校的职业规划课程认可度低（图 4）。

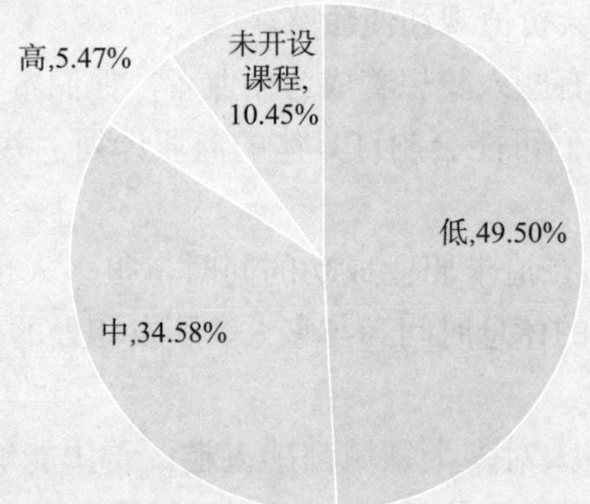

图 4　受访者认为学校职业规划课程丰富程度情况分布

第二，高校职业规划“有用程度”待提升。部分高校在大学低年级就开设相关课程，但刚进入大学校园的青年群体对职业了解度不高。调研数据显示，仅 4.98% 的青年认为高校的职业规划课程有用。

第三，校企合作的招聘会、宣讲会更受青年欢迎。调研数据显示，参加过现场招聘会和校企联合宣讲会的青年占比 51.99%、50.00%。“校企合作”教学模式受到青年群体的喜爱。这种模式一方面提高高校自身教学优势；青年能够了解职场实际需要的技能，另一方面企业可以匹配到合适的人才。

思政提示：以习近平同志为核心的党中央高度重视青年、亲切关心青年、充分信任青年，对青年工作倾注了大量心血，习近平总书记亲自提议、亲自推动制定实施第一个国家级青年发展专项规划，亲自指导发布了第一部《新时代的中国青年》白皮书，推动我国青年发展事业实现全方位进步、取得历史性成就、发生历史性变革。

当代大学生应合理规划职业发展方向，实干笃行，才能做到不负时代，不负韶华，不负党和人民的殷切期望！

三、大学生职业生涯规划的主要目标

职业生涯规划的主要目标可以是多方面的，常见的职业生涯规划目标包括以下方面。

（1）职业成长和晋升。许多人希望在职业生涯中不断成长和晋升，提高自己的职位和薪资水平。他们可能会制定长期和短期的目标，通过努力工作、学习和培训来提升自己的技能和知识，从而获得更好的职业发展机会。一份行之有效的职业规划可以帮助一个人准确地认识到自己的人格特点、潜在价值，帮助个人发现自己的内在潜能，并能引导个人对自己的综合优势与劣势进行全面对比分析，探索其潜能，从而选择恰当的职业发展道路。

（2）社会影响力和贡献。有些人更加关注对社会的影响力和贡献，他们希望通过自己的工作和职业来解决社会问题，推动社会进步。这些人可能选择从事公益组织或非营利机构的工作，以实现自己的社会价值观和使命感。

（3）创业和商业成功。有些人梦想着成为创业者，他们希望通过创办自己的企业来实现财务自由和个人成就。他们可能会制订具体的商业计划，并努力学习创业知识和技能，以增加创业成功的机会。

（4）平衡工作和生活。在追求职业成功的同时，很多人也非常重视工作与生活的平衡。他们希望能够拥有充足的休息时间和与家人、朋友相处的机会，同时也能够在工作中体现并发挥自己的才能。

（5）跨领域发展。有些人对多个领域都感兴趣，希望能够在不同领域间进行跨界发展。他们可能会选择不同行业的工作，通过不同领域的知识和技能积累来提升自己的综合竞争力，并开拓更广阔的职业发展空间。

（6）国际化职业发展。随着全球化的深入发展，越来越多的人希望在国际舞台上实现自己的职业目标。他们可能会选择跨国公司的工作机会，或者主动参与国际项目和合作，以提升自己的国际视野和跨文化交流能力。

总而言之，职业生涯规划的主要目标应该是根据个人的兴趣、价值观和职业愿景来确定的。制定明确的目标，并制订相应的行动计划，使职业发展更有针对性和计划性，从而提高成功的可能性。职业生涯发展要有计划、有目标，采用科学的方法，切实可行的措施，充分发挥自己的专业特长，不盲目地设计过快或者过于简单的捷径道路，有助于我们在职业生涯中有针对性地努力奋斗，不断提高自己的职业能力和发展机会。

第二节　大学生职业生涯目标

一、大学生职业生涯目标确定方法

（一）确立职业目标的方法

1. 递推法

假如想在财务方面获得晋升，那么顺序是财务人员－财务经理－财务总监。那么首先要学会财务人员必须具备的专业技能，再学习财务经理的应用管理能力，再学习财务总监对公司的整体把握，会从报表中发现公司的运营问题，这是一个循序渐进的过程，没有人一毕业马上就做财务总监的。递推法是先定制目标，然后通过不断学习获得能力，依次晋升。但时间是根据自己努力程度的不同而不同。

2. 倒推法

倒推法是先定制时间，比如 5 年后要做到财务总监，3 年后要做到财务经理，那么需要在 3 年的时间内努力学习大量关于财务经理的知识，并且用到实践中，才有可能获得晋升的资格。相对递推法，倒推法是时间已经固定了，需要付出大量的努力，很可能是需要付出所有的业余时间和身体健康为前提条件。

（二）确立职业目标的注意事项

职业生涯目标是职业生涯规划的关键，职业生涯策略和具体的计划与措施是实现职业生涯目标的保证。因此，注意以下三点：

第一，职业目标的设立应该明确可行，要符合自身的实际情况。不能好高骛远，也不能太没有挑战性。

第二，职业目标的设立，应该分层次、分阶段，这样才有可操作性。

第三，近期目标要明确可行。

总之，要实现自己的职业生涯目标，就必须将策略和具体的计划转化成实际的行动。在生涯策略的具体实施中，一定要排除一切干扰目标实现的种种因素，坚持不懈地为实现自己的生涯目标而努力。

二、大学生职业生涯目标确定步骤

职业生涯规划是一个周而复始的连续过程。大学生职业生涯规划包括确立志向、准确评估、设定目标、选择路线、制订计划、评估与反馈六个步骤（图 5-1）。

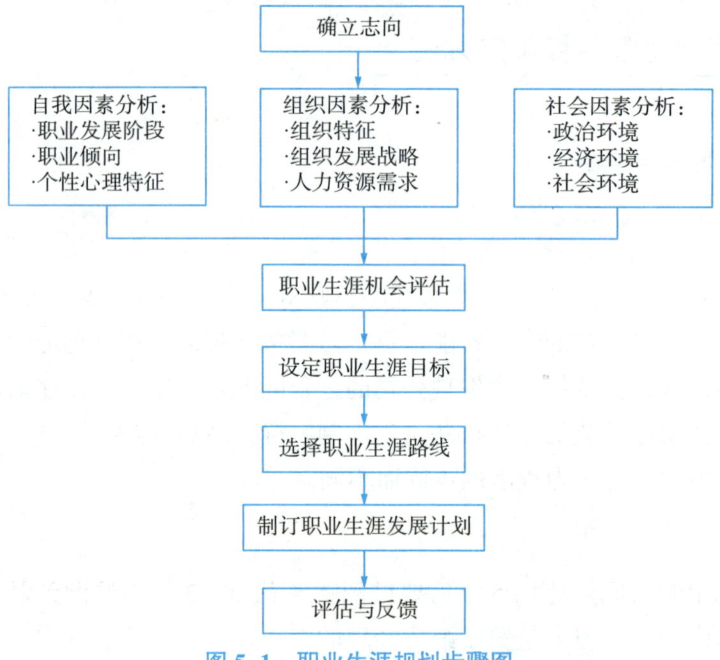

图 5-1　职业生涯规划步骤图

1. 确立志向

中国有句古语：欲得其中，必求其上；欲得其上，必求上上。国外也有句谚语：如果连你自己也不知道你要到哪里，往往你哪里也到不了。志向是事业成功的基本前提，没有志向，事业的成功也就无从谈起。“伟人心中有志向，凡人心中有愿望”。强烈的动机可以使人摆脱困境，无需扬鞭自奋蹄。立志是人生的起跑点，志向反映着一个人的抱负、胸怀、情趣和价值观，影响着一个人的奋斗目标及成就。所以，确立志向是制订职业生涯规划的关键。

2. 职业生涯机会评估

职业生涯机会评估包括两个方面的内容，即自我评估和外部职业生涯机会评估。

自我评估就是对自己作全面的分析。职业生涯规划是一个动态过程，其最基础的工作首先是要知己，即要客观全面认清自我，充分了解自己的职业兴趣、能力结构、职业价值观、行为风格、优势与劣势等。要客观认识自我，至少需要了解以下五个方面的内容。喜欢干什么——职业兴趣；能够干什么——职业技能；适合干什么——个人特质；最看重什么——职业价值观；人、岗是否匹配——胜任力特征。只有正确地认识自己，才能进行准确的职业定位并对自己的职业发展目标作出正确的选择，才能选定适合自己发展的职业生涯路线，才能对自己的职业生涯目标作出最佳选择。

外部职业生涯机会评估，主要是分析外部环境因素对自己职业生涯发展的影响。这里最重要的影响因素是政治形势、经济兴衰、科学文化潮流、社会时尚等。要分析环境对自己提出的要求以及环境对自己有利的条件与不利的条件等。只有对这些环境因素充分了解，才能做到在复杂的环境中正确把握方向，使职业生涯规划具有实际意义。

3. 设定职业生涯目标

职业生涯目标的设定，是职业生涯设计的关键之一。研究一些成功者的成功轨迹，就会发现他们走向成功之前大都有着自己的明确目标。美国成功学家拿破仑·希尔在《一年致富》中有这样一句名言：一切成就的起点是渴望，一个人追求的目标愈高，他的才能发展就愈快。一心向着自己目标前进的人，整个世界都给他让路。希尔认为，所有成功，都必须先树立一个明确的目标。当对目标的追求变成一种执着时，你就会发现所有的行动都会带领你朝着这个目标迈进。

成功的职业规划，从制定合适的目标开始。通过前面两个步骤，对自己的优势劣势有了清晰的判断，对外部环境和各行各业的发展趋势和人才素质要求有了客观的了解，在此基础上制定出符合实际的短期目标、中期目标与长期目标。职业生涯目标的选择正确与否，直接关系到人生事业的成功与失败。据统计，在选错职业目标的人当中，超过 80 % 的人在事业上是失败者。正如人们所说的“女怕嫁错郎，男怕选错行”。由此可见，职业生涯目标选择对人生事业发展是何等重要。每个人的条件不同，目标也不可能完全相同，但确定目标的方法是相同的。正确的职业生涯目标设定至少应考虑以下几点：①兴趣与职业的匹配；②性格与职业的匹配；③特长与职业的匹配；④价值观与职业的匹配；⑤内外环境与职业相适应；⑥同一时期目标不宜多，目标要明确具体。

4. 选择职业生涯发展路线

选择职业生涯发展路线是职业生涯规划的关键环节（图 5-2）。在职业（或目标职业）选定后，即面临着职业生涯路线选择的问题。例如，是走经营管理路线，还是走专业技术路线等。人的素质不同，发展路线也应不同。例如，有的人适合从事研究工作，有可能在某一专业领域成为一名专家学者；有的人则适合从事经营活动，能够在商海中建功立业，成为一名经营人才。如果一个不具有管理才能的人，却选择了行政管理路线，这个人就很难成就事业。由此可见，选择好职业生涯发展路线是职业生涯规划能否成功的重要步骤之一。

5. 制定职业生涯发展策略

在确定了职业生涯目标后，行动便成了关键的环节。需要制定职业生涯发展策略，包括为实现找到理想工作的目标，计划采取什么措施以提高就业竞争力，采取什么措施开发潜能等。例如对职业负责、建立和谐融洽的人际关系、善于学习和应用新技术等，都是制定职业生涯发展策略的有效途径。

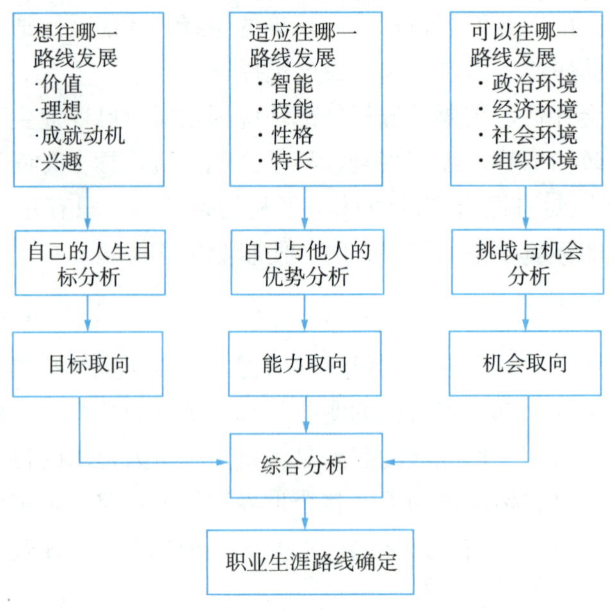

图 5-2　职业生涯路线分析过程图

6. 评估与反馈

俗话说“计划赶不上变化”，影响职业生涯设计的因素有些是可以预测的，而有些因素的变化是难以预测的。要使职业生涯设计行之有效，就必须不断地对职业生涯设计进行评估与修订。修订的内容包括职业的重新选择、生涯路线的调整、人生目标的修正、实施措施与计划的变更等。衡量职业生涯方案优劣的标准有很多种，从个人的角度，可以通过回答与价值观及兴趣的一致性、与组织需求的一致性、与职业需求的一致性、与环境需求的一致性等问题来进行评价。

成功的职业生涯规划需要时时关注内外环境的变化，并且调整自己的前进步伐。目标的存在只是为前进指明一个方向。职业生涯的创造者是其本人，一个人可以在不同的时间、不同的环境中对职业生涯规划做出相应的调整，使之更加与理想相符。今天，大学生在完成学习任务的同时，还必须经常审视自己的职业生涯规划，认识不足之处，不断修正自己的职业目标，更好地发展自己未来的职业生涯。

三、制定职业生涯规划的 SWOT 分析法

SWOT 策略分析法，又称态势分析法，最早由哈佛商学院的肯尼思·安德鲁斯（Kenneth R.Andrews）教授于 1971 年在他的《公司战略概念》一书中提出。他把公司所处的环境分为内环境和外环境，其中内环境分析包括优势（Strength）分析和劣势（Weakness）分析，而外环境分析包括机会（Opportunities）分析和威胁（Threats）分析。SWOT 分析法经常被用于企业战略制定、竞争对手分析等场合，目前在心理咨询、生涯辅导、人力资源管理等方面也有较多拓展运用。

SWOT策略分析法是一种能够客观而准确地分析自我的方法，利用这种方法可以找出对自己有利的、值得继续发扬光大的因素，以及对自己不利的、需要去规避的因素，发现存在的问题，寻求最优方案，找出解决的办法，并明确以后的发展方向。因此，SWOT策略分析在个人职业生涯决策中可以很好地加以利用，以减少决策的盲目性和主观性（图5-3）。

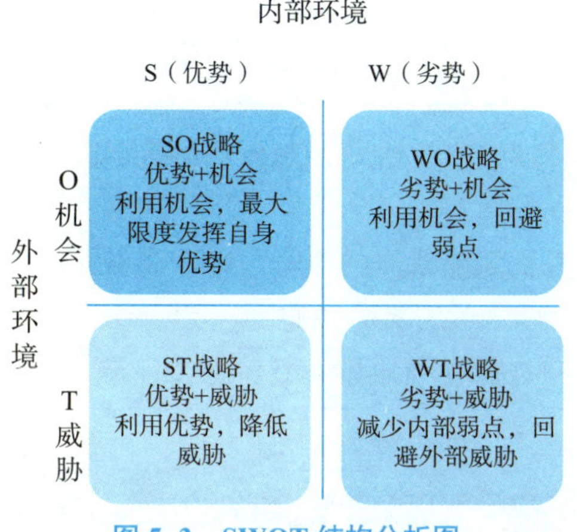

图5-3 SWOT结构分析图

1. SWOT分析基本框架

一般来说，在进行SWOT分析时，包括以下基本内容。

（1）优势分析。只有客观全面地分析自己的优势所在，包括自己的能力、专业、学历、成功经验等，然后根据自己的优势选择职业并顺势而为，才能将自己的优势发挥得淋漓尽致，从而事半功倍，如鱼得水。

（2）劣势分析。同样，要发现自己的劣势和最不喜欢做的事情。不知道自己的劣势在哪里，就会盲目高兴，会觉得天生能做好许多事情，从而沉浸在自我优势的圈子里，像井底之蛙，不知天到底有多大。找到自己的短处，可以努力去改正自己常犯的错误，提高自己的技能，放弃那些对不擅长的技能要求很高的职业。

（3）机遇分析。环境为每个人提供了活动的空间、发展的条件和成功的机遇。特别是近年来，社会的快速变化，科技的高速发展，市场的竞争加剧，对个人的发展产生很大的影响，也提供了更多的选择和发展机遇。在这种情况下，个人如果能很好地利用外部环境，就会有助于个人发展的成功。否则，就会处处碰壁，寸步难行。

（4）威胁分析。在社会中，我们也会面对各种各样的挑战和威胁。这是我们无法控制的外部因素，但是我们却可以弱化它的影响。这些因素包括就业市场的不景气、就业竞争加剧、金融危机的影响等。

2. SWOT分析示例表格

决策者可以根据自己的实际情况，将个人的内部和外部因素实事求是地罗列到表格中，具体事项可以有多项，不一定仅仅局限于表5-1所列的3种。

表 5-1　SWOT 分析示例表格

外部因素 / 内部因素	机会（Opportunities）	威胁（Threats）
	（1）	（1）
	（2）	（2）
	（3）	（3）
优势（Strengths）	优势机会策略（S.O.）	优势威胁策略（S.T.）
（1）		
（2）		
（3）		
劣势（Weakness）	劣势机会策略（W.O.）	劣势威胁策略（W.T.）
（1）		
（2）		
（3）		
分析之后的整体结论：		

第三节　职业生涯规划书的撰写

在职业生涯规划中，对职业生涯规划这一概念的认识是开始；自我认知、职业认知和职业决策是过程；最终的结果就是要形成职业生涯规划书。职业生涯规划书作为结果，是对开始和过程环节的总结，也是成果的展示。职业生涯规划书的重要意义体现以下几个方面：①职业生涯规划书是职业生涯规划过程的总结，如果没有形成职业规划书，那么过程所付出的努力可能就会失去实效性。②对自我认知、职业认知以及职业决策有一个完整并且整体的阅读和思考，有助于更为科学合理地作出自我判断。③能够在长时间的范围内，指导职业行动。

一、职业生涯规划书的结构

职业生涯规划书通常包括以下几方面的内容，以形成一个完整的结构。

1．标题

职业生涯规划书的标题可以直接以“我的职业生涯规划书”为题。也可以为你的职业生涯规划书起一个名字，如“审视现在，创造未来”“我的规划我做主”等。

2. 前言

前言是职业生涯规划书正文的第一个部分。前言可以写职业生涯规划是什么，以及它的重要性或者意义，同时可以谈谈你对职业生涯规划的看法。

3. 自我分析

在自我分析中，可以分为我的人格、我的职业兴趣、我的职业锚、我的行为方式、我的职业能力倾向、我的职业价值观六项。把这六项作为分析和总结的依据，分别对自己的测试结果作出一个总结和说明。自我分析中除了这几个方面，还可以谈谈自我认知八大工具使用后得到的一些结果，或者是自己表现出的特征。例如生命曲线图，其实就是自我的行为盘点，也可以将这一项作为自我分析的内容进行书写。

4. 职业分析

职业分析主要有两个方面，一个是职业环境的认知，一个是职业本身的认知。一个是宏观的认知，一个是微观的认知。这两方面具体要分析的内容和方法，对职业分析做出一个综合说明。在这里我们常采用的工具是 SWOT 分析法，即从内部环境和外部环境两个方面，分别分析职业的优势、劣势、机会和威胁。

5. 职业抉择

在自我认知和职业认知之后，自己根据自己的情况作出职业抉择，也就是确定自己的求职方向，以及求职职位。在这里我们可能就会选择一些工具，进一步分析职业内外部不同的优势和劣势。还可以为自己找到第二条甚至第三条职业道路，对辅助职业目标进行描述。

6. 行动计划

抉择之后，就要写行动计划书。可以从两个方面写。一是学业计划，就是在大学阶段如何通过学习来获得想要的职业。二是职业计划，就是进入工作岗位之后的一个发展计划。对于大学生，基于大学就业的时候，往往职业计划可以省略。学业计划即根据上面的各项分析，为自己制定出一个学习目标。比如大学一年级应该读多少本书，读什么样的书，大二应该在哪方面学习和提升，大三、大四应该在哪方面学习，大四毕业如何进行求职。

7. 评估反馈及调整

在进行完了自我、职业认知以及职业抉择和行动计划之后，还有一个重要的环节就是评估反馈及调整。规划可能会因为在实践的过程中受到一些因素的影响使其发生变化。

评估反馈及调整的依据是实际过程中所出现的问题，根据这些现实的问题，对规划作出微小的调整。调整时遵循的原则就是，面对所出现的问题进行调整，而不是从根本上进行调整。

8. 结束语

结束语作为整个职业生涯规划书的结束，写作的原则是简洁明了，对上述的内容做出一个总结即可。

二、职业生涯规划书的撰写

（一）职业生涯规划书的常见格式

1. 表格式

这种格式的规划书为不完整的职业生涯规划书。常常仅写有最简单的目标、分段实现时间、职业机会评估和发展策略等几个项目，有的只相当于一份完整的职业生涯规划书的计划实施方案表。适合作为日常警示使用。

2. 条列式

这种格式的规划书具有职业生涯规划的主要内容，但多只是作简单的表述，没有详细的材料分析和评估。精练但逻辑性和说理性不强。

3. 复合式

就是表格式与条列式的综合。

4. 论文格式

一份优秀的论文格式的职业生涯规划书能够对一个人职业生涯规划作全面、详细的分析和阐述，是最完整的职业生涯规划书。

（二）职业生涯规划书撰写的基本要求

1. 资料翔实，步骤齐全

收集资料有多种途径，可以通过访谈、从报刊图书中摘抄、上网下载等方式获取资料。要尽可能注明资料的出处，并多运用图表数据来说明问题，以提高资料来源的可信度和说服力。步骤主要分为四步：第一步分析需求，分析条件及目标设定；第二步分析阻碍和可行性研究；第三步设计方案和提升（改变）计划；第四步制订详细的实施计划和措施。

2. 论证有据，分析到位

要了解有关的测评理论及知识，认真审视并思考自己的测评报告并对照自我认识与测评结果的异同，分析与测评结果形成差距的原因，从而确定自我评估结果，达到“知己”；要厘清自己所处的地理环境（包括居住的地方、喜欢的地方、亲朋的意见等），明确自己最大兴趣是什么、最喜欢与之共事的人的类型、最重视的价值与目标、最喜欢的工作条件是什么，再通过目前环境评估（社会影响、家庭影响、学校因素、就业形势等）和当前社会环境分析（组织环境分析、技术的发展、经济的兴衰、政策法规的影响等）来确定自己的职业方向，做到说理有据，层层深入。

3. 言简意赅，结构紧凑，重点突出，逻辑严密

语言朴实简洁，用词精练准确，行文流畅，条理清楚，这是最基本的写作要求。撰写时还应密切注意整篇文章的结构和重心所在。职业生涯规划书一般包含对职业规划的认识、对自我的剖析、对所学专业的认识、对职业方向的探索及确定目标并制订计划这五个方面的内容。在对这些内容进行分析阐述时，必须紧紧围绕职业目标这条主线来展开，从而体现文章论述的逻辑性和连贯性。要将重点放在自我评估、环境评估、目标实施上。职业生涯规划是自己将来的规划，这个规划只有建立在对自我和职业的充分认识的基础上才能体现出它的科学性和可行性。

4. 目标明确，合理适中

撰写职业生涯规划书应围绕论述的中心展开，职业生涯目标不能过于理想化，应“择己所爱”“择己所长”“择世所需”“择己所利”。职业生涯规划书撰写是否成功，在很大程度上取决于有无正确适当、切实可行的目标。

5. 分解合理，组合科学，措施具体

目标分解、实现路径选择要有理论依据，而且备用路径之间要有内在联系性。目标组合要注意时间上的并进、连续，功能上的因果、互补作用，全方位的组合要涵盖职业生涯、家庭生活、个人事务等方面。

6. 格式清晰，图文并茂。

（三）职业生涯规划书撰写的模板

我的职业生涯规划

一、前言

二、自我探索

1. 人格类型

自我评估的结果：从自我认知角度出发，分析判断自己的人格特点。

专业人格评估的结果：运用MBTI模型进行测试，MBTI模型以外倾/内倾、感觉/直觉、思维/情感、判断/理解8种类型为基础，加以扩展，形成四个维度，估计出其在每个维度上的偏好。

人格探索小结：结合自我评估结果和专业人格评估结果进行总结。

【小知识】

迈尔斯布里格斯类型指标（MBTI）表征人的性格

美国的凯恩琳·布里格斯和她的女儿伊莎贝尔·布里格斯·迈尔斯研制了迈尔斯－布里格斯类型指标（MBTI）。这个指标以瑞士心理学家荣格划分的 8 种类型为基础，加以扩展，形成四个维度，即

类型指标介绍				
维度	类型	相对应类型英文缩写	类型	相对应类型英文缩写
①	外倾	E	内倾	I
②	感觉	S	直觉	N
③	思维	T	情感	F
④	判断	J	理解	P

四个维度如同四把标尺，每个人的性格都会落在标尺的某个点上，这个点靠近哪个端点，就意味着个体就有哪方面的偏好。如在第一维度上，个体的性格靠近外倾这一端，就偏外倾，而且越接近端点，偏好越强。通过对照四个维度的描述，识别出自己在每个维度上的偏好，取每个维度上偏好类型的代表字母，即可以由四个字母构成你的性格类型，如 ISFJ，即内倾感觉情感判断型，ENFP，即外倾直觉情感知觉型。四个维度、八个端点可组合成下表的 16 种性格类型。

列举类型			
类型名称	相对应英文字母简称	类型名称	相对应英文字母简称
内倾感觉思维判断	（ISTJ）	内倾感觉情感判断	（ISFJ）
内倾直觉情感判断	（INFJ）	内倾直觉思维判断	（INTJ）
内倾感觉思维知觉	（ISTP）	内倾感觉情感知觉	（ISFP）
内倾直觉情感知觉	（INFP）	内倾直觉思维知觉	（INTP）
外倾感觉思维判断	（ESTJ）	外倾感觉情感判断	（ESFJ）
外倾直觉情感判断	（ENFJ）	外倾直觉思维判断	（ENTJ）
外倾感觉思维知觉	（ESTP）	外倾感觉情感知觉	（ESFP）
外倾直觉情感知觉	（ENFP）	外倾直觉思维知觉	（ENTP）

2. 职业兴趣

自我评估的结果：从自我认知角度出发，分析判断自己的兴趣爱好。

职业测评的结果：对职业类型进行分析。

职业兴趣探索小结：运用霍兰德职业兴趣量表进行人－职匹配探索。

3. 职业能力

职业能力小结：对自身的职业能力进行总结。

4. 职业价值观

职业价值观小结：对自身的职业价值观进行总结。

5. 职业锚

职业锚小结：对自身的职业锚进行总结。

三、个人分析

1. 优点：分析自己所具有的优势。

2. 缺点：分析自己存在的不足。

3. 目前自我现状。

四、职业探索

1. 职业目标：确定自己的职业目标。

2. 职业信息探索：依据目标，搜集相关的职业岗位信息。

五、职业决策

1. 首选职业目标：确定首选职业目标。

首选职业 SWOT 分析：对首选职业进行 SWOT 分析。

2. 备选职业目标一：确定备选职业目标一。

备选职业目标 SWOT 分析：对备选职业目标一进行 SWOT 分析。

3. 备选职业目标二：确定备选职业目标二。

备选职业目标 SWOT 分析：对备选职业目标二进行 SWOT 分析。

六、行动方案

1. 大学期间的行动计划。

2. 职场适应计划。

3. 长期发展计划。

七、评估反馈与调整

1. 实际中出现的问题：分析实际中存在的问题。

2. 做出哪些调整：依据评估结果做出相应的调整。

八、结束语

（四）职业生涯规划书撰写的案例分享

个人职业生涯规划书

个人信息

姓名：张三	就读学校：XXXX 大学
年级：大二	专业：人力资源管理

一、前言

职业生涯是一个人一生中重要的阶段，对此不能忽视。职业是一个人安身立命之本、施展抱负之途、成就自我之路。当我们走进大学的那一刻开始，就应该为自己作出科学、合理的职业生涯规划。合理的规划就如一把把开启成功和梦想大门的钥匙，有了职业规划，大学学习与成长就不再盲目。合理的职业生涯规划，能够帮助我们更好地认识自我，清晰地看到自己的长处和不足。能够帮助我们根据自身的特点，选择适合自己的职业。

二、自我探索

1. 人格类型

自我评估的结果：从自我对自己的认知角度出发，我认为我个人是个性格较为开朗，喜欢交际的人。处理事情上较为理性，能够快速、及时完成工作。

专业人格评估的结果：通过 MBTI 测试，测出来的结果我是 ESTP 型的人。在注意力集中的方式上，更注重外在世界，因为注意外在事物而获得动力。在接受信息的方式上，更注重使用五官收集资料，强调事实，注重实际和具体观点。在处理信息作出决策方面，更注重根据客观事实，倚重分析来做决定。在对待外部世界的方式上，不介意意外发生，喜欢弹性的生活，注重过程而非目标。

人格探索小结：综上所述，可以看出我是一个性格比较开朗、富有活力、乐观亲切、同时善于交际、富有表现力的人。同时，态度温和、善于倾听。做事情多注重客观事实，不会感情用事，较为理智，注重过程而非结果。性格方面的缺点主要是做事缺乏毅力，容易放弃。

2. 职业兴趣

职业兴趣探索小结：在霍兰德职业兴趣测试中，可以看到我的分数较高的三项依次是 E、S、A。

E 型为企业家型，主要表现出的特点是：①精力充沛、自信、善于交际，具有领导才能；②喜欢竞争，敢冒风险；③喜欢权力、地位和物质财富。而相对应的职业类型主要是指那些组织与影响他人共同完成组织目标的工作。主要职业：经理企业家、政府官员、商人、行业部门和单位的领导、管理者。

S 型为社会型，表现出的特点是：①喜欢从事为他人服务和教育他人的工作；②喜欢参与解决人们共同关心的社会问题，渴望发挥自己的社会作用；③比较看重社会义务和社会道德。

A 型为艺术性，表现出的特点是：①喜欢以各种艺术形式的创作来实现自己才能，实现自身价值；②具有特殊艺术才能和个性；③乐于创造新颖的、与众不同的艺术成果，渴望变现自己的个性。

在此项测试中，我的 I 是 0 分，I 是研究型的人，特点是：①抽象能力强、求知欲强、肯动脑、善思考、不愿动手；②喜欢独立和富有创造性的工作；③知识渊博，有学识才能，不善于领导他人。

3. 职业能力

职业能力小结：在职业能力的测试中，我相对分数比较高的是组织管理能力和语言能力。U 这项能力得分高，说明擅长组织和安排各种活动，擅长协调参加活动中每个人的关系和在活动中的作用。T这项能力得分高，说明对词语及其含义有准确的理解和使用能力，善于清楚表达自己的观点和向他人介绍信息。在这项测试中，我相对分数较低的是M（数学能力），这说明我在数理推算和数学运算方面能力较弱，不适合研究数学、物理等比较抽象的问题。

4．职业价值观

职业价值观小结：在职业价值观的测试中，我相对较高的指数是人际关系、成就感、追求新意和社会交际。从这点上看，这与我的人格特点基本相符。在工作中注重人际关系，喜欢创新。同时，对工作追求完美。

5．职业锚

职业锚小结：在职业定位的测试中，我分数较高的是挑战型。挑战型的人喜欢解决看上去无法解决的问题，愿意战胜强硬的对手，不怕克服困难障碍。参加工作或职业的原因是工作允许他们去战胜各种不可能。新奇、变化和困难是他们的终极目标，如果事情非常容易，马上会变得心烦。

相对较低的一项是服务/奉献型。服务型的人一直追求他们认可的核心价值，如帮助他人、改善人们的安全、消除疾病等。

三、个人分析

1．优点：本人的优点在于学习力较强，能够短时间内掌握一门技能。同时，善于交际，具有良好的语言表达能力。对所学专业有足够的热情，并且强烈希望未来能够从事与之相关的工作。

2．缺点：本人的缺点在于情绪的不稳定性。同时，做事情缺乏毅力与恒心。

3．目前自我现状：目前在专业学习与技能提升方面，在班级内都表现出色。

四、职业探索

1．职业目标：招聘专员、培训专员、猎头助理。

2．职业信息探索：

	招聘专员	培训专员	猎头助理
工作职责	（1）协助人力资源经理/招聘经理进行招聘计划设计； （2）运用一定的招聘渠道进行人员招募活动，编写招聘信息，出席招聘会等具体招聘活动； （3）进行简历的筛选与整理，通知面试人员； （4）协助人力资源经理以及各部门经理进行人员的面试与选拔； （5）办理员工入职离职手续，对公司内部员工资料进行有效管理	（1）协助培训经理/人力资源经理进行培训需求分析，并且共同研发培训体系与内容； （2）能够独立完成员工的入职培训，产品介绍培训等方面的培训工作； （3）培训结束之后能够对培训进行评估，为以后的培训活动更好进行提供帮助	（1）通过各种方式寻找可合作的企业，与其达成合作关系； （2）寻找合适的人员，并且对人员进行选拔、提点，并且协调合作方与个人方各自存在的问题； （3）建立人员库，对人员资料进行整理和保存； （4）帮助高级猎头顾问完成辅助工作

续表

	招聘专员	培训专员	猎头助理
任职要求	(1)大专／本科学历，具有1～3年招聘方面的工作经验，人力资源管理、工商管理专业为最佳； (2)性格外向开朗，具有较强的语言表达能力，以及良好的团队合作精神； (3)善于沟通，熟悉国家的劳动法； (4)能够熟练操作 office 办公软件，以及人力资源管理软件。	(1)大专／本科学历，具有1-3年的培训工作经验，人力资源管理专业为最佳； (2)性格外形开朗，具有良好的语言表达能力，富有表现力，具有良好的口才能力； (3)善于沟通，具有良好的团队协作意识，能够与员工良好相处； (4)有能够独立开发培训课题的能力； (5)能够熟练操作 office 办公软件	(1)本科／硕士以上学历，具有1～3年的相关工作经验； (2)熟知某一个行业状况，掌握丰富的行业信息； (3)具有较强的行业专业知识，同时要具有较强的面试选拔能力； (4)具有良好的语言表达能力，沟通能力； (5)具有广阔的人际关系网络，同时要善于交际； (6)能够熟练操作 office 办公软件

五、职业决策

1．首选职业目标：招聘专员。

首选职业 SWOT 分析：

内部环境		外部环境	
优势	劣势	机会	威胁
(1)人力资源管理专业，在校期间系统学习过招聘方面的知识，同时进行过模拟招聘的实践活动提升自己的实际操作能力； (2)性格外向开朗，善于表达，具有团队协作精神，善于沟通，做事情具有执着的精神，追求完美； (3)拥有一定的人际关系网络，对某些行业有比较多的了解，对行业内招聘具有很大的帮助	(1)已经掌握的招聘方面的知识技能比较浅层，没有接触过高端的招聘； (2)实践经验有所欠缺，更多实际中可能会出现的招聘方面的问题，还未遇见； (3)性格原因，可能导致做事情易冲动，不能做到三思而后行，随之带来的可能就是工作的延期、成本控制、招聘效果等问题的出现	(1)学习理解能力比较强，能够很快融入和适应工作； (2)有更多机会接触到其他企业或者其他领域的关于招聘方面的资深专家，从而提升自己的行业地位； (3)进入企业工作后，可能面对的直接上级是在招聘方面具有丰富经验的人员，因而无论是从工作的角度还是从学习的角度，都可以更为专业化	(1)目前企业内部的人力资源方面的人员都非资深的专业人士，都是从其他部门调配的，因此专业化程度可能会比较低； (2)可能会出现整个企业对人力资源部门的扶植程度较小，这样可能无法拥有更多地提升能力的机会； (3)遇到比自己能力更为强的竞争对手

六、行动方案

1．大学期间的行动计划

大一阶段，了解和认识专业特点，明确专业所需要知识、能力要求，课程学习有所偏重，利用课余时间阅览书籍。

大二阶段，在对专业特点有深入了解之后，开始尽可能多地参与与专业有关的活动，如模拟招聘、培训、职业规划等校园活动，同时尽可能主动地了解这个领域的动态和最前沿的信息。

大三阶段，完成校园内部的各项事务，如论文书写、答辩，顺利获取毕业证、学位证，另外就是需要为工作准备，要从9月份就开始找工作，进行简历投递，面试，在来年的3～5月份之间定下自己的工作。

大四阶段，开始专业化的学习。一方面要把握核心课程学习。另外一方面就是要很好地融入实训的环节，全身心地投入在专业学习的深度方面。最后就是要适当地寻找一些与专业对口的实习工作机会，进行社会实践。

2. 职场发展计划

工作第一年，我的工作方向和目标，主要在知识的扎实和能力的进一步提高方面。面对着企业中的现实问题，要善于发现，善于总结，在踏实做工作的同时，注重能力的提高，保持良好的人际关系。第二年，一方面要继续进行本职工作的开展；一方面要主动承担工作，提升自我的组织管理能力。第三年，努力成为一名招聘主管或者人力资源主管。第四年，要为自己下一年成为招聘经理或者人力资源经理做充足的准备，踏实做好主管的工作。同时，要积极、认真对待工作。第五年，成为一名招聘经理或者人力资源经理。

七、评估反馈与调整

1. 时间的评估：时间规划为19年，前四年为大学学习期间，后15年是职业发展的期间。根据自我职业生涯规划书，我会根据时间，定期进行反馈与评估。同时，对规划进行调整。

2. 内容的评估：如果我发现自己的行动与自己的目标不一致，我就会及时改变行动策略，找到最佳的行动方案来实施我的职业生涯规划。同时还会结合自己的身体条件、家庭状况，以及在现实中所遇到的客观条件，及时作出有效评估，从而作出正确的调整，确保自己的规划能够顺利实现。

八、结束语

我的职业生涯规划到此就告一段落。我认为科学合理的职业生涯规划可以帮助我实现职业理想。所以，在我的职业生涯规划书当中，我从自我认知、职业认知以及实施计划三个大方面，进行了系统的知己知彼的分析。在分析的同时运用到了很多管理学方面的工具，清晰明确分析了目前的现状。最后制订出了一个较为合理科学的行动计划。希望这个职业生涯规划可以作为我行动的指南针，帮助我实现自己的职业理想。

本章小结

本章对大学生职业生涯规划的主要意义、影响要素、主要目标进行了详细的阐述，帮助大学生理解职业生涯规划的重要性和必要性。进而，本章介绍了大学生职业生涯规划的具体方法，包括职业生涯目标的确立方法、职业生涯目标的确立步骤和制订职业生涯规划的 SWOT 分析法。最后，本章讲解了大学生职业生涯规划书的撰写，包括职业生涯规划书的结构及其撰写模板与案例，为大学生撰写职业生涯规划书提供了示范。

关键术语

职业生涯（Career）
职业生涯规划（Career Planning）
大学生（College Student）
职业生涯规划书（Career Planning Document）

复习思考题

1. 在本章的引导案例中，小洋的问题可能你也遇到过。如果你是小洋，你将如何解决这一问题?

2. 请根据自己的实际情况，撰写一份职业生涯规划书。

下 篇

大学生就业篇

第6章 Chapter 6 就业形势与就业政策

知识结构图

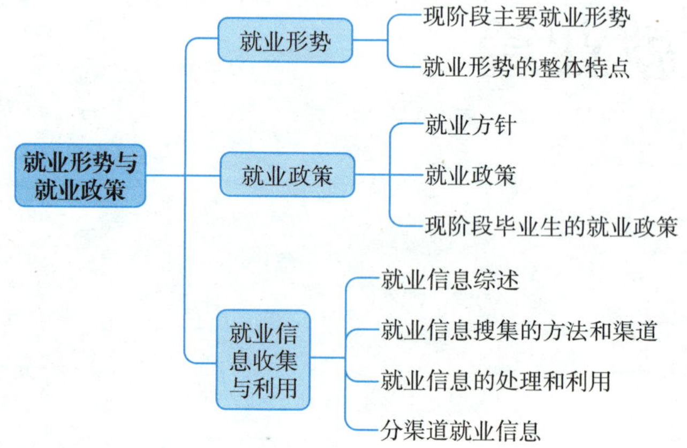

学习要点

1. 了解大学生就业政策的内容；
2. 理解就业形势的整体特点；
3. 掌握我国大学生就业促进政策的内容；
4. 提高对就业形势和就业状况的认知；
5. 学会就业信息收集和利用。

学习目标

通过对本章的学习，了解现阶段的就业形势、就业特点和就业政策，提高对就业形势和就业状况的认知。掌握就业信息搜集的方法和渠道，消除就业信息差，精准地获取与自身匹配的职业信息，提高就业效率和就业质量。

我的未来在哪？

学生张某，女，法学专业大四学生。曾向已毕业的学长咨询就业方向和未来发展，但发现专业对口工作竞争激烈，外地人在上海就业形势严峻，很多毕业生签约工作和专业方向大相径庭，于是对是否要学习法学专业产生怀疑，对未来发展感到迷惘。经常假想如果毕业以后找不到合适的工作该怎么办，自己到底要做什么工作，在剩余的大学时光里，该顺其自然还是应该做些准备。这种对未来的迷惘使张某思想进入不稳定期，焦虑不安，处于进退两难的抉择中，不知路在何方。

【案例启示】大学生群体在就业过程中，容易受到外部多方面因素的影响，特别是关于大学生就业难等负面信息，导致一些大学生深感前途迷惘，不知道自己的未来在哪。其实，从我国宏观就业形势来看，我国大学生就业形势总体稳定，就业结构、区域就业结构不断优化，而且国家高度重视大学生的就业工作，颁布了一系列就业促进政策。大学生要善于借势，做好自我认知，找准职业定位，树立积极的就业观，将职业生涯规划与学业生涯规划有机结合，贯穿到大学的全过程，把握机遇，实现成功就业。

第一节 就业形势

就业是民生之本、安国之策。改革开放 40 多年来，党和政府高度重视就业工作，在从计划经济向市场经济转型过程中，不断打破计划经济体制障碍，充分调动人民群众的创造精神，促进了就业总量持续增加，就业结构不断优化，有力地推动了我国经济长期快速发展。特别是党的十八大以来，在以习近平同志为核心的党中央领导下，坚持实施就业优先战略和积极的就业政策，大力推动“大众创业、万众创新”，在经济发展中注重经济增长与扩大就业良性互动，调整产业结构与提高就业质量互促共进，为保障和改善民生，实现经济不断转型升级发挥了重要作用。

一、现阶段大学生就业特点

（一）就业总量持续增长，就业形势保持稳定

改革开放以来，党和政府始终把就业工作摆在优先位置，想方设法满足劳动者的就业需求，提升了就业总量，保持了就业形势的长期稳定。

1. 就业规模不断扩大

1978年，我国城乡就业人员共计40152万人，其中城镇就业人口9514万人。40年间，经济发展与扩大就业有效联动，就业规模不断扩大。2017年末，就业人员总量达到77640万人，比1978年增加37488万人，增长了93%，平均每年增长961万人；城镇就业人员总量达到42462万人，比1978年增加32948万人，增长了346%，平均每年增长845万人。就业总量的增长为我国经济的快速增长提供了保障。

2. 妥善化解计划体制积累的就业矛盾

改革开放不仅促进了就业总量持续增长，也有效地化解了计划体制下积累的深层次就业矛盾。20世纪70年代末下乡知青集中返城，我国城镇就业问题一度十分突出。1979年，城镇累计失业人员达到1500万人，仅在劳动部门登记的城镇失业人员就有568万人，城镇登记失业率达到5.4%。1980年，党中央提出了“三结合”就业方针，采取劳动部门介绍就业、劳动者自愿组织起来就业和自谋职业相结合的一系列政策措施，仅用三年时间就迅速解决了“文革”期间积累的就业矛盾。1982年城镇登记失业率下降到3.2%，1984年进一步下降到1.9%，全国多数地区已基本解决了城镇失业问题。

20世纪90年代末期，多年计划经济体制下形成的国企冗员问题日益突出，造成国企普遍经营困难，减员增效成为国企解困的普遍选择。1998—2002年间，国企下岗职工累计为2023万人，再加上1998年以前累积的下岗人员，国有企业下岗人员总量达到2715万人。国家在保障下岗职工基本生活的同时，制定实施了税费减免、小额担保贷款、培训补贴、就业服务等一系列政策，促进下岗失业人员再就业。1998—2005年间，全国共有1975万国有企业下岗人员实现了再就业。到2005年底，国企下岗人员存量已由最高峰的650多万人下降到61万人，国有企业职工集中下岗对我国城镇就业造成的冲击基本消除。

3. 失业率长期保持较低水平

改革开放40年间，除20世纪70年代末知青集中返城和90年代末国有企业职工集中下岗之外，绝大部分时期失业水平都较低。20世纪从80年代中期到世纪末，城镇登记失业率一直保持在3.1%以下，部分时期一度处于2.0%左右的低水平。进入21世纪以来，城镇登记失业率基本维持在4.3%～4.0%之间的较低水平，2017年降至3.9%，时隔15年后再次降到4.0%以下。党的十八大以来，党中央坚持实施就业优先战略和积极的就业政策，大力推动创业带动就业，在经济增长由高速转向中高速的宏观背景下，就业形势呈现了总体平稳、稳中向好的态势。2013—2017年，全国城乡就业总量年均增加187万人，城镇就业人员年均增加1072万人；城镇登记失业率稳定在4.0%左右，城镇调查失业率稳定在5.0%左右的较低水平。

（二）就业结构不断优化，人员素质显著提高

伴随着经济的转型升级和劳动力市场的逐步完善，我国就业人员的城乡、产业和所有制结构持续优化，就业人员的素质也不断提升。

1. 城镇就业比重达到50%以上

1978年，城乡就业人员占比分别为23.7%、76.3%，我国就业人员多集中在乡村就业。改革开放释放了劳动力市场的活力，大量的乡村人口转移到城镇就业，带动城镇就业比重不断上升，推动了经济发展。2014年，城镇就业比重首次超越乡村，达到50.9%。2017年，我国城镇就业占比进一步提高到54.7%。40年来，城镇就业比重增加了31个百分点，平均每年提高0.79个百分点。

2. 服务业成为就业第一大产业

1978年，我国第一、二、三产业就业人数分别为28318万人、6945万人、4890万人，占比分别为70.5%、17.3%和12.2%，农业是劳动者就业的主要部门。随着经济结构调整优化，就业人员从第一产业大量转移到二、三产业，产业就业结构不断优化升级。第三产业在1994年和2011年分别超过第二产业和第一产业，成为吸纳就业人数最多的行业；2014年，第二产业超过第一产业，农业成为就业人数占比最少的产业。2017年，我国第一、二、三产就业人数分别为20944万人、21824万人和34872万人，分产业就业比重分别为27.0%、28.1%和44.9%。与1978年相比，第一产业占比减少了43.5个百分点，平均每年减少1.12个百分点，二、三产业分别增加了10.8、32.7个百分点，平均每年分别增加0.28、0.84个百分点。三大产业就业结构的高低排序从“一、二、三”的发展型模式提升到了“三、二、一”的现代模式，就业结构更加合理。

3. 非公有制经济成为吸纳就业的主渠道

在社会主义市场经济体制建立和完善的过程中，多种所有制经济共同发展，非公有制经济也逐渐发展壮大，提供了大量就业岗位，为稳定和扩大就业发挥了重要作用。1978年，除少量个体就业外，我国城镇就业人口几乎都集中在国有和集体单位，占比高达99.8%。随着改革开放40年的经济发展，劳动就业分布也发生了巨大变化。2017年，城镇私营企业、个体吸纳的城镇就业人数已经过半，分别占城镇就业人数的31.4%、22.0%，而国有、集体、股份合作、国有独资等公有单位就业人员占城镇就业的比重下降到17.4%。

4. 就业人员素质显著提高

教育事业的发展为劳动力市场提供了丰富的高素质人才，大量留学人员回国进一步提升了就业人员素质。40年来，我国就业人口平均受教育年限大幅度提高，由1982年的5.8年提高到2017年的10.2年。其中，大专及以上文化程度者所占比重由0.9%上升到19.5%；小学及以下文化程度的比重由62.6%下降到19.2%。2020年学成回国的中国留学生人数同比增速达33.90%，高出2019年近3倍，2021年回国就业留学生首次超过百万，

达 104.9 万人，同比增长 35.01%。

（三）就业质量不断提高，劳动权益得到保护

在改革开放进程中，随着就业总量的持续增加和就业结构的不断优化，就业质量受到更多的重视。《促进就业规划（2011 —2015 年）》就提出要提升就业质量，党的十八大和十九大也都强调要推动高质量就业。近年来国家采取了一系列政策措施，促进了我国就业质量的显著提升。

1. 工资收入快速增长

1978 年，我国城镇非私营单位（包括国有、集体、股份有限公司、外商投资公司等）就业人员平均工资只有 615 元。随着经济发展不断迈上新台阶，以及政府出台最低工资标准等一系列政策措施，城镇非私营单位就业人员平均工资快速增长。2017 年，城镇非私营单位就业人员平均工资达到 74318 元。1979 —2017 年年均增长率达到 13.1%，扣除物价因素，比 1978 年实际增长了 16.7 倍，年均实际增长 7.6%。

2. 就业稳定性逐步增强

改革开放前，一次分配定终身的固定工制度牺牲了企业效率和劳动者择业自由。改革开放破除“固定工限制”，打破“铁饭碗”，搬掉“铁交椅”，实行劳动合同制度，扩大了用人单位用工自主权和劳动者的职业选择权，促进了劳动力的流动，释放了劳动力市场的活力。但与此同时，也出现了企业利用自身的强势地位随意解雇员工、不签订劳动合同的现象。国家不断完善相关法律法规，加大劳动执法力度，规范劳动合同的签订，在保持劳动力市场活力的同时，就业稳定性不断提高。据人力资源和社会保障部统计，2017 年全国企业劳动合同签订率达 90% 以上。集体协商和集体合同制度稳步推进，全国经人力资源和社会保障部门审查并在有效期内的集体合同累计为 183 万份，覆盖职工 1.6 亿人。据统计，2017 年，城镇企业就业人员与用人单位签订的劳动合同中，长期劳动合同占比达到 40.5%，其中国有及国有控股企业签订长期劳动合同的比重接近 70%。

3. 企业用工进一步规范

改革开放初期，工作时间并不是就业领域的主要问题。随着市场经济的发展，一些企业为了提高利润开始延长工作时间，增加了劳动者的工作负担。国家先后针对工时制度、加班费用等出台了一系列法律法规，规范企业用工方式，超时用工现象得到缓解。据初步测算，2017 年城镇各类企业就业人员中周平均工作时间在 40 小时及以下的比例为 52.0%，比 2012 年上升了 4.0 个百分点；超过 40 小时的比例由 2012 年的 52.0% 下降至 48.0%，下降了 4.0 个百分点。超时工作的减少有效减轻了企业职工的工作强度。

4. 劳动保障不断加强

改革开放前期，劳动力市场建设刚刚起步，农村缺少劳动保障制度，城镇职工的养老、医疗等保障由所在单位负责，各单位保障能力不一，总体保障水平有限。随着有关劳

动者的各项保险制度逐步建立和完善，覆盖人群不断扩大，保障能力不断增强，在世界上人口最多的国家建立起了比较健全的劳动保障制度。2017 年，全国参加基本养老保险人数由 1989 年的 5710 万人增加到 91548 万人；参加基本医疗保险人数由 1993 年的 290 万人增加到 117681 万人；参加失业保险人数由 1992 年的 7443 万人增加到 18784 万人；参加工伤保险人数由 1993 年的 1104 万人增加到 22724 万人；参加生育保险人数由 1993 年的 557 万人增加到 19300 万人。

（四）劳动力市场机制不断完善，就业服务体系逐步健全

40 年来，随着社会主义市场经济体制的建立和完善，我国就业管理体制发生了翻天覆地的变化，完成了从国家“统包统配”的计划体制向用人单位和求职者双向选择的市场化机制的转变。

1. 劳动力市场法律体系日益完善

1993 年，党的十四届三中全会的决定中，明确提出要建立社会主义市场经济体制，培育和发展劳动力市场。以此为标志，劳动力被正式承认为是一种生产要素，我国的就业管理体制改革开始从旧体制改造进入新制度建设阶段。此后，我国先后制定实施了《中华人民共和国劳动法》《中华人民共和国就业促进法》《中华人民共和国劳动合同法》等一系列相关配套法律法规。1995 年实施的《劳动法》，明确了劳动关系各主体的法律地位，以法律的形式规定各类企业实行全员劳动合同制，保障了企业自主用工、个人自主择业的权利，为劳动力市场的建设奠定了坚实法律基础。2008 年我国实施《中华人民共和国就业促进法》，明确了就业工作在经济社会发展中的突出地位，强化了政府促进就业的责任，完善了市场导向的就业机制，为积极就业政策的长期实施提供了法律保障。2008 年《中华人民共和国劳动合同法》的实施，完善了劳动合同制度，明确劳动合同双方当事人的权利和义务，有利于减少劳动争议，提高劳动者就业质量，构建并发展和谐稳定的劳动关系。

2. 劳动力市场的决定性作用不断加强

经过改革开放 40 多年来的发展，我国的劳动力市场逐步建立和完善。随着对“统包统配”就业制度和企业“固定工”制度的改革，逐步确立了用人单位和劳动者在劳动力市场中的主体地位。用人单位作为需求方，可以在相关法律法规的规范下，根据自身发展经营的需要，随时招收自己需要的人才或者辞退不适用的劳动者；劳动者作为供给方，可以根据本人意愿，自主决定从事什么样的工作和在哪里工作。用人单位和劳动者在统一、公开、平等、规范条件下，通过市场进行双向选择，劳动力市场的决定性作用不断加强，主要表现在：

（1）就业渠道多元化。改革开放初期，我国实行的是统包统配、城乡分割的劳动就业制度。随着市场经济的发展，越来越多的人选择私营企业、股份制企业、外资企业或从事个体经营实现就业，国有单位不再是就业的唯一选择，劳动者可以在各种就业单位类型中

进行选择；城乡身份不再是就业选择的障碍，大量农村劳动力进城就业，农民有了脱离农业和农村的新选择，进入了更广阔的就业领域，劳动力可以在城乡自由流动。

（2）就业形式多样化。传统的就业是以工作单位为核心的劳动雇佣关系。随着时代的进步和劳动力市场的发展，许多新就业形式以工作任务为导向，不再有硬性的时间、地点的限制。兼职就业、自由职业、网络平台就业等不断出现，适应了企业灵活用工和劳动者灵活就业的需要，提高了劳动力资源的配置效率，为劳动者提供了平衡工作和生活的新选择。

（3）就业观念市场化。劳动者不再抱持着国家统一分配，一次就业定终身的就业理念，通过劳动力市场进行双向选择已经成为最主要的择业方式。根据自身发展的需要，劳动者愿意在各类用人单位之间流动，打破了城乡、地区、行业、所有制的界限。目前，我国劳动力的流动已逐步演变为城镇与乡村、东部地区与中西部地区、大城市与中小城市、公有制和非公有制之间的双向流动，这种变化表明通过市场就业的观念逐步深入人心。

（4）公共就业服务体系逐步形成。1980 年，随着国家实施“三结合”的就业方针，以劳动服务公司为集中体现的就业服务机构开始出现，并且逐渐向乡镇延伸。到 80 年代末，劳动服务公司已遍布全国。90 年代劳动力市场不断发展，国家建立的就业服务机构的服务内容越来越完善，同时各类社会和个人依法成立的各类职业介绍机构也发展迅速。《就业促进法》的出台，在法律层面上对政府发展公共就业服务作出规定，标志着我国公共就业服务制度框架基本建立。党的十八大以来，积极扶持创业带动就业，使用大数据等新技术，建立就业和社会保障数据库，利用大平台进行网络管理，实时监测劳动力状况，中国特色的就业服务管理体系不断丰富完善。2017 年底，全行业共有人力资源服务机构 3.02 万家，2017 年共为 3190 万家次用人单位提供了人力资源服务，帮助 2.03 亿劳动者实现了求职择业和流动服务。

改革开放 40 多年来，我国劳动力市场建设成效显著，就业领域取得了一系列重要成就，充分证明了改革开放是当代中国发展进步的必由之路，是实现中国梦的必由之路。当前我国就业总量依然庞大，结构性矛盾突出，妥善应对就业问题仍是一项长期任务。党的十九大提出“实现更高质量和更充分就业”，这为今后一段时期的就业工作指明了方向。只要我们按照高质量发展的要求，坚持就业优先战略和积极的就业政策，推动创业带动就业，着力在充分就业、体面就业、和谐就业等方面共同努力，一定能不断提升就业质量，满足人民群众美好生活中的就业愿景。

二、现阶段大学生就业特点

中华人民共和国成立之后，高等教育的快速发展，为我国经济发展和现代化进程提供了充足的人力资源和高素质的人才，加快了我国从人口大国向强国的转变，促进了国家和社会的发展。但是高校扩招之后，进入劳动力市场的大学生数量不断增加，而企业用人需求有限，在劳动力市场供需失衡的情况下，出现大学生就业问题。

（一）大学毕业生人数持续走高

我国大学毕业生人数一直保持高速增长状态。自从 1978 年恢复高考之后，每年的普通高校毕业人数都在不断地增加，并从 2000 年起全国普通高校毕业生人数首次突破 100 万。教育部数据显示，2023 年全国高校毕业生规模达到 1158 万人，毕业生人数再创新高。2022 年，全国高校毕业生人数首次破千万。而在 2000 年，全国高校毕业生人数仅为 100.9 万人，24 年间实现了超 10 倍增长（图 6–1）。

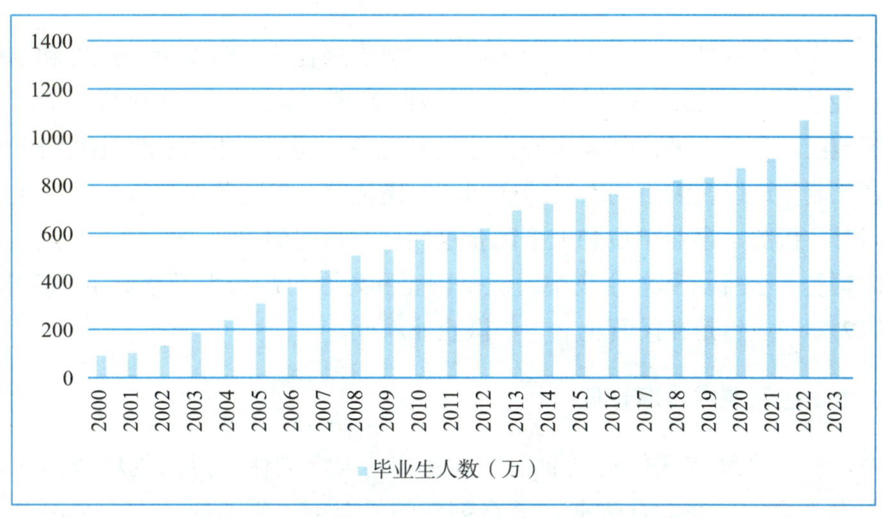

图 6–1　2000 —2023 年全国高校毕业生人数统计

与大规模的毕业生人数息息相关的是就业情况，2013 年，因全国高校毕业生规模达到 700 万，被人称为“史上最难就业季”。2014 —2017 年，毕业生人数持续增加，每年都被称为“史上最难就业季”。后来很多大学生戏称没有最难就业季，只有更难就业季。相关数据显示，从 2012 届毕业生开始，就业率基本维持在 90% 以上，2011 届至 2014 届的毕业生就业率持续上升，但自 2015 届开始的就业率有所下跌。本科毕业生的就业率高于高职高专。2016 年大学生未就业占 7.5%，待定族（不求学求职）占 2.4%。另外，随着近两年来人工智能的大力发展，越来越多的传统岗位，诸如财务、会计等一些高程序化的职位将被部分取代，市场上目前愈加需求各类技术性强的人才。尽管国家颁布各类就业政策，比如引导和鼓励高校毕业生到基层工作，围绕“一带一路”“长江经济带”“京津冀协同发展”等重大发展战略，向重点领域输送高校毕业生，推进大学生自主创业，提高就业指导水平和服务能力，深化高校人才培养改革，优化高等教育结构，但仍然难以缓解劳动力的供求矛盾，大学生就业创业工作面临复杂严峻的形势。

（二）大学生就业结构性矛盾突出

劳动力市场上大学生供给与用人单位需求割裂、脱节，是大学生就业市场结构性矛盾突出的重要原因。一方面，从人才需求的结构来看，用人单位对技术型创新人才的需求是主导。另一方面，高校的人才培养与用人单位专业需求失衡。高校侧重学术型人才培养供给。较为忽视技术技能型人才培养，高等教育布局同质化现象严重，部分专业人才供给产能过剩，高等教育人才培养专业结构调整不能适应新兴行业企业人才需求变化和新兴职业的人才需求。还有部分高校盲目追求专业数量的“大而全”而不注重专业内涵建设，忽视师资课程设置、社会实践以及设施设备等教育资源，大学生就业能力得不到有效提升，在就业市场中缺乏核心竞争力。

（三）大学生就业预期缺乏理性

大学毕业生就业预期与市场需求的矛盾，主要表现在毕业生对就业地域和单位的选择上。经济较发达的中东部地区是每年毕业生最期望就业的地域，特别是北京、上海、广州、深圳等地区，一些大城市甚至出现人才过剩现象。而经济发展相对比较缓慢的西部地区、东北老工业基地以及大量的农村地区和基层岗位等，求贤若渴却很少有毕业生问津。

与此同时，机关、事业单位和大型国企这些相对稳定的单位仍然是追逐热点。资源以某种方式向国企、公务员和外企集中，但是国企和外企对高校大学毕业生的需求在下降，绝大多数的大学毕业生是在民营企业、小微企业就业。

（四）大学生创业成功率较低

近年来，我国高度重视创新创业工作，将推动大众创业、万众创新作为实现经济发展的“双引擎”之一。在大众创业、万众创新的号召下，创业成了大学生追求的重要目标。各地教育部门、学校也纷纷为高校学子休学创业创造条件，力图通过高校、政府、社会三方建立有效机制，引导大学生创新，支持大学生创业实践。根据中国人民大学发布的《2016 年中国大学生创业报告》，有近 90% 的我国在校大学生有创业的意向，20% 有强烈的创业意向。据麦可思研究院数据：大学生毕业即创业连续从 2011 届的 1.6% 上升到 2017 届的 3.0%，接近翻了一番。其中，餐饮行业、零售、个体服务业等行业已经成为应届本科毕业生创业最集中的行业，甚至超过了互联网创业所占的比例。报告认为，成本低是重要原因，互联网背景下很多传统行业也都借助了互联网的因素。

数据显示，毕业半年后自主创业的 2023 届本科生中，只有 46.2% 的人 3 年后还在继续自主创业；毕业半年后自主创业的 2013 届高职高专毕业生中，有 46.8% 的人 3 年后还在继续自主创业。甚至有数据指出，即使在浙江等创业环境较好的省份，大学生创业成功率也只有 5% 左右，这与欧洲和美国的大学生创业成功率 20% 有相当大的差距。大学生创业失败风险不容忽视。大学生创业自然是值得鼓励与肯定的现象，但创业并非易事，鼓励与支持大学生创业，需要给予他们更多的实质性帮助，不能让创业成功率低浇灭了大学生的创业热情。

（五）大学生“慢就业”现象凸显

所谓“慢就业”，是指一些大学生毕业后既不打算马上就业也不打算继续读书深造，而是暂时选择游学、支教、在家陪父母或者创业考察，慢慢考虑人生道路的现象。我国越来越多的“95后”年轻人告别传统的“毕业就工作”模式成为“慢就业族”。调查数据显示，毕业生选择“慢就业”最主要的原因是“就业形势严峻，找不到满意的工作”，有57.7%的受访者选择“慢就业”；其次是受访者希望能够理性寻找发展方向，不愿意在没有找到方向前被具体工作束缚；第三是“准备自己创业”“要考研”“想做自由职业者”等理由也位居前列。国家职业指导师蒋玉芬分析说，“慢就业”折射出大学生一些新的就业观。随着经济和文化的发展，社会的多样性和宽容度都在增加，大学生的就业方式也越来越多样化。现在年轻人对自我定位和自身发展有越来越高的追求，思想也越来越开放。他们对于就业的观念不再局限于“朝九晚五”，而是选择更加多元化的就业方式。

资料链接

“95后”毕业生“慢择业”现象

2018届全国普通高校毕业生有820万人，“95后”毕业生将开始走向职场。目前，各高校秋冬季校园招聘已逐渐接近尾声。记者在近一个月的校园招聘会走访调查中发现，相比“80后”“90后”毕业生，“95后”毕业生求职紧迫度明显降低，呈现出一部分毕业生“慢择业”现象。

1．毕业生820万人，出现“慢择业”现象

在各大校园招聘会现场，“带薪休假”“伙食补贴”“给婚房”……各用人单位都在显著位置张贴出了自己的优势政策，来吸引学生投递简历。

在首都经贸大学这场校园双选会上，记者见到了穿梭在招聘会间的王天顺。虽然有数家单位向他伸出了橄榄枝，但他并没有着急定下工作。他告诉记者，秋冬季招聘是考察商机、感受行业冷暖的重要机会，也是检验自己能力的一个阶段，最后的去处还要再考虑。

首都经贸大学2018年应届毕业生王天顺：“大概有三四家通知（录用），但是还在观望，看有没有更佳的选择。”

2．部分学生观望心态明显

对于一些毕业生的这种观望心态，现场的这家企业感受颇深。这场招聘会是他们走访的第四所高校，秋冬招聘马上结束，但招聘计划只完成了三分之一。

用人单位：“企业很着急啊。学生不是那么着急，我们现在面试的时候他可能会说，我可能到两个月以后或者春节以后才能入职，这就说明他可能有很多选择的机会，需要多看一下。”

对于普通企业，很多学生热情度不高，但即便是一些大型国企，对毕业生心态的变化也感受强烈。

用人企业：“我们是一家北京市国资委下属的一个大型的国企。这两年校招的话，特点是非常明显的，他（学生）求职的意向其实是逐年降低的，他（学生）往往

不是特别着急。企业还真是挺头疼的。我们初期的工作，其实有一部分就等于是白费掉了。”

与前几年招聘会上学生挤破头投简历、着急定下工作相比，“95后”大学生的表现大都很淡定。在随机采访中，将近三分之一的学生已经握有录用通知，但并不着急签约。北京师范大学2018年应届毕业生：“我自己内心没有太着急，因为我觉得春招还会有一波。”

北京科技大学2018届应届毕业生姜山红：“有一句话说‘我们稳住就能赢’。还是有很多机会在等着我吧。”

记者发现，在秋冬季招聘中，学生的观望态度，部分原因是希望能在明年春季招聘中获得更好的机会，再加上研究生、公务员、选调生和事业单位考试也集中在这段时间进行，多样化的选择，让他们并不着急定下工作。

兰州交通大学招生就业处处长苏程：“这跟‘95后’自主意识的加强是相关的。他们现在不急于盲目去签约，而是选择适合自己的，满意的才签约。”

而在一份有效样本接近10万份的《2017年大学生求职指南》报告中显示，有73.5%的毕业生选择找工作，而剩下的26.5%的同学选择毕业后“不就业”，除了继续深造外，去向五花八门。调查显示，这部分学生大都有来自家庭的经济支撑，而“95后”大学生中这一趋势更加明显。

清华大学学生田丽：“现在的社会环境，就是生活质量越来越好了，所以同学们可能不光看向安家立业了。我既然有父母的支撑，就想看看我父母那一辈没有做成的事情，有没有办法可以实现。我想做一些更有价值、更有意义、能实现人生理想的事情。”

3. 慢择业：注重个人兴趣与自我成长

部分大学生慢择业现象的出现，其实是社会发展、生活水平、社会观念以及部分家庭父母的理解和尊重等因素综合作用的结果。这些让“95后”有条件转变择业观念，同时也让他们的选择更加开放与多元。

石洁是2018届的一名硕士毕业生，会计专业的她刚刚拒绝了一家收入可观的商业地产企业。在她看来，与薪资待遇相比，自身职业规划和发展空间更重要。

2018届硕士毕业生石洁：“这家企业跟我自己的职业规划发展不太一样，就是它的方向可能是你先做会计，发展到管理层。然而我想一直在财务这个行业发展。”

近日，应届生求职网针对2018届毕业生求职情况展开的一项调查显示，2018届毕业生普遍认为工作不只是满足生计这么简单，能够满足兴趣、实现自我成长更重要。数据显示，52%的受访者更看重个人兴趣，43%的受访者认为能够有更好的职业发展机会及自我成长是求职中必要的一个考量标准，21%的受访者最看重薪资水平。

北京科技大学招生就业处处长尹兆华：“学生现在找工作的时候已经不再是只为了找到一份工作养家糊口就可以了。他们对到这个岗位上去能不能发挥个人的特长，实现个人的人生理想和社会价值非常关注。”

应届生求职网的调查显示，关心“企业声誉”“带薪年假”“员工旅游”等软性福利的求职者占37%。2018届毕业生在求职时，对于企业文化、环境氛围更加关注。

北京科技大学2018届毕业生孔姗姗：“我一定要热爱它才可以。企业文化还是很重要的。首先要认同这个企业文化，你在那才能待得很开心。”

北京林业大学招生就业处副处长穆琳：“‘95后’的学生自我意识更加强烈：‘三观’要一致，我自己要做得开心。有一个学生，我说你之前那个大公司挺好的呀，现在为什么选择了这么一个创业公司？他回答得很干脆：我感兴趣啊，薪水少了三分之一也可以。”

4．创业中历练，试错中成长

而年轻人之所以给社会造成“慢择业”的印象，还有一个重要原因就是很多在老一辈人眼里算不上“正式”的工作，事实上却为年轻人就业提供了新渠道。来自北京林业大学英语专业大四的学生胡锦煜，选择了做一名插画创业者，通过经营公众号和淘宝店，将自己的作品输出成商业产品。

北京林业大学2018届毕业生胡锦煜：“在你定性之前多做一些尝试一定是好的，之后你可能有二三十年都可以用来努力工作赚钱，但是你只有前面可能从十几岁到二十几岁这一段时间来摸索。不断地尝试其实也是一种成长。”

调查显示，大学生的选择更加开放、多元，开淘宝店铺、做商业插画师、私人摄影师等非常独立又自由的职业，让一些学生能够以此为生，所以毕业后并不急于去找一份固定的工作。

5．毕业生“慢择业”，用人单位调计划

面对部分“95后”毕业生慢择业心态，一些高校、企业也正在做出调整和规划。而有关专家也提醒学生，慢择业过程中，需要尽快进入规划状态。

调查中，记者发现，以往大型的央企、国企会把招聘优先放在秋冬季，甚至不在春季招聘中投放计划。但随着现在部分“95后”毕业生择业心态的变化，企业需求和学生选择之间形成了一个招聘时间差。对此，很多企业做出了相应的招聘调整。

首都经贸大学就业指导中心主任姜蓓蓓：“现在，比如说它今年预计招100个人，那么它可能会拿出近三成的岗位，放到明年春招再招聘。企业招聘的整个流程更加精简和有效。对于一些优秀的人才，它会直接发这种绿色通道卡。”

6．谨防不理性“慢择业”变成“懒就业”

调查显示，在慢择业中，一部分毕业生是为了更高质量地就业或者进行更好的人生规划，但仍有一部分毕业生并非理性。根据应届生求职网所做的调查，选择慢择业人群中，有超过60%的受访者曾经有过职业规划，但并不清晰；近20%的受访者并没有清晰的职业规划，且非常迷惘；拥有非常清晰的职业规划，知道自己将来做什么的仅有20%。一些高校就业中心负责人表示，不理性的慢择业可能发展成为懒就业、怕就业。对于即将走向职场的“95后”学生而言，自身要进行合理的定位与分析。高校也需要加强引导，进行清晰的职业规划。

清华大学学生职业发展指导中心副主任沈若萌：“（高校要）搭建整个职业发展辅导的支持体系，学生大一一进校，一直到他的最终的择业完成为止，包括课程、职业的辅导、职场职业的教练计划等，让他在自己人生的每一个生涯阶段都对自己想干什么、该干什么和能干什么有一个相应专业的支持和精细化的辅导。”

第二节 就业方针

一、就业方针

就业方针政策是指国家或地区为促进就业而制定和实施的一系列措施和政策。其目的是提供更多的就业岗位、降低失业率，促进经济增长和社会稳定。具体的就业方针政策因国家和地区而异，但通常包括以下几个方面：

（1）经济政策。鼓励经济发展和创造就业机会是就业方针政策的核心。国家可以通过投资基础设施、扶持产业发展、减税降费等方式，激活经济增长，创造更多的就业机会。

（2）教育培训政策。提供高质量的教育和职业培训是就业方针政策的重要组成部分。国家可以通过改善教育体系，提供技能培训和职业指导，提高劳动力的素质和就业竞争力。

（3）劳动市场政策。建立健全劳动市场机制是就业方针政策的基础。国家可以通过改善劳动法律法规，保障劳动者权益，推动灵活就业和公平竞争，提高就业机会的质量。

（4）创业创新政策。鼓励创业和创新是就业方针政策的重要内容。国家可以提供创业支持和创新创业环境，鼓励企业家精神和科技创新，促进新兴产业的发展，为就业创造更多机会。

总之，就业方针政策旨在通过经济发展、教育培训、劳动市场改革和创业创新等多种手段，促进就业增长，提高就业质量，实现全面就业和社会稳定。

在国家统筹规划和指导下，实行劳动部门介绍就业、自愿组织起来就业和自谋职业相结合的“三结合”就业方针。主要做法是由过去主要依靠国有（全民所有制）单位安排就业转变为国有、集体、个体共同发展，并通过私营经济和外商投资经济扩大就业；由过去主要依靠发展工业特别是重工业吸收劳动力，转变为通过发展劳动密集型的第三产业和消费品工业扩大就业；由过去消极等待国家招工安置转变为鼓励劳动者积极创业，其中一个创举是依靠社会多方面力量和待业人员的积极性，兴办劳动就业服务企业；由过去单纯依靠行政调配手段组织管理就业转变为运用行政、经济和社会服务相结合的手段促进就业；城乡分割的就业格局开始松动。

《中华人民共和国就业促进法》第二条规定，国家坚持劳动者自主择业、市场调节就业、政府促进就业的方针，多渠道扩大就业。“劳动者自主择业”，指的是充分调动劳动者就业的主动性和能动性，促进他们发挥就业潜能和提高职业技能，依靠自身努力，自谋职业和自主创业。尽快实现就业“市场调节就业”，指的是充分发挥人力资源市场在促进就业中的基础作用。通过市场职业供求信息，引导劳动者合理流动和就业；通过用人单位自主用人和劳动者自主择业，实现供求双方相互选择；通过市场工资价位信息，调节劳动力的供求。“政府促进就业”，指的是充分发挥政府在促进就业中的重要职责。

二、就业政策

（一）新中国统包统分就业政策（1949—1978）

新中国成立后至20世纪80年代间实行。该政策主要是国家根据需求有计划地对大学生进行培养，毕业后由国家统一分配到计划内所需岗位。该项政策对1950年我国第一批毕业的大学生去向作出了明确的规定，标志着我国普通高等学校毕业生就业统包制度的阶段开始形成。1952年将分配就业工作的方针确定为“集中使用，特殊配置”，由此明确该项政策是符合当时我们国家的基本国情，是推动经济和社会发展的必要途径，标志着我国对高校毕业生实行由国家统包统分的就业政策形成。1958年，国家规定：所属于中央和各部委的高等学校，毕业后由中央统一分配就业。其他高等学校的毕业生由地方政府统一分配就业，形成以政府为主导，并按照国家计划来分配毕业生的就业体系。

（二）新时期由供需见面到双向选择就业政策（1978—2012）

这个阶段主要是从1978年至2012年。1978年，党的十一届三中全会明确“以经济建设为中心”作为战略重点，并提出改革开放的重大战略举措。随着知青返城，增加了大量新兴劳动力，使得就业形势不容乐观。由于经济体制改革不断深入以及社会主义市场经济的发展，“统包统分”的就业政策模式已经不能适应新时期社会发展的多元需求，我国对就业政策的改革势在必行。1985年，党中央发布了《关于教育体制改革的决定》，提出，对于计划内的高校毕业生，在国家统一计划指导下，可按学校推荐、本人填报就业志愿、用人单位择优录用三大原则就业，但在实际操作中还是按计划体制执行。1993年的《中国教育改革和发展纲要》提出，为了有效弥补统包统分就业政策的不足，为了适应当前就业形势，提出实行多数自主择业和少数服从国家分配安排相结合的就业政策。这个阶段的政策目标主要为适应多元化的社会需求，推动人才资源的自主流动，弥补了统包统分就业政策存在的缺陷，并且用人单位与高校毕业生对于双向选择掌握了一定的自主权。但是，仍然还存在一些问题。首先，虽然增强了用人单位与高校毕业生之间双向选择的自主权，但是国家的宏观调控能力变弱。

（三）新时代创新创业的高质量就业政策（2012 至今）

党的十八大以来，党中央对就业创业的体制机制进行全面改革，把稳就业放在优先位置，将稳健的货币政策、就业优先政策、积极的财政政策作为宏观调控的三大主要政策，统筹推进就业创业各项工作，促进就业稳定。一是不断丰富和优化就业优先的政策体系，把扩大和稳定就业作为国家发展的重要目标。不仅要加大普惠性政策扶持力度，把支持高校毕业生、农民工等重点群体就业工作为重点，通过对口帮扶企业、稳岗扩岗、有效应对失业风险等方面，落实好特定区域、特定行业、特定群体的就业问题。二是通过“双创”开启新时代创业促进就业的新路径。通过不断深化的“放管服”改革，使创业环境和市场准入门槛不断优化；实行结构性的税费减免，加大财政对双创领域的支持力度；实施人才引进和培训计划来推动创新创业，支持高校毕业生返乡开展自主创业；建设“双创”孵化基地，不断增强对于双创的服务能力。

新时代的中国经济发展步入新常态，与之相适应的就业形势打破了传统的雇佣式就业模式，高校毕业生就业呈现出自主择业、灵活就业、创新创业带动就业、双选就业等就业形式，总体就业质量不断提高，就业政策的目标也转变为以鼓励创新创业，促进高质量就业为目标。

三、我国大学生就业促进政策

面对就业形势的新变化和新挑战，我国把就业作为重中之重，坚持实施就业优先战略和更加积极的就业政策。根据《教育部关于做好 2018 届全国普通高等学校毕业生就业创业工作的通知》，当前促进高校毕业生就业主要有以下一些政策措施。

（一）鼓励毕业生服务国家发展战略

1. 引导毕业生到重点领域就业

各地各高校要围绕国家经济社会发展需要，主动对接国家发展战略需求，向重点地区重大工程、重大项目、重要领域输送毕业生。结合“一带一路”建设、京津冀协同发展和长江经济带发展，大力开拓就业岗位。落实区域协调发展战略，引导毕业生到中西部地区、东北地区和艰苦边远地区就业。

2. 促进毕业生到新兴领域就业创业

各地各高校要结合建设科技强国、质量强国、航天强国、网络强国、交通强国、数字中国、智慧社会要求，引导毕业生到高技术产业、战略性新兴产业、先进制造业和现代服务业等领域就业创业。深入挖掘互联网、大数据、人工智能和实体经济深度融合创造的就业机会，在共享经济、现代供应链、人力资本服务等领域拓宽就业新空间。

3. 鼓励毕业生到国际组织实习任职

高校要结合人才培养特色和学科优势，加快培养具有参与全球治理能力的高素质人才。加强与国际组织联系，拓宽合作交流渠道。及时收集发布国际组织招聘信息，把国际组织相关内容纳入就业指导教材和课程，通过开展讲座报告、项目推介、组建社团等多种方式，为毕业生到国际组织实习任职提供咨询、指导、培训等服务。

（二）引导毕业生到基层就业

1. 拓宽毕业生基层就业渠道

各地各高校要深入贯彻中央《关于进一步引导和鼓励高校毕业生到基层工作的意见》，落实好基层就业学费补偿代偿等政策，实施高校毕业生基层成长计划。服务乡村振兴战略，引导毕业生到现代农业、农产品加工、农村电子商务等产业就业创业。继续组织实施好“教师特岗计划”“三支一扶”“西部计划”等中央基层就业项目，如表6-1所示。鼓励毕业生到城乡基层从事教育文化、健康养老、扶贫开发等工作，到社会组织就业。

表6-1 中央基层就业项目

项目 / 名称细则	选聘高校毕业生到村任职工作	农村义务教育阶段学校教师特设岗位计划	高校毕业生“三支一扶”计划	大学生志愿服务西部计划
岗位	村党组织书记助理、村委会主任助理、村团组织书记副书记、村党组织书记副书记	县以下农村初中，适当兼顾乡镇中心学校	支农、支教、支医和扶贫	教育、卫生、农技、扶贫以及青年中心建设和管理
期满就业政策（特指各专门项目实施文件所规定的优惠政策）	聘任期2～3年；可继续聘任	聘任期为3年；聘期结束后可留在当地任教；可推荐免试攻读教育硕士	服务期2～3年；原服务单位有空岗时聘用，事业单位定向招聘	服务期1～3年；考中央国家机关和东中部公务员优先录取

2. 继续做好大学生征兵工作

各地各高校要深入学习贯彻习近平总书记给南开大学新入伍大学生回信精神，加强与兵役机关协调配合，落实学费资助、复学升学、就业创业等优惠政策，共同组织咨询周、宣传月等活动。加强高校大学生征兵机构建设，面向毕业生、在校生及新生等群体开展宣传动员，在高校放暑假前对体检、政考合格的学生发放“大学生预定兵通知书”。

3. 鼓励毕业生到中小微企业就业

各地各高校要充分发挥中小微企业吸纳毕业生就业的主渠道作用，广泛收集发布岗位信息，办好全国中小企业网上百日招聘等活动。省级教育部门要积极配合人力资源和社会保障、税务、中小企业主管部门等，落实小微企业吸纳毕业生的社保补贴、培训补贴、降税减负等优惠政策。高校要关心毕业生在中小微企业的成长发展，支持毕业生在小微企业进行产品研发和技术创新。

（三）促进以创业带动就业

1．深化高校创新创业教育

改革各地各高校要把创新创业教育改革作为高等教育综合改革的重要突破口，在培养方案课程体系、教学方法和管理制度等方面将改革持续向纵深推进，促进专业教育与创新创业教育有机融合，将创新创业教育贯穿人才培养全过程。强化创新创业实践，办好各级各类创新创业竞赛，着力培养学生的创新精神和创造能力。

2．落实创新创业优惠政策

省级教育部门要配合有关部门进一步完善落实工商登记、税费减免，创业贷款等优惠政策，为毕业生创新创业开辟“绿色通道”。高校要细化完善教学和学籍管理制度，进一步落实创新创业学分积累与转换、弹性学制管理、保留学籍休学创业、支持创新创业学生复学后转入相关专业学习等政策。

3．提升创新创业服务保障能力

各地各高校要加快发展众创空间，依托创业园、创业孵化基地等为毕业生创新创业提供场地支持。多渠道筹措资金，综合运用政府支持、学校自筹以及信贷、创投、社会公益、无偿许可专利等方式扶持大学生自主创业。建立健全国家、省级、高校大学生创业服务平台，聘请行业专家、创业校友等担任导师，通过举办讲座、论坛、沙龙等活动，为大学生创业提供信息咨询、管理运营、项目对接、知识产权保护等方面的指导服务。

（四）提供全方位就业指导服务

1．优化就业精准服务

各地各高校要广泛应用“互联网＋就业”新模式，通过新职业网，智慧就业等平台，根据毕业生和用人单位需求，开展精准对接服务。推动搭建跨区域、跨行业、跨类别的招聘信息服务平台，鼓励举办分层次、分类别、分行业的中小型校园招聘活动，更多采用网上初选、线下面试的便捷校园招聘模式。做好在内地（祖国大陆）高校就读的港澳台毕业生就业服务工作。

2．加大就业困难群体帮扶力度

各地各高校要重点帮扶建档立卡贫困家庭、少数民族、身体残疾等毕业生就业困难群体，配合有关部门落实好求职创业补贴等政策。要通过开展个性化辅导、组织专场招聘、优先推荐岗位、发放求职补助等方式，确保困难群体就业一个不能少、一个不能掉队。要与人力资源和社会保障部门做好离校未就业毕业生的信息衔接和服务接续工作。

3．规范就业工作管理

各地各高校要严格落实就业签约“四不准”要求，不准以任何方式强迫毕业生签订就业协议，不准将毕业证书、学位证书发放与签约挂钩，不准以户档托管为由劝说毕业生签订虚假协议，不准将顶岗实习、见习证明材料作为就业证明材料。建立健全毕业生参与的就业状况统计核查机制。严禁发布带有歧视性内容的招聘信息，严密防范“培训贷”、求职陷阱、传销等不法行为，切实维护毕业生权益，确保校园招聘活动公平、安全、有序。有条件的地区要积极推动建立任职定点体检和结果互认机制，尽力避免手续过于烦琐、重复体检。

4．提高就业指导能力

各地各高校要加强就业指导教师的培养培训，在专业技术职务评聘中充分考虑就业指导教师的工作性质和工作业绩，推进就业指导教师队伍职业化、专业化、专家化。把学生职业发展与就业指导课程贯穿于整个人才培养体系，将课程与学科专业相融合，探索慕课等新型课程形式。要为大学生职业发展提供个性化咨询指导。

5．充分发挥高校毕业生就业状况反馈作用

各地各高校要认真落实就业情况统计和监测责任制，确保就业数据真实准确。不断完善就业质量评价指标体系，按时向社会发布高校毕业生就业质量年度报告。鼓励开展毕业生就业创业与职业发展状况跟踪调查，推动形成就业与招生计划、人才培养、经费拨款、院校设置、专业调整的联动机制。

资料链接

志愿者代军平：让青春之花绽放在羌塘大地

我们可以很平淡地度过一生，也可以选择在平淡的生活里掀起风浪。很难想象，这是一名初出校园的少年讲出的豪言壮语。

2022年，代军平带着志愿服务西部的情怀踏上了前往西藏的火车。去基层锤炼品格、奉献爱心、获得成长是他的初心。在为期两年的志愿服务工作中，他从新手小白到先进个人，找寻到了人生的意义和价值……

心怀美好憧憬赴青春之约

代军平出生于四川巴中市的一个小乡村。2008年汶川大地震的时候，他只有9岁。短短几天，全国各地、各行各业的志愿者奔赴四川抗震救灾。当第一次看到应急救援志愿者在灾区忙碌的身影时，代军平深受震撼。也是在那时，他的内心种下了一颗志愿服务的种子。

怀着志愿服务的信念，代军平用实际行动投身到志愿服务中去。大学期间，他利用课余时间积极参加志愿活动，累计志愿时长超600小时。2019年5月，代军平偶然间看到学校发布的“到西部奋斗让青春出彩”2019年大学生志愿服务西部计划宣讲会公告。也正是这次宣讲会，让他与西部计划结缘。在宣讲会上，他详细了解了西部计划项目，也被志愿者的青春热血和奋斗精神深深打动。他想，这或许就是我想要努力

的方向吧。临近毕业，他决心奔赴西部，如愿加入了西部计划志愿者队伍。直到现在，代军平还记得父亲当初鼓励他的话，“要去就去西藏吧，去最艰苦的地方，去真正需要帮助的地方”。

2022 年 7 月，他踏上了前往西藏的火车，正式开启了一段充满未知和挑战的旅程。在火车上，他结识了许多志同道合的朋友。一路上大家欢声笑语，畅谈着自己的理想与抱负，从平原到雪域高原，领略着可可西里的广阔无垠、措那湖的波澜壮阔、雪山的巍峨耸立，仿佛置身梦境般，美好却不失真实。经过在拉萨的短暂培训，他被分配到了那曲市嘉黎县委员会办公室进行志愿服务，负责办文办会、协调沟通、民族团结等日常工作。

心怀使命担当助力疫情防控

2022 年 8 月，代军平服从单位安排，义无反顾投身到新冠疫情防控中。

11 月初，滞留人员开始陆续返乡。代军平作为那曲市区内跨地市流动工作人员，第一时间投入协助滞留人员返乡的工作，每日工作时间不定，连续工作 35 天。

一天，在返乡车辆到达嘉黎县，多数人员都被家人接走后，代军平注意到一位 80 多岁的老奶奶拎着大包小包，身旁还有一个七八岁的小女孩。通过跟老奶奶聊天，代军平得知，祖孙俩是从拉萨市回到那曲市的，由于离家较远，无法自行返乡。在与相关部门对接后，终于联系到了老奶奶的儿子。11 月的那曲寒风刺骨，老奶奶的儿子从乡里赶过来还需要几个小时，代军平就暂时将祖孙俩安置在县城的隔离酒店休息，为祖孙俩准备了热腾腾的藏面。吃饭的时候，老奶奶一个劲给我们塞她带的糌粑，边塞边低声说着感谢的话，眼睛红红的。后来同事和我说，老奶奶一直念叨着感谢国家、感谢共产党、感谢一线工作人员。那一刻，我觉得工作再苦再累都是值得的。

类似这样的事情还有很多。在平时虽然显得微不足道，但在那段特殊的日子里，通过自己的努力给予别人一点帮助，让群众感到温暖，就会觉得自己的志愿服务是有意义的。代军平说，现在回想起来，那段日子虽然很苦很累，但是自己帮助到了真正需要帮助的人。每当看到大家脸上的笑容，就会觉得来到西藏是最正确的选择。

在这次工作中，代军平也被中共嘉黎县委、县人民政府评为抗击新冠疫情先进个人。

服务祖国最高点活出精彩人生

2023 年 7 月，为了尝试不同的岗位，提升自己的工作能力，代军平选择了调岗，被重新分配至那曲市委办公室信息科。对从未接触过信息工作的他来说，其中的挑战不言而喻。刚到信息科，他虚心向同事请教，积极主动学习，逐渐掌握了工作流程和方法。截至目前，代军平共办理网民留言 72 期，办结率 100%，更新中共那曲市委员会门户网站信息 247 条，办理紧急信息 38 期。“小代进步很快，刚来这边不到一个月就掌握了工作内容，在工作上也是任劳任怨，我们安排的任务都可以及时完成。”信息科负责人次仁拉姆称赞道。今年9月，在代军平和同事的共同努力下，那曲市信息排名取得了全区第三的好成绩。

在繁忙的工作之余，代军平还会写一些诗歌、散文，有时也会弹弹吉他、拍拍照片，用文字和镜头记录他在西藏生活的点点滴滴。他所创作的《羌塘民族情》歌词也被那曲市艺术团征用，现阶段正在谱曲中。

在两年多的志愿服务生活中，他把西部计划当成“我与祖国共同成长”的机会，在实现自身成长的过程中，也收获了最真挚的人生感悟：作为一名西部计划志愿者，不能只是为了来这里做一件难忘的事情，而是要在致力于服务西部“有所作为”的过程中，找寻到人生的意义和价值。

代军平表示，在接下来志愿服务的日子里，他将继续坚守在这里，将奉献的种子深深扎根在这片土地，用自己的青春在羌塘草原书写别样的精彩人生。

第三节　就业信息收集与利用

一、就业信息的综述

在现实生活中，每个人每时每刻都在不断地接收信息、加工信息和利用信息，都在与信息打交道。当今世界已进入信息时代，信息在人类生活中显示出越来越重要的地位。毕业生求职择业也不例外，就业信息在毕业生求职过程中的重要性不言而喻。

就业信息是指与就业有关的消息和情况，包括就业政策、就业机构、经济发展形势与趋势、劳动力供求双方的情况、国民经济计划、劳动用工制度、干部人事制度、毕业生资源及就业制度、近期失业率以及就业培训等。就业信息分为两类：宏观信息和微观信息。

宏观信息是指国家的政治经济情况，国家或地区社会经济的方针政策规定，国家对毕业生的就业政策与劳动人事制度改革的信息，社会各部门、企业需求情况及未来产业、职业发展趋势的信息。掌握这些信息，就可宏观地把握就业方向。同学们在校期间要关心国家政策的重大改革，这对确立宏观的择业方向有着重大的意义。

微观信息是指某些具体的就业信息。如用人单位的需求情况、发展前景、需求专业条件、工资待遇等。这些信息是在即将毕业时所必须搜集的具体材料。我们平常所说的就业信息就属于微观就业信息。

二、就业信息搜集的方法和渠道

（一）就业信息搜集方法

1. 全方位搜集法

把与你的专业有关联的就业信息统统搜集起来，再按一定的标准进行整理和筛选，以备使用。这种方法获取的就业信息广泛，选择的余地大，但要花费一定的时间和精力。

2. 定方位搜集法

根据自己选定的职业方向和求职的行业范围来搜集相关就业信息。这种方法以个人的专业方向、能力倾向和兴趣特长为依据，便于找到更适合自己特点、更能发挥自己作用的职业和单位。需要注意的是，当你选定的职业方向和求职范围过于狭窄时，有可能大大缩小你的选择余地，特别是你所选定的职业范围是竞争激烈的“热门”工作时，很可能给你下一步的择业带来较大困难。

3. 定区域搜集法

根据个人对某个或几个地区的偏好来搜集信息，而对职业方向和行业范围较少关注和选择。这是一种重地区、轻专业方向的信息搜集法。按这种方法搜集信息和选择职业，也可能因所面向地区的狭小和“地区过热”（有较多择业者涌向该地区）而造成择业困难。

就业信息虽然有很多种搜集方法，但每一名毕业生的基本情况、个人条件不同，所以其最佳信息搜集方式也不相同。所以，毕业生在搜集就业信息时应该找到一种适合自己的最佳方式，并以此为主，以其他信息搜集方式为辅，搜集各种就业信息。

（二）就业信息搜集的渠道

1. 学校毕业生就业工作部门

学校毕业生就业工作部门是学校的一个职能部门，整理和发布就业信息是其主要工作。在长期的工作交往中，与上级毕业生就业主管部门及用人单位有着广泛而密切的联系，是用人单位向学校寄送需求情况的信息集中地。经过学校毕业生就业工作部门筛选和分类的用人单位，其可信度高、信息量大。可以说，学校毕业生就业工作部门是毕业生获取就业信息的主要渠道。

2. 各地人才服务中心

人才服务中心是各市、区、县劳动人事部门设立的专门从事人才交流、职业介绍工作的服务机构。在这里，既可以通过咨询获得当地就业规定、实施办法，又可以了解当地的人才需求情况。对于有明确的就业地点要求的毕业生来说，这种渠道的就业信息就显得尤为重要。

3. 院系领导及老师

院系的领导、老师直接与毕业生接触，比一般人更了解本专业毕业生适合就业的方向和范围，也往往更了解近几年来毕业生的就业情况。他们提供的信息针对性强，更能满足学生对专业发展的要求。在实际工作中，一些院系领导、老师经常受其同学、好友的委托，为其单位推荐合适的毕业生。

4. 家长、亲朋好友等社会关系

家长和亲朋好友是尚未步入社会的大学生社会关系网的主要构成部分。他们来自社会的各个行业、各个阶层，与社会有多种联系，可以从不同渠道带来各种用人单位的需求信息。他们比较了解大学生本人的求职意向，提供的信息也就比较直接、有效、可靠。毕业生接受家长亲友提供的信息，由此进入就业岗位的可能性也比较大。

5. 网络、报刊、广播、电视等媒体

需要特别注意的是，这种信息传播面广、竞争性强、时效快、成功率较低，而且其内容往往比较笼统，如果选用，还应做进一步的了解。一些用人单位常常通过报纸、杂志、广播、电视等大众传媒介绍本单位的现状、发展前景和人才需求信息。

6. 实习、社会实践、社交等活动

毕业生在实习、社会实践中可以直接与用人单位接触，了解有关需求情况，也能让用人单位更多地了解自己。通过实习，一方面使用人单位对你有所认识和了解，另一方面使学生对择业领域有更深的了解。

以上就业信息来源渠道的划分并不是绝对的。比如，学校毕业生就业工作部门的信息会在互联网上发布，同时学校也会主动搜集其他渠道的就业信息. 在实际的操作过程中，就业信息是纵横交错、相互补充的。

资料链接

小谢是一所普通本二批高校软件工程专业的应届毕业生，他非常喜欢做一些小程序的开发工作，经常在一些技术群里面发布自己编写的小程序。因为爱好，他也经常去参加一些公司的小程序设计大赛。大三下学期，他参加了腾讯公司的一个在线程序设计大赛，认真准备了一个月，提交了自己的设计作品，结果获得了三等奖。腾讯公司邀请他去现场交流，最后被看中，顺利签约。从小谢的经历中，我们可以看到，就业的机会无处不在，机会都是靠自己去把握争取的。

三、就业信息的处理和利用

一般来说，通过上述渠道所搜集到的原始就业信息都比较杂乱，有相当一部分信息是没有用处的，应根据自己的实际情况和需求，对信息进行有针对性的处理，使获得的信息具有准确性、全面性和有效性，更好地为自己的求职服务。把通过各种渠道搜集来的信息按地区、性质进行分类，再按自己的择业标准进行等级分类，把那些自己感兴趣的单位列为第一等级，作为求职择业的重要选择方向。

（一）在处理这些信息时应把握以下原则

（1）掌握重点。将收集到的所有就业信息进行比较、初步筛选之后，把重点信息选出来，标明并注意留存，一般信息则仅作参考。

（2）适合自己。每个人的情况不一样，应选择适合自己的信息。

（3）注意信息的时效性。搜集到就业信息后，应适时使用，以免过期。

（4）确定信息搜集范围时不能局限于“热门”单位和周边较近的地区，否则会大大降低就业的成功率。

（二）应用就业信息时应考虑如下方面

1. 研究分析就业信息，确定合适的择业目标

择业目标是求职者的职业期望，是求职者对某项职业的追求和向往。制定切合实际的择业目标，除对自身条件有很清楚的认识外，还必须通过搜集就业信息，明确择业政策范围，熟悉行业特点以及与自身条件相关的行业状况。然后，根据社会需求信息与相关用人单位的岗位要求确定择业目标。在实施过程中发现有偏差时，还应及时根据信息反馈情况，调整择业目标。许多信息的价值往往不是浮在表面上的，必须经过深入挖掘才能发现。比如，根据有些单位的现状，可能还难以判断、预测单位和自己今后的发展。有些单位虽然目前条件差一些，但从长远看是有前途的，能够给人才较大的发展空间。这就要求毕业生既要站在高处，从长远的、大局的方向看职业、单位的趋势，又要留意信息的细枝末节，由表及里地挖掘信息的内涵价值。有时，还需要有一些专业知识和经验。由于就业信息传播速度快，共享程度高，毕业生得到的信息仅仅代表着一种可能的机会，而且充满着竞争，机会稍纵即逝。因此，毕业生获取信息后，一定要尽快分析处理并向信息发布者反馈信息，早动手未必能得到这个岗位，但反应迟钝者肯定会失去这个岗位。

2. 应用就业信息，锻炼和评估自己的择业能力

就业能力是人们进行求职择业活动的本领，是在人们先天生理素质的基础上，经过训练和培养而形成的。一般说来，择业能力强的人，择业成功的可能性较大；反之，择业成功的可能性较小。大学毕业生的社会期望值一直较高，目标与现实之间常常存在着差距。

在明确目标的同时，应仔细分析了解自己的优缺点，将目标放置现实之中，明确两者之间的距离。寻找工作时，要对自己目前掌握什么、欠缺什么，做到心中有数。盲目自信、急于求成都难以成功。明确自己的目标与现实的差距后，下一步的问题即怎样缩小差距，并为尽可能地缩短这一差距找出最适合的途径。除了了解自己，还要了解用人单位的准确名称、单位性质、规模、发展前景、地理环境、经营范围和种类等，要了解用人单位需要的专业、层次、使用意图、具体工作岗位、用人单位的福利待遇，以及用人单位的联系方式，如人事部门联系人、电话、通信地址、邮政编码、E-mail 等。

3. 应用各种具体信息，选择就业岗位

用以指导自己确定择业目标和择业方式的信息，大都应从总体上去把握。但在选择确定自己的职业岗位时，必须充分重视应用通过各种途径搜集到的具体单位的用人信息，不失时机地对各种具体用人信息进行考证、核实，抓住适合自己的有效信息。在自主择业条件下，择业能力的强弱与人们能否获得择业成功的关系很大，在选择确定自己的职业岗位时。必须充分重视应用通过各种途径搜集到的具体单位的用人信息，包括用人单位直接发出的人才需求、招聘广告、就业市场上用人单位的招聘面试、亲朋好友介绍的某单位的用人需求等，不失时机地对各种其他用人信息进行考证、核实，抓住适合自己的有效信息。争取早日成功就业。

四、分渠道就业信息

（一）企业

企业是吸纳劳动者最多的用人单位，也是多数大学生选择的用人单位。按照所有制的不同划分，企业可以分为国有企业和非国有企业两大类。

1. 国有企业

国有企业是指所有制属国家所有或国家控股的企业。国有企业是我国经济发展的命脉，是我国国民经济收入的主要来源，在资金、人员、技术、管理等方面，都有比较雄厚的基础，在科学技术、管理经营、人才培养等方面起着示范和带头作用。国有企业尤其是国有大型企业，具有福利待遇优厚、工作环境好、注重对员工的人文关怀等优势，成为许多大学生择业的首选目标。

2. 外资企业

外资企业是建立在我国领土上，根据我国有关法律规定由一个或一个以上的国外投资方独立经营或与我国投资方共同经营，实行独立核算、自负盈亏的经济实体。在人事管理方面，外资企业一般按照国际惯例从事管理，根据双向选择的原则，实行聘用合同制、择优任用制。

3. 集体和乡镇企业

集体所有制企业是指在所有制关系上属于劳动者集体所有的企业。集体企业的人事管理制度与国有企业基本相同。专业技术职务的聘任也与国有企业大体相当。乡镇企业是指乡镇或村办的企业及部分农民联营合作的企业等，它是改革开放的产物。

（二）报考研究生

研究生分为两个层次：硕士研究生、博士研究生。对于本科学生而言，提到“研究生”通常指硕士研究生。研究生考试的内容可以分为两大部分：公共课和专业课。专业课由报考的院校负责出题。公共课主要包括政治、英语、数学三大部分，由教育部统一命题，全国统考。一般而言，考研的准备时间不宜太长，进入大三准备即可。但是如果跨专业考研的话，准备时间要适当提前。

（三）公务员、选调生、事业单位

1. 公务员

按照我国公务员法的规定，公务员是指依法履行公职、纳入国家行政编制、由国家财政负担工资福利的工作人员。

我国每年都会举行数十次大大小小的公务员考试，从纵向来划分，可以分为中央、国家机关公务员考试和地方公务员考试两种；从横向来划分，又可分为各个系统的公务员考试。一般系统单独招考的情况比较少，都是由人事部门统一招考各系统的公务员，所以公务员考试中最主要的就是中央和各省人事部门组织进行的统一招考。

公务员考试包括笔试和面试。笔试的内容庞杂，但一般深度较浅，注重考察知识层面，而且要求快速作答。根据《国家公务员暂行条例》和《国家公务员录用暂行规定》第十四条的规定，报考公务员的有关人员必须具有中华人民共和国国籍，享有公民的政治权利，拥护中国共产党的领导，热爱社会主义等；年龄要求为 18 周岁以上、35 周岁以下。当然，报考者还要达到招考部门规定的体检要求。

2. 选调生

选调生是组织部门有计划地从高等院校选调品学兼优的应届大学本科以上毕业生到基层工作，作为党政领导干部后备人选和县级以上党政机关高素质的工作人员人选进行重点培养。选调生的提拔一般采取借调方式，借调满一年便可转入借调单位，有公务员岗位编制的不通过公开公务员考试直接提拔。并不是所有的高校毕业生都适合报考选调生，报考人员应当符合以下条件：热爱中国共产党，热爱人民，具备从事机关工作的基本素质和党政领导人才的潜质，适应基层艰苦环境，在校期间综合表现优秀，学习成绩良好，群众威信较高。

3. 事业单位

事业单位是为党政机关和国民经济、社会生活各个领域服务的，为国家创造或改善生产，增进社会福利，满足人民文化、教育、科学、卫生等方面的需要，不以为国家积累资金为直接目的的单位。

（四）基层就业项目

1. 大学生村官

大学生村官，是指具有专科以上学历的应届或往届毕业生，担任村党支部书记助理、村主任助理或其他“两委”职务的工作者。

大学生村官工作与“三支一扶”计划、农村教师特岗计划、志愿服务西部计划均不相同。大学生村官是村级组织特设岗位人员，从事村务管理工作，工作地点在村里，而其他三类主要从事服务性工作，工作地点以县市和乡镇为主。

2. 特岗计划

“特岗计划”是农村义务教育阶段学校教师特设岗位计划的简称。国家决定通过公开招聘高校毕业生到县以下农村学校任教，引导和鼓励高校毕业生从事农村义务教育工作，创新农村学校教师的补充机制，逐步解决农村学校师资总量不足和结构不合理等问题，提高农村教师队伍的整体素质。

3.“三支一扶”

“三支一扶”，是指大学生在毕业后到农村基层从事支农、支教、支医和扶贫工作。其目的在于为高校毕业生向基层单位落实就业问题提供具体的指导和保障。从2006年起连续5年，每年招募2万名左右高校毕业生，主要安排到乡镇从事支教、支农、支医和扶贫工作。工作时间一般为2～3年，工作期间给予一定的生活补贴。工作期满后，自主择业，择业期间享受一定的政策优惠。

4. 大学生志愿服务西部计划

根据国务院常务会议精神，从2003年开始，团中央、教育部、财政部、人力资源和社会保障部共同组织实施西部计划，按照公开招募、自愿报名、组织选拔、集中派遣的方式，每年招募一定数量的普通高等学校应届毕业生，到中西部贫困县的乡镇一级从事志愿服务工作。志愿者服务期满后，鼓励扎根基层，或者自主择业和流动就业，并在升学、就业方面给予一定政策支持。主要内容为支教、支医、支农、基层青年工作、新疆双语教学（原新疆汉语教学）、灾后重建、全国农村党员干部现代远程教育、西部基层检察院、西部基层法律援助、西部基层人民法院、西部农村平安建设和开发性金融等专项行动。服务期限为1～3年。

（五）应征入伍

应届大学生参军入伍的征集对象包括普通本科、高职等全日制公办和民办学校当年毕业的学生。往届毕业生、成人教育、各类非学历教育、培训类学校及自考类学校学生不包括在各级各类学校应届毕业生范围之内。

对应征者的年龄要求，高职应届毕业生的年龄可以放宽到 23 岁，本科及以上应届毕业生放宽到 24 岁。“高校毕业生”是指中央部门和地方所属全日制公办普通高等学校、民办普通高等学校和独立学院的全日制普通本专科生（含高职生）、研究生、第二学士学位应届毕业生。不包括往届毕业生及成人高等教育、高等教育自学考试类学生，各类非学历教育的学生。

（六）出国留学

在我国，根据留学经费来源不同，出国留学主要有以下三种类型。

1. 公费留学

指国家根据需要，按计划派遣由国家提供出国学习、生活及往返旅费的出国留学，一般分为大学生、研究生、进修人员和访问学者等公费留学。因选派部门不同，可分为国家公派和单位公派。

2. 自费公派

由个人自费按国家公派的方式加以管理，实际上也是公派的一种。近几年来，这部分人也被纳入单位公派的范围。在各机关、企业、事业团体里工作的各类专业骨干人员、毕业研究生、优秀文艺骨干、优秀运动员、机关工作业务骨干和具有特殊技能的人才，经过本单位的同意，通过取得各种奖学金、助学金或者亲友的资助后，均应纳入所在单位、部门的派遣计划（在政府部门所属人才交流机构存档人员除外）

3. 自费留学。

出国学习、生活、医疗和往返一切费用由自己承担或者由国外亲友资助。

本章小结

学习了我国就业形势，当前我国就业形势总体稳定、就业结构不断优化、区域就业格局更加合理、创业创新成为就业增长的重要源泉、重点群体就业保持稳定，但同时劳动力供大于求、城乡居民就业的结构性矛盾、就业质量有待进一步提高等问题仍然存在。搜集就业信息是就业指导工作的首要任务，是为学生提供求职的基础和必要条件。只有及时、准确、全面地掌握就业相关信息，就业指导才能更好地发挥作用。

关键术语

就业形势（The employment situation）
就业政策（The employment policy）
就业信息（The employment information）
西部计划（The western plan）
公务员（Civil servants）
选调生（Selected students）
“村官”（Village officials）

复习思考题

1. 当今就业形势和大学生就业状况如何?
2. 我国大学生就业促进政策包括哪些内容?
3. 大学生就业的一般心理问题如何做好调适?
4. 在就业中如何树立好正确的自我定位?
5. 搜集和合理利用就业信息在大学生求职过程中有何作用?
6. 结合实际研读自己就业时必须了解和掌握的信息。

第7章 Chapter 7 就业准备

知识结构图

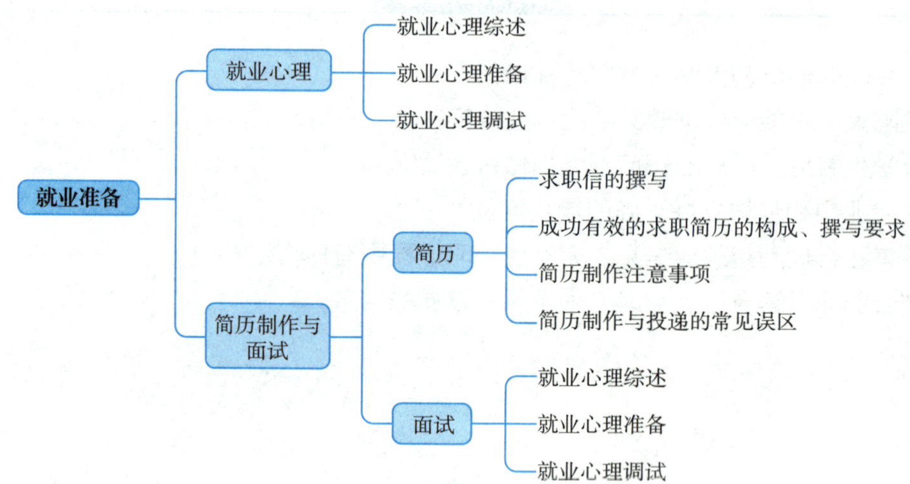

名言隽语

种树的最佳时间是20年前，其次是现在。

机会眷顾有准备的人。

乐业是幸福的起点。

学习目标

1. 了解大学生求职过程中常见的心理问题；
2. 了解大学生择业的心理动机；
3. 掌握大学生就业心理问题的调适方法；
4. 掌握求职书面材料的撰写技巧和制作方法；
5. 掌握面试常见问题及面试技巧；
6. 了解结构化面试和无领导小组面试。

李莉的就业之路：从迷惘到成功

李莉是一名计算机科学专业的大四学生，她对编程有着浓厚的兴趣，并在大学期间积极参与了多个项目。然而，当面临就业时，李莉却感到迷惘和焦虑。她担心自己的技能与市场需求不匹配，担心自己的学历不够出色，还担心在面试中表现不佳。

为了缓解这种焦虑，李莉开始进行心理准备。她首先通过各种途径了解行业趋势和市场需求，这使她对自己的职业定位有了更清晰的认识。同时，她参加了学校组织的职业规划课程，学习如何调整就业心态，增强自信心。

在心理准备的同时，李莉还专注于求职资料的撰写。她认真回顾了自己的大学生活，整理出了与计算机科学相关的实践经历和项目经验。她撰写了有针对性的简历和求职信，强调了自己的技能和项目经验与招聘需求的匹配度。她还通过互联网查找了简历和求职信的撰写技巧，不断完善自己的资料。

经过一段时间的准备，李莉的焦虑逐渐减轻，她开始积极投递简历并参加面试。最终，她成功获得了一家知名互联网公司的 offer，职位是与她的技能和兴趣相匹配的软件开发工程师。

【案例启示】面对就业的不确定性和竞争压力，良好的心理准备是必不可少的。李莉通过了解市场趋势、明确职业定位、增强自信心等方式，缓解了自己的焦虑，为成功就业打下了坚实的基础。与此同时，李莉通过精心整理和撰写自己的简历和求职信，成功吸引了招聘者的注意。她还通过不断学习和完善技巧，提高了自己资料的竞争力。李莉除了停留在理论学习上，还结合自己的实际情况进行准备，这使她在就业市场上更具竞争力。尽管面临焦虑和压力，李莉仍然勇敢地投递简历并参加面试。她以积极的态度面对就业过程，最终获得了满意的工作机会。总之，李莉的就业之路为大学生提供了宝贵的经验和启示。希望每一位即将踏入社会的大学生都能够从她的经历中汲取力量，勇敢地面对就业的挑战。

第一节 就业心理

面对毕业就业，很多大学毕业生心理上会出现波动。一方面是即将步入社会，对未来充满期望；另一方面会陷入迷惘，心生焦虑。为此，高校毕业生务必要调整好择业心态，做好充分的心理准备。积极参与竞争，勇敢地迎接挑战，为顺利实现就业确立心理基础。

一、就业心理综述

（一）就业心理的含义

就业心理是指在考虑就业问题、为获得职业做准备及在就业过程中产生的各种心理现象。它包括人们在就业过程中的注意力、兴趣、动机、情感和意志等以各种具体形式所表现出来的倾向性和能动性。

就业心理还可以分为以下三个系统。

1. 就业导向系统

指人们在就业过程中所具有的世界观、价值观和职业伦理，它决定了人们的职业目标和选择职业的标准。

2. 就业动力系统

主要包括个人在就业过程中的兴趣、需要、信念、理想等，推动个体积极地树立特定的职业目标，努力克服各种困难，坚持不懈地去争取职业目标的完善和人生价值的实现。

3. 就业功能系统

指个人在就业过程中的气质、性格和能力，保证个体去适应和胜任相应的职业，在努力胜任挑战工作任务的同时，个体心理功能也得到磨砺、发展和加强。

无论是毕业生还是职场人士，都会面临新环境、新任务和新挑战，而这些都会对心理产生一定的冲击和影响。良好的就业心理能帮助个人更好地适应变化，保持积极向上的态度，提高工作效率和生活质量。对于大学生来说，这些心理活动和情绪反应涉及大学生对就业形势的认识、自我定位、职业期望、心理调适等多个方面。大学生就业心理不仅反映了大学生的就业观念和职业价值观，还体现了他们在面对就业压力和竞争时的心理状态。

（二）就业心理在就业过程中产生的影响

随着高等教育的普及和就业市场的竞争日益激烈，大学生的就业心理问题越来越受到社会的关注。其影响主要表现在以下几个方面。

1. 大学生的就业心理对其职业选择和职业发展产生的影响

在择业过程中，大学生的价值观、兴趣和目标等因素都会对职业选择产生影响。心理素质良好的大学生能够更准确地评估自己的能力和需求，制定出合适的职业目标，并在实现过程中表现出足够的毅力和决心。同时，良好的心理素质也有助于大学生更好地适应职场环境和工作要求，提高工作满意度和职业成就感。

2. 大学生的就业心理对其心理健康和生活质量产生的影响

面对就业压力和竞争，一些大学生可能会出现焦虑、抑郁等心理问题，这些问题不仅会影响他们的心理健康，还可能对生活质量产生负面影响。例如，焦虑心理可能导致大学生出现失眠、食欲不振等症状，影响身体健康。而抑郁心理则可能导致情绪低落、消极等情绪问题，影响正常的学习和生活。

3. 大学生的就业心理对社会产生的影响

随着高校扩招和就业形势的变化，大学生的就业问题已经成为社会关注的热点问题之一。大学生的就业心理问题如果得不到及时解决，可能会导致一些社会问题的出现，如家庭负担加重、社会稳定性的下降等。因此，政府和社会应该加强对大学生就业心理问题的关注和帮助，提供必要的心理辅导和支持，促进大学生的顺利就业和社会稳定发展。

（三）就业心理在就业过程中的重要性

重视并积极开展大学生的就业心理健康教育工作是十分必要的，有助于提高大学生的心理素质和应对能力，促进其顺利就业和未来的职业发展。就业心理的重要性主要体现在以下几个方面。

1. 提高就业竞争力

在激烈的就业竞争中，良好的就业心理可以帮助大学生保持积极向上的态度，勇于面对挑战和竞争。通过培养自信心、增强自我调节能力、提高抗挫能力等积极的心理素质，大学生可以提升自己的就业竞争力，从而更好地适应职场环境和工作要求。因此，培养良好的就业心理对于提高大学生的就业竞争力具有重要的意义。

2. 促进职业发展

良好的就业心理可以帮助大学生明确自己的职业目标和发展方向，制订合理的职业规划。同时，积极的就业心理还可以激发大学生的创造力和潜能，提高工作绩效和职业成就感，促进其职业发展。因此，培养良好的就业心理对于促进大学生的职业发展具有重要的意义。

3. 维护心理健康

培养良好的就业心理可以帮助大学生克服各种困难和挑战，减少焦虑、抑郁等心理问题的产生。通过调整心态、增强自我调节能力、寻求社会支持等方式，大学生可以保持健康的心理状态，从而更好地应对生活中的各种挑战和压力。因此，培养良好的就业心理对于维护大学生的心理健康具有重要的意义。

二、就业心理准备

大学生进行就业心理准备是非常必要的，可以提高自身的竞争力、实现自我价值、培养积极心态和做好职业规划等方面。大学生应该注重从以下几点作准备。

（一）认清就业形势

了解就业市场的状况是做好就业心理准备的基础。大学生可以通过各种途径了解当前的就业形势，包括行业趋势、市场需求、企业需求等，以便更好地把握就业机会。同时，也要了解就业市场的竞争情况，分析自己的优势和不足，并有针对性地提升自己的竞争力。

（二）正确认识自我

了解自己的兴趣、优势和价值观，有助于更好地选择适合自己的职业方向。大学生可以通过自我评估、职业测评等方式来了解自己的优势和不足，明确自己的职业定位和发展方向。同时，也要意识到自己的职业发展是一个长期的过程，需要不断地学习和提升自己的能力。

（三）科学规划自我

制订科学的职业规划是实现职业目标的重要保障。大学生需要根据自己的实际情况和职业目标，制订合理的职业规划，包括短期和长期的职业发展计划、学习新技能的计划、提升自身能力的计划等。同时，也要根据实际情况及时调整自己的职业规划，以适应市场变化和职业发展的需要。

（四）培养良好心理

良好的心理素质是应对就业压力和挫折的重要保障。大学生需要培养积极的心态、自信心、抗挫折能力等心理素质，以便更好地应对就业市场的挑战和压力。同时，也要学会调节自己的情绪和心态，保持乐观向上的精神状态，以更好地应对职业发展中的各种挑战。

（五）树立积极心态

积极的心态有助于更好地应对就业市场的挑战和机遇。大学生应该树立正确的就业观念，积极寻求就业机会，把握机遇，不放弃任何一个可能适合自己的工作机会。同时，也要保持乐观的心态，相信自己能够找到适合自己的工作，并在职业发展中不断取得进步和成就。

三、就业心理调适

（一）求职过程中常见的心理问题

1．焦虑心理

焦虑是一种常见的神经官能症，是以发作性或持续性情绪焦虑、紧张、恐惧为基本特征的一种病态心理。心理学对焦虑是这样定义的，焦虑是由于对可能出现的结果的恐惧，而产生以担心为主要表现的焦急、紧张的情绪体验。适度的焦虑可以使人产生一种压力，增强积极向上、主动参与竞争的能力；过度的焦虑，则会干扰人的正常活动，产生较严重的心理障碍或疾病。

大学生毕业的时候有很多择业选择，面对的选择越多，内心的矛盾和挣扎也会越多。这种就业心理使学生在就业之前就背上了沉重的心灵枷锁。面对职业选择，大学生可能会感到无所适从。或职业期望过高，只求好单位；或希望尽快落实就业单位，急于求成；或心存侥幸，幻想不付出努力而获得称心如意的工作；或为即将到来的困难忧心忡忡。不少毕业生时常焦躁、忧虑、困惑、恐慌等，这是典型的焦虑心理。

大学生择业中焦虑心理的一种特殊表现就是急躁。尤其在职业未最终确定之前，这种心理表现得尤为明显。他们有时恨时间过得太慢，简直是度日如年；有时又恨时间过得太快，最后期限将至，单位仍无着落。他们埋怨用人单位优柔寡断，希望能一帆风顺，一蹴而就。一旦遭遇挫折便暴跳如雷，怨气满腹。特别是那些在规定期限内未落实单位的学生，心情更为急躁。这种急躁心理，往往使他们缺乏自我控制力，心理紧张，烦躁不安，无所适从，有时会导致事倍功半甚至事与愿违。大学生在就业过程中产生一些焦虑、抑郁的情绪是正常的。轻度的焦虑有一定的积极作用，可以激发潜能，使自己产生紧迫感，从而更努力地寻找就业机会。可是一旦焦虑过度，上升到“焦虑症”，就应该及时给予关注和心理干预，以免病情加重，导致过度失望带来的郁闷和焦虑，产生过激行为。

资料链接

乱投简历

某校商学院学生张某是2022届毕业生。在校期间，常常在自习室和图书馆学习，极少参加班级活动和社团活动，主要目的是考研。2022年报考研究生没有考上，张某把希望和目标又寄托在2023年的考研上面，于是没有出去找工作，在学校附近租了个房子继续备考。在2023年的研究生考试中，他又失利了。

在2023年5月，该生选择了找工作。由于没有任何工作经验，同时已经不是应届毕业生，工作就更难找了。他首先到深圳一家流水线工厂工作了两个月。由于工作辛苦，他辞职了。又想报考注册会计师。但是他在2023年8月后又放弃了注册会计师的目标，开始找工作。当有单位打电话过来时，由于投的单位太多，所以他还要根据电话号码上网查看是哪家企业，应聘的是什么职位。就这样忙了一个星期，几乎每天要跑去两个单位参加面试。应聘了一个星期后没有回音，以为没有希望了，他又回到了老家。当有就业单位打电话要求他上班时，已经无法联系到他了。

分析：该生性格太急，而且心态不稳。大学期间由于害怕找不到工作而把希望寄托在考研上面，忽略了对综合素质的培养。考研究生并不适合每个学生，有的时候考研只是成了一个不找工作、不面对现实的借口。该生找工作时病急乱投医，什么都投。在选择工作时一定要选择和自己能力相符合的工作岗位，不要跨度太大，另外也要选择自己愿意去尝试的工作，否则虽然不断面试，但不一定有满意的结果。

2. 依赖心理

依赖是指在就业中不愿承担责任，缺乏独立意识，没有个人独立的决策能力，没有进取精神，只是依赖父母或老师、学校，甚至只等工作送上门而不去积极争取。有部分大学生在毕业、择业的时候，对自己的职业目标、需要、价值观以及自身特点等没有明确的认识；在就业时不能正视自己的能力、素质和择业的客观环境。并且他们在求职过程中过分依赖学校、家庭或社会关系，缺乏自主性和独立性。他们可能会觉得，如果没有人帮助他们找到工作，自己就无法成功就业。这种依赖心理会影响他们的自我成长和发展，降低他们的就业竞争力。还有不少毕业生由家长陪着参加供需见面会，工作的好坏完全由父母决定，缺乏自主择业的能力。他们在选择职业时往往茫然、犹豫不决、反复无常、见异思迁、躁动不安，不能主动独立地获取职业消息、筛选目标、规划职业生涯，也不能解决就业中的问题，做出正确的决策。

资料链接

带着父母面试

湖北某高校毕业生周某，在其毕业年度的3月学校举办的小型招聘会上，父母在招聘会尚未开始时，就早早地到会场打听单位的情况，招聘会开始很久以后，周某才到现场，并由家长陪同前往用人单位摊位前面谈。面谈过程中，周某发言的时间还没有其父母多，结果谈了一家又一家，最终仍一无所获。

分析：周某的问题是择业过程中过分依赖他人。依赖他人是难以选择到一份满意的工作的。现在的毕业生中，独生子女所占的比例大，他们的生活一帆风顺，没有经历过什么波折，再加上父母的过分呵护，客观上也培养了他们的依赖心理。这些毕业生中，很多人缺乏主见，自我意识模糊，在择业中常会茫然不知所措，自己独立进行择业决策的能力差，以致在人才市场上，父母代替子女、亲友代替本人与用人单位洽谈的场面屡见不鲜。难怪有用人单位对依赖性过强的毕业生说：“你本人都要靠别人来推销，企业还能靠你来推销产品吗？”

3. 自负心理

求职过程中的自负心理具体表现为在择业过程中，自我评价过高，认为自己能力强、知识丰富，不屑于与他人竞争，或者过于挑剔，对工作期望过高，不切实际地追求超出自身能力的职位和职业。一些专业较好、就业资本较雄厚的大学生容易从自信变为自负。还有一些大学生是脱离实际的自负，他们既缺乏对自己的客观认识，也对就业市场、职业生活缺乏了解。如有的大学生自以为经过大学几年的学习和锻炼已经极具才华，任何工作到他手中都可以出色完成，在求职中自觉高人一等、自命不凡、四处吹嘘，一旦遭遇挫折则容易自卑、自责，从而一蹶不振。这种自负心理可能导致大学生在求职过程中错失很多机会，甚至长时间找不到工作，陷入焦虑和自我怀疑。同时，自负心理也可能导致对自身不足的认识不清和职业发展的盲目乐观，从而影响个人职业成长和未来发展。

资料链接

盲目自负，错失良机

广西某大学有一位应届本科毕业生，他称得上同龄人中的佼佼者：中共党员，担任过四年学生干部，策划和组织过学校许多大型活动，区级的获奖证书就有好几个。求职开始时，不少单位都相中了他。但他总是觉得这些单位不适合自己，以自己的条件应该找到更好的工作，因此都回绝了。后来，他看到许多同学都找到了好工作，开始着急了。

某次，某跨国公司招聘销售部门经理，虽然只有两个名额，但他还是信心十足，认为自己十拿九稳。结果，第一轮面试，他就泄气了。面试时，当考官问他学习经历时，他对答如流；但当考官让他谈谈对公司营销观念的看法时，他却语无伦次。因为他只是看中公司的名气，对于公司的情况却一点也不了解。第二天的英语测试，他就自动放弃了。

分析：这个案例揭示了自负心理在求职过程中的负面影响。这位毕业生显然对自己的能力非常自信，认为只要有优秀的学历和经验就足以胜任任何工作。然而，他忽视了求职过程中对公司和职位的了解和准备，导致了他在面试中的失败。此外，他的自负也表现在拒绝他认为“不适合”自己的工作上。他没有意识到，在求职过程中，了解自己的兴趣和能力与了解公司和职位同样重要。每份工作都有其独特的价值和挑战，而找到适合自己的工作需要的是全面的了解和理性的判断。这个案例对其他大学生来说是一个警示。在求职过程中，过度的自信和自负可能会让人错过一些原本适合自己的机会。正确的应该是保持谦逊的态度和开放的思想，积极了解和准备每一个可能的职位，同时也要对自己有清晰的认识和定位。只有这样，才能在求职过程中找到最适合自己的工作。

4．自卑心理

与自负心理相反，一些大学生在求职过程中可能感到自卑。大学生就业过程中的自卑心理主要表现为缺乏自信、自我评价过低，认为自己无法胜任工作或达不到期望，从而在求职过程中过于谨慎、悲观，错失机会。这种心理可能与个人经历、家庭教育、自我认知等多种因素有关。

就业中的自卑一般产生于以下一些情况：首先是冷门专业的学生看到就业市场招聘本

专业的单位少、待遇差或在求职中遭冷遇，就容易悲观失望；其次，部分性格比较内向、不善言辞的大学生看到其他求职者口若悬河，自己表达能力差也会自惭形秽；最后，部分在校成绩与表现一般的大学生看到别人的简历上奖励、证书、成果一大堆，自己什么也没有，自信心不足。总之，自卑的大学生不敢正视现实，对自己优点长处分析不够，怀疑自己的能力，不善于发现适合自己的工作岗位，在对自己的抱怨、贬低中失去了求职的勇气。

资料链接

求职中的自卑

毕业生刘某学习成绩和其他方面条件都不错，在就业的初期满怀信心。但由于专业冷门等原因，找过几家单位都失败了，结果产生了自卑感，在后来的择业过程中表现越来越差，陷入恶性循环而不能自拔。以至于在人才市场上遇到用人单位时，只能被动地问："学某某专业的要不要。"其他什么话都不敢讲，最终未能落实就业单位。

分析：刘某的失败是由于自卑心理。其在择业遭受挫折后，一蹶不振，对自己评价过低，失去了应有的自信心；择业时缺乏主动争取和利用机遇的心理准备，不敢主动、大胆地与用人单位交谈，也不能很好地表达自己。越是躲躲闪闪、胆小、畏缩，越不容易获得用人单位的好感。这种心理严重妨碍了一部分毕业生正常的求职就业，使得那些原本在某些方面比较出色的毕业生也陷入不战自败的困境。

5. 嫉妒心理

择业中的嫉妒心理使得自己与他人关系疏远，人际关系逐渐冷漠，从而使自己处于孤立无援的境地。择业中的嫉妒心理有很大的危害性。

嫉妒心产生的原因是多方面的，如心胸狭窄，虚荣心太强，名利思想太重，等等，实质上是自私的表现。嫉妒心是就业竞争中的一种不正当的以极端个人主义为核心的有害心理。主要靠加强自我修养，提高道德水平来克服。如果体察到自己有嫉妒心，就要通过自我意识的控制、调节，及时把这种不良意识排除在自我人格之外。如果别人在某些方面确有优势，而自己明显不足，就要坦然对待，下决心去努力，或转移竞争方向，在其他方面努力做出成绩。

资料链接

同学间的嫉妒心理

杭州有一位男同学，他是浙江大学营销专业毕业生，又辅修了管理学第二学位。凭借这么好的条件和自己的努力，他顺利得到了一份待遇优厚、有名外企的工作机会。同学们也都很羡慕他。他也以为胜券在握，于是就回家游玩去了。但是他没想到，由于外企对应聘人员的性格以及与人打交道的能力比较看重，虽然他通过了笔试和面试，但用人单位出于谨慎，还是打电话到他的宿舍调查情况。他当天不在，寝室里的一名同学接了电话。这名同学一直没有找到合适的工作，看到他找到了这么好的单位，心里有些失衡。在用人单位问及他平时表现如何的时候，这名同学在电话中说："我们对他不太了解，他不怎么和我们说话和交往。"用人单位由此感觉他可能在性格上存在一些问题，最终放弃了对他的录用，一直没有再和他联系。等了两个月后他联系的单位HR才知道原因。

分析：案例中这位男同学最终失去工作机会，部分原因是他的一位室友在用人单位调查时表达了对他的不满。这种行为背后的心理因素很可能是嫉妒。嫉妒是一种负面情绪，通常表现为对他人的成功或好运感到不满和怨恨。在这个案例中，这位男同学的室友看到他找到了一个好工作，可能开始感到嫉妒。这种嫉妒心理导致他做出了不理智的行为，即向用人单位提供不实信息，从而影响了这位男同学的就业机会。就业过程中的嫉妒心理是一种需要警惕的情绪。当看到周围的人获得成功时，一些人可能会产生负面情绪，甚至采取不正当手段来阻碍他人的发展。这种行为不仅不道德，而且可能对整个团队或群体产生负面影响。为了避免因嫉妒心理而导致的负面后果，个人需要学会正确处理自己的情绪。当面对他人的成功时，应该学会从中汲取正能量，为自己的发展找到动力。此外，建立良好的人际关系也是避免嫉妒心理的关键。通过与他人积极交流和合作，可以建立互信和支持的网络，从而减少因嫉妒而产生的负面行为的可能性。

6. 攀比心理

一些大学生在求职过程中可能会受到攀比心理的影响。他们可能会与同学比较，追求与他人相同的工作或薪资待遇。这种心理可能会导致他们错过适合自己的工作机会，或者陷入不必要的竞争压力中。由于每个人的能力，性格、生活背景、机遇不同，因而在职业选择上不具有可比性。但有的大学生争强好胜，对自我缺乏客观认识，而不考虑实际情况，不从发挥自身优势的角度出发，不考虑自己的竞争能力甚至不考虑自己的专业特长与爱好，选择职业是为了让别人羡慕，做给别人看而不是为自己寻找合适的职业，盲日攀比，以至于形成较高的就业期望值。这种攀比心理使得不少毕业生在择业过程中碰壁。

资料链接

就业攀比

广西某高校应届硕士毕业生胡某，近来有些苦恼。他的苦恼在于，宿舍同学就业签约的是某大型通信公司，待遇优厚。如果自己去物流公司，感觉很没面子；不签吧，就业压力大，能找到一份工作确实不易。据了解，许多高校的毕业生在找工作时都会不由自主地跟同学比较。

分析：这是一种典型的"就业攀比"。我们应该认识到：攀比是在和别人做无谓的对比，这种"面子"上的较量，最终受伤最重的很可能恰恰是自己。人各有所长，也各有机遇。努力寻觅自己中意的工作，这种做法本身没有错。但要明白一点：工作是找给自己做的，不是找给别人看的。一个人有清晰的自我定位，也在很大程度上体现了成熟。近年来，越来越多的大学生选择当村官、下社区、进民企，有的人甚至为此放弃了到手的或可能到手的优厚物质待遇，这本身就是心态日益成熟的表现。

7. 从众心理

从众心理是一种常见的现象，主要表现为在选择职业时，不是根据自己的兴趣和能力做出独立的决策，而是盲目跟随大众或跟随别人的选择。这种心理状态可能导致大学生错过适合自己的机会，甚至造成就业困难。

从众心理的产生可能与多种因素有关。一方面，社会上对于“热门”职业和“成功”路径的推崇，以及对于“冷门”职业和“失败者”的歧视，导致一些大学生过于追求表面的光鲜亮丽。另一方面，大学生自身也可能存在自信心不足、自我认知不清等问题，缺乏独立思考和决策的能力。因此，一些大学生在求职过程中可能会受到从众心理的影响。他们缺乏自己的职业规划和目标，跟随大多数人的选择。这种心理可能会导致他们选择不适合自己的职业方向，或者在职业发展上缺乏个性化和竞争力。

资料链接

盲目从众择业

李明是一名普通的大四学生，就读于国内一所知名的商学院，专业是市场营销。在大学期间，他成绩优异，积极参与各类社团和实践活动，是同学们眼中的优秀学生。然而，在面临就业选择时，李明却陷入了困惑。他发现自己对未来的职业方向并没有明确的规划和目标，只是模糊地希望能够进入一家大型企业，获得高薪和好的发展前景。在求职过程中，李明发现身边的同学都纷纷投递简历给互联网、金融等热门行业的企业，他也跟着投递了一些简历。然而，他并没有对这些企业和职位进行深入的了解和研究，只是盲目地跟从了同学们的选择。最终，李明获得了一家知名互联网公司的营销岗位 offer。虽然他对这家公司的业务和文化并不了解，但看到同学们都纷纷羡慕他的 offer，他也欣然接受了。然而，入职后李明却发现自己并不适应这家公司的工作氛围和文化。他感到工作压力巨大，难以融入团队，也无法发挥出自己的优势和能力。在经过一段时间的挣扎后，李明最终选择了辞职。

分析：李明在选择职业时没有根据自己的兴趣和能力做出独立的决策，而是盲目跟随了同学们的选择。最终，他发现自己并不适合这份工作，导致了职业发展的挫折和浪费。因此，大学生在选择职业时应该独立思考和决策，了解自己的兴趣和能力，对目标企业和职位进行深入的研究和了解，避免盲目跟从他人选择。同时，学校和家庭也应该提供必要的支持和指导，帮助大学生做出明智的职业决策。

（二）心理调适的作用

心理调适是指个体主动调整自己的心理活动和行为，以达到适应特定环境变化的过程。这个过程既包括个体内部心理状态的调整，也包括对外界环境的适应。心理调适的方法和技巧多种多样，包括但不限于认知调整、情绪调节、行为改变等。在大学生就业过程中，心理调适具有重要的作用。

1. 自我认知与职业定位

心理调适能够帮助大学生更深入地了解自己的性格、兴趣、价值观和优势，从而进行更准确的职业定位。通过自我认知，大学生能够更好地理解自己的需求和期望，在择业过程中作出更符合自身特点的选择，避免盲目追求热门职业或高薪职位。

2. 情绪管理与压力调节

在就业过程中，大学生常常面临各种挫折和困难，如面试失败、竞争激烈等。心理调适能够帮助大学生有效地调节情绪，保持积极的心态，增强抗压能力。这样，大学生能够更好地应对就业过程中的挑战，避免因挫折而产生消极情绪或丧失信心。

3. 提升自信心与增强竞争力

心理调适能够帮助大学生建立自信，提高自我效能感。通过调整心态和思维模式，大学生能够更好地发挥自己的潜能，在求职过程中展现出更强的竞争力。自信不仅有助于提高大学生的就业成功率，还能帮助他们在未来的职业生涯中不断成长和发展。

4. 促进人际交往与团队合作

心理调适能够帮助大学生建立良好的人际关系，提高沟通能力和合作意识。在求职过程中，与招聘人员、同事和领导建立良好的关系是至关重要的。同时，在团队合作中，良好的人际关系和沟通协作能力也是不可或缺的。通过心理调适，大学生能够更好地融入团队，发挥自己的作用，实现共同的目标。

5. 培养创新精神和创业意识

心理调适能够激发大学生的创新思维和创业精神，鼓励他们勇敢地尝试新的职业领域和机会。在当今快速发展的社会中，创新能力变得越来越重要。通过心理调适，大学生能够突破传统思维模式，勇于探索和创新，从而开创属于自己的事业和未来。

6. 生涯规划与长期发展

心理调适不仅关注大学生的短期就业问题，还着眼于他们的长期生涯发展。通过心理调适，大学生能够制订出符合自己特点和目标的生涯规划，明确职业发展方向。这样，大学生不仅能够更好地应对当前的就业市场，还能为未来的职业成长做好准备，实现个人价值的最大化。

7. 增强适应能力

就业市场的变化和不确定性是常态。心理调适能够帮助大学生增强适应能力，使他们能够灵活应对职业环境的变化。无论是因为市场需求的转变、技术革新还是个人发展的需要，具备良好心理调适能力的大学生都能够更快地适应变化，抓住机遇，迎接挑战。

8. 提升幸福感和满足感

通过心理调适，大学生能够找到更适合自己的职业路径，不仅提高职业满意度和成就感，还能够提升生活幸福感。当大学生的职业选择与自身特点相符合时，他们更容易在工作岗位上获得成就感和满足感，从而促进个人幸福感的提升。这种积极的情感体验有助于大学生更好地面对生活。

（三）心理调适的一般方法

当遇到挫折时，大学生要能做到不回避，不沮丧，而要能客观分析现实，勇于想办法让自己成为生活的强者，这是心理调适的目的。在这个过程中，有许多心理调适方法，现就大学生求职中遇到的一些常见心理问题，列出以下心理调适的一般方法。

1. 自我激励法

自我激励法主要指用生活中的哲理、榜样的事迹或明智的思想观念来激励自己，同各种不良情绪进行斗争。大学生在择业过程中，要相信自己的实力，通过自我激励，增强自信心，保持良好的情绪和心态。求职前确立“我能行”“我一定能干好”的自信心会让求职者动力十足。在求职过程中有困难是在所难免的，大学生要对可能出现的一些尴尬局面、挫折等做到心中有数，鼓励自己不要惊慌失措，急躁和盲目从众是不能从根本上解决问题的，要从容面对，冷静思考，寻找对策，只要大胆参与，乐观应对，时常鼓励自己，就可增强自信，消除困惑从而达到成功就业的目的。

自我激励可以从积极的自我暗示开始。自我暗示是一个心理学概念。它是运用内部语言或书面语言的形式来调节自我情绪的方法。这也是较为常用的心理调适方法之一。暗示会产生强烈的心理定式，并引导潜在动机产生行为。一些性格较为内向、不愿意把内心苦闷倾诉给别人的毕业生可以采用此方法，通过积极的自我暗示，肯定自我，克服消极的心理状态，实现心理平衡。比如，可以大声说出来，或默念，或写出来，“我是一个出类拔萃的求职者”“我一定能找到适合自己的工作”“天生我材必有用”等。如果你发现自己的口头禅里总有消极的内容，如“烦死啦”“真是倒霉”“怎么总是这样”“郁闷”等消极的语句，那么从现在开始，你要试着改变这种消极暗示，用“会越来越好的”“这是对我的考验”“我可以”等积极的自我激励来取代消极暗示。大学生的言谈举止具有很强的关联性，良好的心理状态会让自己感受到轻松，从而看到希望。因此积极的自我暗示对大学生来讲是非常必要的。

2. 适度宣泄法

在高校毕业生就业结构性矛盾和经济发展结构性矛盾并存的新常态下，严峻的就业形势和巨大的就业压力凸显，每个大学生都要有抗挫折的准备，要看到国家推动形成国内国际双循环发展新格局所带来的历史性机遇与挑战。就业不会一帆风顺，定然会出现许多问题和困难，关键是怎样面对这些困难。对于这些困难和压力，必须学会自我宣泄、自我释放、自我调节，学会辩证地看待问题，及时让郁结在心中的不快得到排遣。适度宣泄法是指通过一种渠道把人内心深处的冲突和被压抑的情绪发泄出来，以求得内心的平衡。情绪的宣泄是平衡心理、保持和增进心理健康的重要的心理调适方法。对于大学生来说，可以采用以下几种方式来进行适度宣泄。

（1）倾诉。倾诉是一种常见的适度宣泄法，可以帮助人们释放不良情绪，减轻心理压力。可以选择一个值得信任的人进行倾诉，可以是亲密的朋友、家人或心理咨询师等，让他们了解自己的内心感受和困惑。在倾诉时，可以适当地表达自己的情绪和感受，但要注意方式和语气，不要过于激动或消极。同时，也要尊重对方的感受和意见。虽然倾诉可以帮助缓解不良情绪，但过度依赖倾诉可能会让自己陷入一种被动的状态，影响自己的成长和发展。因此，要在倾诉的同时，积极寻求解决问题的方法。大学生可以根据倾诉的内容选择合适的倾诉对象。若遇到职业选择等问题，可以找老师聊聊，他们可以给予一些专业的指导和意见；若遇到职业地域、人际关系处理等问题，可以找家人倾诉，他们不仅会理解也能给予家庭的支持；若遇到求职失败、工作不顺心等问题，可以向朋友倾诉，他们会给予同辈的鼓励和帮助。如果发现有些很难启齿的秘密藏在心里很苦闷，比如发现自己不自觉地攀比甚至心生嫉妒而做错事，但又不想让身边的家人、老师、朋友知道，可以求助于学校的心理咨询中心，那里有专业的心理咨询师给予辅导帮助，很多不良的情绪都可以在倾诉中得到排解。

（2）运动和饮食。大学生可以通过做自己喜爱的运动、吃自己喜欢的食物来进行宣泄。感到焦虑、郁闷或紧张时，不要一个人待在屋子里，可以到景色宜人的大自然中走一走，运动一下，这能有效调节人的心理状态。有些大学生喜欢篮球、羽毛球、游泳，有些大学生喜欢跑步、舞蹈、健身，当遇到心理问题时，可以选择自己喜欢的运动来进行发泄。运动不仅能释放压力，更能缓解消极情绪。食物对我们感官的刺激，是不言而喻的。当感觉压力大的时候，可以尝试多吃点抗压性食物，比如糙米、燕麦、蔬菜、牛奶、瘦肉等含维生素 B 的食物和洋葱、大蒜、海鲜等含硒较多的食物，每天再吃点水果，补充点维生素 C，将会有利于保持身心健康，舒缓不良情绪。但是不论是运动还是吃食物，都要注意适度。适度才能不适得其反。

（3）哭泣。首先，哭泣可以释放内心的压力和情绪。在面对就业压力和困难时，大学生可能会感到无助、沮丧、焦虑等负面情绪，这些情绪如果长期积压在心中，会对身心健康产生负面影响。通过哭泣，可以让情绪得到宣泄，减轻内心的压力。其次，哭泣可以促进自我认知和情感调节。哭泣的过程中，大学生可以更深入地了解自己的情感和内心需求，从而更好地调整自己的心态和期望。同时，哭泣也可以帮助大学生学会更好地处理负面情绪，提高自我调节能力。当然，哭泣只是一种宣泄方式，它可以帮助缓解情绪，但不能完全解决就业问题。要想更好地应对就业压力和困难，还需要采取积极的行动和措施，如制订合理的职业规划、提升自身能力、拓展人际关系等。同时，如果情绪持续较长时间或严重影响到生活、工作和社交等方面，应及时寻求专业的心理咨询和治疗。

3．情绪放松法

（1）深呼吸法。通过深呼吸来放松身体和思维，可以有效地缓解紧张和焦虑情绪，帮助人们恢复平静和放松的状态。

（2）渐进性肌肉松弛法。通过逐渐放松身体的肌肉，来缓解身体的紧张和疲劳。可以从头部开始，逐渐放松颈部、肩膀、背部、腿部等部位的肌肉，让自己感到全身舒适和放松。

（3）正念冥想法。通过专注于当下的感觉和思维，来放松身心。可以选择一个安静的场所，坐下来闭上眼睛，专注于呼吸和身体的感受，让思维逐渐变得清晰和平静。

（4）想象放松法。通过想象自己身处一个舒适和宁静的环境中，来放松身心。可以想象自己身处大自然、海滩、山峰等美丽的场景中，让自己感到舒适和放松。

（5）音乐放松法。通过听轻松愉快的音乐，来放松身心。可以选择一些自己喜欢的音乐，如轻音乐、古典音乐等，让自己感到舒适和放松。

资料链接

挫折心理测试

心理学上所说的挫折，是指人们为实现预定目标采取的行动受到阻碍而不能克服时，所产生的一种紧张心理和情绪反应。

1．在过去的一年中，你自认为遭受挫折的次数（　　）

A．0～2 次　　B．3～4 次　　C．5 次以上

2．你每次遇到挫折（　　）

A．大部分都能自己解决　　B．有一部分能解决　　C．大部分解决不了

3．你对自己才华和能力的自信程度如何（　　）

A．十分自信　　B．比较自信　　C．不太自信

4．你对问题经常采用的方法是（　　）

A．知难而进　　B．找人帮助　　C．放弃目标。

5．有非常令人担心的事时，你（　　）

A．无法工作　　B．工作照样不误　　C．介于 A、B 之间。

6．碰到讨厌的对手时，你（　　）

A．无法应付　　B．应付自如　　C．介于 A、B 之间。

7. 面临失败时，你 （ ）

A. 破罐破摔 B. 使失败转化为成功 C. 介于A、B之间。

8. 工作进展不快时，你 （ ）

A. 焦躁万分 B. 冷静地想办法 C. 介于A、B之间。

9. 碰到难题时，你 （ ）

A. 失去自信 B. 为解决问题而动脑筋 C. 介于A、B之间。

10. 工作中感到疲劳时 （ ）

A. 总是想着疲劳，脑子不好使了

B. 休息一段时间，就忘了疲劳

C. 介于A、B之间

11. 工作条件恶劣时，你 （ ）

A. 无法工作 B. 能克服困难干好工作 C. 介于A、B之间

12. 产生自卑感时，你 （ ）

A. 不想再干工作 B. 立即振奋精神去干工作 C. 介于A、B之间。

13. 上级给了你很难完成的任务时，你会 （ ）

A. 顶回去了事 B. 千方百计干好 C. 介于A、B之间。

14. 困难落到自己头上时，你 （ ）

A. 厌恶之极 B. 认为是个锻炼 C. 介于A、B之间

评分分析：

1~4题，选择A、B、C分别得2、1、0分；

5~14题，选择A、B、C分别得0、2、1分。

19分以上：说明你的抗挫折能力很强。

9~18分：说明你虽有一定的抗挫折能力，但对某些挫折的抵抗力薄弱。

8分以下：说明你的抗挫折能力很弱。

第二节 简历制作与面试

一、简历准备

（一）求职信的撰写

1. 求职信的含义

求职信是一种由求职者主动向招聘单位或领导表达求职意愿的信函。它是求职者向招

聘单位介绍自己背景、能力和求职愿望的主要手段。在求职过程中，求职信是必不可少的一环，其作用主要表现在以下几个方面。

（1）展示个人能力。求职信是求职者展示个人能力和特长的重要载体。通过详细介绍自己的教育背景、工作经验、技能特长等内容，招聘单位可以更好地了解求职者的能力和潜力。

（2）表达求职愿望。求职信是表达求职者求职愿望的重要工具。通过明确的诉求表达，可以使招聘单位了解求职者对职位的期望和态度，从而增加求职成功的可能性。

（3）引起招聘单位的兴趣。一份好的求职信应该能够引起招聘单位的兴趣，使其对求职者产生兴趣并进一步了解。通过突出自己的优势和特点，以及针对招聘单位的需求进行有针对性的表述，可以增加招聘单位的兴趣和认可度。

（4）建立良好印象。求职信是建立求职者良好印象的重要手段。通过展现自己的专业素养、语言表达能力、逻辑思维能力等方面的优势，可以使招聘单位对求职者产生良好的印象，从而增加求职成功的概率。

总之，在求职过程中，写好一封有针对性的求职信是非常重要的。它不仅可以增加招聘单位对求职者的了解和兴趣，还可以为求职者树立良好的形象和信誉，从而增加求职成功的概率。

2. 求职信的格式与内容

求职信的格式主要包括标题、称呼、正文、结尾和落款等部分。标题应简洁明了，突出求职者姓名和求职职位。称呼应准确无误地写出收信单位名称、收信人姓名，并且职位要明确，以突出针对性。正文包括开篇语、自我介绍、求职意愿和结语等部分，其中开篇语要吸引招聘者的注意，自我介绍要突出自己的优势和特点，求职意愿要明确表达自己的期望和态度，结语则要礼貌地表达自己的求职愿望。结尾和落款要写出自己的联系方式和签名，以便招聘单位联系。

在求职信的内容方面，应突出以下几个重点。

（1）自我介绍。在自我介绍部分，求职者应简洁明了地介绍自己的姓名、年龄、学历、专业、工作经历等基本信息，以便招聘单位了解自己的背景和能力。

（2）求职原因。在求职意愿部分，求职者应说明自己为什么对这个职位感兴趣，是因为职业发展需求、对该行业的热爱还是其他原因。同时，还要表达出自己对这个职位的理解和认知，以及自己的职业规划和未来发展方向。

（3）个人优势。在突出自己的优势和特点时，求职者应根据招聘职位的要求，有针对性地突出自己的相关能力和特长。例如，应聘销售职位时，可以突出自己的沟通能力和销售经验；应聘技术职位时，可以突出自己的专业技能和实践经验等。

（4）表达感谢。在结尾部分，求职者应对招聘单位表示感谢，并表达出自己希望能够获得面试机会的愿望。同时，还要注意礼貌用语的使用，以增加招聘单位对自己的好感度。

3．撰写求职信的注意事项

不少应届毕业生在写求职信时，容易犯一些技术性和原则性的错误。撰写求职信过程中，注意以下事项。

（1）量身定做，针对性强。求职信是针对具体的用人单位和职位发出的，缺乏针对性会让招聘人员产生视觉疲劳，从而降低求职信的效果。因此，针对性是求职信的关键因素，个性化要适度。

（2）短小精悍，引人入胜。招聘人员通常只会在很短的时间内浏览求职信，所以求职信必须在几秒钟内吸引他们的注意。为了达到这个目的，求职信应该简洁明了，不要超过一页纸。哈佛人力资源研究所在 1992 年就有一份经典的测试报告，即一封求职信如果内容超过 400 个单词，则其效度只有 25%，即阅读者只会留下对 1/4 内容的印象。因此写得简洁是十分重要的一个标准。重点应该放在与申请职位最相关的背景材料上，而不要过于全面。最关键的是，要准确地表达出自己与企业或职位的重要关联信息，这样才能引起招聘人员的关注。

（3）语句通顺，文字规范。一份好的求职信不仅能体现求职者清晰的思路和良好的文字表达能力，而且能考察求职者的性格特征和综合素养，因此一定要注意措辞和语言组织。尽量避免使用简称和容易产生歧义的表达，以免引起误解。求职者写完求职信后要通读几遍，精雕细琢，切忌有错别字、病句及文理欠通顺的语句，防止求职信“黯然无光”，给应聘带来负面影响。

（4）实事求是，切忌吹嘘。通过求职信，招聘代表看到的不只是一个人的经历，还有其品格。求职信一定要符合实际情况，不能有任何虚假的内容。即使可能存在个别人侥幸凭借有水分的求职信得到了面试甚至工作机会，但最终一定会露出马脚。有的求职信虽然没有豪言壮语或华丽辞藻，读起来却让人感觉亲切、自然、实在。

（5）征求意见，成竹在胸。正式发送求职信之前，先给身边的人看一下。这也是求职信撰写中的一个重要技巧和环节，目的是避免歧义的产生，让求职信能更好地、准确地传达求职者所要表达的信息。

资料链接

求职信

尊敬的 ×× 医院领导：

您好！十分感谢您在百忙之中亲阅我的自荐信！

我叫 ×××，是 ×× 大学中医学（国家特色）专业的一名应届毕业生。通过五年系统的学习和实践，我的医学基础知识扎实、临床操作熟练，有良好的人际沟通能力及较强的学习创新能力。我有信心能够很快胜任临床工作。因此，特向贵医院毛遂自荐，希望到贵院妇科从事相关工作。

作为一名医学生，学习是我们的天职，只有具有扎实的基础才能更好地履行“大医精诚”的承诺。在校期间，我学习态度端正，学习成绩始终名列前茅，获得了国家奖学金、全国大学生英语竞赛三等奖等，主持省级重点课题项目一项。学习之余，我还积极跟随老师抄方学习。抄方过程中，我将所学的理论知识与临床实践相结合，认真思考，积极动手实践，培养了良好的临床思维方式，掌握了基本临床技能和常见病诊治，积累了丰富的临床经验。同时，我还积极参加各种义诊活动，更好地学以致用。这些都为我今后的临床工作打下了坚实的基础。

作为班级的组织委员，我始终以“奉献学院，服务同学，锻炼自我”为宗旨，工作中任劳任怨，培养了强烈的集体荣誉感及团队合作精神。

在专注学习的同时，我还积极参加地铁志愿者、红山小学支教等志愿活动，为我今后更好地为人处事，更好地与病人交流奠定了基础。成为一名救死扶伤的医生是我一直以来的梦想，希望贵院可以给我一次实现梦想的机会，让我可以成为贵院医疗科研队伍中的一员。热切盼望您的回音！

最后，再次感谢您的亲阅，也祝贵院事业蒸蒸日上！

此致

敬礼！

××大学××医学院

签名处

二〇二三年四月六日

附件 1：个人简历

附件 2：各类资格证书复印件

（二）成功有效的求职简历的构成、撰写要求和方法

简历是介绍个人身份、学业、经历和性格特征等的书面材料，是求职者为自己撰写的“产品说明书”。简历的格式相对固定，信息量全面而且集中，是用人单位分析、比较、筛选和录用应聘者的主要依据。通过简历，用人单位对毕业生的经历、受教育程度、兴趣、特长和爱好等情况留下一个初步印象。个人简历的真正目的就是让用人单位全面了解自己，从而为自己创造面试的机会。个人简历一般很少单独寄出，它总是和自荐信以及其他材料一起呈送给用人单位。

1. 简历的作用

有学者用图 7-1 来表示简历的作用。简历是营销的工具，由广告和证据两部分构成。

而对于求职者来说，简历的功能可概括为两方面：一是展示自己的特长和综合素质，二是获得面试的机会。

综合而言，简历是用于应聘的书面材料，用来向用人单位表明个人拥有适合特定工作要求的能力，是通向理想职业的敲门砖。

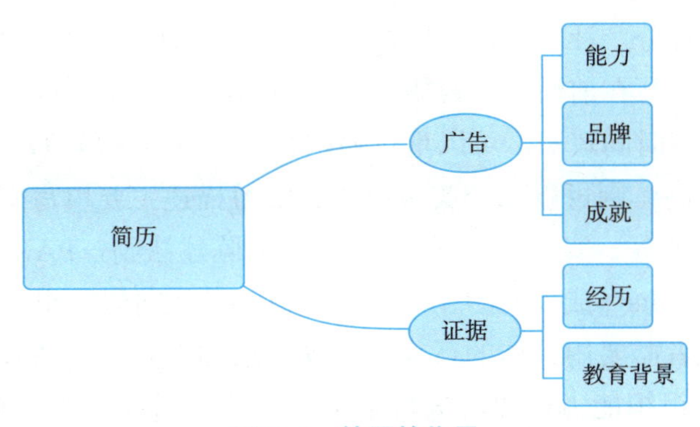

图 7-1 简历的作用

2. 求职简历的构成和撰写方法

从简历的作用出发，简历应该包含的内容有个人基本信息、求职目标、教育背景、工作经验，奖励情况以及技能等。

（1）个人基本信息。简历的个人信息部分通常包括姓名、出生年月、性别、籍贯、政治面貌、联系电话、电子邮箱、联系地址等。需要强调的是联系方式一定是求职者最新的，且要书写正确，包括电话、地址和电子邮箱等。姓名、毕业院校、专业、学历、籍贯一定要醒目；固定电话一定要加区号，最好是写手机号码（可增加紧急联系人手机号码），以便第一时间接到招聘代表电话；电子邮件要提供个人常用邮箱，容易记住和书写，等待面试通知之前要经常查阅邮箱或设置新邮件提醒。

（2）求职目标。求职目标的描述不能模糊，切忌用“寻求一个良好的发展机会”或者“找寻一份能实现收入与价值并重的工作”等话语，以免招来招聘代表的反感。

对求职目标的描述要尽可能详细，针对应聘的用人单位和岗位来书写，要能够体现求职者对这个目标的热情和能力，文风要可信、诚恳和坚定。如求职意向：会计方面的初级职位；中长期目标：财务部门经理。

（3）教育背景。学生求职应该将教育背景放在最醒目的位置。教育背景中应该包含学校、学位、毕业时间、专业、相关课程、平均成绩（或绩点）、排名、语言和计算机水平、学习交流情况、社会实践等。

教育经历可倒叙方式填写，例如博士到硕士再到学士，中学和小学一般不需要填写，除非求职者曾在国内外有名的教育机构就读。

在描述教育经历时，如果求职者专业符合应聘职位要求，可以不列课程，或只列三四门与职位相关的核心课程即可；如果求职者的绩点不是很高，而某些与应聘职位相关的学科分数较高，则可以着重强调这些学科的成绩；如果排名比较靠前，可以用数字来表示学习成绩，如“专业前 10%”；对于部分有在国外做交换生或项目研究经历的求职者来说，建议在教育背景栏下填写。此外，简历中可设立“职业发展”专项，求职者可填写参加过的培训、研讨会、专题讨论会或课程名称。

（4）社会实践。一般来说，应届毕业生缺乏工作经验。所以毕业生的社会实践经历是用人单位重点关注的部分。社会实践经历包括实习经历和校园实践。实习经历或校园实践要主次分明，将重要的写在前面，不要胡子眉毛一起抓。实习经历包括：实习时间，实习项目，实习描述。实习时间较长，可以重点强调；若实习时间虽短，但实习单位知名度或与应聘单位相关度较高，则可以强调实习单位。实习描述主要填写实习期间的职责范围、工作任务、取得的成绩等。实习描述通常采用 PAR 陈述法则，PAR 是 Project（项目），Activity（行为），Results（成果）的缩写。PAR 陈述法则可以突出应聘者的能力和技能。

实习描述，求职者需要用具体的行为来呈现自己的技能，切勿采用类似这样的表述：参加、展现了杰出的组织能力或协助进行某项活动等。因描述太过笼统模糊，没有说服力，不会引起用人单位重视。在进行实习描述时，可运用以下技巧：

一是要善于利用动词，指在尊重事实的前提下运用比较强势的动词突出成绩，如“负责、发起、独创、独立负责”等。这些动词比“参与组织”等更能体现个人的贡献和成就。

二是通过数字来量化结果。例如，节省多少开支，服务过的客户数，产能增长百分比或效率的提升值等。

三是用时间体现高效，例如，提前 3 个月完成当年销售任务；提出流程重组方案，将所需时间缩短 25%。

四是用专业术语表达所做的工作。很多毕业生困惑于实习或者兼职所做的工作零星琐碎，层级较低，不会正确描述实习经历。实际上，同一件事情，用不同的表达方式会产生不同的效果。例如，有些同学没有公司实习的经历，只有类似于商城产品促销、传单发放或者打字的经历。在这种情况下，在遵从事实的前提下也可以使用专业化的语言来表达，可以将“传单发放”表达为“传播产品信息”，“打字”表达为“文字处理”等。

如果毕业生没有实习经历的话，可以写上在校期间的相关经历，如在学生会任某部长，做过哪些事，出过哪些力，取得过哪些成绩。一定要写得详细，不要只说个大概。类似“任学院学生会生活部长，组织过文明寝室评选大赛”就不太好，应把过程中做了哪些工作、发挥了哪些作用写具体。最后要切记一点，实习经历和校园实践部分不能随意编造。即使编造得天衣无缝，毕竟假的就是假的，面试中对方往往几句话就能让你原形毕露。

资料链接

PAR 陈述法

PAR 陈述法的核心是使用行为动词，以下列格式来描述体现能力和成就的经历：

P：写出实习工作或项目（Project）的名称、背景、任务和工作。

A：写出你在这段经历中的行为（Activity）。

R：写出你在这段经历获得的结果（Results）：成果、收益。

以某同学在应届生求职网的实习经历为例：

项目（P）：负责网站与目标高校、企业的合作计划的推广实施。

行为（A）：采用电话访谈方式对 400 家高校就业网调研，与就业办老师进行沟通，联系合作事宜；对 700 多家企业校园招聘调研，撰写调研报告，完善网站服务项目。

成就（R）：与 200 多所目标高校就业办老师保持沟通，与 625 家目标企业达成合作意向，撰写 5000 字的企业调研报告。

（5）奖励情况。在简历中描写奖励情况时，列举奖项一定要强调这个奖项的意义和难度，突出奖项的含金量。最好能将获奖情况按照级别分量筛选重要的按照时间顺序进行罗列。

（6）技能。职业技能项主要指技能描述，可填写求职者的语言能力、专业技能等。对于应届毕业生而言，职业技能通常包含以下几个方面：①语言技能。对于大多数同学来说，可以通过标准化考试成绩、证书来证明自己的语言听说读写能力，例如英语专业八级、BEC、GRE，日本语能力测试，法语专业四级等。如果成绩不错的话，建议写出成绩；但如果成绩不是绝对优秀，就没有必要写出成绩。如果相关的工作实习经历能够推导语言水平能力，建议写上。例如“工作语言为英语”“给南美洲客户做陪同翻译”等，说服力比较强。②计算机技能。一般来说，对于非计算机专业的同学来说，计算机技能通常指软件应用水平，如对 Office 系列软件的掌握。根据应聘职位的要求，可以有选择性地列出相关软件操作技能，如应聘财务咨询职位的可以列 ERP、财务软件、统计软件等。③专业技能。主要指与专业或应聘职位有关的技能、资格证书、认证等。例如，财务专业的学生能够熟练使用财务软件或获得 ACCA、CFA、CIMA 资格证书等。如果有专业资格证书，除了注明专业资格证书名称以外，建议加上年份。在描述这些个人技能时，切记不要写错一些关键词，尤其是引用的外文。一定要注意正确拼写，避免出现错误。

（7）其他个人信息。其他个人信息有照片、个人爱好、自我评价、补充信息。

（三）简历制作的注意事项

简历的服务对象是求职者和招聘者，撰写和制作过程中需兼顾双方利益。由于简历的制作者是求职者，主动权在求职者，简历的水准直接反映其水平。在个人信息资源有限的情况下，做出最有效的展示，发挥最大的能动性。在众多的简历中脱颖而出是一种水平，更是一种可以习得的技巧。

1. 原则一：研究招聘简章，有针对性地制作简历

招聘是有针对性的，求职者要“对症下药”，简历与招聘简章中体现出来的信息应该是匹配的，简历中的个人技能与岗位要求应该是吻合的。

2. 原则二：掌握写作技巧，灵活调整简历结构

针对性越强的简历越容易得到招聘代表的关注和认可，但这通常容易给写作者带来困惑。到底要写多少份简历才能解决“针对性”呢？可以通过“多模块法”撰写简历来解决，即修改不同模块以匹配职位需求，步骤如下：

（1）做出各大类职位的简历模板。

（2）针对具体公司的职位进行修改。

（3）分析自己的优劣势，对各类职位有所侧重。

（4）针对不同公司的同类职位进行修改。

（5）了解不同公司的业务范围、所服务的客户、企业文化等。

（6）进一步分析职位描述信息，着重修改工作、实习经验。

3. 原则三：掌握合适原则，适度表现个人能力

用人单位通常是在找最合适的人，而非最优秀的人。所以，在简历中一定要注意“投其所好”，有针对性地列举出各种凸显本人突出特征的有效信息。

（四）简历制作与投递的常见误区

对于大学生来说，简历制作与投递的常见误区主要包括以下几个方面。

（1）缺乏清晰的目标和规划。许多大学生在制作简历时，没有明确自己的职业规划和求职目标，导致简历内容过于杂乱，缺乏重点。

（2）内容冗长且无针对性。很多大学生在写简历时，容易把所有的经历和技能都写进去，导致简历过于冗长，没有针对性。招聘者更关心的是与职位相关的经历和能力。

（3）格式花哨或过于简单。有些大学生为了使简历看起来更美观，会使用过于花哨的格式和字体，或者采用过于简单的格式，导致简历显得不够专业。

（4）缺乏量化数据和成果。在描述自己的经历和能力时，许多大学生只是简单地说自己做了什么，而没有提供具体的量化数据和成果，这会让招聘者质疑其真实性和能力。

（5）不注意细节。一些大学生在制作简历时，不注意细节问题，如拼写错误、语法错误、格式不统一等，这些都会让招聘者对求职者的认真程度和专业素养产生怀疑。

（6）投递方式不当。有些大学生在投递简历时，没有仔细阅读招聘要求，只是盲目地投递简历，这可能会导致其简历被忽略。

（7）忽略实习经历和项目经验。对于大学生来说，实习经历和项目经验是非常重要的，但很多人在写简历时，却忽略了这些经历的描述。

（8）不重视简历的外观。尽管简历的内容很重要，但外观也同样重要。一份整洁、专业的简历更能吸引招聘者的注意。

（9）过多使用主观描述。在描述自己的经历和能力时，许多大学生会使用过多的主观词汇，如“很好”“很出色”等，这会让招聘者对其真实能力产生怀疑。

（10）技能与应聘职位不匹配。许多大学生在写简历时，会列出很多技能，但这些技能与应聘职位并不相关，这会让招聘者质疑其职业规划和求职目标。

二、面试

在面试中，应聘者需要充分展现自己的能力、素质和潜力，同时也要注意展现自己的

团队合作精神和沟通能力。在回答问题时，应聘者应该注意清晰明了地表达自己的观点和思路，同时也要注意逻辑性和条理性。在展示自己的能力和经验时，应聘者应该结合实际案例和具体成果来阐述，让招聘方更加深入地了解自己的能力和经验。

此外，面试也是一个双向选择的过程。在面试中，应聘者可以向招聘方了解公司的文化、价值观、业务范围等信息，以便更好地判断自己是否适合这个公司和这个职位。同时，应聘者也可以通过提问来了解更多关于公司和职位的信息，以便更好地评估自己的职业发展前景和机会。

总之，面试是招聘方与应聘者相互博弈的一个过程。通过面试，招聘方可以全面地了解应聘者的能力和潜力，而应聘者也可以深入了解公司和职位的信息，为自己的职业发展做出更好的选择。

（一）常见问题及回答技巧

1. 请你自我介绍一下

回答这个问题时，要简洁明了地介绍自己的背景、特长和求职意向，突出自己的优势和特点。同时，要注意表达流畅、自信，给面试官留下良好的第一印象。做自我介绍时，求职者应尽量口语化，避免使用书面语言。口语表述也要做到思路清晰、语言流畅。同时，自我介绍要简明扼要，3～5 分钟即可，不要把自己的所有经历都如数家珍般地讲出来，有些内容等到面试官提出相关问题时再说也不迟。

求职者在做自我介绍时，一定要扬长避短地介绍自己，把问题向自己的优势方向引导。这样会给面试官留下好的印象。不要急于证明我会怎么样，而应该思考用人单位想要我怎么样。

做好自我介绍，给自己一个好的开始，不仅能给面试官留下好印象，也能增强自己的面试信心。每位求职者在面试之前都应当反复地演练几遍自我介绍，最好是能背熟。

一般情况下，求职者比较合理的自我介绍是从以下四个方面展开的：

（1）简明扼要地介绍个人情况。

（2）自己所学到的专业知识技能。

（3）所取得的业绩成就。

（4）胜任职位的关键能力。

最不可取的就是介绍自己时含混不清，说了半天面试官都没听明白你说的是什么；完全重复简历上的内容；在整个过程中说话没有逻辑、层次混乱；所有的问题都说完了，还没有提到自己的工作能力如何。这样的自我介绍做完之后，你给面试官提供的是一个混乱的信息，他无法清晰地掌握你的个人情况，不知道你是否能够胜任所申请的工作职位。在这样的情况下，面试官决定录用你的可能性几乎为零。

2. 你为什么选择这个职业？

回答这个问题时，可以从自己的兴趣、能力和职业发展方向等方面入手，说明自己对这个职业的热爱和追求，以及认为自己具备从事这个职业的能力和素质。同时，也可以表达自己对未来的职业规划和目标，让面试官感受到你的职业规划和追求。

3. 你有什么优点和缺点?

在回答这个问题时，可以客观地介绍自己的优点，如沟通能力、组织能力、团队协作能力等，同时也可以诚实地表达自己的缺点，如有时候过于追求完美、有时候处理问题不够果断等。在表达缺点时，可以给出改进的方法和计划，展示自己的自我反省和改进能力。

4. 你为什么选择我们公司?

在回答这个问题时，可以从公司的文化、价值观、业务和发展前景等方面入手，说明自己对公司文化的认同、对公司的了解和认识，以及认为自己与公司的匹配度较高。同时，也可以表达自己对公司的兴趣和加入公司的愿望，让面试官感受到你的诚意和决心。

5. 你有什么想问的问题?

在回答这个问题时，可以提前准备一些问题，展示自己的积极态度和对公司的兴趣。比如可以问公司的培训计划、晋升机制、团队文化等方面的问题，也可以问一些与职位相关的问题，如职位要求的具体工作内容、公司对这个职位的期望和目标等。通过问问题，可以表现出自己的主动性和思考能力。

6. 你为什么离职?

在回答这个问题时，可以从自己的职业规划和成长需求等方面入手，说明自己离职的原因和必要性。同时，也要表达对前雇主的尊重和感激，突出个人职业发展和成长的需要。在回答时，要避免对前雇主进行批评和抱怨，以免给面试官留下不良印象。

除了以上常见问题，面试中还可能会涉及其他问题，如你对我们行业的看法、你的职业规划是什么等。在回答这些问题时，要注意突出自己的专业知识和职业规划能力，表达自己的思考和见解。同时，要注意言简意赅、条理清晰，避免过于冗长或模糊的回答。

另外，还有一些面试技巧需要注意:

（1）要提前了解公司的背景和文化，对所应聘的职位有充分的了解和准备。

（2）要注意面试礼仪和形象，保持良好的仪表和自信的态度。

（3）要积极倾听面试官的问题，认真思考后再回答。

（4）要注意语言表达和沟通技巧，尽量用简洁明了的语言表达自己的观点和想法。

（5）要在面试前做好充分的准备和模拟练习，提高自己的面试表现和应对能力。

总之，面试是大学生就业过程中非常重要的一环，需要认真准备和应对。通过了解面试常见问题和回答技巧，以及掌握一些面试技巧，可以提高自己的面试表现和应对能力，为顺利就业打下坚实的基础。

（二）结构化面试

指面试题目、面试实施程序、面试评价、考官构成等方面都有统一明确的规范，是一

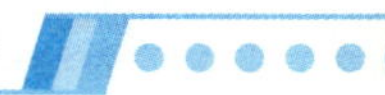

种结构严密、评分模式固定且层次性很强的面试形式。进行面试时，面试官会依照规定的流程及事先拟定好的面谈提纲对应聘者逐项提问，对各要素的评判也按设定好的分值结构来界定。常用于公务员考试、事业单位招聘、银行招聘面试等。

1. 结构化面试的特点

试题固定。结构化面试的题目是根据职位要求和评估标准预先设定好的，考官会按照同样的题目进行提问。

程序严谨。结构化面试有一套严格的程序，包括面试流程、评分标准和评价方法等，以确保面试的公正性和客观性。

评分统一。考官在评分时，会根据预先设定的标准进行，避免主观印象、第一印象和随机性等因素产生偏差。

客观性。结构化面试的问题仅与工作的要求有关，通过客观地收集并评价候选人的信息，尽量避免各种评价误差。

有效性。结构化面试有较高的有效性，同时成本也较低。实践证明，结构化面试在判断人的态度和行为方面有比较好的效果，增加了面试的可靠性和准确性。

公平性。由于结构化面试让所有的应聘者回答同样的问题，并依据客观的标准对应聘者进行比较，因此对应聘者的工作能力作出决策，不易产生不公平现象。

准备充分。结构化面试需要在面试前进行工作分析，建立题库，设计评分程序等，这也是其与传统面试的根本区别，同时也使结构化面试工作显得更有条理，更有准备。

综上，结构化面试既保证了效率也提升了公正性，因此在规模较大、组织规范性较强的录用面试中广泛应用。

2. 结构化面试的程序

一般来说，结构化面试的程序可以分为以下几个阶段。

（1）面试开始的程序。结构化面试开始前，考务人员会对进入面试的求职者讲解面试的整体计划安排、注意事项、考场纪律等，并会以抽签的方式确定求职者的面试顺序，并依次登记考号、姓名。接着考务人员将依次带领求职者进入考场，并通知下一名求职者准备。

（2）面试过程中的程序。面试过程中会采取面试官与求职者一问一答的形式进行，每次面试1人。主面试官首先会向求职者宣读面试指导语，以消除求职者的紧张情绪，调节面试气氛。然后主面试官将依据面试题目向求职者提问，其他面试官会进行适度的追问、插问，并在评分表上打分。

（3）面试结束的程序。面试结束后，主面试官会宣布让求职者退席，然后由考务人员收集每位面试官手中的面试评分表交给计分员。计分员在监督员的监督下统计面试得分，并填入求职者结构化面试成绩汇总表。求职者可以到休息室等候公布成绩。但有时由于求职者和面试考场较多，面试成绩无法当场汇总公布，可能要在面试结束一两天后才能知道结果。

3．结构化面试的常见题型

（1）综合分析题。考察应聘者的综合分析能力，题目通常涉及社会热点、政策法规、企业经营管理等方面。例如，“你怎么看待当前的就业形势？”

（2）情境模拟题。通过模拟实际工作情境，考察应聘者的应变能力、解决问题的能力以及沟通能力。例如，“如果你遇到客户投诉，你会怎么处理？”

（3）人际交往题。考察应聘者的人际关系处理能力，题目通常涉及与同事、领导、客户等人际关系的处理。例如，“如果你和同事有意见分歧，你会怎么处理？”

（4）自我介绍题。通过让应聘者自我介绍，了解其个人信息、工作经历、职业规划等方面的情况。例如，“请简单介绍一下你的个人经历。”

（5）专业知识题。针对应聘岗位涉及的专业知识进行提问，考察应聘者对专业知识的掌握程度。例如，“你认为市场营销的关键要素是什么？”

（6）行为描述题。通过让应聘者描述过去经历过的事件或工作经历，了解其行为模式和能力。例如，“请描述一次你成功完成的项目。”

（7）观点阐述题。给出某种观点或问题，让应聘者阐述自己的看法和思考。例如，“你如何看待团队合作的重要性？”

（8）其他题型。根据招聘岗位的特点和需求，还可以设计其他题型，如心理测试、性格测试等。

（三）无领导小组面试

无领导小组面试实质上就是一种采用情景模拟的方式对求职者进行集体面试的考察方式。在这类面试中，一定数目的求职者被划分为一个小组，在规定的一段时间内围绕一个主题进行讨论。讨论过程中不指定一个领导者，也不指定求职者的座次，整个讨论完全由求职者自行协调安排。通过这种方式，面试官可以从旁观察求职者在给定情景下应对危机、处理紧急事件的能力，可掌握求职者的组织协调能力、口头表达能力、辩论说理能力等情况，从而能够更准确地判断求职者是否符合岗位需要。这种面试形式由于能够测试出求职者在笔试和单一面试中无法展现的能力和素质，并可节省面试时间，因而得到了越来越多的单位的认可。

对于求职者来说，在无领导小组面试中为了取得面试官的注意，就要积极参与有效发言，并能提出自己的一些见解和方案，同时还要做到尊重他人，礼貌周到，才能给面试官留下一个比较完美的印象，从而在千万名竞争者中脱颖而出。

1．无领导小组面试流程

（1）准备阶段。在面试之前，应聘者需要了解面试的主题和要求，以及所应聘的职位和公司的相关信息。同时，也需要准备一些讨论的素材和观点，以备不时之需。

（2）入场分组。应聘者到达面试地点后，会被随机分配到一个小组中，一般由 5～10 人组成。分组完成后，引导员会宣布面试规则和注意事项。

（3）开始讨论。讨论开始前，小组内可以进行简单的自我介绍，以便更好地了解彼此。然后，由小组自行决定讨论的主持人和记录员，并确定讨论的顺序和时间安排。在讨论过程中，应聘者需要积极参与，提出自己的观点，同时也要尊重他人的意见，并注意控制讨论的节奏和氛围。

（4）陈述观点。在讨论结束后，每个应聘者需要陈述自己的观点，并解释理由。在这个环节中，应聘者需要简洁明了地表达自己的观点，并避免重复或过于冗长的陈述。

（5）面试官提问。在陈述完观点后，面试官会对每个应聘者进行提问，以进一步了解其思路、素质和能力。在这个环节中，应聘者需要认真回答问题，展现自己的思维能力和专业素养。

（6）结束面试。最后，面试官会宣布面试结束，应聘者需要礼貌地离开面试室。

2. 无领导小组面试注意事项

（1）了解面试流程和规则。在参加无领导小组面试前，应聘者需要了解面试的流程和规则，以便更好地应对面试中的各种情况。一般来说，无领导小组面试的流程包括入场分组、自我介绍、讨论、陈述观点、面试官提问等环节。同时，应聘者还需要了解面试的时间限制、讨论的主题或问题等相关信息。

（2）注意语言表达能力。在无领导小组面试中，语言表达能力是非常重要的。应聘者需要用简洁明了的语言表达自己的观点，并能够与其他应聘者进行有效的交流和沟通。同时，注意语音、语调和语速，保持流畅自然的表达方式。

（3）尊重他人观点。在讨论过程中，应聘者需要尊重他人的观点，并认真倾听他人的发言。不要轻易打断他人的发言或否定他人的观点，而是应该通过事实和逻辑去说服他人。同时，也要注意自己的言辞和态度，避免攻击性言论或行为。

（4）积极参与讨论。在讨论中，应聘者需要积极参与，提出自己的观点和建议。不要过于依赖他人，而是应该主动承担责任，发挥自己的作用。同时，也要注意控制讨论的节奏和氛围，避免偏离主题或陷入无意义的争吵中。

（5）注意团队合作。在无领导小组面试中，团队合作是非常重要的。应聘者需要与其他应聘者合作，共同完成任务或解决问题。不要只关注自己的利益或表现，而是应该以团队整体利益为重，协调合作，达成共识。

（6）展示自信和领导力。在讨论中，应聘者需要展示自己的自信和领导力。不要过于张扬或过于低调，而是应该通过自己的表现和发言去影响他人，引领讨论的进程。同时，也要注意不要过于强势，而是应该以事实和逻辑为基础，提出建设性的意见和建议。

（7）注意时间管理。在无领导小组面试中，时间是非常有限的。应聘者需要合理安排时间，保证讨论能够顺利进行。不要拖延时间，也不要过于急躁，应该根据实际情况进行调整和控制。同时，注意不要过于表现自己而忽略团队的整体性。

（8）认真听取面试官的提问和点评。在面试官提问和点评环节中，应聘者需要认真听取问题或点评内容，并迅速作出反应。不要过于紧张或过于放松，而是应该以事实和逻辑为基础，清晰地表达自己的观点和建议。同时，注意不要过于争论或过于依赖面试官的评价，而是应该以自己的表现和实力为基础，展现自己的综合素质和能力。

在面试前可以多做模拟练习，以提高面试表现。同时，也要注意自己的形象和礼仪，保持良好的职业素养和形象气质。

思政讲堂

欧莱雅招聘高管的“另类”方法

12人组成临时团队。每个队员都被蒙上眼睛，随机站成一排，被要求在30分钟内用三根绳子围成一个最大的正方形。这个问题确实有难度，队员们一时间七嘴八舌地讨论起来。他们讨论的焦点在于，是先组阵形再接绳子，还是一边接绳子一边列阵形，始终拿不出一套方案。

讨论进行了近10分钟后，8号队员自告奋勇报名做临时指挥，同时他又拉上身边的5号队员。而9号队员虽然没有站出来做Leader，却始终嚷嚷着自己的意见并行动着。然而，当30分钟的时间快要过去时，他们仍然没有找到一套正确的方案：将绳子对折再对折，找出正方形的四个点，然后拉直。但在拉直的过程中，由于每个人都被蒙上眼睛坚持着不肯放开手中的绳索，最终导致绳索打结，项目失败。

欧莱雅招聘负责人表示，因为考虑到面对面招聘不能将一个人的禀赋完全展现出来，所以采用这种特殊的考察方式。除常规的专业能力评估和职业核心能力评估外，他们想挖掘一些具有创新能力和领导能力的人才。其实这个项目很容易成功，他们的方案是正确的，就是没有一个核心的、大家都要服从的领导者做指挥。这可能和他们今天所处的角色有关。他们都认为自己需要在整个活动中不断表现，才能被欧莱雅相中。

面试官会依据每个人在游戏中所担任的不同角色来评分。不断有新点子产生的应聘者在创新、灵活一栏中可得到加分；善于总结经验并协调大家顺利完成的应聘者在领导才能一栏中可得到加分；主动实践、积极执行的应聘者可得“认真分”；甚至最后主动收起绳子的应聘者也可得“踏实肯干分”。

在这种考核方式中，求职者可以扮演以下几种角色。

领导者。这显然是一个会给大家留下深刻印象的角色。要成为领导者，需要具备把握全局的能力。然而，当人人争做领导者时，部分求职者可能连话都插不上。此时，应聘者需要立即冷静下来，重新定位，看看自己在这个团队中还可以扮演其他什么角色。

推动者。在适当的时机站出来说一句：“我们这个问题可以先搁置一下，先把其他问题继续推进下去如何？”这样可以推动团队朝着目标前进。

智多星。经常提出一些想法和建议，不断激发团队的创意和思考。

专家。如果讨论的话题涉及某个专业领域的知识，而你恰好具备该领域的专业知识，那么只要在合适的时机给出专业的建议或解答，就能成为团队中的专家角色。

支持者。在团队中提供支持和鼓励，帮助团队成员更好地发挥自己的能力。如果整个团队已经吵得不可开交，其他的竞争者都想做领导者，你不妨出来做一下支持者，可以选择支持某一方，并阐述自己的理由，这样既获得了发言的机会，也体现了团队合作精神。

分析。在这种考核方式中，切忌两种行为：一是咄咄逼人，完全不给别人发言的机会；二是欲言又止，可能其他竞争对手太过强大，导致你多次想发言却插不上话。遇到这种情况时应该冷静下来，不要做出刚想说话却被别人抢了先机的样子。应该沉着冷静地找准一个时机开始发言，甚至在纸上进行规划、写下一些内容。如果你能拿出文字性的东西来展示自己的思路和想法，相信无论如何竞争对手都会予以关注。

思政提示：领导力在团队协作中的至关重要性。一个优秀的领导者不仅要有全局把控能力，更需要善于协调团队成员、推动团队朝着共同目标前进。团队成员要清晰地认识自己在团队中的定位，团队合作不仅需要领导者的指导，更需要每个团队成员的配合和支持。

本章小结

本章深入探讨了就业心理的多个方面，以及简历制作与面试的相关技巧。就业心理不仅关乎个人的情感和态度，更是影响个人职业发展的关键因素。首先，我们进行了就业心理综述，理解了就业心理在求职过程中的重要性。其次，我们详细探讨了就业心理准备，包括如何调整心态、树立正确的职业观以及提升自我效能感。最后，针对可能出现的就业心理问题，我们介绍了调适的方法和策略。在简历制作与面试部分，我们深入解析了如何撰写有效的求职信和简历，并指出了制作过程中的常见误区。对于面试环节，我们不仅讨论了常见的面试问题和回答技巧，还特别介绍了结构化面试和无领导小组面试的形式与应对策略。通过这一章节的学习，学生们可以全面了解就业准备过程中的心理调适与实际操作技巧，为未来的求职之路做好充分准备。在未来的职业生涯中，将更加自信、从容地面对各种挑战，实现自己的职业目标。

关键术语

职业动机（Vocational Motivation）

职业适应性（Vocational Adaptability）

就业焦虑（Employment Anxiety）

简历（Resume）

求职信（Cover Letter）
工作经历（Work Experience）
自我评价（Self-evaluation）
求职意向（Job Objective）
自我介绍（Self-introduction）
面试（Interview）
面试官（Interviewer）
应聘者（Applicant）

复习思考题

1．在当前全球经济环境下，分析大学生在就业方面的心理压力来源。

2．分析近年来全球经济环境的变化（如技术革新、贸易战、COVID-19 疫情等）如何影响大学生的就业心理。讨论这些变化如何影响大学生的职业期望、自我认知和就业决策。

3．在当前的经济环境下，许多行业正在经历变革。例如，数字化、人工智能和可持续发展等领域正逐渐成为主导。在制作简历时，请考虑如何在其中突出这些领域的相关技能和经验。例如，如果你在大学期间参与了与 AI 或数据分析相关的项目，确保在简历中详细描述你的角色和所取得的成果。此外，对于面试，当被问到关于这些领域的技能或知识时，请提前做好准备，展示你对当前经济趋势的关注以及你如何适应这些变化。

第8章 Chapter 8 就业技能与技巧

知识结构图

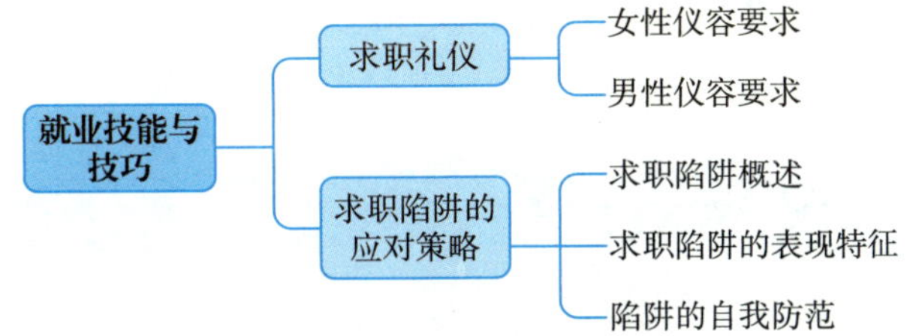

名言隽语

礼仪是微妙的东西，它既是人们交际所不可或缺的，又是不可过于计较的。

一个人的礼貌，就是一面照出他的肖像的镜子。

职场礼仪，是职场成功的重要保障，更是个人成长的必备素质。

学习目标

1. 了解求职的着装礼仪；
2. 掌握求职陷阱概念、分类及其表现特征；
3. 掌握应对求职陷阱的策略。

引导案例

“我前几天去华夏银行面试被淘汰了，说我穿得太随意。郁闷了，在回来的路上我下定决心去买套职业装。可后来查了很多资料却糊涂了。关于服装有的说最好穿套装，有的又说穿太正式了不好，毕竟还是学生呢。我还特意看了金正昆的求职礼仪，他也说用不着穿得太正式，说你比人家考官还专业可不行啊。再就是头发，有的说要扎起来，有的说无所谓。我现在是直发可以扎起来，原计划是开学弄卷的，想打扮成熟些找工作，现在又犹豫了，害怕弄卷了头发扎不起来了！唉。真不知道怎么弄了哦！”

【案例启示】根据上述女大学生提出的问题，可想而知，面试着装礼仪在面试中的重要性。心理学家的研究认为，先出现的信息对总印象的形成具有较大的决定力。初次见面时对方的仪表、风度所给我们的最初印象，往往形成日后交往时的依据。

影响第一印象的因素包括：

（1）外貌与着装（占 50 %）：虽然美丽和魅力都很吸引人，但二者的内涵差异很大。

（2）语气与声音（占 40 %）：音调、语气、语速、节奏都将影响第一印象的形成。

（3）言谈与举止（占 10 %）：言谈举止是一个人精神面貌的体现。一个人的站、坐、走等姿势都应贯彻横平竖直的原则，这样看上去才有自信和有荣誉感，才会给人以良好的印象。

因此，大学生就业了解基本的着装礼仪是非常必要的。本章主要为大学生梳理面试前应该掌握的基本着装礼仪知识。

第一节 求职礼仪

一、女性仪容要求

一个人的仪容是其心理素质和修养的外在体现，它能反映出一个人的性格、气质、学识修养和处世态度。尤其是女性面试者，如果能够将自己的内在美表现得淋漓尽致，就可以让面试官眼前一亮，大大增强自己的求职竞争能力，为下一步交谈打下基础。

那么，女性求职者在应聘时需要注意哪些仪容要求呢？

首先，从衣着打扮来看，既要体现时代特点，又要符合女性求职者的身份，做到整洁大方，同时不失女性特有的柔美，这样不仅会给他人带来美的享受，还能使他人感受到自己的精神状态、自己的干练和活力。一个衣着邋遢的女性去求职，纵然才华横溢，也难以赢得主考官青睐。

其次，从行为举止来看，应尽量端庄、自然。尽量避免动作拙劣、表情呆板或大大咧咧、矫揉造作。因此，在面试时，一言一行、一举一动都应展示得自然、得体，也就是说，要坐有坐相，站有站相，走有走相，让面试官有赏心悦目之感。

最后，从精神状态来看，要面带微笑，精力充沛，显示出女性特有的气质。在面试过程中，则要注意用敏捷的思维、机智的语言来活跃双方交谈的气氛，切勿表现得萎靡不振、无精打采，甚至打哈欠，这些都会使面试官感到失望和不满。

（一）女士服饰

对于女性求职者来说，着装比男性有更多的选择余地，但是仍要遵照整洁、美观、稳重、大方、协调、高雅的总原则，服饰色彩、款式、大小应与自身的年龄、气质、肤色、体态、发型和准备应聘的职位相协调、相一致。比如准备应聘的职位是教师、工程师、干部等岗位，服饰就不能过分华丽、过分时髦，而应该选择庄重、素雅、大方的着装，以显示出稳重、文雅、严谨的职业形象；如果准备应聘的职位是导游、公关、服务等岗位，就可以选择较为华美、时髦的着装，以表现活泼、热情的职业特点。女性求职者可选择穿着剪裁得体、样式大方的西装、套裙等，这样会给面试官留下优雅、自信的良好印象。不要穿领口过低的衣服，要注意内衣颜色应与外套协调一致，避免透出颜色和轮廓，否则会让面试官感到不庄重。如果选择穿裙装面试，则要注意配合身材选择裙型。例如身材比较苗条修长的女性可以选择窄裙，以显露腰部及臀部的曲线；下半身略粗壮的女性可以选择 A 字裙，以掩饰不够理想的身材，起到修身作用。另外，褶裙比较适合腰部与臀部之间曲线变化不大的女性，百褶裙适合身材匀称、腿部线条纤细优美的女性，紧身短裙则最适合身材玲珑娇小的年轻女性。

（二）服装色彩

女性求职者服装的颜色可有多种选择，不一定非要穿黑色套装，而且女性求职者还可以巧妙选择服装颜色以表现自己的个性、气质。比如黄色服装能够表现出丰富的幻想力和追求自我满足的特质，红色服装能显示求职者的个性好动而外向，主观意识较为强烈而且有较强的表现欲望，都可以在面试时适当选用。但要注意避开粉红色服装，因为这种颜色往往会给面试官留下轻浮、圆滑、虚荣的印象。

延伸阅读

假如面试时人力资源部质疑着装怎么办？

也许你准备了数十个回答来应对 HR 的提问，可万万没有想到，HR 第一问题却是对你的着装提出了异议。是道歉还是解释？或是质疑对方的审美？不要觉得 HR 太磨叽，HR 对你的第一印象就是企业对你的第一印象，如果你真的想加入这个团队，那请三思而后言。

对策：适当表示歉意，让面试官知道你很愿意接受他们的建议，甚至应试者也可以询问是否有必要重新安排面试，以表示自己虚心改进。如果你认为因为不适宜的着装影响了第一印象，得到该份工作的希望渺茫，应向面试官表示在未来的面试中都会注意着装，同时可以大胆请他们推荐相关领域的其他公司。面试者可能对你的表现大感意外，决定继续与你进行深入的交流与面试！

（三）鞋子

鞋的选择要注意与整体着装相协调，在颜色和款式上都不应显得过于突兀。另外，最好不要穿长而尖的高跟鞋，而要穿能够体现职业女性特点的中跟鞋；如果选择穿裙装配靴子，则要注意裙子的下摆要长于靴端。

（四）丝袜

女性求职者如果选择穿裙装面试，则一定要穿好丝袜，不要光腿参加面试，这样会显得不够庄重。丝袜的颜色以透明近似肤色最好，同时丝袜不能有脱丝、破损的情况。因此，为保险起见，面试前最好在包里放一双丝袜备用，这样脱丝时能及时更换。

总之，求职者在面试前一定要选好服装，这样才能以美观、大方的形象出现在面试官眼前。

（五）配饰

得体的配饰让你充满魅力。如果说服装是求职者个人形象的活广告，那么配饰则是其形象的重要细节。细节处理不好，就会因小失大，很可能影响面试官作出的最终评价。所以，求职者们千万不要因为配饰细小而不重视它，往往就是这小小的配饰更能反映出一个人的品位，成为面试官暗中仔细观察留意的细节。因此，只有注意配饰的得体和搭配，才能使求职者形象更加完美。

资料链接

女性职场着装“六大禁忌”

（1）忌过于时髦。现代女性对流行和时尚的追逐是可以理解的，毕竟爱美是人类特别是女性朋友的天性。但是切记不要盲目地去追求时髦。职业女性一定要明白，在办公室里工作，完全不同于在户外游玩或在家里休闲，我们要展示的是我们的工作能力，而不是外表。

（2）忌过分性感。夏天是女孩子争奇斗艳的季节。但这一季有很多着装陷阱，让你不得不注意。许多女孩子不顾自己的身份，穿着暴露或过度性感。这样做不但起不到被别人认同和注意的目的，而且容易被人认为很轻浮。一般来说，职业女性的裙长至少应盖住大腿的 2 / 3。简约的职业装会带给他人大方得体的感觉，并提升你在同事眼中的整体形象分。

（3）忌过分随意。当我们走进办公室，发现几个同事穿的都是随随便便的 T 恤，再加上泛白的“破”牛仔裤，这样的着装就显得过分随意，丝毫没有考虑公司的整体形象。更让人无法忍受的是，去拜访客户的时候他们仍然是如此打扮，那就太不对了。另外，值得注意的是，按照现代礼仪规则，只有在穿长裤子的时候才可以穿短丝袜。很多女孩子不注意这一点，以短裤配短丝袜，这绝对是要不得的行为。

（4）忌过分保守。虽然职场着装最好以黑、白、灰、蓝、咖啡色为主，但需要提醒大家，黑色虽然容易搭配其他颜色，但是如果运用得不够好，会给人一种沉闷、难以接近的感觉。所以，上班族要多多考虑其他低调的颜色，不要轻易尝试用黑色去搭配衣服。

（5）忌过分生活化。很多服装虽然平时看起来非常出色，但是并不一定适合在上班时穿着。比如，冬天羽绒服下慵懒厚重的毛衣固然舒适温馨，但并不适合在办公室里穿着。因为这样的装扮看起来居家的味道太浓，显得人不精神。如果在毛衣上加上一条略职业化的工腰带，则会产生较好的效果。

（6）忌配饰乱用。配饰在整个服装的搭配中能起到画龙点睛的作用，但是如果这个“睛”点得不好，反而会起到反作用。一般来讲，职场配饰有一个原则，那就是尽量简单。耳环可以说是很重要的首饰，但太长、太大的耳环就不适合在办公室佩戴；眼镜可以体现人的知性，但容易降低佩戴者的亲和力；手提包也很重要，大小一定要合适，切勿将手提包塞得满满的；永远不要把旅游鞋穿进办公室，那样会使你显得很不专业。

二、男性仪容要求

仪容仪表有时代表着自己的人格素质和专业水准，因此，在求职时在仪容仪表上切不可轻视，以致耽误了自己的“大好前程”。

资料链接

1959 年，尼克松和肯尼迪竞选美国总统。在一次电视竞选中，尼克松带病参加，当时他体重大减，脸上棱角突出，还一直在出汗。在这种情况下，他又拒绝了电视导演费尽心机为他设计的补救措施。结果，观众在电视屏幕上看到的尼克松是两眼深陷、面颊苍白、汗流如柱、声嘶力竭的形象。相反，肯尼迪经过电视导演的精密筹划，养精蓄锐，精心彩排，则显得意气风发。他从容论道，挥洒自如，令观众为之折服。结果，在这次电视竞选中，选民们不再关注双方政见的分歧，而是对他们的仪表风度的高下差异谈论不休。对“形象仪容”的好恶最终也在一定程度上决定了选票的投向，导致尼克松以微弱票差败北。

从上面的例子中，可以看出仪容美观对事业成功具有举足轻重的作用。尼克松在总统大选中惜败，就与他不重视仪容修饰有一定的关系。而在现实中，不讲究仪容美观的男性求职者也大有人在。他们往往会认为用人单位更重视的是求职者的内在素质，而非光鲜亮丽的外表。可事实上，仪容美是内在美、自然美、修饰美的统一。而仪容的修饰美是最可以直接实现的，所以也是仪容礼仪关注的重点。它不仅是打扮和美容，在面试官看来，仪容美能够体现求职者良好的精神面貌和对工作的乐观、积极的态度。因此，即使男性求职者平日不修边幅，在面试时也一定要注意自己的仪容美，将男性的阳刚美体现出来，才能赢得面试官的好感，促使面试成功。

（一）男性面试仪容指南

发型、胡须清爽。整洁的发型会让男性求职者显得有风度、庄重、文雅。因此面试前要注意修整发型，不要顶着一头蓬松凌乱的头发就去参加面试，那会让面试官看了很不舒服。而且在面试前要洗干净头发，避免头屑留在头发或衣服上，否则也会让求职者的形象大打折扣。特别是夏天更要及时清洗，洗头发时水温不要太高，在 40 ℃左右，并选用适合自己发质的洗发液。洗干净后最好自然晾干。如果必须让头发迅速变干，可以用温度不高的电吹风，不然会损伤头发。

另外，除了艺人、文艺创作者外，普通男性求职者最好不要留长发或颜色夸张的染发。头发的长度以不挡视线、不遮耳朵、不碰衣领为宜。

此外，如果没有特殊的宗教信仰或民族习惯，求职者应刮干净胡须再参加面试。否则胡子拉碴的形象会让面试官产生不好的印象。求职者还要注意剃胡须的时候不要刮伤皮肤，以免“破相”。

1. 手、指甲

手是人体中活动最多的部分之一，也常常是面试官目光的焦点，因此，男性求职者在面试前，要先看看自己的手，必须使其洁净，特别是指缝、指甲不要留有污垢，而且男性求职者最好不要留长指甲。

2. 面部

男性一般很少注意化妆、美容，但是在参加面试前，最好能注意一些面部修饰，例如可以给脸上涂些护肤用品，不要让脸上的皮肤显得太干涩或有油光。另外，也可以简单地用点化妆品，给面试官留下干净、阳刚的感觉。

3. 个人卫生

为了给面试官留下最佳印象，男性求职者一定要从细节上注意个人卫生。例如要注意清洁耳孔，不要留下分泌物、灰尘，要注意避免在眼角遗留眼屎，还要注意修剪鼻毛并清洁鼻孔内外的污垢。

另外，如果口腔或身体有异味的话，在进入面试现场前一定要处理好，如可以使用口腔清新剂、口香糖等，以保持清新的口气，并注意面试前不要吃洋葱、大蒜，也不要喝酒，饭后则最好刷牙、漱口，以免口气、酒气熏天，影响个人形象。此外，为了避免身上散发出的汗臭味、腋臭味、烟味等引起面试官的厌恶，面试前最好能洗个澡，这既可以冲淡异味，又能振奋精神。如果有必要的话，男性求职者还可以在身上适度地喷些男性香水，以驱散其他气味，但香水一定不能选用气味浓烈或怪异的，而应选用气味清新淡雅的，有助于让面试官产生愉悦的感觉。

俗话说“人靠衣装马靠鞍”，也有人说“服饰左右你的成就”。服饰能够反映出一个人的文化水平、修养和气质，它是种重要的体态语言。在应聘面试活动中，恰当的穿着本身就是一种很好的礼仪，雅致和整洁的服饰具有一种无形的魅力，它能让求职者在面试官的“第一印象”中留下深刻的记忆。但很多求职者根本没有考虑过面试时应该穿什么样的衣服。事实上，服饰有时候起着比履历书中所载的经历和资格证书等更为重要的作用。许多用人单位的人事负责人都认为，求职者的精神面貌与衣着打扮能够给他们留下“第一印象”，而这难能可贵的“第一印象”通常决定着面试的成败。一个仪表优雅的人，虽然并不一定能找到工作，但如果衣着不整，举止不雅，必然影响应聘择业。可见，求职者的服饰对求职成功与否有重大的影响。因此，注重自己的衣着仪表，是求职者不容忽视的问题。一般在社交中的服饰、打扮应遵循“TPO”原则。所谓“TPO”原则，就是服饰应当符合时间（time）、地点（place）、场合（occasion）的要求。对面试而言，虽然没有必要严格遵循社交场合上的“TPO”原则，但在面试准备阶段，如果详细了解自己应聘职位的工作内容和性质，能够帮助求职者更好地选择服饰。例如，如果准备应聘的是一个创意性较强的艺术类工作，像美术设计、广告策划、艺术装潢之类的工作，着装就应个性化一些、浪漫一些、新潮一些，甚至可带点反传统的元素；如果应聘的是正规而严肃的办公室工作或教育工作，着装则应该规范一些、整齐一些、传统一些；如果应聘的是一份技术操作或经常需要野外作业的工作，那么只需要穿日常便装就可以了。当然，求职者不一定对应聘职位的工作内容和性质非常了解，那么也可以事先到应聘单位走一走，考察一下工作环境和职工的着装，以便在选择服饰时作为参考。对于刚刚毕业的大学生来说，如果对面试着装没有什么经验的话，也可以以最朴实、阳刚的打扮出现在面试场所，这样也容易让面试官产生好感。

（二）男士服饰

男性求职者的服饰应力求带给面试官“舒服、干净、儒雅、大方”的感受，以提升好感度和面试成功率。

1. 西装

男性求职者在面试中的服装以西装为首选，这是因为西装看上去比较正规，能够显示出求职者对面试的重视，而且西装购买方便，搭配也比较简单。不过，穿西装也有许多讲究，比如西装面料最好以深色或深蓝色为主，它们能给面试官以稳重、可靠、忠诚、朴实、干练的印象；西装面料则最好选择天然织物，这是因为人造织物的光泽和质地会给面试官一种廉价的感觉，而且人造织物也不像天然织物那样有种吸引人的“下垂”感；另外西装要穿着得体。求职者如果体形偏瘦，则不宜穿着中粗竖条的西装，否则会暴露身材纤细、瘦弱的缺憾，这时可以选择米色、鼠灰色等暖色调，图案方面则选用格子或人字斜纹的西装，就会显得身材较为丰满、强壮；而体形瘦高的求职者，则宜穿双排扣或三件套西装，面料选用有质感和收腰感觉的，不要选用廓形细窄而锐利的套装；身材偏胖的求职者可穿深蓝、深灰、深咖啡色等西装，忌穿米色、银灰等有膨胀效果的色彩，此外还可以穿着双排四粒扣的西装，以掩饰微挺的肚子；身材较矮的求职者可穿三件套西装，这样能够模糊身体的分割线，既能掩饰缺点，又显得比较帅气。

资料链接

男士西服穿着“十大禁忌”

男士穿着西服，在社交、商务等场合是非常必要，表示了对对方的重视，而且还显得自己非常礼貌。男士在穿着西服的时候，有十大禁忌一定要了解，否则很可能会出现败笔。那么男士西服穿着十大禁忌具体是什么呢？

（1）忌西裤短，标准的西裤长度为裤管盖住皮鞋；

（2）忌衬衫放在西裤外；

（3）忌衬衫领子太大，领脖间存在空隙；

（4）忌领带颜色刺目；

（5）忌领带太短，一般领带长度应是领带尖盖住皮带扣；

（6）忌不扣衬衫扣就佩戴领带；

（7）忌西服上衣袖子过长，它应比衬衫袖短 1 厘米；

（8）忌西服的上衣、裤子袋内鼓囊囊；

（9）忌西服配运动鞋；

（10）忌皮鞋和鞋带颜色不协调。

2. 衬衫

衬衫简单、实用、易于搭配，是男性求职者的理想服饰元素之一。男性求职者在面试时可以穿着白色或蓝色衬衫，以体现沉稳、大方的气质，但最好不要穿着图案繁复、色彩斑斓的衬衫。衬衫的材质则以天然纤维为最佳，不宜穿着容易起皱的棉布衬衫。另外，如果天气不是非常炎热的话，一般最好穿长袖衬衫。

3. 领带

领带的选择要与面试时所穿的西装、衬衫相互搭配，其中领带的长度以到皮带扣处为宜，领带的宽度应大致和西装上衣延及胸前的翻领的宽度相似，但最好不要使用领带夹。领带的材质以纯真丝为最佳，能够产生一种优雅、有品位的感觉，而且真丝领带也最容易打好。亚麻领带、毛料领带、合成纤维领带等由于容易起皱，也不好打结，可能会有损求职者的职业形象，因此不宜选用。在颜色方面则应尽量选择明亮的色彩，但也不要太过鲜艳或花哨，以能带给面试官明朗良好的印象为宜。领带的图案，可以选择立体宽条纹等，同时注意避免佩戴有圆点花纹、卡通图案、体育标志以及徽标等的领带。

4. 皮带

求职者应选择与鞋、西装相配的皮带，如蓝色、黑色或灰色西装以及黑皮鞋可以选择黑皮带搭配，而棕色、棕褐色或者米色的西装以及棕色的皮鞋应搭配棕色的皮带。至于皮带的材料，以皮质为宜。

5. 皮鞋

面试时男性最好穿着黑色或棕色的皮鞋，切勿穿着球鞋，以免给面试官带来不够严肃、吊儿郎当的坏印象。皮鞋不宜选择尖头款式，最好穿着方头系带的皮鞋，以免给面试官带来攻击性的感觉。另外，在面试前要注意擦拭鞋面，使鞋面保持清洁光亮，同时要系紧鞋带，以免松开或未系的鞋带给自己带来不安全感甚至将自己绊倒。此外，还要注意避免黑鞋搭配棕色西装，这样会显得十分不协调。

6. 袜子

袜子应和衣服、鞋相协调，从颜色上看最好选择蓝色、黑色、灰色或棕色的袜子，不要穿颜色鲜亮的袜子或花格袜子。长度应该以跷腿时不露出太多的胫骨、移动双脚时也不至于在脚踝部隆起为宜，因此可以选择弹性较好的裹及小腿处的袜子。

资料链接

一位大学生，他在面试时穿了一身刚买的深色西装、一双黑色的皮鞋和一双白色的袜子，希望自己形象不俗，能给主试者留下良好的第一印象。但他不知自己已违背了西装着装的基本规则。他虽然穿上了深色的西装和黑色的皮鞋，却不合时宜地以一双与前者反差过大的白色袜子同其搭配，而且在他所穿的西装上衣的左侧衣袖上，本当先行拆掉的商标，依旧赫然在目。本想给考官留下良好印象的这位大学生得到了相反的结果。

大学生参加面试时，一定要注意一些细节问题。比如皮肤要洁净，指甲要及时修剪，头发要整洁，口腔要卫生，要有正确的站、坐、走的姿态，服装要合时宜，鞋要擦干净，袜子与皮鞋的颜色最好一致，穿着皮鞋，不可以穿白袜等。这些细节都是体现大学生素质修养的，掌握了这些细节，将有助于大学生求职的成功。

7. 外套

如果没有特别需要的话，男性在面试时最好不要在西装外再加穿外套，否则会给面试官凌乱、累赘的感觉。而且进出面试场所时穿、脱外套也比较麻烦。如果一定要穿着外套的话，也最好选择米色和蓝色等式样轻便的外套。

第二节 求职陷阱的应对策略

随着我国高等教育大众化进程加快，高校毕业生人数增幅很大，使高校毕业生在就业方面面临诸多的困难。目前我国人力资源市场建设相对滞后，大学毕业生的就业机制不够健全，就业市场中出现了各种不依法用人、违法招聘等为大学生就业设置各种陷阱的现象。

求职“陷阱”是指以为求职择业者提供就业为诱饵，或无偿占有求职者的劳动，或骗取择业者的财物，或择业者从事的工作内容并不是双方在协议或原先口头承诺的内容要件，使择业者的人身、财产受到损害，利益受到侵害的骗术或非法行为。尽管求职“陷阱”形形色色，形态各异，但其目的都是一样的。对大学毕业生的危害都是巨大的。大学毕业生要防范各种求职“陷阱”，首先要了解和认识形形色色的求职“陷阱”，这也是我们职业能力中一种非常重要而实用的能力。常见的求职“陷阱”将在下文作详细介绍。

一、求职陷阱的概述

（一）粉饰招聘岗位陷阱

招聘单位在招聘广告中夸大职位，比如把“业务员”写成“市场总监”，把“保险代理员”写成“保险事业部经理”。求职者到了实际岗位才知道与招聘描述不一。有的单位以“到基层先锻炼锻炼”为幌子，让求职者继续工作下去。粉饰招聘岗位使得求职者就职后往往大失所望，心理落差很大。个别求职者由于种种原因，可能选择了安于现状，继续这份工作，从而对自己的职业生涯产生很大的负面影响。

资料链接

某高校张同学看到一条“诚聘有事业心人士担任市场经理”的招聘广告，考虑再三，准备充分后前往应聘。工作后才知道，自己的工作是推销公司的产品，“市场经理”就是一个好听的头衔而已。大学生求职的时候应该搞清楚职位的工作职责和工作内容，仔细分析，向单位询问细节。一些用人单位提供的虚而不实的职位，常常冠以好听的头衔，但是却强调无须经验，其中肯定有问题。一些用人单位为了招聘业务员，就在招聘广告中列出很多职位，其实都是做业务员，很多甚至还没有底薪。

（二）智力陷阱

有些公司由于自身缺乏足够和新鲜的创意，如果另行聘请高水平的工作人员又需要付出较大的代价，便想要通过招聘的方式来获取优秀的创意或文案。这些公司往往在面试时或在实习的过程中让学生做相关的事情，在获取应聘者的创意或方案后却不被录。

资料链接

小白是长沙某重点大学的一名计算机专业应届本科毕业生，编程能力很强。在学校举办的一次大型双选会上，以优异的专业成绩和实习单位较高的评价，被一家小有名气的 IT 企业相中，并很快签订用人合同。双方商定试用期为 3 个月，试用期间月薪为 2500 元。当其他同学还在为找工作东奔西走的时候，满心欢喜的小白已经开始上班了。可是天有不测风云，谁曾想，刚结束春节休假上班的小白一到公司，便接到人事部门一纸解约通知，称通过试用，发现小白不适合在本公司工作，决定解除双方的试用合同。公司的决定让她感到非常突然。就在春节前，她通宵达旦、加班加点设计出来的一个财会软件还受到部门经理的夸奖，怎么突然就变卦了呢？她感到十分不解。后来，一位共事过的公司员工向她道明了事情的真相："公司根本没想要你这个人，只是需要你设计的软件。公司只是想无偿占有你开发的软件而已。"小白才幡然醒悟，原来自己天真地掉进了用人单位设下的智力陷阱中。

毕业生在提交自己的智力成果时要尽可能附上自己的版权声明，并要求招聘单位签收。

（三）收费及抵押陷阱

招聘中以不同名目收取"苛捐杂税"是最常见的招聘陷阱之一，这个招数对于很多应聘者来说都是"温柔的陷阱"。这类诈骗的面试过程往往特别简单，对你的学历、工作经验等各方面的条件几乎都没有要求，不关注你在校的表现和能力，只是派人和你进行简单的交流并鼓励你在将来的工作中要努力，对公司的一些情况要么避而不谈，要么胡编乱造，然后就告知求职者被公司录用了。同时，还会对你以后的工作许以高薪、工作环境非常轻松等诺言。这类型公司往往以已经招聘录用，需要收取押金、保证金的借口，或者以入职培训的名义，骗取求职者的费用。

虽然国家劳动部门早就明文规定任何企业在招聘员工时，都不得以任何理由、任何形式收取求职者的押金，或者以身份证、毕业证等作抵押，但有的招聘单位要求求职者提供自己的身份证件，理由是便于管理。有的求职者的身份信息被另作他用，当然，如果出了事，很多责任得由他承担。因此，求职者对自己的个人隐私权要爱惜和保护。

资料链接

小王和小赵是即将面临毕业的大学生。通过报纸广告，两人相约来到一家房地产广告公司应聘市场部的助理。面试、笔试各个环节进行得都非常顺利，他们被录用了，试用期的主要工作是联系相关写字楼的承租客户，同时，试用期小王和小赵每人必须缴纳3000元的押金。押金的目的是保证公司利益不受损失，试用期结束后公司将退还押金。

国家法律规定招聘单位不能向应聘者收取押金以及扣押个人身份证件，所以，那些任职初期就让缴纳各种押金的行为是不合法的。求职者遇到要求交钱和扣押证件的时候一定要提高警惕，捂紧自己的钱包，不能向任何自己不了解的单位透露个人信息。

（四）试用期陷阱

试用期是用人单位对新录用的劳动者是否合格进行考核，劳动者对用人单位是否适合自己进行详细了解的期限。劳动合同试用期作为劳动合同中的一个特殊阶段，对于帮助用人单位以最低的成本风险争取优秀人才加入、促进劳动者的风险意识和竞争意识，都有极其重要的意义。然而，在实际就业市场上，试用期被用人单位滥用。一是没有试用期可能暗藏玄机。试用期是劳动合同的约定条款，对双方都有约束力，试用期长短或有无由双方依法在劳动合同中约定。某些用人单位规定大学生报到就签订劳动合同，马上上岗工作。可当大学生感到单位各方面情况不好想要另谋高就时，才发现自己在“无意”间放弃了试用期这一有力的武器，丧失了自己本该拥有的权利。在这种情况下，如果要单方面解除合同，无疑要付出惨重的代价。二是试用期或见习期过长。大学生就业中，违规违法现象主要表现为见习期与试用期的总期限超过一年。有些单位以见习期的名义不签合同，且借故延长见习期。

一般来说，单位用人有试用期是正常的，试用期的薪水一般都不高，等到转正之后，薪水会有较大幅度的提高。很多公司为了使用廉价劳动力，抓住毕业生急于找工作的心理，堂而皇之地打出试用期的牌子，看起来非常规范，待试用期一过，就以种种理由解聘求职者。这样的公司不断地炒人，毕业生永远不会成为正式员工。

资料链接

2015年6月，应届毕业生小张应聘到杭州开发区一家公司工作，并且与该公司签订了一年的劳动合同，合同约定试用期6个月，实习工资2000元。当试用期到期前10天时，公司人事部通知小张，公司还要对小张进行考察，如果小张同意，公司将再与小张续签3个月的试用期。小张为了今后留在公司里工作，于是同意再签3个月的试用期。当合同再次到期前，公司人事部通知小张在试用期未达到录用条件，不予录用。

毕业生要了解自己的基本就业权利，这样才能维护自己的正当权益。

（五）协议陷阱

就业协议除具有确立毕业生和用人单位之间的劳动关系、规范二者相关权利和义务、追究违约方违约责任的作用外，还是学校对毕业生就业的一种管理手段，是学校上报就业计划、用人单位申报进人指标、毕业生办理落户手续的证明。就业协议对于学校管理毕业生就业工作，规范用人单位和毕业生在用人、择业过程中的行为，维护各方的合法权益发挥了一定的积极作用。

但这一制度在现实的执行中却产生了许多问题。签订就业协议书本来是出于保护学生的目的，而且协议上也明确规定了学生就业后就执行劳动合同，已签订的就业协议不再生效。但实际上在签订就业协议后，不少单位在试用期间就不再签订劳动合同，所以常常会出现学生在试用期间要跳槽，按照劳动法不需要承担违约责任，而单位则以就业协议为依据向学生提出索赔要求的现象。按照有关规定，就业协议不能代替劳动合同或聘用合同，但实际上就业协议对毕业生和用人单位却又相当于劳动合同，它甚至可以对劳动合同的期限也进行约定。如果就业协议签订时的约定内容不能与随后签订的劳动合同或聘用合同内容吻合，就可能在毕业生和用人单位之间产生纠纷。就业协议内容不规范致使一些用人单位为了避免毕业生随意违约，在劳动合同中不约定试用期，旨在把学生当作廉价劳动力。在就业协议中违约金的数额没有明确，完全由单位与学生协商而定，而由于学生维权意识缺乏以及学生在求职过程中处于相对弱势地位，就使就业协议从某种程度上来说成为“霸王合同”。

当前的就业形势使相当部分大学毕业生在就业市场上处于弱势地位。不少学生在就业时出于种种顾虑，对可能会使自己权益受损的条款不敢提出异议，对单位在试用期不签订合同的做法也不会去追究，甚至被迫接受单位提出的一些不平等条款。甚至在签订就业协议的时候，单位要求附加补充协议，上面规定了学生所有的违约责任，而对单位如违约将承担什么责任则几乎只字不提。有些单位利用学生求职心切的心理对学生要求过多，造成学生在日后利益受损。签合同时，用人单位利用毕业生涉世不深的弱点极力催促大学生在内容与口头约定不一致的合同上签字。

资料链接

小赵是应届毕业生，2019 年 12 月与一家用人单位签订了《高校毕业生就业协议书》。签协议书前双方商定：如果小赵违约，将向用人单位缴纳 3000 元违约金，却没有约定如果用人单位违约的处理办法。双方签约后，小赵就一直没有找其他工作。直到 2020 年 5 月，小赵得到签约单位通知，说由于该单位经营策略上的变化，原本计划招收的 20 名应届毕业生现缩招为 6 名，该单位打算解除与小赵的就业协议。

签订协议或劳动合同前一定要认真研究条款的内容，要明白自己和单位的地位是平等的。

（六）传销陷阱

所谓传销，本是指生产企业不通过店铺销售，而由传销员将本企业产品直接销售给消费者的经营方式。该经营方式受到国家的明令禁止。现在的传销已大多演变为非法组织以欺骗乃至胁迫的手段，靠强收“入门费”敛财。虽然国家加大了对传销的打击力度，传销在一定范围、一定程度上得到了较为有效的控制，但是有的传销人员并未死心，他们转为“地下”活动。当前日益严峻的就业现实使毕业生降低了审核标准和防范意识。对于传销组织来说，由于大学生拥有的潜在社会资源很丰富，他们未出校门，缺乏社会经验，因而深得“青睐”。加上就业困难形势下部分毕业生非理性的就业观的存在，更给了传销组织较大的空间。一些非法传销组织利用大学毕业生的就业心理压力，以知名企业或单位的名义招聘毕业生。传销组织一般以招工为由，利用学生社会接触面不广、对生活的期望值过高的弱点，掩盖非法传销的事实，以“好工作、高收入”来诱惑学生。受骗人或听信于传销头目欺骗父母，或经传销组织“洗脑”骗拉熟人，甚至成为传销骨干坑害他人。且传销组织采取扣押身份证、现金、通信工具、限制人身自由等手段，导致一些学生或主动或被动地迷失于传销旋涡中难以自拔。

思政讲堂 据新华网 11 月 2 日报道，南京破获的一起传销大案中，传销头目之一竟是“放弃本硕连读也要做传销”的高校学生，而 834 名受害者中，几乎清一色是在校大学生，涉及 33 所高校；菏泽警方日前查获的一起传销案件，117 名成员中也有三成是被从外地骗来的大学生。

传销好像离我们很远，但其实就在我们身边。大家一定要提高警惕，出现情况要及时寻求帮助。

思政提示：大学生要从自身做起，树立脚踏实地的择业观，面对暴利诱惑和煽动教唆时能从容理智应对。

（七）网络陷阱

传统的集市型的人才交流市场通常受时间、地域等因素限制，不利于统一开放的人才大市场的形成。而网上人才市场则突破了这些局限，通过网络实现了市场信息的共享。网络的便捷、快速、低成本、大信息量等特点使得越来越多的企业和求职者选择人才网站作为招聘和求职的中介。网上求职不受时间、地域、空间的限制，避免了人群大范围集中和对场地依赖的局限，同时又有丰富的信息，所以很多即将毕业的大学生都把网上招聘作为求职的一个主要“路径”。求职者网上求职方便快捷，确实是电视、报刊、杂志等传统广告载体与现场招聘会所难以企及的。但凡事有利也有弊，网络求职也有其难以克服的障碍。如果轻易相信网上的招聘信息，可能会遇到比传统招聘形式更多的麻烦、更大的问题。网络求职涉及隐私权问题。个人在网络上输入的信息，有可能被他人窃取、利用，造成名誉上、经济上的损失。另外，与其他广告载体相比较，网络招聘广告的真实性也值得推敲。

资料链接

郑州某大学应届毕业生袁某按照同学的推荐到网上寻求职业时，相中了一家远在深圳的公司。按照该公司提供的电子邮箱，袁某将简历发送过去。很快，该公司回了一封热情洋溢的信，称袁某才思敏捷，深深打动了该公司人力资源部领导，决定破格聘用袁，但由于袁所学专业与该公司不吻合，需要进行培训，由于郑州和深圳之间路途遥远，该公司非常“体谅”，提出袁某可以先在家学习有关教材，再来深圳参加培训。按照该公司规定，袁某汇去了教材、档案和服装等各类费用共400元。就在袁某等待前往深圳发展时，却发现该公司不再回复自己的任何邮件。此时袁某才意识到上当了。

面对网络，大家一定要保持谨慎，应该到信誉度高的网站应聘，对收取相关报名费的网站要特别小心，对招聘单位最好有个实际的考察。不要公布自己的个人信息，一般留邮箱进行联系即可。毕业生应该正确认识网络求职的优劣，充分发挥其积极的作用，为自己择业助力。

二、陷阱的表现特征

当前大学生就业陷阱主要表现出四个典型的特征。

（1）欺骗性。主要表现为招聘单位以虚假宣传、不实承诺取得大学生的信任和期望，在协议中提出苛刻的条件、隐藏各种不法目的。

（2）诱惑性。主要表现为招聘单位着力包装，夸大事实，并以单位各种招牌、荣誉、待遇和发展前景诱惑大学生。

（3）隐蔽性。主要表现为招聘单位都有十分华丽的诱人说辞，让应聘者听起来合情合理，其实处处都是陷阱。

（4）违法性。就业中的各种违法行为目的各有不同。有些为留住人才而扣留大学生的户口、证件等使大学生欲走难行。有些软硬兼施，用非法手段迫使应聘者工作。还有的使大学生掉进自己挖下的高薪陷阱、中介陷阱、培训陷阱和传销陷阱等。还有些用人单位给大学生设置了协议陷阱、合同陷阱或试用期陷阱。

三、陷阱的自我防范

缺乏社会经验的大学生，在求职中容易误入各式各样的招聘“陷阱”。要消除择业“陷阱”，需要进一步规范人才市场的秩序，完善相关的法律法规，加大监督力度。但对毕业生而言，如果预先有了防范意识，可避免落入任何诱人的陷阱。为此，毕业生可从以下几个方面入手，增强自己对择业“陷阱”的防范能力。

（1）防范意识的培养。毕业生对择业“陷阱”的防范意识，是毕业生对择业“陷阱”

自我保护能力的重要组成部分。培养和增强毕业生对择业“陷阱”的防范意识，是通过毕业生自我教育、自我完善来实现的。

（2）加强相关的法律法规的学习。毕业生应该主动学习与求职择业密切相关的法律法规、文件，如《中华人民共和国就业促进法》《中华人民共和国劳动合同法》等，提高自己的求职素质和独立思考、明辨择业“陷阱”的能力。

（3）树立正确的择业观和择业心态。毕业生必须转变就业观念，理性地认识就业形势，先就业求生存，后择业谋发展。毕业生应该转变求职理念，降低就业期望，客观评价自己。从底层做起，从基础做起，着眼于非政府部门、劳动密集型企业、中小型企业就业或自主创业。

（4）对就业信息的防范。一般情况下，从学校就业指导部门、高校或当地毕业生就业主管部门组织的毕业生供需见面会和人才招聘会、正规权威的人才招聘类专业网站、值得信赖的社会关系、有权威的报纸等途径获取的就业信息比较真实可信。对自己重点关注的就业信息，即使其来源可靠，毕业生也要对信息的内容做进一步的核实。毕业生在投递简历前应充分了解用人单位的情况，最好自己到用人单位去看一看。

（5）对中介机构的防范。中介机构为用人单位和毕业生双方沟通联系并进行择业指导，由双方订立劳动合同实现就业。这种方式近年来也成了部分大学生的就业渠道。但大学生在选择中介机构时，一定要认定其合法性。一般来说，一个合法的中介组织必须五证俱全——工商营业执照、税务登记证、企业资质证、执业许可证和法律、法规规定的其他必须公开的证照。同时还应当公布服务内容、服务规范、收费项目及标准、监督、投诉机构的电话及地址等事项。大学生在选择中介机构时，切记要对其合法性进行鉴别，以免上当受骗。

（6）网上求职选择正规网站。随着信息时代的发展，人才网络系统已初具规模。一般来说，合法网站的建立，都有工商部门下发的经营许可证和通信管理局下发的 ICP 证。因此应聘者在投递个人简历时，可以先看看该网站是否两证齐全。要强化自己的保密意识，时刻提高警惕。在填写个人简历时，尽量不要填写家庭详细地址及家庭固定电话号码，以免受不正当的干扰，树立个人信息保密意识。

（7）对面试的防范。大多数用人单位都会提出面试的要求。择业“陷阱”的设置者，也大多以面试形式对求职者实施欺骗。因此，面试也是毕业生需要特别注意的环节。正式面试之前要通过多方途径对招聘单位的资料进行确认，如通过上网查询，拨打当地 114 电话核实对方公司的联系电话与地址，到工商登记、税务登记、人事、劳动等主管部门了解该企业相关情况，必要时到公司所在地明察暗访。

正常的面试，用人单位一般会安排在正常工作时间，地点就在自己单位。面试的时间、地点一经确定，没有特殊的原因一般不会无故改变。女生一定要避免到僻静或私人场所去面试。不要随便喝别人提供的饮料。女生在前往面试或找工作地点前后要注意及时向家人或师友报告自己的行踪。到外地参加面试时，无论任何理由都不能留下重要的证件。

资料链接

小张收到某公司的一条短信，请其尽快到公司来面试，但小张没有投过简历到这个公司，就打电话去询问。对方答复说在某人才网上看到的。小张按时赴约，但找不到地方，就再次联系公司。很快一个骑摩托的人过来接他。刚坐上车，骑摩托的人就让小张通知公司说很快就到了。在电话中公司对他说让骑摩托的人接下电话，另有事安排。小张刚把电话递给骑摩托的人，一份文件就从车上落了下来。出于礼貌，小张下车帮忙捡文件。等捡起文件，摩托车已经不见了。小张随手放在车后的手机和包也跟着不见了。

小刘很顺利地通过了一家公司的面试，并参观了公司，觉得很正规。很快公司通知其参加培训，并要缴纳250元的培训费。小刘觉得机会难得，交了钱并参加了培训。培训后公司又组织进行体检，体检费100元，但却因为视力较低公司拒绝录用。后来小刘发现差不多每次招聘会这个公司都在招人，才知道自己受骗了。

小韩在一场招聘会上投了一家科技公司，经过简单的现场面试，即被通知下午去公司面试。下午，接待她的还是上午的招聘人员。招聘人员把她领进一个办公室，当着她的面给“经理”打电话，然后对她说“经理”要等会才来，让她先等一会。过了约五分钟，“经理”还没过来，招聘人员就欲再次打电话给“经理”，不巧手机没电了，便要求借小韩的手机一用。小韩也没多想就直接给了他。招聘人员称在室内电话听不清楚就出去了，结果一去不复返。

（8）对签约的防范。签订劳动合同是一种法律行为，毕业生应该正确认识和严肃对待，慎重签订。毕业生要对准备签订的协议仔细研究。协议必须公平、公正，明确双方的权利与义务。协议应对服务期、工作岗位和工作内容、劳动保护和工作条件、工资报酬和福利待遇、劳动纪律、协议终止的条件、违反协议的责任等做明确规定。签订劳动合同时，要注意保护自己的权益，认真检查合约内容、附带条款。在签合约时仔细阅读所有条款，如有不清楚或对自己不利的地方，不要立即签约，要带走仔细研究。

需要提醒毕业生的是，一定要签订合法、有效的书面协议。特别是涉及工作内容、工资报酬、福利待遇、违约责任等敏感内容的，毕业生要尽可能地与用人单位达成书面协议。

（9）发觉被骗，及时报案。毕业生一旦发觉自己上当受骗，要及时向招聘单位所在地的人事局、劳动局监察大队或公安局报案，寻求法律保护。

总之，只要毕业生培养防范意识，掌握防范对策，就能够识破择业“陷阱”，达到顺利就业的目的。

本章小结

首先，阐述了大学生求职的相关礼仪。其次，陈述了大学生就业过程中的求职陷阱的类型及陷阱的表现特征，并给出了自我防范的方法，从而帮助大学生有效防止就业陷阱。

关键术语

求职（Job-hunt）

礼仪（Etiquette）

求职礼仪（Interview Etiquette）

求职陷阱（Job Traps）

复习思考题

1．面试时男女着装的要求有哪些?

2．请根据男女着装要求为自己设计一套面试的着装，并请同学进行点评。

3．求职陷阱的表现特征有哪些?

4．分小组讨论求职陷阱主要有哪些?以一个你身边的具体事例谈谈大学生如何应对求职陷阱。

第9章 Chapter 9 就业法规与就业权益保障

知识结构图

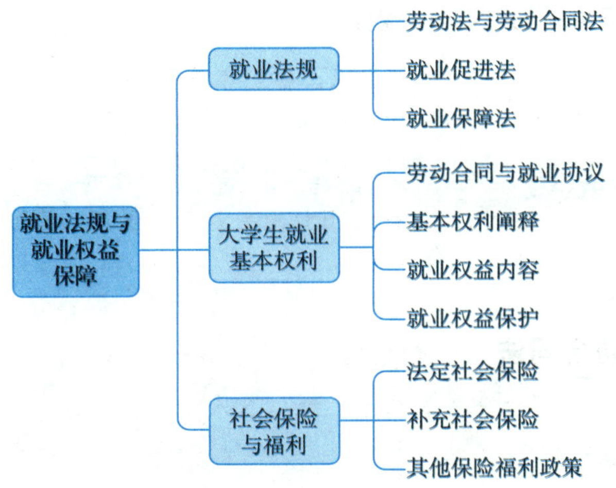

名言隽语

保障就业公平，人人有责。

劳动者享有平等就业和自主择业的权利。

就业是民生之本，保障是和谐之基。

学习目标

1. 了解高校毕业生的就业法规；
2. 掌握大学生就业基本权益的内容，保障合法权益不受侵害；
3. 掌握高校毕业生签订就业协议的流程和劳动合同知识；
4. 了解相关社会保险与福利政策。

引导案例

据报道，某学院志愿者晓云披挂起“花木兰”的行头，走进招聘会。几名同学帮她举起一面牌子，上面赫然写着“木兰穿越现代，本欲解甲归田，无奈工作难寻”，这奇怪的一幕顿时把求职现场搅乱了。“花木兰”称，现在又到了应届毕业生求职高峰期，她决定和身边的女同学一起，在母亲节当天推出这场行为艺术，活动命名为“穿越招聘会”。“花木兰”表示，穿越旨在通过花木兰女扮男装从军，呼吁企业招聘时不要明令限制或设置隐形门槛拒绝女性求职者，倡导用人单位给予女性更多机会。“不少工作岗位‘限男性’，或对女性的身高、相貌、身材、学历有限制性要求。”

【思考】

1. 女生在求职过程中受到哪些限制?

2. 你在求职过程中受到过哪些歧视?

第一节 就业法规

一、劳动法与劳动合同法

（一）劳动法

《中华人民共和国劳动法》（以下简称劳动法）于 1994 年 7 月 5 日经第八届全国人民代表大会常务委员会第八次会议通过，自 1995 年 1 月 1 日起施行，2009 年 8 月 27 日第一次修订，2018 年 12 月 29 日第二次修订。其宗旨是保护劳动者的合法权益，调整劳动关系，建立和维护适应社会主义市场经济的劳动制度，促进经济发展和社会进步。

下面我们将对劳动法里面部分内容进行解析。

1. 关于工作时间和休息休假的规定

国家实行劳动者每日工作时间不超过 8 小时、平均每周工作时间不超过 44 小时的工时制度。对实行计件工作的劳动者，用人单位应当根据上述规定，合理确定其劳动定额和计件报酬标准。用人单位应当保证劳动者每周至少休息一日。企业因生产特点不能执行上述规定的，经劳动行政部门批准，可以实行其他工作和休息办法。用人单位在下列节日期间应当依法安排劳动者休假：元旦、春节、五一国际劳动节、国庆节、其他休假节日。用人单位由于生产经营需要，经与工会和劳动者协商后可以延长工作时间，一般每日不得超过 1 小时。因特殊原因需要延长工作时间的，在保障劳动者身体健康的条件下延长工作时间每日不得超过3小时，但是每月不得超过36小时。用人单位应当按照下列标准支付高于劳动者正常工作时间工资的工资报酬：

（1）安排劳动者延长工作时间的，支付不低于工资的150%的工资报酬；

（2）休息日安排劳动者工作又不能安排补休的，支付不低于工资的200%的工资报酬；·

（3）法定休假日安排劳动者工作的，支付不低于工资的300%的工资报酬。

2. 关于工资的规定

工资应当以货币形式按月支付给劳动者本人，不得克扣或者无故拖欠劳动者的工资。劳动者在法定休假日和婚丧假期间以及依法参加社会活动期间，用人单位应当依法支付工资。国家实行最低工资保障制度，最低工资的具体标准由省、自治区、直辖市人民政府规定，报国务院备案。用人单位支付劳动者的工资不得低于当地最低工资标准。

3. 关于劳动安全卫生的规定

用人单位必须为劳动者提供符合国家规定的劳动安全卫生条件和必要的劳动防护用品。对从事有职业危害作业的劳动者应当定期进行健康检查。劳动者在劳动过程中必须严格遵守安全操作规程。劳动者对用人单位管理人员违章指挥、强令冒险作业，有权拒绝执行。对危害生命安全和身体健康的行为，有权提出批评、检举和控告。

4. 关于女职工特殊保护的规定

禁止安排女职工从事矿山井下、国家规定的第四级体力劳动强度的劳动和其他禁忌从事的劳动。不得安排女职工在经期从事高处、低温、冷水作业和国家规定的第三级体力劳动强度的劳动。不得安排女职工在怀孕期间从事国家规定的第三级体力劳动强度的劳动和孕期禁忌从事的活动。对怀孕七个月以上的女职工，不得安排其延长工作时间和夜班劳动。女职工生育享受不少于90天的产假。不得安排女职工在哺乳未满一周岁的婴儿期间从事国家规定的第三级体力劳动强度的劳动和哺乳期禁忌从事的其他劳动，不得安排其延长工作时间和夜班劳动。

5. 关于社会保险和福利的规定

国家发展社会保险事业，建立社会保险制度，设立社会保险基金，使劳动者在年老、患病、工伤、失业、生育等情况下获得帮助和补偿。社会保险基金按照保险类型确定资金来源，逐步实行社会统筹。用人单位和劳动者必须依法参加社会保险，缴纳社会保险费。劳动者在下列情形下，依法享受社会保险待遇：

（1）退休；

（2）患病、负伤；

（3）因工伤残或者患职业病；

（4）失业；

（5）生育。

劳动者死亡后，其遗属依法享受遗属津贴。劳动者享受社会保险待遇的条件和标准由法律、法规规定。劳动者享受的社会保险金必须按时足额支付。

6. 关于法律责任的规定

用人单位制定的劳动规章制度违反法律、法规规定的，由劳动行政部门给予警告，责令改正。对劳动者造成损害的，应当承担赔偿责任。用人单位违反本法规定，延长劳动者工作时间的，由劳动行政部门给予警告，责令改正，并可以处以罚款。用人单位有下列侵害劳动者合法权益情形之一的，由劳动行政部门责令支付劳动者的工资报酬、经济补偿，并可以责令支付赔偿金：

（1）克扣或者无故拖欠劳动者工资的；

（2）拒不支付劳动者延长工作时间工资报酬的；

（3）低于当地最低工资标准支付劳动者工资的；

（4）解除劳动合同后，未依照本法规定给予劳动者经济补偿的。

（二）劳动合同法

2007 年 6 月 29 日，《中华人民共和国劳动合同法》（以下简称劳动合同法）由十届全国人大常委会第二十八次会议审议通过，并由中华人民共和国国家主席颁布，自 2008 年 1 月 1 日起施行。这是自劳动法颁布实施以来，我国劳动和社会保障法治建设中的又一个里程碑。

2012 年 12 月 28 日，中华人民共和国第十一届全国人民代表大会常务委员会第三十次会议通过《全国人民代表大会常务委员会关于修改〈中华人民共和国劳动合同法〉》的决定》，自 2013 年 7 月 1 日起施行。

下面我们将对劳动合同法里面部分内容进行解析。

1. 关于劳动合同关系的建立与书面劳动合同的订立

用人单位自用工之日起即与劳动者建立劳动关系。建立劳动关系，应当订立书面劳动合同。订立劳动合同，应当遵循合法、公平、平等自愿、协商一致、诚实信用的原则。已建立劳动关系，未同时订立书面劳动合同的，应当自用工之日起 1 个月内订立书面劳动合同。用人单位与劳动者在用工前订立劳动合同的，劳动关系自用工之日起建立。用人单位与劳动者协商一致，可以订立固定期限劳动合同、无固定期限劳动合同和以完成一定工作任务为期限的劳动合同。

劳动合同包含的固定条款：

（1）用人单位的名称、住所和法定代表人或者主要负责人；

（2）劳动者的姓名、住址和居民身份证或者其他有效身份证件号码；

（3）劳动合同期限；

（4）工作内容和工作地点；

（5）工作时间和休息休假；

（6）劳动报酬；

（7）社会保险；

（8）劳动保护、劳动条件和职业危害防护；

（9）法律、法规规定应当纳入劳动合同的其他事项。

此外，用人单位与劳动者可以约定试用期、培训、保守秘密、补充保险和福利待遇等其他事项。同时，在法律责任中规定：用人单位自用工之日起超过1个月但不满1年未与劳动者订立书面劳动合同的，应当向劳动者每个月支付2倍的工资。

2. 关于无固定期限劳动合同

用人单位与劳动者协商一致，可以订立无固定期限劳动合同。有下列情形之一，劳动者提出或者同意续订、订立劳动合同的，除劳动者提出订立固定期限劳动合同外，应当订立无固定期限劳动合同：

（1）劳动者在该用人单位连续工作满10年的；

（2）用人单位初次实行劳动合同制度或者国有企业改制重新订立劳动合同时，劳动者在该用人单位连续工作满10年且距法定退休年龄不足10年的；

（3）连续订立2次固定期限劳动合同，且劳动者无本法第三十九条和第四十条第一项、第二项规定的情形，续订劳动合同的。

用人单位自用工之日起满1年不与劳动者订立书面劳动合同的，视为用人单位与劳动者已订立无固定期限劳动合同。同时，在法律责任中规定：用人单位违反本法规定不与劳动者订立无固定期限劳动合同的，应当自订立无固定期限劳动合同之日起向劳动者每个月支付2倍的工资。

资料链接

“试用期”成“白用期”

晓璐是去年毕业的大学生。说起找工作的事儿，让她相当“窝火儿”。据了解，2023年10月份，晓璐在一家民营企业实习。实习期间她对文案业务掌握扎实，得到领导的一致好评和认可。也就是说，单位领导同意她考核通过后转正签订合同。“当时我就想，实习期间没有白下功夫，这回春天总算来了。”可让晓璐万万没有想到的是，3个月试用期结束后，公司却推脱称转正要再通过3次考试后才可签订劳动合同。“公司决定等下一批试用期满的新员工集体考试，最终我实在挺不下去了，便果断辞职了。”晓璐无奈地说，试用期间她也没有得到任何福利待遇。

3. 关于试用期

劳动合同期限3个月以上不满1年的，试用期不得超过1个月；劳动合同期限1年以上不满3年的，试用期不得超过2个月；3年以上固定期限和无固定期限的劳动合同，试用期不得超过 6 个月。同一用人单位与同一劳动者只能约定一次试用期。以完成一定工作任务为期限的劳动合同或者劳动合同期限不满 3 个月的，不得约定试用期。试用期包含在劳动合同期限内。劳动合同仅约定试用期的，试用期不成立，该期限为劳动合同期限。劳动者在试用期的工资不得低于本单位相同岗位最低档工资或者劳动合同约定工资的 80 %，并不得低于用人单位所在地的最低工资标准。

在试用期中，除劳动者有不符合录用条件、有违规违纪违法行为、不能胜任工作等情形外，用人单位不得解除劳动合同。用人单位在试用期解除劳动合同的，应当向劳动者说明理由。同时，在法律责任中规定：用人单位违反本法规定与劳动者约定试用期的，由劳动行政部门责令改正；违法约定的试用期已经履行的，由用人单位以劳动者试用期满月工资为标准，按已经履行的超过法定试用期的期间向劳动者支付赔偿金。

4. 关于劳动合同的履行

用人单位与劳动者应当按照劳动合同的约定，全面履行各自的义务。用人单位应当按照劳动合同约定和国家规定，向劳动者及时足额支付劳动报酬。用人单位拖欠或者未足额支付劳动报酬的，劳动者可以依法向当地人民法院申请支付令。人民法院应当依法发出支付令。

用人单位应当严格执行劳动定额标准，不得强迫或者变相强迫劳动者加班。用人单位安排加班的，应当按照国家有关规定向劳动者支付加班费。劳动者拒绝用人单位管理人员违章指挥、强令冒险作业的，不视为违反劳动合同。

劳动者对危害生命安全和身体健康的劳动条件，有权对用人单位提出批评、检举和控告，国家采取措施，建立健全劳动者社会保险关系跨地区转移接续制度。

5. 关于劳动者可以解除劳动合同的情形

用人单位与劳动者协商一致，可以解除劳动合同。劳动者提前 30 日以书面形式通知用人单位。可以解除劳动合同。劳动者在试用期内提前 3 日通知用人单位，可以解除劳动合同。

用人单位有下列情形之一的，劳动者可以解除劳动合同：

（1）未按照劳动合同约定提供劳动保护或者劳动条件的；

（2）未及时足额支付劳动报酬的；

（3）未依法为劳动者缴纳社会保险费的；

（4）用人单位的规章制度违反法律、法规的规定，损害劳动者合法权益的；

（5）因用人单位过错致使劳动合同无效的；

（6）法律、行政法规规定劳动者可以解除劳动合同的其他情形。

用人单位以暴力、威胁或者非法限制人身自由的手段强迫劳动者劳动的，或者用人单位违章指挥、强令冒险作业危及劳动者人身安全的，劳动者可以立即解除劳动合同，不须事先告知用人单位。

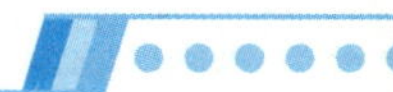

6. 关于用人单位可以解除劳动合同的情形

用人单位与劳动者协商一致，可以解除劳动合同。劳动者有下列情形之一的，用人单位可以解除劳动合同：

（1）在试用期间被证明不符合录用条件的；

（2）严重违反用人单位的规章制度的；

（3）严重失职，营私舞弊，给用人单位造成重大损害的；

（4）劳动者同时与其他用人单位建立劳动关系，对完成本单位的工作任务造成严重影响，或者经用人单位提出，拒不改正的；

（5）因劳动者过错致使劳动合同无效的；

（6）被依法追究刑事责任的。

有下列情形之一的，用人单位提前30日以书面形式通知劳动者本人或者额外支付劳动者1个月工资后，可以解除劳动合同：

（1）劳动者患病或者非因工负伤，在规定的医疗期满后不能从事原工作，也不能从事由用人单位另行安排工作的；

（2）劳动者不能胜任工作，经过培训或者调整工作岗位，仍不能胜任工作的；

（3）劳动合同订立时所依据的客观情况发生重大变化，致使劳动合同无法履行，经用人单位与劳动者协商，未能就变更劳动合同内容达成协议的。

二、就业促进法

2007年8月30日全国人大常委会第二十九次会议通过了《中华人民共和国就业促进法》（以下简称《就业促进法》），并于2008年1月1日起施行。这部法律的颁布实施有力地推动了我国的促进就业工作，在促进经济发展和扩大就业相协调，促进社会和谐稳定方面发挥重要的作用。

（一）维护公平就业

为了维护劳动者的平等就业权，反对就业歧视，就业促进法对公平就业做出了规定，包括八个方面：①明确政府维护公平就业的责任。②规范用人单位和职业中介机构的行为。③保障妇女享有与男子平等的劳动权利。④保障各民族劳动者享有平等的劳动权利。⑤保障残疾人的劳动权利。⑥保障传染病病原携带者的平等就业权。⑦保障进城就业的农村劳动者的平等就业权。⑧规定了劳动者受到就业歧视时的法律救济途径。

违反本法规定，实施就业歧视的，劳动者可以向人民法院提起诉讼。

（二）大力发展职业教育和开展职业培训

就业促进法明确了国家、企业、劳动者和各类职业培训机构在职业教育和培训中的职责及作用，通过职业技能培训提高劳动者的素质，以适应人力资源市场的需求，从而促进其实现就业和稳定就业。包括五个方面：①明确了国家依法发展职业教育，鼓励开展职业培训，促进劳动者提高职业技能，增强就业能力和创业能力的总方针。②规定了各级人民政府在加强职业教育和培训方面的职责。③规定了企业在加强职业教育和培训方面的职责。④规定了职业教育和培训机构在加强职业教育和培训方面的职责。⑤按照劳动法和《中华人民共和国职业教育法》（以下简称《职业教育法》）中对建立职业资格证书制度的规定，财产安全等特殊工种的劳动者，实行职业资格证书制度，具体办法由国务院规定。

（三）实施就业援助

要求各级人民政府建立健全就业援助制度，采取税费减免、贷款贴息、社会保险补贴、岗位补贴等办法，通过公益性岗位安置等途径，对就业困难人员实行优先扶持和重点帮助。

特别规定了对城市零就业家庭的就业援助。县级以上地方人民政府采取多种就业形式，拓宽公益性岗位范围，开发就业岗位，确保城市有就业需求的家庭至少有一人实现就业。同时规定街道、社区公共就业服务机构在就业援助中的具体职责。

大学毕业生如果家庭属于零就业家庭的，可以使用这一条款获得援助。

三、就业保障法

与大学生就业相关的法律除了劳动法、劳动合同法及就业促进法外，还有《普通高等学校毕业生就业工作暂行规定》也很重要，《普通高等学校毕业生就业工作暂行规定》是为做好普通高等学校（含研究生培养单位）毕业生（含毕业研究生）就业工作，更好地为经济建设和社会发展服务，维护毕业生和用人单位的合法权益，根据国家的有关法律和政策制定的。由教育部于 1997 年 3 月 24 日印发并实施。其主要内容有：毕业生就业工作程序；毕业生就业指导与毕业生鉴定；供需见面和双向选择活动；就业计划的制订；调配、派遣工作；接收工作及毕业生待遇；违反规定的处理等方面。它对全国高校、毕业生、用人单位具有普遍约束力，是目前最为系统的就业规范。

此外人力资源和社会保障部、教育部《关于实施高校毕业生就业创业促进计划的通知》，国务院办公厅《关于进一步做好高校毕业生等青年就业创业工作的通知》，人力资源和社会保障部、中国残疾人联合会《关于做好技师学院、特殊教育院校部分毕业生同等享受高校毕业生就业政策工作的通知》等文件，是毕业生就业制度的新政策，需要毕业生及时学习了解。

第二节 大学生就业的基本权利

一、劳动合同与就业协议

（一）就业协议的含义、内容及作用

1. 就业协议的含义

就业协议是《全国普通高等学校毕业生就业协议书》的简称，它是普通高等学校毕业生和用人单位在正式确立劳动人事关系前，经双向选择，在规定期限内确立就业关系、以确定双方权利和义务而达成的书面协议，是用人单位确认毕业生相关信息真实可靠以及接收毕业生的重要凭据，也是高校进行毕业生就业管理、编制就业方案以及毕业生办理就业落户手续等有关事项的重要依据。其主要作用是在正式合同签订前保护学生的就业权利，防止用人单位违约，另外也对学生进行约束，避免随意违约。就业协议一般由中华人民共和国教育部或各省区市就业主管部门统一制表，协议在毕业生到单位报到、用人单位正式核实后自动终止。

2. 就业协议的内容

（1）毕业生基本情况及意见。包括姓名、性别、年龄、民族、政治面貌、培养方式、健康情况、专业、学制、学历、家庭住址、应聘意见等。即毕业生应按国家规定就业，向用人单位如实介绍自己德、智、体诸方面的实际表现和情况，不得弄虚作假。在签订就业协议书前，毕业生还应了解用人单位的使用意图和拟提供的工作岗位，并结合自己所学的专业和实际情况综合考虑该岗位是否适合自己，表明自己的就业意见，在规定的时间内到用人单位报到。如遇特殊情况不能按时报到，须征得用人单位同意。

（2）用人单位情况及意见。包括单位名称、单位隶属、联系人、联系电话、邮政编码、通信地址、所有制性质、单位性质、单位地址、用人单位意见、用人单位上级主管部门意见等。即用人单位要如实介绍本单位的情况，明确对毕业生的要求及使用意图，做好各项接收工作。本条款是对用人单位提出的要求。毕业生持《报到证》到用人单位时，用人单位要做好毕业生接收工作。接收工作包括：为毕业生办理人事关系、户口关系、档案关系等。

（3）学校意见。包括学校联系人、联系电话、邮政编码、学校通信地址、院系意见等。学校意见主要包含两层意思：第一层意思是要求学校作为签约的一方要实事求是地向用人单位介绍毕业生的情况，做好推荐工作；第二层意思学校要对毕业生与用人单位签订

的就业协议书进行审核。

各方应严格履行协议，任何一方违反协议，都应承担违约责任。

如有其他约定，应在备注栏中明确，并视为协议的一部分。

3. 就业协议的作用

就业协议是学校制订就业方案并派遣毕业生、用人单位申请用人指标的主要依据。毕业生通过双向选择落实了用人单位，就必须签订就业协议，经毕业生、用人单位和学校分别签字、盖章后，对签约的三方都有约束力。就业协议的作用主要有以下三个方面：一是作为毕业生落实用人单位、用人单位同意接收毕业生的主要依据，也是毕业生就业主管部门编制毕业生就业计划、学校制订毕业生就业方案的重要依据之一。二是作为转递毕业生档案和户口关系、办理报到落户手续的依据。学校凭毕业生已签订的就业协议派遣毕业生的档案、户口等关系。三是毕业生落实用人单位后，与用人单位订立就业协议，可以杜绝用人单位和毕业生在双向选择过程中的随意性，以保护双方的权益，避免给毕业生就业计划的制订带来混乱。

（二）就业协议的签订、解约及违约金赔偿

1. 就业协议的签订程序

毕业生与用人单位达成一致后，签约程序如下：第一，毕业生认真如实地填写基本情况及应聘意见，并签名。第二，用人单位、主管部门及人事调配部门签订意见。第三，用人单位一定要将档案详细转送地址填好。第四，各院系签署意见并盖章。第五，学校就业指导中心签署意见并盖章。但现实中，由于用人单位的要求，或者毕业生自己图方便，往往要求学校先对就业协议签章。这样可能使用人单位在毕业生不知情的情况下，另外增加有损于毕业生权益的条款和内容。按程序最后才到学校签章，其意义就在于由学校最后把关，不仅有利于维护毕业生的合法利益，避免去了用人单位却无法报到等情况，还能确认签约手续是否完备，以免由于手续不齐等原因，导致报方案时通不过，影响毕业生正常入职。

2. 就业协议的解约程序

就业协议发生法律效力后，任何一方不得擅自毁约。如果毕业生确实要违约，须与原签约单位履行解约手续，并赔偿由此给用人单位造成的损失。毕业生与原签约单位协商一致以后，必须与原单位解除就业协议，并及时持证明回学校办理相关手续。具体程序如下：①原签约单位开解约证明，盖公章。②本人申请阐明理由，学院主管领导签署意见并盖章。③凭解约证明、书面申请、原就业协议换取新的就业协议。

3. 就业协议的违约金规定

《中华人民共和国劳动法》没有规定违约金和赔偿金的最高限额与具体数额。约定违约金的基本原则是违约金的数额应考虑双方当事人的承受能力，约定违约金时双方要对等。毕业生和用人单位可能就违约问题约定了很高的违约金，一般情况下，为保护劳动

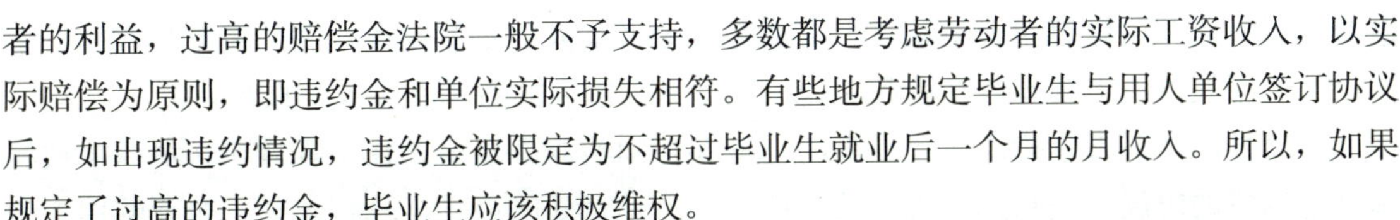

者的利益，过高的赔偿金法院一般不予支持，多数都是考虑劳动者的实际工资收入，以实际赔偿为原则，即违约金和单位实际损失相符。有些地方规定毕业生与用人单位签订协议后，如出现违约情况，违约金被限定为不超过毕业生就业后一个月的月收入。所以，如果规定了过高的违约金，毕业生应该积极维权。

（三）有关就业协议需注意的问题

1. 妥善保管协议书

每位毕业生只有一套就业协议书，每套一式四份。就业协议书不可以复印、复制和翻制。在没有该协议书的情况下，按正常应届生接收办法，毕业生无法与用人单位签订协议，并可能会使毕业生失去就业机会。因此，就业协议书如果出现破损等情况，可持原件到学校学生就业部门更换。不得转借、涂改，否则视为无效。

2. 慎重签订协议书

毕业生在协议书上签字，用人单位在协议上签字盖章后，该协议即开始生效。毕业生不得单方面终止协议。在签订合同或解除协议之前，该协议都具有效力。如在签订之后又有其他就业选择，必须与原单位办理书面解约手续，经用人单位上级人事主管部门备案后，办理改派或其他手续。但毕业生可能要承担相关违约责任。

3. 注重协议书备注栏的使用

就业协议书都有备注栏，毕业生、用人单位、学校三方如有其他约定，可在该栏注明。这些备注内容视为协议书的一部分。毕业生与用人单位为便于日后双方明确责任，减少纠纷，可以将如违约或违约金等事宜补充在备注栏内。

（四）劳动合同

1. 劳动合同的概念

合同，又称契约，是指双方当事人之间为实现一定的目的，根据法律规定，变更或解除权利义务关系的协议。根据《中华人民共和国劳动法》第十六条的规定，劳动合同是指劳动者与用人单位确立劳动关系、明确双方权利和义务的协议。劳动合同的签订，在法律上确立了劳动者与用人单位之间的劳动关系，双方的有关权利、义务通过书面合同的形式确立下来，并使之特定化、具体化。劳动者依据劳动合同在用人单位内担任一定的职务或工种的工作，遵守劳动法律法规和用人单位的规章制度，并完成劳动合同约定的生产（工作）任务；用人单位则依据劳动合同的约定，安排被录用的劳动者工作，并按照劳动者的劳动数量和质量支付劳动报酬。

劳动合同是确立劳动关系的法律凭证和法律形式。它的法律特征可以从以下几方面来考虑。

劳动合同的主体是特定的。劳动合同一方当事人是企业、个体经济组织、国家机关、事业组织或社会团体等用人单位，另一方是劳动者本人。也就是说，劳动关系是在拥有生产条件的用人单位与具有劳动权利能力、劳动行为能力的劳动者之间形成的。

劳动合同当事人法律地位是平等的。劳动合同是双方当事人在平等自愿、协商一致的基础上达成的协议，是双方意志一致的产物。劳动合同的订立，真正实现了企业的用工自主权和劳动者的择业自主权。

劳动合同的目的，在于劳动过程的实现，而不仅仅是劳动成果的给付。劳动过程十分复杂，其成果也多种多样。有的劳动成果在当时就可以衡量，有的则要过一段时间才能衡量；有的劳动有独立的成果，有的劳动物化在集体劳动成果中。无论劳动成果属于哪一种，只要劳动者按时按量完成了劳动合同规定的工作量，企业就应当按照劳动合同的约定支付劳动报酬。总之，劳动合同的目的主要是使劳动者与用人单位构成具体的劳动关系。

2. 劳动合同的订立、变更及解除

（1）劳动合同的订立。大学毕业生根据就业协议正式到单位报到上班时，双方即建立劳动关系。双方的权利义务应当严格按照劳动合同法的相关规定来执行。最重要的程序就是双方要签订劳动合同。订立书面合同的时间与建立劳动关系的时间并不完全同步。劳动合同法规定用人单位与劳动者必须签订书面的劳动合同。为了达到这个立法的目的，劳动合同法进行了明确的约束。第一，用人单位必须从用工之日起一个月之内与劳动者签订劳动合同，合同的形式必须是书面的；第二，一个月之后仍然没有签订，则应当向劳动者发放双倍的工资；第三，如果超过一年仍然没有签订书面的劳动合同，则法律直接视为双方之间存在无固定期限的劳动合同。毕业生到单位报到后，应尽快与用人单位签订劳动合同，使双方的劳动关系能以法律的形式确认下来，使自己的合法权益能得到及时保护。签订劳动合同后，毕业生也要持有一份合同，将其作为享受权利、履行义务以及处理劳动争议的依据。

劳动合同法第十七条规定了劳动合同的必备条款和约定条款。必备条款是法律规定的劳动合同必须具备的内容。在法律规定了必备条款的情况下，如果缺少此条款，劳动合同就不能成立。必备条款共九项，包括用人单位的名称、住所和法定代表人或者主要负责人，劳动者的姓名、住址和居民身份证或者其他有效身份证件号，劳动合同期限，工作内容和工作地点，工作时间和休息休假，劳动报酬，社会保险，劳动保护、劳动条件和职业危害防护，法律、法规规定应当纳入劳动合同的其他事项。约定条款可由用人单位和劳动者自愿选择是否约定。劳动合同缺乏约定条款不影响其效力，但当双方当事人决定选择约定事项时，有关约定事项也不得违反法律规定。约定条款包括试用期、培训、保守秘密、补充保险和福利待遇等其他事项。社会生活千变万化，劳动合同种类和当事人的情况也非常复杂，法律只能对劳动合同的条款进行概括，无法穷尽劳动合同的所有内容。当事人也可以根据需要在法律规定的约定条款之外作新的补充性约定。

劳动合同的期限是指合同的有效时间，它一般始于合同的生效之日，止于合同的终止之日。按劳动合同期限的长短，劳动合同分为固定期限合同、无固定期限合同和以完成一

定工作任务为期限的劳动合同三种。其中，无固定期限劳动合同，是指用人单位与劳动者约定无确定终止时间的劳动合同。根据劳动合同法的规定，订立无固定期限劳动合同有两种情形。一是用人单位与劳动者协商一致，可以订立无固定期限劳动合同。二是在法律规定的情形出现时，劳动者提出或者同意续订劳动合同的，应当订立无固定期限劳动合同，包括：劳动者在该用人单位连续工作满十年的；用人单位初次实行劳动合同制度或者国有企业改制重新订立劳动合同时，劳动者在该用人单位连续工作满十年且距法定退休年龄不足十年的；连续订立二次固定期限劳动合同，且劳动者没有该法第三十九条和第四十条第一项、第二项规定的情形，续订劳动合同的。用人单位自用工之日起满一年不与劳动者订立书面劳动合同的，视为用人单位与劳动者已订立无固定期限的劳动合同。

（2）劳动合同的变更。劳动合同的变更是指劳动合同的双方当事人对尚未履行或尚未完全履行的合同，依照法律规定的条件和程序，对原劳动合同进行修改和增删的法律行为。合同一旦签订，双方当事人应当严格履行，任何一方不得随意变更。但是，在不违反法律强制性规定的前提下，双方当事人可以依据各自的实际情况和需要，本着公平合理和对双方有利的原则，协商适当变更劳动合同的内容。劳动合同法第三十五条规定："用人单位与劳动者协商一致，可以变更劳动合同约定的内容。变更劳动合同，应当采用书面形式。变更后的劳动合同文本由用人单位和劳动者各执一份。"原则上，变更劳动合同需经双方当事人协商一致，但在下列两种法定情形下，用人单位可以单方面调整劳动者的工作岗位，无须经过劳动者同意：第一，劳动者不能胜任工作的要求；第二，劳动者患病或非因工负伤，医疗期满劳动者不能从事原来工作的。

（3）劳动合同的解除。劳动合同解除是指劳动合同当事人在劳动合同期限届满之前依法提前终止劳动合同的法律行为。劳动合同的解除分为协商解除、劳动者单方面解除、用人单位单方面解除三种。劳动合同解除之后，不再具有法律效力，劳动合同所规定的用人单位与劳动者的权利、义务不再对当事人有任何约束力。劳动者与用人单位往往因劳动合同是否可以解除、解除后如何对劳动者进行补偿等问题产生分歧，从而引发劳动合同解除纠纷。

（4）劳动合同的终止。劳动合同的终止是指符合法律规定或当事人约定的情形时，劳动合同的效力即行终止。我国劳动法规定："劳动合同期满或者当事人约定的劳动合同终止条件出现，劳动合同即行终止。"劳动合同法第四十四条规定，劳动合同终止的情形有：第一，劳动合同期满的；第二，劳动者开始依法享受基本养老保险待遇的；第三，劳动者被人民法院宣告死亡或者宣告失踪的；第四，用人单位被依法宣告破产的；第五，用人单位吊销营业执照、责令关闭、撤销或者用人单位决定提前解散的；第六，法律、行政法规规定的其他情形。劳动合同法第四十六条规定，终止劳动合同，用人单位应当向劳动者支付经济补偿的情形有：第一，除用人单位维持或者提高劳动合同约定条件续订劳动合同，劳动者不同意续订的情形外，依照劳动合同法第四十四条第一项（劳动合同期满）规定固定期限劳动合同的；第二，用人单位被依法宣告破产，终止合同；第三，用人单位被吊销营业执照、责令关闭、撤销或者用人单位决定提前解散、终止合同。

（五）就业协议与劳动合同的关系

就业协议与劳动合同是用人单位录用毕业生时所订立的书面协议，但两者分处两个相互联系的不同阶段，表现在以下方面：

第一，毕业生就业协议是毕业生在校时，由学校参与见证，与用人单位协商签订的协议，是编制毕业生就业计划方案和毕业生派遣的依据。劳动合同是毕业生与用人单位明确劳动关系中权利义务关系的协议，学校不是劳动合同的主体，也不是劳动合同的签证方。劳动合同是上岗毕业生从事何种岗位、享受何种待遇等权利和义务的依据。

第二，毕业生就业协议的内容主要是毕业生如实介绍自己情况，并表示愿意到用人单位就业，用人单位表示愿意接收毕业生，学校同意推荐毕业生并列入就业计划进行派遣。劳动合同的内容涉及劳动报酬、劳动保护、工作内容、劳动纪律等方方面面，更为具体，劳动权利义务更为明确。

第三，一般来说，就业协议签订在前，劳动合同订立在后。如果毕业生与用人单位就工资待遇、住房等有事先约定的，亦可在就业协议备注条款中予以注明，日后订立劳动合同时对此内容应予认可。

第四，就业协议是毕业生和用人单位关于将来就业意向的初步约定，对于双方的基本条件以及即将签订劳动合同的部分基本内容大体认可，并经用人单位的上级主管部门和高校就业部门同意和鉴证，一经毕业生、用人单位、高校、用人单位主管部门签字盖章，即具有一定的法律效力，它是编制毕业生就业计划和将来可能发生违约情况时的判断依据。

二、基本权利阐释

劳动法规定，劳动者享有平等就业和选择职业的权利、取得劳动报酬的权利、休息休假的权利、获得劳动安全卫生保护的权利、接受职业技能培训的权利、享受社会保险和福利的权利、提请劳动争议处理的权利。对于大学毕业生而言，作为就业的一个重要主体，其就业权益具有自己的特点。但目前，我国法律对大学生在就业过程中的权益及其保护缺乏具体的规定，相关研究也比较少。根据目前大学生就业政策和有关法律、法规的规定，大学生主要享有以下就业权益。

三、就业权益的内容

（一）公平权

毕业生享有被学校公正、平等推荐的权利。学校向用人单位推荐毕业生时，应根据毕业生的实际情况如实向用人单位推荐，不能故意贬低或随意拔高毕业生在校的实际表现；学校对毕业生进行推荐时应做到公平、公正，给每一位毕业生推荐的机会平等，不能厚此薄彼；学校在公平、公正的基础上，根据毕业生的在校表现实行择优推荐，用人单位在对毕业生进行录用时也坚持择优标准，真正体现优生优先、学以致用、尊重知识、尊重人才。

毕业生享有受用人单位公平录用的权利。用人单位在录用毕业生时，应公开、公正、公平，不得歧视女性，不得歧视少数民族，男性女性、不同民族都应一视同仁。除国家规定的不适合女性的工种或者岗位外，不得以性别为由拒绝录用女性或者提高对女性的录用标准，在工资方面应贯彻同工同酬的原则。

毕业生享有公平竞争的权利。公平的竞争是市场体制存在和运行的必要条件。毕业生作为就业主体，都具有公平参与竞争的权利。

资料链接

《中华人民共和国宪法》中有平等原则，第三十三条规定："中华人民共和国公民在法律面前一律平等。"

《中华人民共和国就业促进法》第三条规定，"劳动者依法享有平等就业和自主择业的权利。劳动者就业，不因民族、种族、性别、宗教信仰等不同而受歧视"。第二十五条规定，"各级人民政府创造公平就业的环境，消除就业歧视，制定政策并采取措施对就业困难人员给予扶持和援助"。第二十六条规定，"用人单位招用人员、职业中介机构从事职业中介活动，应当向劳动者提供平等的就业机会和公平的就业条件，不得实施就业歧视"。第二十七条规定，"国家保障妇女享有与男子平等的劳动权利。用人单位招用人员，除国家规定的不适合妇女的工种或者岗位外，不得以性别为由拒绝录用妇女或者提高对妇女的录用标准。用人单位录用女职工，不得在劳动合同中规定限制女职工结婚、生育的内容"。第二十八条规定，"各民族劳动者享有平等的劳动权利。用人单位招用人员，应当依法对少数民族劳动者给予适当照顾"。第二十九条规定，"国家保障残疾人的劳动权利。各级人民政府应当对残疾人就业统筹规划，为残疾人创造就业条件。用人单位招用人员，不得歧视残疾人"。第三十条规定，"用人单位招用人员，不得以是传染病病原携带者为由拒绝录用。但是，经医学鉴定传染病病原携带者在治愈前或者排除传染嫌疑前，不得从事法律、行政法规和国务院卫生行政部门规定禁止从事的易使传染病扩散的工作。"。第三十一条规定，"农村劳动者进城就业享有与城镇劳动者平等的劳动权利，不得对农村劳动者进城就业设置歧视性限制"。

《中华人民共和国民法通则》第三条规定，"当事人在民事活动中的地位平等"。第四条规定，"民事活动应当遵循自愿、公平、等价有偿、诚实信用的原则"。这就是说，在就业市场上，高校毕业生与用人单位在法律地位上是平等的。毕业生在与用人单位签订就业协议和劳动合同时，要以平等的身份与之协商，并最终达成双赢的协议和合同。

（二）知情权

毕业生有权了解获取就业信息，任何单位或个人不得隐瞒或欺骗。其中包括就业工作的程序，时间安排，政府、学校的政策，用人单位的各种需求信息，还有学生自己的各种资料、档案等。它要求信息公开，即所有用人信息向全体毕业生公开；信息及时，毕业生获取的信息必须是及时有效的；信息全面，毕业生有权获得准确、全面的就业信息。

毕业生有权知道就业管理机构的工作原则、纪律、过程等。就业管理工作的透明化有助于杜绝工作人员的不合法甚至违法行为，防止暗箱操作，提高工作效率。毕业生也能够根据这些程序调整自己的择业方法，明确自己的进度。这对市场的规范化也有巨大的帮助。

毕业生有权全面、真实地了解用人单位使用意图、工作环境、劳动报酬和使用发展前景等各方面的情况，而用人单位则有义务向毕业生和培养单位如实介绍本单位的情况，并提供有关资料。

资料链接

《中华人民共和国劳动合同法》第八条规定，“用人单位招用劳动者时，应当如实告知劳动者工作内容、工作条件、工作地点、职业危害、安全生产状况、劳动报酬，以及劳动者要求了解的其他情况；用人单位有权了解劳动者与劳动合同直接相关的基本情况，劳动者应当如实说明”。因此，毕业生在与用人单位签订就业协议以及劳动合同时，可以向用人单位询问与自己权益相关的问题，例如：具体工作内容、具体工作条件、具体工作地点、公司和个人的安全生产状况、个人劳动报酬、社会保险以及毕业生希望了解的其他与订立和履行劳动合同（就业协议）直接相关的情况，如工作时间、休息休假制度、福利等。

（三）接受就业指导权

《中华人民共和国高等教育法》明文规定，“高等学校应当为毕业生、结业生提供就业指导和服务”。由此可见，接受就业指导权是毕业生的一项重要权益。为此，各高校都按照国家的有关规定成立专门就业指导机构，配备专门人员对毕业生进行指导，包括向毕业生宣传国家关于毕业生就业的有关政策方针，对毕业生进行择业技巧的指导，引导毕业生根据国家、社会的需要，结合个人实际进行择业，使毕业生通过接受就业指导，准确定位，合理择业。

（四）签约权

毕业生与用人单位达成就业意向后，需要通过签订就业协议或劳动合同，将建立的劳动关系或双方达成的有关约定以书面的形式落实下来，对双方的责、权、利进行明确的说明。这既是一种必要的过程，也是毕业生就业的一种权益。不签订就业协议和劳动合同或是约定内容和条款过于笼统甚至违法、违规，都是对毕业生就业权益的侵犯。

思政讲堂

《中华人民共和国合同法》规定，“合同当事人的法律地位平等，一方不得将自己的意志强加给另一方”。此外，《中华人民共和国劳动法》规定，“订立和变更劳动合同，应当遵循平等自愿、协商一致的原则，不得违反法律、行政法规的规定”。

思政提示：大学生要学好《中华人民共和国合同法》《中华人民共和国劳动法》等就业相关的法规，用法律武器来保障自己的就业权益。

（五）违约及求偿权

违约及求偿权是指毕业生与用人单位签订就业协议书后，如用人单位无故要求解约，毕业生有权依照《中华人民共和国合同法》要求对方履行就业协议，或者支付违约金的权利。因为就业协议虽不具有劳动合同的性质，但是其却是毕业生与用人单位签订劳动合同、建立劳动关系的前提，这是由毕业生就业的特殊性所决定的。

（六）特殊政策

毕业生在就业过程中享受所在城市的一些特殊政策，如落户政策、人才补助等。在住房限购的大环境下，许多城市为吸引人才，推出了一系列针对毕业生的落户政策、人才补贴和购房资格等优惠政策。

四、就业权益保护

高校毕业生就业权益保护是个系统工程，是国家与社会、学校、毕业生各负其责、相互配合的和谐就业体系。除了国家加快就业制度改革，创造良好就业环境，不断完善大学毕业生就业市场和大学毕业生就业权益保护的法律体系，高校加强就业指导工作外，最重要的还是毕业生真正做到就业权益的保护，增强以下意识。

（一）法律意识

市场化的就业体制，要求毕业生就业依靠市场这个无形的手，来实现人才资源的合理配置。市场经济是法治经济，毕业生就业也必须走法治化之路。因此，毕业生必须了解与就业相关的法律法规、政策制度，了解劳动用工的相关规定，并且在学习这些法律、政策、规定的过程中，逐步培养成法律思维意识，即法律意识，进而能在这种意识的指导下，真正做到懂得法律、遵守法律、使用法律。

资料链接

毕业生小刘在就业指导课上了解到现在的就业市场上陷阱重重。她认真学习了法律基础，同时，利用业余时间学习了劳动法、合同法等法律法规，对于劳动就业方面的法律规定有了比较深的了解。毕业签订劳动合同的时候，公司提出了“试用期8个月，试用期满后签订劳动合同”的要求时，小刘根据相关的法律规定，以劳动法规定“试用期最长不得超过6个月，试用期必须包含在劳动合同期限内”为由与单位据理力争，最终使单位按照劳动法的规定签订就业协议，较好地保护了自己的合法权益。

法律意识要求毕业生在求职过程中，运用法律的思维来思考碰到的一些问题，大体知道法律的规定是怎样的，了解哪些情况是违法的，哪些情况又是政策允许的。只有有了这种意识，才能认识到行为的性质以及法律后果，才能有进行自我保护的前提。

（二）契约意识

从某种意义上说，市场经济就是契约经济，市民社会就是契约社会。由于我国就业体制的特殊性，就业协议在明确单位和毕业生权利义务等方面扮演着重要角色，因此契约意识的作用在毕业生就业过程中显得更加突出。

契约意识在就业过程中主要体现在两个方面：一是要求毕业生充分重视和深刻理解就业协议的重要性，要有通过就业协议保护自己合法权益的意识；二是就业协议一旦签订，便具有法律效力，必须具有严格遵守、履行就业协议内容的意识。

因此，谨慎签约、积极履约，有利于毕业生通过协议书内容的约定保护自己的合法权益。协议一旦订立，双方都必须遵守。任何一方不得无故毁约、违约等，否则将受到经济和法律的制裁。

资料链接

毕业生小王由于契约意识淡薄，在就业时碰到一些麻烦。小王在某公司进行毕业实习，实习结束后双方达成了就业录用意向。由于双方比较了解，也比较信任，因此仅就就业录用的相关事项进行了口头约定，没有签订就业协议。小王认为自己工作的事就这么定了。没想到的是，等他毕业后正式到公司报到时，公司以岗位已录满为由拒绝予以录用。由于双方之间没有签订书面的就业协议，小王只能自吞苦果。

（三）维权意识

毕业生在法律意识和契约意识的指引下，认识到自己的合法就业权益受到了侵害，是积极运用法律手段或者其他方法来进行救济以维护自己的合法权益呢，还是息事宁人、当作什么事都没发生过？不同的处理方法就体现了维权意识的不同。具有强烈的维权意识，在碰到问题时能够拿起法律的武器积极主张权利，是毕业生走出权益自我保护的实质性的一步。毕业生只有养成了积极主张权利的维权意识，不畏法、不畏仲裁诉讼，才能够平等地与用人单位对话，据理力争，切实保障自己的合法权益。毕业生可以采用下列途径维护自己的就业权利：学校出面调解，向劳动监察部门申诉、举报，向劳动仲裁机构申请仲裁，向人民法院提起诉讼等。

资料链接

小张毕业前与一家公司签订了劳动合同，毕业后到这家公司报到。工作一段时间后，发现公司存在无故克扣员工工资和无故不缴纳社会保险费的现象。员工们对公司的做法感到气愤，但是大部分员工都考虑到自己的工作岗位和发展机会，没有人敢站出来对公司的行为提出疑问。小张知道公司的做法违反了劳动法，强烈的维权意识使他认为一定要采取措施保护自己和同事的合法权益。于是小张以匿名的方式向当地劳动监察部门举报了公司。劳动监察部门接到举报后，马上在查证属实的基础上对公司进行了处罚，并责令公司返还克扣的员工工资，按规定补交各项社会保险费。小张以自己的行动维护了自己和同事的正当权益。

（四）证据意识

法律是用证据说话的。毕业生在就业过程中应“多留一个心眼”，牢固树立证据意识。证据意识的培养主要体现在三个方面。一是收集证据的意识。毕业生在就业时要有意识地要求对方出示或者提供相关资料，来佐证一定的事实，如要求公司出示营业执照、要求对方出示表明身份的证件等。二是保存证据的意识毕业生应注意保存现有的证据，以便将来在仲裁或诉讼时支持自己的观点，如要注意保存单位在招聘时的海报，与单位往来的传真、邮件等。三是运用证据的意识，毕业生要有用证据证明案件事实的意识，知道什么样的事实需要什么样的证据证明，知道一定事实的举证责任是在对方还是己方；等等。

资料链接

毕业生小张通过网络招聘找到了一家有影响力的民营企业。企业要求小张正式就职之前接受企业的培训，于是小张到该企业指定的培训中心交纳了相关的培训费用。该企业承诺，如果职员在培训后因为企业的原因没有被录用，将退还培训费用。结果，由于企业人事调整，小张没有进入该企业工作。当他向该企业要求退还培训费用时，因拿不出交费的证据而被拒绝。

毕业生在就业过程中经常会碰到单位要求交押金的情况。签订劳动合同时要求劳动者提供押金的做法是法律明确禁止的，但是签订就业协议时单位是否可以收取押金法律没有明确规定。一般认为可以参照劳动合同的做法，签订就业协议收取押金不合理。但是现在的就业市场中，由于某些潜规则的存在，确实在很多场合存在着毕业生不交押金就无法签订协议的尴尬。在这种情况下，如果毕业生确实很想去这个单位工作的话，我们认为可以先交押金，但是一定要叫单位出具表明“押金”字样的收据并且注意保存，以便日后作为证据使用。

（五）诚信意识

毕业生在求职就业过程当中应该树立诚信意识。一是毕业生自身要诚信。在求职过程中，毕业生必须如实向用人单位介绍自己的情况。毕业生在应聘时如果故意隐瞒自身情况、欺骗单位，可能导致就业协议无效。二是毕业生要判断用人单位是否诚信。比如用人单位介绍的情况是不是属实，招聘的真实目的是什么等。而应届毕业生对用人单位进行判断有些困难。这个时候可以通过不同的方式和渠道全面了解用人单位的情况，但很可惜大多数毕业生在这方面做得不够。在严峻的就业形势下，毕业生不敢向用人单位问太多的问题、提更多的要求，许多初涉职场的毕业生甚至认为单位说的都是对的，一切都按照单位要求去做，不知不觉中自己的权益已经遭受侵犯。因此必须强化毕业生的诚信意识，特别是锻炼其中的第二种能力，以保护自己的合法权益。

第三节 社会保险与福利

一、法定社会保险

社会保险是指国家通过立法强制建立社会保险基金，对劳动者在丧失劳动能力或失业时给予必要的物质帮助的制度。社会保险不以营利为目的。目前社会保险主要包括基本养老保险、基本医疗保险、工伤保险和失业保险。

（一）基本养老保险

基本养老保险是指用人单位和劳动者必须依法缴纳养老保险费，在劳动者达到国家规定的退休年龄或因其他原因而退出劳动岗位后，社会保险经办机构依法向其支付养老金等待遇，从而保障其基本生活。《中华人民共和国社会保险法》第十二条规定，“用人单位应当按照国家规定的本单位职工工资总额的比例缴纳基本养老保险费，记入基本养老保险统筹基金。职工应当按照国家规定的本人工资的比例缴纳基本养老保险费，记入个人账户”。

（二）基本医疗保险

基本医疗保险是指当人们生病或受到伤害后，由国家或社会给予的一种物质帮助，即提供医疗服务或经济补偿的一种社会保障制度。基本医疗保险的实质是社会共担医疗风险，目的在于鼓励用人单位和个人按照国家有关法律规定缴纳一定的医疗保险费，通过社会调剂，保证劳动者在健康受到损害时得到必需的基本医疗服务或经济补偿。

基本医疗保险具有社会保险的强制性、互济性、社会性等基本特征。基本医疗保险由国家法强制实施，建立基金制度，费用由用人单位和劳动者共同缴纳，医疗保险费由医疗保险机构支付，以应对解决劳动者因患病或受伤害带来的医疗风险。

（三）工伤保险

工伤保险是指劳动者因在生产经营活动中所发生的或者在规定的某些特殊情况下，遭受意外伤害、职业病以及因这两种情况造成死亡，在劳动者暂时或永远丧失劳动能力时，劳动者或其遗属能够从国家、社会得到必要的物质补偿。这种补偿一般以现金形式体现。

用人单位有为劳动者缴纳工伤保险费的法定义务，劳动者享有工伤保险待遇的法定权利。因此，用人单位不参加工伤保险，不缴纳社会保险费，不影响劳动者申请工伤认定，不影响职工享受工伤保险待遇的权利。同时，为了防止少数用人单位钻法律空子，以没参加工伤保险为借口，不支付职工工伤保险金，《中华人民共和国社会保险法》第四十一条规定，“职工所在用人单位未依法缴纳工伤保险费，发生工伤事故的，由用人单位支付工伤保险待遇。用人单位不支付的，从工伤保险基金中先行支付。从工伤保险基金中先行支付的工伤保险待遇应当由用人单位偿还。用人单位不偿还的，社会保险经办机构可以依照本法第六十三条的规定追偿”。

工伤保险实行无过错补偿原则，这是对工伤劳动者实行的保护性补偿原则，此原则规定了即使职工本人存在一定的过错，仍应按照工伤保险待遇给予补偿。违章操作的行为并不影响工伤性质的认定。违章操作属于过失行为，只要不是蓄意违章，便可认定为工伤。《中华人民共和国社会保险法》第三十七条规定，“劳动者在工作中伤亡，不认定为工伤的情形包括故意犯罪、醉酒或者吸毒、自残或者自杀以及法律、行政法规规定的其他情形”。

（四）失业保险

失业保险是国家通过立法强制实行的，由社会集中建立基金，对因失业而暂时中断生活来源的劳动者提供物质帮助的制度。失业保险由用人单位和劳动者按照国家规定共同缴纳失业保险费。失业保险是社会保障体系的重要组成部分，是社会保险的主要项目之一。《社会保险法》第四十六条规定，“失业人员失业前用人单位和本人累计缴费满一年不足五年的，领取失业保险金的期限最长为十二个月；累计缴费满五年不足十年的，领取失业保险金的期限最长为十八个月；累计缴费十年以上的，领取失业保险金的期限最长为二十四个月。重新就业后，再次失业缴费时间重新计算，领取失业保险金的期限与前次失业应当领取而尚未领取的失业保险金的期限合并计算，最长不超过二十四个月”。

（五）生育保险

生育保险是通过国家立法规定，在劳动者因生育子女而导致劳动力暂时中断时，由国家和社会及时给予物质帮助的一项社会保险制度。用人单位按照国家规定缴纳生育保险费。劳动者不缴纳生育保险费。

生育保险待遇包括生育医疗费用和生育津贴。生育医疗费用用于保障女职工怀孕、分娩期间以及职工实施节育手术时的基本医疗保健需要。生育津贴用于保障女职工休产假期间的基本生活需要。

资料链接

小王毕业后应聘到一家公司工作，每月工资5000元，其中400元用于缴纳社保等费用，同时，公司也会替他缴纳800元的社保。小王觉得没有必要，认为自己不是当地人，有没有社保都没有关系，于是和公司谈条件，要公司将缴纳社保的费用直接现金折算给他，并和公司签下承诺书。

本案中这种以高薪来取代职工的社会保险费的做法在现实生活中比较普遍。社会保险是强制性的，用人单位和劳动者必须依法参加。不管工资多高，用人单位和劳动者都应该按规定缴纳社会保险费。该公司以高薪来取代职工社会保险费的做法是违反法律规定的。

二、补充社会保险

（一）员工福利

员工福利主要包括企业年金、企业补充医疗保险等方面。企业年金是指在政府强制实施的公共养老金或国家养老金之外，企业在国家政策的指导下，根据自身经济实力和经济状况建立的，为本企业职工提供一定程度退休收入保障的补充性养老金制度。企业年金基金是指根据企业年金计划筹集的资金及其投资运营收益形成的企业补充养老保险基金。企业补充医疗保险，是团体医疗险的一种，也叫社保补充医疗，要求员工在参保时，有社保，报销时，要求先使用社保报销。其实就是对基本医疗保险的补充，职工个人不需缴费，由企业按国家规定从职工福利费中提取，建立企业补充医疗保险。如果单位按国家规定建立了企业补充医疗保险，那么参保职工如果发生重大疾病，在享受基本医疗保险后，个人负担部分还可通过企业补充医疗保险再报销一部分。

（二）城乡居民大病保险

大病保险是对城乡居民因患大病发生的高额医疗费用给予报销，目的是解决群众反映强烈的“因病致贫、因病返贫”问题，使绝大部分人不会再因为疾病陷入经济困境。2012年8月30日，国家发展和改革委员会、卫生部、财政部、人社部、民政部、保险监督管理委员会六部委《关于开展城乡居民大病保险工作的指导意见》发布，明确针对城镇居民医保、新农合参保（合）人大病负担重的情况，引入市场机制，建立大病保险制度，减轻城乡居民的大病负担，大病医保报销比例不低于50%。

大病保险的保障范围要与城镇居民医保、新农合相衔接。城镇居民医保、新农合应按政策规定提供基本医疗保障。在此基础上，大病保险主要在参保（合）人患大病发生高额医疗费用的情况下，对城镇居民医保、新农合补偿后需个人负担的合规医疗费用给予保障。高额医疗费用，可以个人年度累计负担的合规医疗费用超过当地统计部门公布的上一年度城镇居民年人均可支配收入、农村居民年人均纯收入为判定标准，具体金额由地方政府确定。合规医疗费用，指实际发生的、合理的医疗费用（可规定不予支付的事项），具体由地方政府确定。各地也可以从个人负担较重的疾病病种起步开展大病保险。

患者以年度计的高额医疗费用，超过当地上一年度城镇居民年人均可支配收入、农村居民年人均纯收入为判断标准，具体金额由地方政府确定。

（三）商业保险

商业保险是指通过订立保险合同运营，以营利为目的的保险形式，由专门的保险企业经营。商业保险关系是由当事人自愿缔结的合同关系，投保人根据合同约定，向保险公司支付保险费。

保险公司根据合同约定的可能发生的事故因其发生所造成的财产损失承担赔偿保险金责任，或者当被保险人死亡、伤残、疾病或达到约定的年龄、期限时承担给付保险金责任。所谓社会保险，是指收取保险费，形成社会保险基金，用来对其中因年老、疾病、生育、伤残、死亡和失业而导致丧失劳动能力或失去工作机会的成员提供基本生活保障的一种社会保障制度。

保险分财产保险、人寿保险和健康保险。

（1）财产保险。财产保险包含机动车保险、企业财产保险、家庭财产保险、船舶保险、责任保险、保证保险、货物运输保险、意外伤害险、农业保险、工程保险、信用保险等。

（2）人寿保险和健康保险。根据投保人的数量分类，可分为个人健康险和团体健康险；根据投保时间的长短，可以分为短期健康险和长期健康险；根据损失种类分类，可分为医疗费用保险、失能收入损失保险和长期护理保险。

（四）慈善事业

慈善事业是指众多的社会成员在志愿基础上所从事的一种无偿的、对不幸无助人群的救助行为。它通过合法的社会中介组织，以社会捐献的方式，按特定的需要，把可汇聚的财富集中起来，再通过合法途径，用于无力自行摆脱危难的受助者。慈善事业不是政府主导进行的社会救济行为，而是民间的扶贫济困行为。就其现代意义来讲，慈善事业搭建的是社会各阶层回报社会的爱心平台，在倡导人文关怀、帮助弱势群体上发挥着特殊的功能。

慈善事业是社会保障的必要补充。慈善事业的这些特征将它和政府从事的社会救助事业区分开来。政府的社会救助事业是以社会稳定为政治基础，以财政拨款为经济基础，以政府机构为组织基础，以法律制度为实施基础的。

三、其他保险福利政策

（一）社会救助

1. 最低生活保障

最低生活保障制度是一种社会保障制度类型。是指国家对家庭人均收入低于当地政府公告的最低生活保障标准的人口给予一定救助，以保证该家庭成员基本生活所需的一种社会保障制度。主要特点如下：

（1）保证基本生活的生活费用补贴。

（2）为贫困人口提供的一种救助。

（3）具有临时性。原先享受最低生活保障的人口或家庭，如果收入有所增加，超过了规定的救助标准，则不再享受最低生活保障。

2. 特困人员供养

国家对城乡老年人、残疾人以及未满 16 周岁的未成年人，同时具备无劳动能力，无生活来源，无法定赡养、抚养、扶养义务人或者其法定义务人无法履行义务能力的列入特困人员供养名单。

3. 受灾人员救助

受灾人员救助指的是对遭受了自然灾害的受灾人群，基本生活得不到保障的人们的一种补助。

4. 医疗救助

医疗救助指的是因为贫困而没有经济能力进行治病的公民实施专门的帮助和支持。它通常是在政府有关部门的主导下，社会广泛参与，通过医疗机构针对贫困人口的患病者实施的恢复其健康、维持其基本生存能力的救治行为。

5．教育救助

教育救助指国家或社会团体、个人为保障适龄人口获得接受教育的机会，在不同阶段向贫困地区和贫困学生提供物质和资金援助的制度。其特点是通过减免、资助等方式帮助贫困人口完成相关阶段的学业，以提高其文化技能，最终解决他们的生计问题。

6．住房救助

住房救助指政府向低收入家庭和其他需要保障的特殊家庭提供现金补贴或直接提供住房的一种社会救助项目。其实质和特点就是由政府承担住房市场费用与居民支付能力之间的差额，解决部分居民对住房支付能力不足的问题。

7．就业救助

就业救助指就业困难人员通过党和政府各项促进就业扶持政策的贯彻落实以及就业服务机构为主的有关部门的具体帮助，实现再就业，以此达到增加家庭劳动收入，摆脱贫困的目的。

8．临时救助

临时救助指国家对遭遇突发事件、意外伤害、重大疾病或其他特殊原因导致基本生活陷入困境，其他社会救助制度暂时无法覆盖或救助之后基本生活暂时仍有严重困难的家庭或个人给予的应急性、过渡性的救助。

（二）社会福利

社会福利是国家和社会为增进与完善社会成员尤其是困难者的社会生活的一种社会制度。它是社会保障的重要组成部分，是国家和社会为保障和维护社会成员一定的生活质量，满足其物质和精神的基本需要而采取的社会保障政策以及所提供的设施和相应的服务。按享受对象类别来划分，社会福利可分为以下几种类型：

（1）为全体社会成员提供的公共福利；

（2）为本单位、本行业从业人员及其家属提供的职业福利；

（3）专为老年人提供的老年福利；

（4）为婴幼儿、少年儿童提供的儿童福利；

（5）为妇女提供的妇女福利。

延伸阅读

维权意识自我能力测试

1．试用期内，公司克扣工资，你会想起维权吗？

0　1　2　3　4　5

不会　→　会

在试用期内，公司克扣你应得的工资，是经常发生的事。因为他掌握了你想留下继续工作、怕失去这份工作的心理。为了获取廉价的劳动力，他们常常会把试用期延长，以达到赚取更多利润的目的。

方略：遇到这类情况，先通晓劳动法有关条款和当地政府颁发的地方性补充法规，这样有利于自己跟公司理论。在地方性法规中，都会有最低生活标准的限制和试用期期限以及相应报酬的规定。

2. 你知道有消费者协会这样一个组织吗？

0　1　2　3　4　5

不知道　　　　　　知道

消费者协会是保护消费者权益的一个组织，它们的办事程序都是在法律许可的情况下进行的，是为消费者提供法律咨询、法律维权的一个重要部门。这个部门一般直属于工商行政管理机构。

方略：多参与一些有关消费者权益保护法方面的知识讲座活动。在消费中遇到有质量问题或有欺诈行为时，都可找消协予以解决。该机构办事效率是很高的，当然，你得保留证据。

3. 面对劳动合同条款中的不合理现象，你会提出疑问吗？

0　1　2　3　4　5

不会　　　　　　会

在与企业签订的劳动合同中，常会出现这样一些情况：试用期过长，收取一些不合理的费用、押金之类，休息时间缩短，节假日上班不给法定的加班工资，或因工伤不负担相应赔偿等。面对这一系列类似问题，你该如何处理？

方略：通晓劳动法，并掌握相关的证据。先冷静处理，直接找到负责人进行交谈，否则，就按照法定程序找劳动仲裁委员会进行仲裁或直接到法院上诉。

4. 你了解劳动法的主要条款吗？

0　1　2　3　4　5

不了解　　　　　　了解

劳动法的主要内容包括十三章一百零七条条款，是用人单位和服务者都应遵守的。它是为保护劳动者合法权益，调整劳动关系，建立和维护适应社会主义市场经济的劳动制度，促进社会经济发展和社会进步的法律准则。

方略：多参加有关劳动、工伤保险条例的学习。这样自己既学到了知识，又可为其他工友提供法律咨询。这样对于提高维权意识及维权能力很有帮助。

5. 你知道签订劳动合同时应注意的问题吗？

0　1　2　3　4　5

不知道　　　　　　知道

签订劳动合同时，应主要注意以下几点：首先，组成劳动合同条件，订立合同。

其次，应遵守以下原则：

（1）合法原则。主体合法、内容合法、程序合法。

（2）平等自愿原则。双方自由地表达自己的意志，不存在压制或威胁等手段签订劳动合同的情况。

（3）协调一致原则。否则，用欺骗或威胁等手段签订的劳动合同均属无效合同。违法的将追究其相应法律责任。

方略：先通读劳动合同的范本，然后对照劳动法弄清楚是否有不符合规范的内容。像风险性较高的工种，其合同覆盖的范围就要加大，尽量使自己站在法律的角度去思考问题。胸有成竹不是坏事，反而很有可能让决策者因此对你刮目相看。

6. 当自己的权益受到损害时，你会想一走了之吗？

0　1　2　3　4　5

不会　　　　　　会

有些企业的工作条件相对较差，待遇也很差，而有些企业主则利用大学生思想不够成熟、吃不了苦的心理，而故设障碍。只要你自己一走了之，工资也就不用付了。或者有些企业本身不想招人，而是当本企业遇到难题时，故意出一个招聘的点子，让大家共同为其找到解决难题的方法。甚至以面试通过后交分比较有可操作性的方案为手段，窃取应聘者的劳动成果。

方略：准备好两方面证据。一方面是你自己留下的证据，如招聘广告、签约书等之类；另一方面是对方的证据，如上班考勤卡或对方使用的其他手段的相关依据。

7. 你知道劳动纠纷的仲裁部门吗？

0　1　2　3　4　5

不知道　　　　　　知道

劳动纠纷的仲裁部门，可对用人单位与职员的劳动争议进行仲裁。我国劳动仲裁兼有行政司法的双重特征。对仲裁不服的一方可向法院起诉，但仲裁未出结果的，法院不予受理。

方略：多学习这方面的知识，弄清楚知识条款，因为它可维护劳动者的合法权益。切记：首先要以良好心态去进行调解，其次是以法律为依据进行劳动仲裁。如果对仲裁结果不服还可向法院起诉。总之，解决劳动争议，应当根据合法、公正、及时处理的原则，依法维护劳动争议当事人权益。

8. 得分指导及说明

按照自我想法、沿着标杆移动，以此来计分。然后把你上述每一项目自我评价得分加起来，并运用下面的得分对你的维权意识进行评价。7～13 分为没有维权意识，14～26 分为有一定的维权意识，21～27 分为比较有维权意识，28～35 分为非常有维权意识。

这个评价并不是对你的维权意识的准确衡量，而是衡量你如何创造性地对待你自己和你的生活的一般标准。你的分数表明目前你的维权意识程度如何，而不表明你潜在的维权意识如何。如果你的得分比预期的要低，那就说明你没有充分地发挥你的维权意识。你需要按照本章建议，最大限度地提高你的维权意识。相信你一定能成功！

本章小结

首先，阐述了与大学生就业相关的就业法规，解析了《中华人民共和国就业促进法》《中华人民共和国就业促进法》的重点内容。其次，陈述了大学生就业的基本权利、就业权益的内容及就业权益保障的方法。重点讲了劳动合同与就业协议的区别，保障大学生合法权益不受侵害。最后，介绍了社会保险与福利的内容，包括法定社会保险、补充社会保险及其他保险福利政策，以便大学生充分享受相关政策福利。

关键术语

劳动法（Labor Law）
劳动合同法（Labor Contract Law）
劳动合同（Labor Contract）
就业协议（Employment Agreement）
社会保险（Social Insurance）

复习思考题

1．请分析就业协议和劳动合同的区别。

2．小赵是某高校的一名毕业生，于 2021 年 7 月毕业。在 2021 年 3 月的时候，小赵与一家公司签订了劳动合同，合同约定小赵到公司工作 3 年，试用期为 2 个月，在试用期内这家公司给小赵提供入职培训，为期 1 个月。但在试用期届满前，小赵又找到了更好的单位，于是提出解除劳动合同。双方协商不成，诉至劳动仲裁委员会。这家公司提出可以解除劳动合同，但小赵应该赔偿该公司提供的培训费用和招录费用，并出具相应票据。

请大家分析，该公司的请求是否会得到劳动仲裁委员会的支持，小赵应该赔偿相应的培训费用吗？原因是什么？

第 10 章 Chapter 10 大学生创业概述

知识结构图

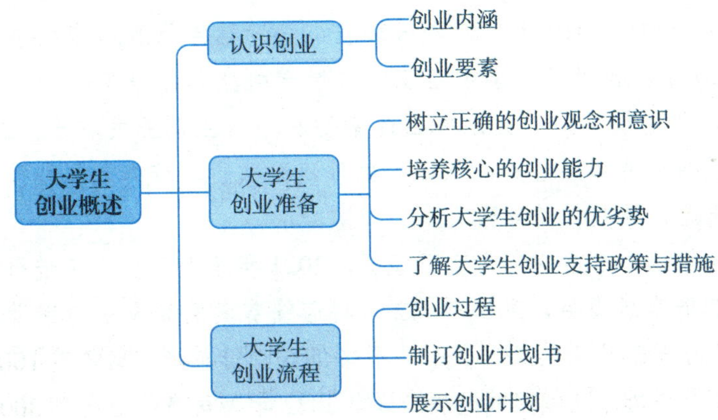

名言隽语

敏于观察，勤于思考，善于综合，勇于创新。

志之所趋。无远弗届，穷山距海，不能限也。

千磨万击还坚劲，任尔东南西北风。

学习目标

1. 了解创业的内涵；
2. 理解创业的要素；
3. 了解大学生创业需要做哪些准备；
4. 掌握大学生创业相关政策保障；
5. 了解创业的一般过程；
6. 掌握创业计划的撰写方法和展示技巧；
7. 提高沟通交流能力、写作能力、团队协作能力等综合素养；
8. 激发创业梦想，增强自我挑战、自我超越精神，培养勇于拼搏的职业精神。

扎实的创业准备实现成功创业

吉广宇，湖南涉外经济学院商学院2021届国际经济与贸易专业毕业生，现创办义乌市久康日用百货有限公司，目前公司孵化头部电商账号均处于同行业前端，年销售额突破千万元。在大学生就业形式非常严峻的今天，作为“90后”的吉广宇是如何取得这样的成绩的？她的成功创业又给当今大学生创业带来了哪些启示呢？

在校期间，吉广宇积极参与社会实践和各项竞赛活动，获得过“党风廉政”主题演讲比赛二等奖，参加全国大学生创业创新大赛获校级二等奖。2018年当选学生党支部副书记，参与并协助管理学院党员事务，并负责组织举办多场丰富党员生活的活动与比赛，锻炼自己的组织沟通能力。2019年当选班级班长，协助辅导员管理班级事务，管理协调能力得到提升。2020年，积极参加学校组织的多场学科竞赛并获奖：如“互联网＋大学生创新创业大赛”，取得校级二等奖，并因此幸运种下自主创业的种子。2021年参加学校组织的专业实习获得创业实践经验，从课堂的理论到践行，校内老师和校外企业导师都多方面给予她创业思路，让其受益匪浅。

凭借扎实理论知识和丰富的实践实习经历，2021年毕业后吉广宇进行自主创业，进入电商行业，加入智能家居类目，2021年12月将店铺售卖的智能服饰销量做到抖音单平台TOP1。2022年开始与日用日化工厂合作，于当年6月份单月GMV破10000000元。2022年开始接触广东外贸公司，陆续接收外贸订单。2022年公司净收益超过300万元。2023年，公司扩展1000平方米，重点打造直播常态化，2023年2月至6月所售卖的产品频繁登上爆款榜单，上半年收益已有240万元。目前公司孵化的头部电商账号均处于同行业前端。

【案例启示】创业是一个创建企业的复杂过程，企业所需具备的各种要素自然也就成为创业的要素。对于在校大学生或者刚刚毕业的大学生，热血沸腾，志比天高，应不应该踏上创业之路呢？作为大学生，我们不应当盲目地行动。对创业所面临的种种风险，了解得越全面，准备得越充分，就越有可能成功。而创业准备是创业者进入创业实践前所经历的物质力量的聚集过程。它为日后的创业实践奠定物质和思想基础，也是创业前的模拟演练。创业准备充分与否，对创业者事业的成败起着决定性的作用。

第一节 认识创业

现在是“大众创业、万众创新”的时代，国家鼓励大学生进行创新创业。有的学生利用周末到夜市“摆地摊”卖东西；有的学生正在酝酿写创业计划，打算毕业后开一家互联网企业；有的学生打算毕业后找份稳定的工作，过着朝九晚五的生活。这些同学的做法和想法都属于创业吗？创业是怎样定义的呢？

一、创业内涵

对于朝气蓬勃的大学生，创业无疑是比较热门的话题之一。但是从现代学科体系来看，创业是一个跨学科多层面的现象，尽管越来越多的人对这一新兴领域进行研究，但创业还没有形成一个单独的理论体系和学科领域。

对创业的定义有狭义和广义之分。狭义的创业指“创办一个企业的过程”。一般一个新企业的创办需要满足一些条件，如程序合法、为社会创造价值、适合的营销模式和拥有创业团队等。通常一般意义上大家理解的创业都是狭义的创业。广义的创业指“创造新的事业的过程”。所有创造新的事业的过程都可以叫作创业，既包括创建营利性组织也包括创建非营利性组织，既包括创办大的事业也包括创办小的事业、家庭事业等。通过广义的定义我们发现，创业并不仅仅指创办一个企业的过程，更是指人们并不局限于目前拥有的资源，努力寻找资源和机会进行价值创造的过程，或者将自己的创意变成一个可实现的项目的过程。从这个角度来讲，我们每个人都是创业者，因为我们每个人都需要进行价值创造或者实现自己的创意，都需要创造自己的人生事业。我们每个人都可以创业，我们每个人的人生都可以是创业人生。

思政讲堂

有责任有担当，青春才会闪光

2019年4月30日习近平总书记在纪念五四运动100周年大会上讲到，新时代中国青年要树立对马克思主义的信仰、对中国特色社会主义的信念、对中华民族伟大复兴中国梦的信心，到人民群众中去，到新时代新天地中去，让理想信念在创业奋斗中升华，让青春在创新创造中闪光！

“有责任有担当，青春才会闪光。”新时代的中国青年理想信念内植在思想深处，外显于担当作为的实际行动。党的十八大以来，中国青年在各自岗位上奋斗奉献，在急难险重任务中冲锋在前，在创新创业中走在前列，在重要领域和重要岗位上攻坚克难，展现出不怕苦、不畏难的青春风采。以“大学生志愿服务西部计划”为例，20年来，全国先后有46.5万余名大学生志愿者在我国2000多个县（市、区、旗）基层为当地提供志愿服务。近3年来，全国高校毕业生积极响应党和国家号召，到地市级及以下就业比例约70%，到中西部就业比例约60%。这些充满朝气的青春力量，用脚步丈量祖国大地，在艰苦环境和基层一线服务群众、贡献知识，锻炼意志，增强担当精神，在边疆和基层创业创造的奋斗中奏响最美青春之歌。

青年最具创新热情，也最具创新动力。近年来，一批批具有国际竞争力的青年科技人才脱颖而出，在“天宫”“蛟龙”“天眼”“悟空”“墨子”“天问”“嫦娥”等重大科技攻关任务中担重任、挑大梁。2013年以来，航空工业集团以“罗阳青年突击队”

为载体，组织广大青年在急难险重任务中学罗阳、做先锋，累计有37万人次参与其中。“航空报国、航空强国，矢志不渝”是这一群体年轻人的座右铭，他们在学思践悟中坚定理想信念，用肩膀扛起如山的责任，为强国建设积极贡献力量。

思政提示：青年常为新，青年也最能为新。大学生要立志做有理想、敢担当、能吃苦、肯奋斗的新时代好青年，用青春的智慧和汗水打拼出一个更加美好的中国。

二、创业要素

创业要素指的是在创业活动过程中所需要的最基本、最核心、最关键的组成部分，创业者通过对创业要素进行不同的搭配和使用能对创业活动产生各不相同的影响和结果。创业要素理论的学者流派有多种，三要素论、四要素论、五要素论等，其中学术界普遍认可的主流说法是由被誉为“创业教育之父”的美国教育家蒂蒙斯所提出的三要素论。蒂蒙斯认为创业包含三大基本要素，分别是创业机会、创业团队、创业资源，三大要素相互作用，相互影响，缺一不可。

（一）创业机会

创业机会是创业要素中的核心部分，创业机会实质指的是一种新的市场需求，比如开发出新产品的市场需求，或者开发出已有产品的新市场等。创业者在发现新需求的出现后，及时付诸行动产生一系列的创业活动，此时新的市场需求便成了创业者的创业机会。一般某个创业机会被发现后，并不会成为某位创业者所独有的，其他的竞争对手也会迅速加入其中，因此一旦发现好的创业机会一定要迅速抓住，正所谓兵贵神速。另外，需要重点注意的是，创业机会并不等于创业者的想法，创业者的想法有时会过于天马行空或者理想主义、缺乏实践性，创业机会却一定是基于一些现实市场而产生的，是具备一定可实施性的，因此不能将创业机会与创业者想法混为一谈。有的创业机会虽然基于市场需求产生，但却不能实现社会价值，为创业者带来足够的回报，所以也并不是对每一个创业机会都要付诸行动，创业者需要根据市场需求以及自身创业实际情况进行理性思考及分析后再作决定。

（二）创业团队

创业团队指的是在创业期间，由两个或者两个以上有着共同愿景与价值观，才能各异，多方互补，荣辱与共的一群人所组成的工作团队。创业团队是进行创业活动的主体，是创业活动的基础，也是创业过程中最动态、最难获得的稀缺资源，需要创业者在不同的创业时期对其进行不断的调整与优化。

好的创业团队通常具有以下几个特征：第一，团队成员们有着共同的奋斗目标并愿意为了该目标共同努力，不畏艰难困苦，风雨与共。第二，团队成员之间形成了多方位互补，如性格互补、资源互补、知识结构互补，能够共同帮助与进步。第三，能够共同建立组织架构，并能严格遵守既定规则，同时在劳动成果分配方面能够做到公平公正公开。

（三）创业资源

创业资源是指新创企业在创造价值的过程中需要的特定的资产，包括有形与无形的资产。它是新创企业创立和运营的必要条件，主要表现形式为创业人才、创业资本、创业机会、创业技术和创业管理等。这些资源对于创业者的成功创业至关重要，因为它们可以帮助创业者实现创新、拓展市场、优化生产过程和提高竞争力。

具体来说，创业资源包括：

（1）创业人才。具备创新意识、专业技能和领导力的团队成员，他们是企业发展的核心驱动力。

（2）创业资本。包括初创资金、风险投资、天使投资等。资金来源对于企业的创立和发展至关重要。

（3）创业机会。指具有商业前景和市场需求的创新项目或产品，是创业者成功创业的基础。

（4）创业技术。指创新的技术手段、管理方法和创新产品等，有助于企业建立竞争优势。

（5）创业管理。包括组织架构、战略规划、运营管理等方面的能力，是企业可持续发展的重要保障。

（6）创业政策。政府出台的相关扶持政策，如税收优惠、补贴、免费场地等，有助于创业者更好地应对市场挑战。

（7）创业网络。社会关系、行业资源、合作伙伴等人际关系和渠道，对创业者的资源整合和市场拓展具有积极作用。

优秀的创业者能对创业资源进行最大化限度的整合与优化利用，以实现价值最大化，从而创造竞争优势并带来持续竞争优势的战略资源。

延伸阅读

创业者的“神话”与现实

关于创业者和创业成功的传说、经典故事总是经久不衰，即使是在这高度信息化和社会飞速进步的时代也同样如此。某些“神话”总是一再地得到人们的关注和青睐。但这里有一个问题：普遍规律虽然对某些特定类型的创业者和创业实践适用，但创始人的多样性却向普遍规律提出了挑战。

神话 1：创业者是天生的，通常无法塑造。

现实情况是：即使创业者天生就具备了特定的才智、创造力和充沛的精力，这些品质本身也只不过是未被塑造成形的泥巴或未经涂抹的画布。创业者是通过多年积累相关的技术、技能、经历和关系网后才被塑造成功的，这当中包含着许多自我发展历程。创业者只有具有多年的商业经验，才能识别出各种商业行为，并获得创造性的预见能力和捕捉商机的能力。

神话 2：任何人都能创建企业。

现实情况是：创业者如果能及时识别思路和商机之间的区别，思路开阔，他们创业成功的概率就较大。即使运气在成功中很重要，充分的准备仍是必要条件。创办企业还只是初级阶段，困难的是要生存下来，持久经营，并把企业发展成最终可以为创办者带来收益的企业。在能够存活 10 年以上的新企业中，只有 5%～10% 最后可以给创办人带来资本收益。

神话 3：创业者是赌博者。

现实情况是：成功的创业者会预期风险，小心翼翼。在有选择的情况下，他们通过让别人一起分担风险、避免或使风险最小化来控制发展方向。他们常常把风险分割成一个个可接受、可消化的小块；他们不会故意承担更多的风险，不会承担不必要的风险，但是，当风险不可避免时，也不会胆怯和退缩。

神话 4：创业者喜欢单枪匹马地干。

现实情况是：完全拥有整个公司的所有权和控制权的想法只会限制企业的成长。单个创业者通常只能达到维持生计的水平，想单枪匹马地发展一家高潜力的企业是极其困难的。高潜力的创业者会组建起自己的团队。

神话 5：创立公司是冒风险的事情，而且到头来通常以失败告终。

现实情况是——有才能、有经验的创业者，因为他们追逐的是有吸引力的商机，而且能够吸引到使企业顺利运作的合适人才、必要资金及其他资源，所以他们带领的往往是成功的企业。而且，即使企业失败了，并不能说创业者也失败了。失败常常是对创业者的学习经验和成功技能进行淬火的过程。

神话 6：创业者必须年轻并且精力充沛。

现实情况是：这些特征虽然会对成功有所帮助，但年龄绝不是障碍。有关统计数据表明，创立高潜力企业的创业者的平均年龄在 35 岁左右。六十几岁才开始创办企业的创业者也为数甚多。关键是要掌握相关的技术、经验和社会关系网，它们非常有助于创业者识别和捕捉商机。

神话 7：金钱是创业者唯一的驱动因素。

现实情况是：追求高潜力企业的创业者更多地被创建企业实现长期的资本收益所驱动，而不是为了高额薪水、奖金这类立即可以获得的报酬。个人的成就感、对自己命运的把握、实现期望和梦想也是他们强有力的动机。

神话 8：对有能力的创业者而言，只需 1 年至 2 年就会成功。

现实情况是：风险投资家有一句古老的格言：柠檬只要两年半就成熟了，但珍珠需要七八年才能孕育成功。几乎没有一家新企业可以在少于 3 年至 4 年的时间里打牢基础。

神话9：除非你的SAT（美国高中毕业会考）和GMAT（美国管理类研究生语言能力测试）的分数达到600分以上，否则你就永远不可能成为成功的创业者。

现实情况是：创业者的智商只是创造力、动机、正直、领导才能、团队建立、分析能力、对付模糊性和劣势等品质组合中一个特定的成分而已。

第二节 大学生创业准备

一、树立正确的创业观念和意识

（一）树立创业观念

1. 自主创业的就业理念

创业观念就是要求创业者对创业有一种新的认识，要有一种新的观念，要适应就业从计划经济到市场经济的自主择业、双向选择的观念转变。

（1）思想决定理想，意识决定行动和速度。大学生的就业思想和对创业的认识、对人生的理解，决定了大学生的品质。

（2）大学生立志创业，勇气、激情不可缺少。信心比金钱更重要，自信心比外援更重要，这是一种内在的动力。

（3）大学生要增强创业意识，调整心态，树立信心，把自主创业当作大学生挑战人生的一个择业选择。

2. 服务理念

创业的同时要拥有一种服务社会、服务人民的理念，通过你的产品，以团队服务的方式去造福于民，取信于民，让人民满意、社会满意，从创业中实现自己的社会价值。

3. 情怀担当理念

不要将赚钱作为创业的唯一目标。创业的根本应该是做对社会有意义的事情，主动担负起当代大学生应有的社会责任。大学生应树立创新创业理念，艰苦奋斗，在创新创业中实现价值、奉献社会。

4. 职业规划理念

（1）对于大学生来说，进入了高校就等于一只脚跨入了社会，等待自己的就是确立发展目标，规划职业生涯，并付诸实践。

（2）大学生要选准适合自己的创业目标，就是要把职业生涯规划作为实现成功创业的一个首要环节。确立自己未来的发展方向，找准自己就业创业的行业和职业，规划好自己想要达到的既定目标。

（3）大学生要树立自立自强、积极进取、敢闯敢干、敢为人先的思想和观念，坚信“人人可创业，处处能成才”，“勿以事小而不为”，切忌“眼高手低”的心态。

（二）唤醒创业意识

每个人都有创业意识这种潜质，这种潜质是隐性的，需要我们去唤醒。

1. 自主创业意识

作为一个创业者，必须有自主观念。任何创业者都必须坚信不是命运主宰自己，而是自己主宰命运。不安于现状、不满足于已有的成绩，向着更新、更高的目标挺进，是树立自主创业意识的开始。勇于创新、敢冒风险、大胆进取、不怕艰险、坚定的必胜信念、锲而不舍的韧劲，都是自主创业不可缺少的精神意识。

2. 竞争意识

创业必然面临竞争。大学生创业只有树立竞争意识，才能在现代社会竞争中立于不败之地。满足于比上不足，比下有余，是无法创业的。竞争使创业者变得精明强干。

3. 拼搏意识

凡是称得上伟大、壮丽的事业，都是在经过一番艰苦卓绝的拼搏之后才得以成功的。安逸、懒惰和舒适，造就不出令人敬佩的成功者。那些敢于向命运挑战，敢于向艰苦恶劣的条件抗争，用自己的智慧和勤劳的双手创造美好生活的创业者，应该受到全社会的尊敬和赞扬。

4. 风险意识

俗话说：“一分风险，一分财富。”风险意识是中国企业在国际接轨中应着重增强的一种现代经营意识，也是创业者急需培养和增强的一种重要的创业意识。创业是充满风险的。大学生创业者对可能出现和遇到的风险准备和认识不足，是我国当前群体创业活动中的一个普遍现象。这种创业风险意识的缺位，突出表现在以下 4 个方面：在心理准备上，表现为对创业可能出现和可能遇到的困难准备不足；在决策上，表现为不敢决策，盲目决策，随意决策；在管理上，表现为不抓管理，无序管理，不敢管理；在经营上，表现为盲目进入市场，随意接触客户，轻率签订商务合同。这种没有风险经营意识的做法，恰恰是创业者无正确风险经营意识的典型表现。正确的做法是要从害怕风险、不敢迈步之中解放出来，敢于到市场经济的大潮中劈风斩浪，在商海的历练和锻打中学会规避风险，化解风险，使自己成熟起来，成为商海的精英和栋梁。

5. 开拓意识

传统的应试教育只注重传统知识和应试技巧，而忽视了学生创新能力的培养。大学生为了应试而学习，抑制了开拓创新意识的形成。杨振宁教授曾指出：“美国的教育比较重视启发式，中国的教育比较重视灌输式。”这种灌输式教学虽然较好地开发了人们的记忆力，但它却忽视了人的观察力、想象力和思维能力的发展，从而导致学生开拓创新意识不强。创业是一个发现和捕获机会并由此创造出新颖的产品或服务并实现其潜在价值的过程。创业的两个核心概念是新颖和价值。创业的前提就是要创造出新颖的产品或服务，就是要开拓创新。因此，大学生要树立终身教育和素质教育的观念，加强通识学习，注重文理交叉，拓宽知识面。同时，要积极参加实践课程学习、劳动实践和科技文化服务活动，提高创新能力和实际动手能力。

6. 合作意识

所谓合作，是指社会活动中，人与人、群体与群体之间为了达到互动各方都有某种益处的共同目标而彼此相互配合的一种联合行动。合作在科学研究领域已经成为一种趋势。美国社会学家哈里特·朱克曼对1901—1972年的286位诺贝尔奖获得者的统计发现，与别人合作研究的有185人。在诺贝尔奖设立的第一个25年，合作比例是41%，在第二个25年，合作比例是65%，在第三个25年，合作比例是79%。同样在创业领域，合作具有十分重要的意义。有的创业者个人很有能力，但是不善于将自己的能力转换为外化组织能力，结果整个运作就变成创业者个人的“独角戏”，创业者不得不独自支撑整个企业的运转，企业的其他人员爱莫能助，缺少的就是合作和团队精神。学会合作是21世纪人才的必备素质。美国哈佛大学心理学教授乔治·郝华斯博士多年的研究表明，一个人事业的成败在于人品的优势。“与同事真诚合作”是成功的九大要素之一，而“言行孤僻，不善与人合作”排在失败的九大要素之首。为此，培养大学生的合作意识应渗透到大学教育的方方面面，从校园文化活动到社会实践，甚至可以开设专门团队训练课程。

7. 法律意识

法律意识是创业者关于法的各种现象的感知、情绪和意志的总和，包括创业者对法律规范和法律行为的把握、评价与态度，也表现为创业者对法律现象的理解和认识。创业者增强法律意识，不仅可以使自己的企业合乎市场经济规律，合法经营健康发展，减少不必要的权益纠纷，而且能运用法律知识得到法律保护。创业教育要重在创业意识的培养、创业动机的确立和创业心理品质的养成，使大学生形成正确的创业思想，具有创业的胆量、勇气和创新精神，自主创业。

二、培养核心的创业能力

创业者应该具备的能力，具体如图 10-1 所示。

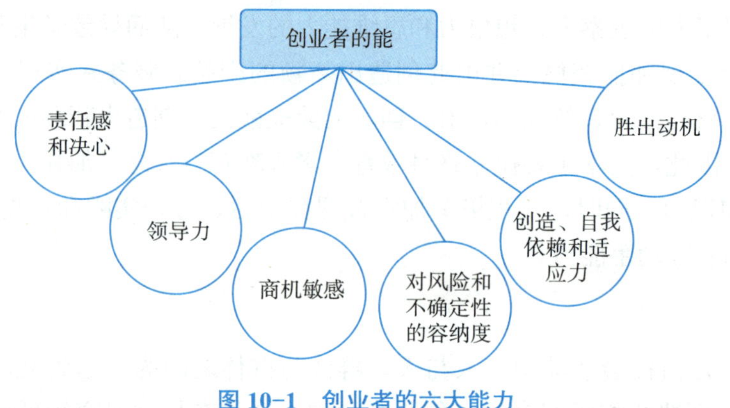

图 10-1　创业者的六大能力

（一）责任感和决心

责任感和决心会使创业者在团队中成为敢于承担的团队领袖，能够更好地获得团队成员的信赖与尊重。美国强生公司成立于 1886 年，迄今已走过了百年的历史，这百年的时间里不是一帆风顺的，其中经历过一些生死存亡的事件。泰诺是一种代替阿司匹林的新型止痛药，强生公司 20 世纪七八十年代的明星产品，但是在 1982 年的芝加哥地区，有 7 人因为用强生的泰诺胶囊而中毒身亡。这是一件非常严重的事情，后来经过警方调查认定是外人动了泰诺药瓶，在药里掺了氰化物。虽然是芝加哥发生的事，但强生公司对此高度重视，立刻拟定了一个恢复计划，分成三步走：①弄清楚到底发生了什么？②预估这件事所造成的破坏并遏制其发展势头。③使产品重新赢得市场。强生公司不仅仅从芝加哥，而是整个美国市场回收了所有的泰诺胶囊，总价值超过 1 亿美元，专门设计了一种防污染和破坏的新包装。强生通过广告表明会不惜一切代价捍卫泰诺的荣誉，发动全国 2000 多名推销人员游说医生和药剂师继续向顾客推荐泰诺药片。强生的这种做法，表面上看起来好像是扩大了损失，但是由于强生公司所做的一切，很快就从这场危机中走了出来，重新赢得了市场。

（二）领导力

一说到领导力，大家就会想到霸道总裁的形象。其实领导力是一种能力。不同兴趣、能力、性格的领导者他们的领导方法是不一样的。就比如说三国演义中的三个“领导”，曹操：一代枭雄，有点霸道总裁的味道，一言不合就要人脑袋，他最著名的一句话叫“宁愿我负天下人，不愿天下人负我”，所以一怒之下杀掉了华佗。但是他又非常爱才，更胜于刘备和孙权，特别是他和关羽的一段情义叫人赞叹不已。刘备：一个落魄皇叔，最会打的就是感情牌，特别礼贤下士，三顾茅庐请诸葛亮下山，才有了后面的蜀国之说。关于他也有一句经典叫“刘备摔孩子，收买人心”。孙权：孙权是其兄孙策遇刺后上位的，年轻，初掌权时时局动荡不安。为了稳定局面，一方面拜张昭为老师，又拜周瑜为大都督，后来又广招贤臣。他的特点就是敢于用人，充分信任人才。

企业家领导力中重要的是资源整合能力，不拘于当前条件限制，整合资源，追求机会，创造价值，这也是创业的本质。

（三）商机敏感

创业者的敏感，是对外界变化的敏感，尤其是对商业机会的快速反应。商机对每个人都是均等的，它有时就在你身边，有商业头脑、对商机敏锐的人，会及时发现，并紧紧抓住它；而缺乏商业头脑、对商机迟钝的人，会视而不见，错过成功的机会。一位成功的企业家说：“商机就像飘在天上的白云，它在每个人的眼前飘过，只有敏锐的慧眼才注意它，才盯住它。以深刻而敏锐的眼力或洞察力去发现商机，才是企业家精神的本质。”如今这个倍速变化的时代里，即使你现在生意做得很不错，但如果不能对周围随时发生着的事物保持敏感和准确的预估判断，也会迅速被市场淘汰。

面对一件新生事物，有些人觉得新奇有趣，但也就是看看就算了，而有些人则会认真探究，从中发现很多更深刻更有价值的东西。这是创业者该具有的本能的敏感洞察力，当然，这也需要一些锻炼，和个人的素质特点也有关系。善于洞察并思考的人更适合创业。

（四）对风险和不确定性的容纳度

企业家不同于一般职业阶层，他们最大的特殊性就是敢于冒险和承担风险。为什么很多人虽然想创业，但迟迟不敢行动呢？创业是九死一生的事，就是因为创业风险极大，大多数人不愿意冒险。冒险在创业者身上是不变的主题，他们对于风险、模糊性和不确定性的容纳度远远超过了一般打工者。

创业的历程是艰辛的，曾经有人统计过，马云在走上互联网之路之前，共经历了 20 多次创业失败，而立之年的马云，依旧走在创业的道路上。但有志者事竟成，长期的创业经历也给了马云足够多的经验，他的梦想也终究在阿里巴巴身上实现了。很多网友都很佩服马云，纷纷留言：能成功都是有道理的！

（五）创造、自我依赖和适应能力

正因为创业者需要面对一个不确定的环境，他们才需要更强大的适应和自我依赖能力。他们不满足于停留在现有规模上，创业者希望他的企业能够尽可能地快速增长，员工能够拼命工作，他们不断寻找新趋势和机会，不断创新，不断推出新产品和新的经营方式。所以，那些找不到工作或者在工作中无法适应的人说干脆我就去创个业吧，基本就是天方夜谭。创业者要有很强大的适应能力。

（六）胜出动机

我们常常会发现一些人念叨着要开公司、要创业，但实际上他们并没有创业愿景。成功的创业者一定有改变世界的激情。卓越的创业者有很强的雄心壮志，有一种必须要赢、敢于挑战任何对手的决心。创业者往往是驱动型人格，他们受到内心强烈愿望的驱动，希望和自己定下的标准竞争，追求并达到富有挑战性的目标。

英国经济学家马歇尔教授认为，企业家是不同于一般职业阶层的特殊阶层，他们最大的特殊性是敢于冒险和承担风险。

创业者的欲望实际就是一种生活目标，一种人生理想，往往伴随着行动力和牺牲精神。他们的欲望往往超出他们的现实，往往需要打破他们现在的立足点，打破眼前的牢笼，才能够实现。这不是普通人能够做得到的。因为想得到，而凭自己现在的身份、地位、财富得不到，所以要去创业，要靠创业改变身份，提高地位，积累财富，这构成了许多创业者的人生三部曲。有了欲望，而不甘心，而创业，而行动，而成功，这是大多数白手起家的创业者走过的共同道路。或许我们可以套用一句伟人的话：欲望是创业的最大推动力。

延伸阅读

创业能力的测评

本测试由一系列陈述句组成，请根据实际情况，从“是”和“否”中选择最符合自己特征的答案。在选择时，请根据第一印象回答。

1．你是否曾经为了某个理想而设下两年以上的长期计划，并且按计划执行直到完成？

2．在学校和家庭生活中，你是否能在没有父母及师长的督促下，就可以自动地完成分派的工作？

3．你是否喜欢独自完成自己的工作，并且做得很好？

4．当你与朋友在一起时，你的朋友是否经常寻求你的指导和建议？你是否曾被推举为领导者？

5．求学时期，你有没有赚钱的经验？你喜欢储蓄吗？

6．你是否能够专注地投入个人兴趣连续10个小时以上？

7．你是否习惯保存重要资料，并且井井有条地整理，以备需要时可以随时提取查阅？

8．在平时生活中，你是否热衷于社会服务工作？你关心别人的需求吗？

9．你是否喜欢音乐、艺术、体育以及各种活动课程？

10．在求学期间，你是否曾经带动同学，完成一项由你领导的大型活动，比如运动会歌唱比赛等？

11．你喜欢在竞争中生存吗？

12．当你为别人工作时，发现其管理方式不当，你是否会想出适当的管理方式并建议改进？

13．当你需要别人帮助时，是否能充满自信地要求，并且能说服别人来帮助你？

14．你在募捐或义卖时，是不是充满自信而不害羞？

15．当你要完成一项重要工作时，你是否总是给自己足够的时间仔细完成，而绝不让时间虚度，在匆忙中草率完成？

16．参加重要聚会时，你是否准时赴约？

17．你是否有能力安排一个恰当的环境，使你在工作时能不受干扰，有效地专心工作？

18．你交往的朋友中，是否有许多有成就、有智慧、有眼光、有远见、老成稳重型？

19．你在工作或学习团体中，被认为是受欢迎的人吗？

20．你自认是一个理财高手吗？

21．你是否可以为了赚钱而牺牲个人娱乐？

22．你是否总是独自挑起责任的担子，彻底了解工作目标并认真完成工作？

23．在工作时，你是否有足够的耐心与耐力？

24．你是否能在很短的时间内，结交许多朋友？

选择“是”得1分，选择“否”不计分。统计分数，参照以下答案。

0～5分：目前不适合自己创业，应当训练自己为别人工作，并学习技术和专业；

6～10分：需要在旁人指导下创业，才有创业成功的机会；

1～115分：非常适合自己创业，但是在“否”的答案中，必须分析出自己的问题并进行解决；

16～20分：个性中的特质，足以使你从小事业慢慢开始，并从妥善处理中获得经验；

21～24分：有无限的潜能，只要懂得掌握时机和运气，将是未来的商业巨子。

三、分析大学生创业的优劣势

在当今社会，大学生创业已成为一种日益普遍的现象。随着我国经济的发展和教育的普及，越来越多的大学生开始走出象牙塔，投身创业大潮。大学生创业不仅有利于发挥自身的知识优势和创新精神，还能为社会经济发展贡献智慧和力量。

（一）大学生创业优势

1．知识优势

大学生接受过系统的专业教育，具有较高的知识水平和综合素质。在创业过程中，他们具备较强的学习能力和领悟力，能够迅速掌握行业动态和市场信息。此外，大学生在校期间可通过参加各类竞赛、实习和科研项目，积累丰富的实践经验，为创业提供有力支撑。

2. 创新精神

大学生具有敢于尝试和创新的精神，勇于接受新事物，引领时尚和潮流。在创业过程中，他们敢于挑战传统观念，打破行业壁垒，提出新颖的商业模式和产品理念。创新是创业的核心竞争力，大学生在这一方面具有天然的优势。

3. 校园资源

大学生在校园内可充分利用各种资源，如技术支持、人才引进、政策扶持等。许多高校还设有创业中心、孵化器等机构，为大学生创业提供一站式服务。这些资源有助于降低创业成本，提高创业成功率。

4. 激情与活力

大学生具有年轻的优势，精力旺盛，具备较强的执行力和抗压能力。在创业过程中，他们可以把更多的时间和精力投入事业，勇往直前，坚持不懈。激情和活力是大学生创业的重要动力。

5. 技术创新

随着互联网的迅猛发展，大学生在 IT 技术方面具有较强的能力。他们可充分利用互联网平台获取信息、拓展市场、降低成本，实现线上线下业务的深度融合。技术创新为大学生创业提供了无限可能。

6. 发展规划

大学生对未来有较为明确的发展规划，具备较强的目标和计划意识。在创业过程中，他们能够根据市场需求和企业发展战略，制订合理的规划，确保企业持续稳定发展。

7. 家庭支持

在一定程度上，大学生创业可以获得家庭或家族的支持。部分家庭背景较好的大学生更容易获得资金、技术、人脉等方面的援助，为创业提供有力保障。

8. 社会认同

大学生创业在社会上具有一定的关注度和认同感，这有助于在创业过程中提高企业知名度和品牌形象，为企业发展创造有利条件。

（二）大学生创业劣势

时代瞬息万变，越来越多的大学生选择创业作为自己的人生道路。然而，创业并非一帆风顺，大学生在创业过程中有着优势的同时也面临着诸多劣势。大学生创业主要有着以

下劣势。

1．缺乏经验

大学生在创业过程中，缺乏实际工作经验，难以应对复杂多变的市场环境。在经营管理、团队建设、市场营销等方面的知识可能仅停留在理论层面，导致在实际操作中出现困难。此外，大学生在人际关系和沟通协调方面也可能缺乏经验，这会对企业运营产生不利影响。

2．资金短缺

大学生创业初期，资金来源有限，可能难以满足企业发展的需求。相较于有丰富经验和背景的企业家，大学生在融资方面处于劣势，银行贷款、投资人的支持等方面可能受到限制。资金短缺将影响企业的运营和发展，甚至可能导致创业失败。

3．人际关系不足

大学生在创业过程中，可能缺乏广泛的社会关系和人脉资源。这在企业拓展市场、寻求合作伙伴、招聘人才等方面会带来一定的困难。人际关系不足可能导致企业错过发展机遇，甚至陷入困境。

4．市场竞争激烈

大学生创业面临激烈的市场竞争，需要具备较强的竞争意识和应对能力。相较于成熟企业，大学生创业企业在品牌、技术、规模等方面可能处于劣势。在竞争激烈的市场环境下，大学生创业者需要不断提升自身能力和企业实力，才能够在市场中立足。

5．心理压力大

创业过程中必然会遇到挫折和困难，大学生创业者需要具备较强的心理承受能力，面对失败和挫折，应保持积极的心态，调整战略，不断尝试和努力。心理压力过大可能导致创业者丧失信心，甚至放弃创业。

6．管理能力有限

大学生在团队管理和企业运营方面可能存在不足，需要其在创业过程中不断学习和提升管理能力，确保企业高效运营。管理能力有限可能导致团队凝聚力下降，企业目标难以实现。

7．业务拓展困难

大学生创业初期，易在业务拓展和市场开发方面遇到困难。这一时期需要创业者具备较强的市场敏锐度和洞察能力，找到适合企业发展的市场空间。业务拓展困难会制约企业的发展，影响创业成功率。

8．法律意识薄弱

大学生在创业过程中，因缺乏社会经验与法律知识可能导致其缺乏足够的法律意识，这会导致大学生在签订合同、保护知识产权、规避法律风险等方面存在问题。法律意识薄弱可能导致企业陷入法律纠纷，甚至破产。

面对当今激烈的市场竞争，作为新时代创业主力军的大学生应充分利用自身的优势，发挥创新精神，敢于挑战困难，勇攀创业高峰。同时，面临种种劣势，大学生应积极寻求解决方案，加强与社会各界的沟通交流，积累人脉资源；参加各类培训课程，提升自身能力；寻求政府和社会各界的支持，解决资金问题；加强法律意识，确保企业合法合规经营。只要充分发挥自身优势，不断克服劣势，大学生就一定能够在创业道路上取得成功。

延伸阅读

出师未捷债务缠身

上海市第二中级人民法院对上海某高校学生秦坚民（化名）下达了一纸判书，秦坚民将连带赔偿95万元。学生创业，居然“创”下近百万元的负债。

两年前，秦坚民还是一个大四的学生。他想为就业积累经验，便四处寻找实践机会，恰逢联通公司的CDMA处于扩张时期。当时联通公司与上海美天通信工程设备公司签订了销售代理协议，以直销的方式在校园发展用户。每台手机700元的补贴款和不菲的酬金让秦坚民动心了，获取这一信息的秦坚民决定要尝试一下。根据要求，他找到了上海祥云科技咨询有限公司与美天公司签协议，在高校师生中发展CDMA客户。

虽然高校的就业指导中心力图为学生创业搭建起良好的平台，但目前学生仍将其视作就业介绍所。为尽快拓展校园市场，秦坚民还邀请了同学做他的助手，开始了他第一次的创业。

吸引他成为校园代理的重要原因，就是联通公司提供的优厚条件。根据双方签订的《CDMA校园集团用户销售协议书》，秦坚民可以以优惠的价格向大学校园内的客户销售CDMA手机，要求客户购买联通公司UIM卡入CDMA网，并至少使用两年。而作为报酬，秦坚民每发展一个客户，根据不同的业务种类，可以获得手机补贴费、业务酬金等，收入不菲。

被高回报、火爆的市场蒙住了双眼，急于求成的秦坚民忽略了合同中的一项重要条款。合同规定，所发展的用户必须凭学生证、教师证原件和复印件才能购买这个CDMA的手机套餐业务，而外地生源的学生还必须有学校的担保，也就是说，严格的身份认证是联通公司这笔业务成功的关键，一旦发现有恶意登记的“黑户”存在，秦坚民就需要负责任。

秦坚民和他的助手们似乎都对这个问题毫不在意，他们在自己的学校里以直销形式发展客户，生意出奇的好。一开始，他们还像模像样地查看、登记学生证和教师证，但是后来这道程序就成了摆设。很多社会上的人得知校园里有卖便宜手机的，便趋之若鹜。有些人带来各种假的身份证件，秦坚民和助手们却无暇审查身份，就此埋下了祸根。

仅仅两个月的时间里，秦坚民就发展了4196个客户，而其中有1000多个客户是冒牌“校园客户”，他们中有无主户、不良用户和虚假用户440多户，他们大肆恶意拖欠话费，有的话费异常。上海联通公司无法通过身份登记寻找到这些客户，损失百万余元，于是将秦坚民告上了法庭。秦坚民还没有走上工作岗位，便亏欠近百万元。

秦坚民的委托律师张先生表示，秦坚民一方面赚钱心切；另一方面没有自我保护意识和法律意识，才导致了事情的发生。“从他的经济状况来看，法院的判决几乎无法执行。”

四、了解大学生创业支持政策与措施

大学生是大众创业、万众创新的生力军，支持大学生创新创业具有重要意义。近年来，越来越多的大学生投身创新创业实践，但也面临融资难、经验少、服务不到位等问题。为提升大学生创新创业能力、增强创新活力，进一步支持大学生创新创业，我国政府提出了以下政策与措施保障大学生创业。

（一）政策总体要求

以习近平新时代中国特色社会主义思想为指导，深入贯彻落实党的十九大和十九届二中、三中、四中、五中全会精神，全面贯彻党的教育方针，落实立德树人根本任务，立足新发展阶段、贯彻新发展理念、构建新发展格局，坚持创新引领创业、创业带动就业，支持在校大学生提升创新创业能力，支持高校毕业生创业就业，提升人力资源素质，促进大学生全面发展，实现大学生更加充分更高质量就业。

（二）提升大学生创新创业能力

1．将创新创业教育贯穿人才培养全过程

深化高校创新创业教育改革，健全课堂教学、自主学习、结合实践、指导帮扶、文化引领融为一体的高校创新创业教育体系，增强大学生的创新精神、创业意识和创新创业能力。建立以创新创业为导向的新型人才培养模式，健全校校、校企、校地、校所协同的创新创业人才培养机制，打造一批创新创业教育特色示范课程。（教育部牵头，人力资源和社会保障部等按职责分工负责）

2．提升教师创新创业教育教学能力

强化高校教师创新创业教育教学能力和素养培训，改革教学方法和考核方式，推动教师把国际前沿学术发展、最新研究成果和实践经验融入课堂教学。完善高校双创指导教师到行业企业挂职锻炼的保障激励政策。实施高校双创校外导师专项人才计划，探索实施驻校企业家制度，吸引更多各行各业优秀人才担任双创导师。支持建设一批双创导师培训基地，定期开展培训。（教育部牵头，人力资源和社会保障部等按职责分工负责）

3. 加强大学生创新创业培训

打造一批高校创新创业培训活动品牌，创新培训模式，面向大学生开展高质量、有针对性的创新创业培训，提升大学生创新创业能力。组织双创导师深入校园举办创业大讲堂，进行创业政策解读、经验分享、实践指导等。支持各类创新创业大赛对大学生创业者给予倾斜。（人力资源和社会保障部、教育部等按职责分工负责）

（三）优化大学生创新创业环境

1. 降低大学生创新创业门槛

持续提升企业开办服务能力，为大学生创业提供高效便捷的登记服务。推动众创空间、孵化器、加速器、产业园全链条发展，鼓励各类孵化器面向大学生创新创业团队开放一定比例的免费孵化空间，并将开放情况纳入国家级科技企业孵化器考核评价，降低大学生创新创业团队入驻条件。政府投资开发的孵化器等创业载体应安排 30% 左右的场地，免费提供给高校毕业生。有条件的地方可对高校毕业生到孵化器创业给予租金补贴。（科技部、教育部、市场监管总局等和地方各级人民政府按职责分工负责）

2. 便利化服务大学生创新创业

完善科技创新资源开放共享平台，强化对大学生的技术创新服务。各地区、各高校和科研院所的实验室以及科研仪器、设施等科技创新资源可以面向大学生开放共享，提供低价、优质的专业服务，支持大学生创新创业。支持行业企业面向大学生发布企业需求清单，引导大学生精准创新创业。鼓励国有大中型企业面向高校和大学生发布技术创新需求，开展“揭榜挂帅”。（科技部、发展改革委、教育部、国资委等按职责分工负责）

3. 落实大学生创新创业保障政策

落实大学生创业帮扶政策，加大对创业失败大学生的扶持力度，按规定提供就业服务、就业援助和社会救助。加强政府支持引导，发挥市场主渠道作用，鼓励有条件的地方探索建立大学生创业风险救助机制，可采取创业风险补贴、商业险保费补助等方式予以支持，积极研究更加精准、有效的帮扶措施，及时总结经验、适时推广。毕业后创业的大学生可按规定缴纳“五险一金”，减少大学生创业的后顾之忧。（人力资源和社会保障部、教育部、财政部、民政部、医保局等和地方各级人民政府按职责分工负责）

（四）加强大学生创新创业服务平台建设

1. 建强高校创新创业实践平台

充分发挥大学科技园、大学生创业园、大学生创客空间等校内创新创业实践平台作用，面向在校大学生免费开放，开展专业化孵化服务。结合学校学科专业特色优势，联合有关行业企业建设一批校外大学生双创实践教学基地，深入实施大学生创新创业训练计

划。（教育部、科技部、人力资源和社会保障部等按职责分工负责）

2. 提升大众创业万众创新示范基地带动作用

加强双创示范基地建设，深入实施创业就业“校企行”专项行动，推动企业示范基地和高校示范基地结对共建、建立稳定合作关系。指导高校示范基地所在城市主动规划和布局高校周边产业，积极承接大学生创新成果和人才等要素，打造“城校共生”的创新创业生态。推动中央企业、科研院所和相关公共服务机构利用自身技术、人才、场地、资本等优势，为大学生建设集研发、孵化、投资等于一体的创业创新培育中心、互联网双创平台、孵化器和科技产业园区。（发展改革委、教育部、科技部、国资委等按职责分工负责）

（五）推动落实大学生创新创业财税扶持政策

1. 继续加大对高校创新创业教育的支持力度

在现有基础上，加大教育部中央彩票公益金对大学生创新创业教育发展资金支持力度。加大中央高校教育教学改革专项资金支持力度，将创新创业教育和大学生创新创业情况作为资金分配重要因素。（财政部、教育部等按职责分工负责）

2. 落实减税降费政策

高校毕业生在毕业年度内从事个体经营，符合规定条件的，在 3 年内按一定限额依次扣减其当年实际应缴纳的增值税、城市维护建设税、教育费附加、地方教育附加和个人所得税；对月销售额 15 万元以下的小规模纳税人免征增值税，对小微企业和个体工商户按规定减免所得税。对创业投资企业、天使投资人投资于未上市的中小高新技术企业以及种子期、初创期科技型企业的投资额，按规定抵扣所得税应纳税所得额。对国家级、省级科技企业孵化器和大学科技园以及国家备案众创空间按规定免征增值税、房产税、城镇土地使用税。做好纳税服务，建立对接机制，强化精准支持。（财政部、税务总局等按职责分工负责）

（六）加强对大学生创新创业的金融政策支持

1. 落实普惠金融政策

鼓励金融机构按照市场化、商业可持续原则对大学生创业项目提供金融服务，解决大学生创业融资难题。落实创业担保贷款政策及贴息政策，将高校毕业生个人最高贷款额度提高至 20 万元，对 10 万元以下贷款、获得设区的市级以上荣誉的高校毕业生创业者免除反担保要求；对高校毕业生设立的符合条件的小微企业，最高贷款额度提高至 300 万元；降低贷款利率，简化贷款申报审核流程，提高贷款便利性，支持符合条件的高校毕业生创业就业。鼓励和引导金融机构加快产品和服务创新，为符合条件的大学生创业项目提供金融服务。（财政部、人力资源和社会保障部、人民银行、银保监会等按职责分工负责）

2. 引导社会资本支持大学生创新创业

充分发挥社会资本作用，以市场化机制促进社会资源与大学生创新创业需求更好对接，引导创新创业平台投资基金和社会资本参与大学生创业项目早期投资与投智，助力大学生创新创业项目健康成长。加快发展天使投资，培育一批天使投资人和创业投资机构。发挥财政政策作用，落实税收政策，支持天使投资、创业投资发展，推动大学生创新创业。（发展改革委、财政部、税务总局、证监会等按职责分工负责）

（七）促进大学生创新创业成果转化

1. 完善成果转化机制

研究设立大学生创新创业成果转化服务机构，建立相关成果与行业产业对接长效机制，促进大学生创新创业成果在有关行业企业推广应用。做好大学生创新项目的知识产权确权、保护等工作，强化激励导向，加快落实以增加知识价值为导向的分配政策，落实成果转化奖励和收益分配办法。加强面向大学生的科技成果转化培训课程建设。（科技部、教育部、知识产权局等按职责分工负责）

2. 强化成果转化服务

推动地方、企业和大学生创新创业团队加强合作对接，拓宽成果转化渠道，为创新成果转化和创业项目落地提供帮助。鼓励国有大中型企业和产教融合型企业利用孵化器、产业园等平台，支持高校科技成果转化，促进高校科研成果和大学生创新创业项目落地发展。汇集政府、企业、高校及社会资源，加强对中国国际“互联网 +”大学生创新创业大赛中涌现的优秀创新创业项目的后续跟踪支持，落实科技成果转化相关税收优惠政策，推动一批大赛优秀项目落地，支持获奖项目成果转化，形成大学生创新创业示范效应。（教育部、科技部、发展改革委、财政部、国资委、税务总局等按职责分工负责）

（八）办好中国国际“互联网 +”大学生创新创业大赛

1. 完善大赛可持续发展机制

鼓励省级人民政府积极承办大赛，压实主办职责，进一步加强组织领导和综合协调，落实配套支持政策和条件保障。坚持政府引导、公益支持，支持行业企业深化赛事合作，拓宽办赛资金筹措渠道，适当增加大赛冠名赞助经费额度。充分利用市场化方式，研究推动中央企业、社会资本发起成立中国国际“互联网 +”大学生创新创业大赛项目专项发展基金。（教育部、国资委、证监会、建设银行等按职责分工负责）

2. 打造创新创业大赛品牌

强化大赛创新创业教育实践平台作用，鼓励学生积极参赛。坚持以赛促教、以赛促

学、以赛促创，丰富竞赛形式和内容。建立健全中国国际“互联网+”大学生创新创业大赛与各级各类创新创业比赛联动机制，推动大赛国际化进程，搭建全球性创新创业竞赛平台，深化创新创业教育国际交流合作。（教育部等按职责分工负责）

（九）加强大学生创新创业信息服务

1. 建立大学生创新创业信息服务平台

汇集创新创业帮扶政策、产业激励政策和全国创新创业教育优质资源，加强信息资源整合，做好国家和地方的政策发布、解读等工作。及时收集国家、区域、行业需求，为大学生精准推送行业和市场动向等信息。加强对创新创业大学生和项目的跟踪、服务，畅通供需对接渠道，支持各地积极举办大学生创新创业项目需求与投融资对接会。（教育部、发展改革委、人力资源和社会保障部等按职责分工负责）

2. 加强宣传引导

大力宣传加强高校创新创业教育、促进大学生创新创业的必要性、重要性。及时总结推广各地区、各高校的好经验好做法，选树大学生创新创业成功典型，丰富宣传形式，培育创客文化，营造敢为人先、宽容失败的环境，形成支持大学生创新创业的社会氛围。做好政策宣传宣讲，推动大学生用足用好税费减免、企业登记等支持政策。（教育部、中央宣传部牵头，地方各级人民政府、各有关部门按职责分工负责）

在政策体系的不断完善和大学生自身努力的基础上，我国大学生创业将迎来新的发展机遇。具有创新精神和创业能力的大学生将成为推动我国经济社会转型发展的重要力量，为实现中华民族伟大复兴的中国梦贡献力量。在此基础上，我们期待更多大学生勇敢地追求创业梦想，发挥自身优势，克服困难，取得成功。同时，政府、高校和社会各界也将为大学生创业提供更多支持和帮助，为大学生创业创造更好的环境，共同为我国经济的繁荣和发展注入新的活力。

资料链接

创业测试：现在你创业资质可以了吗？

创业充满了诱惑，但并非每个人都适合走这条路。美国创业协会设计了一份测试题，假如你正想着自己“单挑”，不妨做做下面的题。

以下每道题都有4个选项：A. 经常；B. 有时；C. 很少；D. 从不。

1. 在急需决策时，你是否在想“再让我考虑一下吧”？（　　）

2. 你是否为自己的优柔寡断找借口说“得慎重，怎能轻易下结论呢”？（　　）

3. 你是否为避免冒犯某个有实力的客户而有意回避一些关键性的问题，甚至有意迎合客户呢？（　　）

4．无论遇到什么紧急任务你是否都先处理日常的琐碎事务呢？（　　）

5．你是否非得在巨大压力下才肯承担重任？（　　）

6．你是否无力抵御妨碍你完成重要任务的干扰和危机？（　　）

7．你在决策重要的行动和计划时，常忽视其后果吗？（　　）

8．当你需要作出很可能不得人心的决策时，是否会找借口逃避而不敢去面对？（　　）

9．你是否总是在晚上才发现有要紧的事没办？（　　）

10．你是否因不愿承担艰巨任务而寻找各种借口？（　　）

11，你是否经常来不及躲避或预防困难情形的发生？（　　）

12．你总是拐弯抹角地宣布可能得罪他人的决定吗？（　　）

13．你喜欢让别人替你做你自己不愿做而又不得不做的事吗？（　　）计分：

选 A 得 4 分，选 B 得 3 分，选 C 得 2 分，选 D 得 1 分。将所有题目得分相加，总分为你的得分。

得分分析：

50 分以上，说明你的个人素质与创业者相去甚远；

40～49 分，说明你不算勤勉，应彻底改变拖沓、低效率等问题，否则创业只是一句空话；

30～39 分，说明你在大多数情况下充满自信，但有时犹豫不决，不过没关系，这也是稳重和深思熟虑的表现；

15～29 分，说明你是一个高效率的决策者和管理者，有望成为成功的创业者。你还等什么？

第三节　大学生创业流程

一、创业过程

创业不是一蹴而就的，需要创业者付出时间精力，经历一段周期，这段周期就是通常所说的创业过程。创业过程是指创业者从产生创业想法到实际创立并运营一家新企业的整个过程。在这个过程中，创业者需要经历一系列阶段，包括识别创业机会、资源整合、创办新企业、新企业生存以及持续管理，具体如图 10-2 所示。

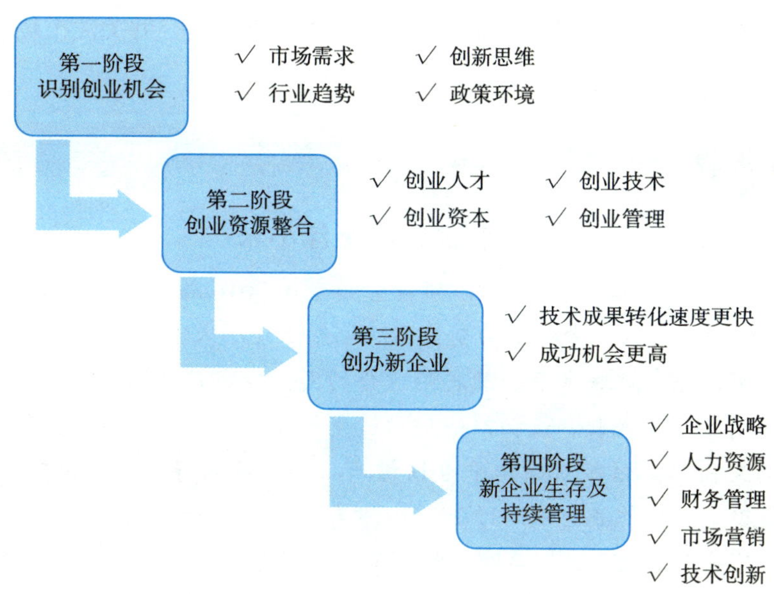

图 10-2　创业过程四个阶段

（一）识别创业机会

识别市场机会是创业过程的关键环节之一，对于创业成功具有重要的影响。识别市场机会是指在市场环境中，发现并认识到具有潜在盈利可能性和发展空间的商业机会。市场机会通常表现为市场需求、行业趋势、竞争优势等方面，为创业者提供了创造价值和创新的空间。

在识别市场机会时，创业者需要关注以下几个方面。

1. 市场需求。分析目标市场的客户需求，了解客户对产品或服务的期望、偏好和付费意愿等，从而找到潜在的商业机会。

2. 行业趋势。研究行业发展历程和趋势，捕捉行业变革中的新兴领域和空白市场，以便抓住商业机遇。

3. 竞争优势。分析竞争对手的优势和劣势，找出自己企业在市场中的竞争优势，确保在激烈的市场竞争中脱颖而出。

4. 创新思维。运用创新思维，发掘潜在的市场需求和商业价值，创造独特的产品或服务，满足市场和客户的需求。

5. 政策环境。关注政策动态，了解政府对相关行业或领域的扶持政策，以便充分利用政策资源，降低创业风险。

6. 社会和文化背景。研究社会和文化背景，把握消费者价值观和消费习惯的变化，为创业项目找到合适的市场定位。

识别市场机会是创业者在创业初期的重要任务，准确地识别市场机会有助于创业者制定合适的创业策略，降低创业风险，提高创业成功率。为了更好地识别市场机会，创业者需要具备敏锐的市场洞察力、创新思维、调查研究能力等素质，并关注市场动态，不断学习和积累经验。

陈伟和他的红土洼小米

陈伟，山西财经大学工商管理学院市场营销专业2016届毕业生，红土洼小米有限公司经理。大学毕业后，他带领他的创业团队把红土洼小米做得风生水起。

在大学期间，陈伟就联系了一批志同道合的同学组成创业团队，成为某品牌罐头在山西省渠道销售校方代表。最初，他们通过发传单、上门推销等较为简单的方式进行营销，而后又借助微信等新媒体平台销售产品，逐步取得良好的效果。经过磨合，团队成员比较稳定且协作能力不断增强。2015年冬天，在就业与创业的十字路口，团队成员对创业的一系列因素进行系统分析，选择了适合自身的项目：红土洼小米。

为找到满意的小米，陈伟和他的团队成员走访了家乡种小米的乡亲们，还多次向农大教授请教，深层次了解种植小米的气候、水质、海拔、土质等各方面参数，从而综合评判适合种植小米的区域。寻找一块适合种植小米的土地异常艰难。经历了多次失败，团队部分成员开始动摇。但在“山重水尽疑无路”之际，平定山区的一首童谣使他们发现了太行山深处一座几乎与世隔绝的自然村，这里有着生长山区旱地小米所需的一切条件。

小米的存储条件要求高——高温易变质，潮湿易霉变。所以，烹饪和存储都要考究。小米要选定阴凉、干燥、通风好的地方存储。亮晶晶的平定砂器，世代相传的九道工序，造就了最纯正古朴的平定砂锅。小米与砂锅的完美融合，能吃出红土洼小米最正宗的味道。同样，平定砂罐具有耐酸、耐碱、透气性好、实用美观等特点，用砂罐储米并将砂罐放在阴凉、干燥的地方，可以充分保障小米的营养及品质。由陶瓷师傅一笔一画亲手雕刻的“红土洼”容器便成为熬煮和存储小米的最佳选择。

2016年11月，经过一年的筹备，红土洼小米正式推向市场。出于对纯天然食品的认同，前期宣传在山西产生很好的效果，取得开门红。同时，团队成员通过微信平台结识了想助力家乡发展的山西游子，这些在他乡的客户成为他们的铁杆粉丝。尤其是在大连，截至2017年6月，累计销售400多套产品，防潮的砂罐和养生砂锅，特别受青睐。目前，陈伟及其团队又推出“全年都吃新小米”的计划，本着“为健康代言，为农村生态产品发声”的理念，为其客户提供新米现碾现寄的服务，成功解决了陈小米营养成分流失的问题，为顾客送去好的产品。

陈伟通过对市场的敏锐触觉，识别并抓住了“绿色食品”这一创业机会，整合人力、资金、市场资源，根据个人及企业发展的需求，不断创新，为企业盈利，最终实现创业价值，获得回报。

（二）创业资源整合

创业资源整合是指创业者对不同来源、不同层次、不同结构、不同内容的创业资源进行识别与选择、汲取与配置、激活和有机融合，使其具有较强的柔性、条理性、系统性和价值性，并创造出新的资源的一个复杂的动态过程。创业资源整合是企业战略调整的手段，也是企业经营管理的日常工作。整合的目的是优化资源配置，实现整体最优。

创业资源主要包括以下几个方面。

（1）创业人才。具备创新意识、专业能力和团队精神的优秀人才，是创业项目成功的关键因素。

（2）创业资本。包括初创资金、成长资金和退出资金等，为企业的创立、运营和扩张提供财务支持。

（3）创业机会。具有潜在盈利可能性和发展空间的商业机会，是创业项目的核心价值所在。

（4）创业技术。与企业核心竞争力和产品创新能力密切相关的前沿技术、独特技术和专有技术等。

（5）创业管理。包括企业战略规划、组织架构、运营流程、市场营销、人力资源管理等，对创业项目的成功与否具有重要影响。

总之，创业资源整合是创业者实现创业目标的重要手段。一位优秀的创业者在创业过程中会不断创造、调整和优化资源整合策略，以提高创业成功率。

（三）创办新企业

创办新企业是指创业者通过创新思维和行动，创建一个新的企业实体，以提供产品或服务满足市场需求，实现盈利和发展。创办新企业是创业者真正实施创业的标志，也是创业者将创业活动真正落实的一座里程碑，它可以促进技术转移、创造就业机会、推动经济增长和社会进步。

创办新企业的主要优点包括：

（1）技术成果转化速度快。创办新企业有助于将创新技术和成果迅速转化为实际产品或服务，满足市场需求。

（2）成功机会更多。相比其他创业方式，创办新企业更能适应市场变化，抓住商业机会，从而提高创业成功率。

（3）技术拥有单位或个人可能获得更大的收益。创办新企业使得技术成果的拥有者有机会通过股权、分红等方式获得更高回报。

然而，创办新企业也存在一定的风险，如市场风险、融资难、不易形成规模经济等。因此，创业者需要充分了解创办新企业的优缺点，结合自身实际情况，选择合适的创业方式。

（四）新企业生存及持续管理

新企业生存及持续管理是指在新企业创立初期以及后续发展过程中，通过有效的管理手段和策略，确保企业能够在激烈的市场竞争中立足、生存并实现可持续发展。新企业生存及持续管理涵盖了企业战略、人力资源、财务管理、市场营销、技术创新等多个方面。

新企业生存及持续管理的关键要素包括：

（1）明确企业定位和目标。新企业需要明确自身的市场定位、发展目标和核心竞争力，以便制定合适的发展策略和经营计划。

（2）高效的人力资源管理。选拔、培养和激励优秀人才，搭建高效团队，发挥员工的潜能，为新企业的生存和发展提供人力支持。

（3）财务管理。合理规划企业预算、成本控制和资金筹措，确保企业拥有稳定的财务状况和足够的资金储备。

（4）市场营销策略。根据市场需求和竞争态势，制定有效的市场营销策略，拓展市场份额，提高企业知名度和品牌影响力。

（5）技术创新。注重技术研发和创新，不断提高企业的产品和服务质量，以满足不断变化的市场需求。

（6）供应链管理。优化供应链体系，降低采购成本，确保产品质量和供应稳定。

（7）企业文化建设。塑造积极向上的企业文化，增强员工凝聚力和归属感，促进企业内部和谐发展。

（8）持续改进和优化。不断分析企业运营数据，发现潜在问题，采取措施进行调整和改进，确保企业持续稳定发展。

新企业生存及持续管理对于新企业的成功发展至关重要。通过有效的管理手段和策略，新企业可以在激烈的市场竞争中逐步壮大，实现可持续发展。

总之，创业过程是一个充满挑战和机遇的历程，具有不确定性、高风险性和高度竞争性等特点，创业者需要具备良好的创新能力、决策能力、执行力和抗压能力等素质。因此创业者需要不断学习、成长和创新，以应对市场变化和竞争压力。在这个过程中，勇敢、坚定、创新和执行力等品质对于创业成功至关重要。

二、制订创业计划书

（一）撰写创业计划的原则

撰写创业计划有一些重要的原则。请务必记住，创业计划往往是投资者对创业项目的第一印象，如果计划不完善或漏洞百出，很容易让投资者猜测项目本身也不完善或有缺陷。所以，在将创业计划送交投资者或者其他任何与创业企业有关的人审阅前，要留意创业计划的结构、内容和类型。

一份好的创业计划必须符合市场的需求、呈现竞争的优势和投资者的利益，同时要具体可行，便于实施，并提出符合实际的客观数据。其内容必须包括重要的经营方向、经营目标、企业预测分析和经营风险分析、对企业内外环境熟悉认知及实现创业计划的信息。

创业计划的撰写原则如下。

1. 市场导向

要充分认知企业的利润来自市场需求，没有依据明确的市场分析，创业计划将是空泛的、无说服力的。因此，创业计划必须按照市场导向的规定来撰写，应提供所有与产品或服务有关的细节，包括企业所实施的所有调查：产品正处于什么样的发展阶段？它的独特性怎样？分销产品的方法是什么？谁会使用该产品，为什么？产品的生产成本是多少，售价是多少？总之，创业计划要给投资者提供企业对目标市场的深入分析和理解。

2. 客观实际

一切数据要尽量客观、实际，切勿凭主观估计。通常，创业者容易高估市场潜力，而低估经营成本。在创业计划中，创业者应尽量呈现出客观、可供参考的数据与文献资料。因此，在写创业计划前应准备好市场调查报告、财务数据分析、运营具体案例等资料。前期资料准备得越充分、越完整，创业计划的编制越能有理有据、客观实际。

3. 呈现竞争优势与投资利益

创业计划不仅要将资料完整陈列出来，更重要的是整份计划要呈现出具体的竞争优势，并明确提出投资者的利益所在。而且要显示创业者获取利润的强烈意图，而不仅仅是企业的发展而已。因此，在创业计划中应细致分析竞争者的情况：竞争者都是谁？竞争者的产品与本企业的产品相比，有哪些相同点和不同点？竞争者所采用的营销策略是什么？要明确每个竞争者的销售额、利润以及市场份额，然后再讨论本企业相对于每个竞争者所具有的竞争优势。要向投资者展示，顾客偏爱本企业的原因是什么，比如本企业的产品质量好，送货迅速，定位适中，价格合适等。创业计划要使投资者相信，本企业不仅是行业中的有力竞争者，而且将来还会是确定行业标准的领先者。另外，在创业计划中，还应阐明竞争者给企业带来的风险以及本企业所采取的对策。

4. 呈现经营管理能力

创业计划要尽量展现经营团队的企业经营管理能力与丰富的经验背景，并显示对于企业、市场、产品、技术以及未来经营运作策略已有完全的准备。所以在创业计划中，要描述一下整个管理队伍及其职责，再分别介绍每位管理者的优势、能力和背景，细致描述每个管理者将对公司所作的贡献。另外，创业计划中还应明确管理目标以及组织结构图。

5. 语言平实，通俗易懂

有的项目包含高新技术，对项目的分析需要用到一些专业术语，但在内容上也要做到通俗易懂，一味高深、玄妙只会将投资者拒之门外。事实上，只有少量的技术专家会在意复杂的技术原理，许多读者完全不懂技术，他们喜欢简单通俗的解说，排斥术语和行话。创业计划可以适当配以图表，以图文并茂的形式将内容形象化、直观化。

6. 一致性

整份创业计划前后基本假设或预测估算要相互呼应，也就是前后逻辑要合理。受撰稿者精力、创业计划篇幅、写作完成时间等因素影响，一份创业计划通常由多人合作完成，难免存在体例不一、风格迥异、结构松散等问题。为了使创业计划尽善尽美，最后应由创业团队中的某一个人统一定稿。

7. 明确性

创业计划要明确指出企业的市场机会与竞争威胁，并尽量以具体资料佐证。同时，分析可能的解决方法，而不只是含糊交代。另外，要明确所采用的任何假设、财务预估方法与会计方法，也应说明市场需求分析所依据的调查方法与事实证据。

8. 完整性

创业计划应完整地包括企业经营的各项职能要点，尽量提供投资者评估所需的各项资料信息，并附上其他参考佐证的资料。但内容的用词应以简单明了为原则，切勿烦琐、过于冗长。

总之，创业计划的写作有一定的原则可依，有一定的技巧可讲，但并不意味着所有的创业计划千篇一律。项目不同、用途不同，创业计划的内容和结构也可以有所不同。创业计划同样是个性的体现。尽管如此，成功的创业计划还是有一些共同的特征的，即客观真实、有效可行、创新性强、讲求逻辑。

（二）撰写创业计划的步骤

1. 第一阶段：创业构思

创业构思包括产品定位和环境分析。

（1）产品定位。好的创业构思建立在市场需求和产品开发上，而好的企业建立在好的构思上。在创业前，创业者要给自己的产品或服务一个明确的目标定位，分析市场需求，清楚客户需求、需求类型、行业态势和市场特征，并根据实际设计开发出新产品或服务，从而把握住市场的发展趋势。

（2）环境分析。创业环境包括微观环境、中观环境和宏观环境。微观环境指直接制约和影响企业活动的力量和因素，主要包括供应商、顾客、竞争者、企业内部和社会公众。中观环境指企业所属的行业状态，主要包括行业环境、业务环境和地域环境。创业者根据中观环境状态变化获知机遇和挑战，对创业进行战略部署。宏观环境指能对企业活动产生强烈、不可控制性和不确定性影响的因素，如法律、政治、科技、人文和自然环境。企业对于宏观环境，只能适应，并通过关注宏观环境的变化把握社会的大趋势，从中获得商机。

2．第二阶段：市场调查

市场调查是创业构思不可或缺的部分，指运用科学的方法，收集、整理和分析创业的信息和资料。要了解适宜环境并满足顾客需求的商机，就必须对市场进行透彻的调查，这样才能准确把握市场的脉搏。市场调查需要创业者站在顾客的角度思考和分析顾客的需求，并把所得信息与未来的企业相结合，对自己的产品或服务做出调整，尽可能满足社会和顾客的需求。创业者的调查方式可以是在线调查或问卷调查，最终的目标是了解企业的产品或服务是否能满足市场需求，是否能给创业者带来利润。

3．第三阶段：起草大纲

经过环境分析和市场调查，创业者就可以起草创业计划的大纲了。大纲框架搭建得越详细，越能让创业者仔细思考创业的过程，投资者就越能清楚地了解创业者意图。一份比较完整的创业计划大纲主要包括以下方面的内容：企业介绍、行业分析、产品分析、人员及企业结构、市场分析、营销策略、发展规划（生产计划）、财务分析和风险分析。

4．第四阶段：起草创业计划

创业计划以大纲为蓝本来撰写。

（1）对大纲进行详细的扩充和延伸形成执行概要。让投资者了解创业者创建的是什么样的企业，为社会和顾客提供的是什么样的产品或服务，创业者是一个什么样的团队，面对挑战和竞争他们用什么策略取得创业成功等。

（2）演示文稿。创业计划的另一种形式是 PPT。创业者使用 PPT 在一个小时左右的时间内通过演讲的方式把创业信息展示给潜在的投资者，吸引投资者投资。创业者的演讲成为投资者进一步了解创业者的创新思维、灵活应变和表达能力的机会。

（3）完整版的创业计划。如果投资者对创业者的项目感兴趣，就会对产品销售的特性、商业模式、竞争对手和财务预测及消费市场等分析内容进行深入的阅读。

（4）未来几年的财务分析。财务分析是根据财务活动的历史资料，考虑现实的要求和条件，对企业未来的财务活动和财务成果做出的预计和测算。它是创业者经营决策的重要依据，也是合理安排收支、提高资金使用效益和企业管理水平的重要手段，展现未来 3 年或 5 年预测的销售收入、利润、资产回报率等有效和能够让人信服的财务预测，可给予投资者和创业者更多信心。

5．第五阶段：创业计划的检查更新

在写完创业计划之后，创业者最好再检查一遍，看一下该计划是否能准确回答投资者的疑问，建立投资者对本企业的信心。通常，可以从以下几个方面对创业计划加以检查：

（1）你的创业计划是否显示出你具有管理公司的经验？如果你自己缺乏能力去管理公司，那么一定要明确地说明，你已经雇了一位合适的管理者来管理你的企业。

（2）你的创业计划是否显示了你有能力偿还借款？要保证给预期的投资者提供一份完整的财务比率分析。

（3）你的创业计划是否显示出你已进行过完整的市场分析？要让投资者坚信你在创业计划中阐明的产品需求量是准确的。

（4）你的创业计划是否容易被投资者领会？创业计划应该备有索引和目录，以便投资者可以较容易地查阅各个章节。此外，还应保证目录中的信息是有逻辑的和现实的。

（5）你的创业计划中是否有执行概要并放在了最前面？投资者会最先看它。为了保持投资者的兴趣，执行概要应写得引人入胜。

（6）你的创业计划是否在文法上全部正确？如果你不能保证，那么最好请人帮你检查一下。创业计划的拼写错误和排版错误能很快使创业者丧失机会。

（7）你的创业计划能否打消投资者对产品或服务的疑虑？如果需要，你可以准备一件产品模型。创业计划中的各个方面都会对筹资的成功与否有影响。因此，如果你对你的创业计划缺乏足够的信心，那么最好去查阅一下创业计划编写指南或向专门的顾问请教。

此外，由于市场、环境是不断变化的，所以创业者还要经常对创业计划进行审核更新，确保创业计划的完备性和时效性。

三、展示创业计划

要想成功吸引到风险投资，除了写好一份创业计划，还要掌握向投资者展示创业计划（路演）的技巧。创业者一般需要准备 10～15 张简洁鲜明的 PPT。创业者通常犯的错误是准备了太多的 PPT，他们在陈述期间不得不急切地切换 PPT，走马观花地陈述，从而忽略了重要内容，所以必须根据创业计划的内容和要面对的演讲对象进行调整，采用合适的方法，把重点放在演讲对象认为最重要的部分。

一些经常接触许多创业者的投资者，建议在准备创业计划 PPT 时应遵循“10-20-30 法则”。具体而言就是：创业计划 PPT 不超过 10 页，演讲创业计划 PPT 不超过 20 分钟，创业计划 PPT 使用的字体不小于 30 号。这个法则用一个词来概括就是“简洁”。

在演讲的时候，想必你的听众已经人手一份你的创业计划了。如果你不确定，演讲时最好多带几份备用。这在参加创业计划竞标时尤为重要。也许有些听众是初次接触你的计划，很想看看整份创业计划的内容。

（一）路演的内容

路演就是你作出一个充满热情和吸引力的演讲，然后把你的提纲或者详细的创业计划提交给被吸引的投资者。准备路演最重要的一点就是：练习。你需要给投资者准备好一份经过仔细思考撰写的创业计划，这样投资者可以对项目了解得更多。成功的路演一般包含以下内容。

1. 讲故事

以一个动人的故事开始你的演讲。这会从一开始就勾起听众的兴趣，而且如果你可以把你的故事和听众联系起来的话效果就更好了。你所讲的故事应该是关于你的产品所要解决的问题的。

2. 提出产品解决方案

分享你的产品独一无二的地方，解释为什么它能解决你所提到的问题。这一部分最好简约而不简单，要做到让投资者听过以后，可以轻松地向另一个人介绍你到底在做什么。尽量少使用行业的生僻词汇。

3. 展示团队风采

投资者投资第一看重的是团队能力、结构合理性等，第二才是项目创意。在演讲的前段，你就应该让投资人对你和你的团队有刮目相看的感觉。说说你和团队到目前为止取得的成就（销售额、订单量、产品的热度等）。

4. 精准的目标市场分析

不要说世界上所有的人都是你的顾客，即使有一天这能成为现实。要清楚认识自己的产品，目标市场（包括潜在的市场规模、市场占有率等）定位要精准。这不仅能让你的听众印象深刻，也能帮助你加深对市场战略的了解。

5. 如何获取顾客

这是路演和创业计划中经常被遗忘掉的部分。你要怎么招揽你的顾客？得到一个顾客要花多少钱？什么样的推广才算成功？

6. 竞争对手分析

这也是路演中非常重要的一环。许多创业者在这部分没有充分的准备和翔实的数据，来说明和竞争对手的不同。最好的展示竞争优势的方式就是表格，把作比较的方面放在顶行，把你和竞争对手放在最左列，然后一个方面、一个方面来比较，逐项说明你的优势。

7. 盈利模式

投资者对这个部分最感兴趣。你怎么盈利呢？详细地介绍你的产品和定价，然后用事实来证明这个市场正在期待你的产品进入。

8. 融资需求

清晰地说明你的融资需求、出让多少股权，未来的计划是怎样的。

9. 投资者的退出机制

如果融资额在100万元以上，那么大部分投资者都想知道退出机制是怎样的。你是希望企业被收购还是上市，或者采用别的投资者退出机制？

（二）路演 PPT 的制作思路

1. 了解投资人思维

（1）不投缺乏成长性的项目。让投资者看到资本回报率和项目成长空间。

（2）不投没有优秀团队的项目。优秀团队应具有这些特点：决策高效、动力十足，共同的价值观是关键。

（3）最喜欢投能够改变行业游戏规则的项目。

2. 明确整个路演的目标

路演的目标就是吸引投资人注意、激发他的兴趣，以获得进一步面谈的机会。因此整个路演的核心是：简洁、明了地告诉投资者你的项目比别人更赚钱。

3. 明确几个问题

明确为什么需要你的存在（刚需），为什么是你而不是别人（核心竞争力和竞争壁垒），为什么细分市场里有你的一杯羹（市场容量），再换位思考自己作为用户是否愿意接受。把这些问题想清楚，才能说服投资人。

（三）路演 PPT 的基本结构

1. 产品介绍

（1）封面。用第一页 PPT 直观描述你的企业做的是什么，可包括以下信息，名称、标志、网址、地址，你的名字及职务、联系电话、联系邮箱等。

目的：让投资者大概知道你做的是什么事、你的身份以及如何联系你。

（2）问题。明确产品为谁（目标用户）服务、解决了什么问题（痛点），生动陈述一些问题出现的场景（图形或图片展示），介绍目前市场上的解决方案及不足之处。

目的：让投资者认可这个市场需求点。

（3）解决方案。演示你的产品是怎么解决这个痛点的。

目的：让投资者清楚地了解你的方案如何解决问题。

（4）技术。包括产品核心竞争力、技术或市场壁垒。

目的：让投资者清楚地了解你的竞争优势。

（5）运营情况。包括运营数据、市场的初步验证。

目的：让投资者根据数据进行参考。

2. 市场分析

（1）市场规模（提供数据依据）。

目的：让投资者看到市场前景、投资价值。

（2）竞争对手分析。分析间接或潜在竞争对手的优劣势。

目的：让投资人看到你在和谁竞争，为什么你的解决方案好，为什么你能赢。

（3）商业模式。包括近期和远期的盈利模式分别是什么，核心的业务流程是什么，有什么核心资源。

目的：让投资者理解你是怎么把产品 / 服务卖出去且比别人卖得好的。

（4）团队。核心管理团队的介绍包括相关行业工作经验、成功经历、管理经验、教育背景。关键是创始人的背景及团队的互补性。

目的：让投资者看到团队执行力。一个好项目能不能成功，团队执行力非常重要，这是投资者很看重的硬实力。

3. 融资需求

（1）融资计划。包括本轮融资额度及拟出让股权比例、资金用途、后续融资预期、目标退出方式及预期。

目的：让投资者清楚实现计划需要多少钱和为什么需要这么多钱。

（2）产品发展阶段计划。包括公司在未来 3～5 年的整体项目规划、阶段性目标。

目的：让投资者看到你清晰的思路及对整个项目的把控。

本章小结

在如今的知识经济时代下，创业与创新贯穿在了各行各业，随处可见。当代大学生作为国家发展的中坚力量，更应当为了实现中国梦的伟大复兴积极学习与掌握创新创业的相关理论知识，勇敢尝试创业创新，实现自我价值，锻炼综合素质，承担起中国青年的责任，展现中国青年的担当与魅力。本章对创业内涵和创业要素进行了详细阐述，从树立正确创业观念和创业意识、培养核心创业能力、分析大学生创业优劣势、了解大学生创业相关政策保障四个方面阐述了大学生在创业前应做好的准备，在此基础上结合创业流程、制订创业计划书、展示创业计划，指导大学生更好地开展创业实践活动。

关键术语

创业（Entrepreneurship）
创业要素（Entrepreneurial Elements）
创业观念（Entrepreneurial Concept）
创业意识（Entrepreneurial Awareness）
创业能力（Entrepreneurial Ability）
优劣势（Advantages and Disadvantages）

政策保障（Policy Guarantee）
创业过程（Entrepreneurial Process）
创业计划书（Business Plan）
路演（Roadshow）

复习思考题

1. 什么是创业？创业的主要要素有哪些？

2. 如果说，情境影响行为甚至是行为背后的思维，你同意这样的观点吗？如同意，你还认为创业者是天生的吗？当别人说创业不能教时，你能提供反驳依据吗？

3. 结合大学生创业优劣势分析自身有哪些创业优劣势？

4. 我国大学生创业政策你觉得哪些对于自己的帮助最大？

5. 主要的创业过程有几个阶段？

6. 如果你是项目路演的评委？你觉得优秀的项目路演应具备哪些要素和要求？

参考文献

[1] 张德琦．大学生职业生涯规划［M］．北京：化学工业出版社，2020．

[2] 李国政．大学生职业生涯规划［M］．北京：中国农业出版社有限公司，2020．

[3] 杨炜苗．大学生职业生涯规划与就业指导［M］．北京：清华大学出版社，2020．

[4] 张瑞颖．就业导向下的大学生职业生涯规划与管理研究［M］．北京：中国书籍出版社，2021．

[5] 刘周，郭斌，张坤．大学生职业生涯规划与就业指导（微课版）［M］．北京：人民邮电出版社，2021．

[6] 林咏君．大学生职业生涯规划实用教程［M］．广州：华南理工大学出版社，2021．

[7] 李晓军．应用型高校大学生职业生涯规划与就业创业指导［M］．上海：上海教育出版社，2021．

[8] 蒋德勤，俞浩，施培智．大学生职业生涯规划［M］．合肥：安徽大学出版社，2022．

[9] 金志浩，王成家，孙晓静．大学生职业生涯规划与发展［M］．北京：中国石化出版社有限公司，2022．

[10] 苏文平．大学生职业生涯规划与就业创业指导（第2版）［M］．北京：中国人民大学出版社，2022．

[11] 刘兆国．大学生职业生涯发展规划［M］．西安：西安电子科技大学出版社，2022．

[12] 宋元明，赵明锴．大学生职业生涯：认知、规划与评估［M］．北京：中国经济出版社，2022．

[13] 陈义红．大学生职业生涯规划与就业指导［M］．武汉：华中科技大学出版社，2022．

[14] 郝江岭．大学生职业生涯规划（慕课版第3版）［M］．北京：人民邮电出版社，2023．

参考文献